北条氏康

シリーズ・中世関東武士の研究

第二三巻

黒田基樹 編著

戎光祥出版

序にかえて

北条氏康は、戦国大名小田原北条家の三代目当主である。父は二代当主の北条氏綱であり、子には四代当主の北条氏政がある。氏康は、北条家五代のなかでも、祖父で初代の伊勢宗瑞と並んで、最も有名な存在といっていいであろう。それは氏康が、旧来の政治秩序を象徴した古河公方足利家、関東管領山内上杉家、扇谷上杉家に取って代わり、伊豆・相模・武蔵・上野四ヶ国の戦国大名として確立した存在であるとともに、その後は上杉謙信・武田信玄という、戦国大名のなかでも極めて著名な存在と抗争を繰り広げ、戦国大名らしい活動をみせたからとみられる。しかも氏康の発給文書数は、それまでの宗瑞・氏綱と比べると格段に多く、そのため氏康に関する研究は、質量ともに歴代のなかでもっとも充実していると言っても過言ではない。

本書は、北条氏康に関する研究のうち、すでに単著論文集や再録論集に収録されているものを除いて、十八編の論考を集成したものである。そしてそれらを、第1部「氏康の領国支配」、第2部「隠居後の領国支配」、第3部「氏康の外交」の三部に編成した。しかしながら、氏康に関する研究は極めて多く、また重要な論考もすでに多くがそれぞれの単著論文集に収録されている。さらには重要な論考であっても、分量や諸事情によって収録できなかったものもある。そのため本書では、氏康に関する研究状況の把握をこころみて、巻頭には、これまでの研究の到達点をまとめた、総論「北条氏康の研究」を配した。

もっとも、氏康に関する研究とはいっても、永禄三年（一五六〇）以降については、北条家当主は氏政に譲られているので、氏政に関する研究ともなっている。そのため本書では、その時期に関する研究については、氏康に焦点があてられているもの、氏康が主導性をもっていた問題などを中心に、取り上げるものとした。この部分に関しては、次代の氏政に関する研究とあわせて把握することが必要となる。この点に関しては、本シリーズにおいて続刊として『北条氏政』を予定しているので、それとあわせて参照していただきたく思う。

ともかくも、本書の刊行によって、北条氏康に関する研究の概要が容易に把握できるものとなるとともに、今後の研究進展のための新たな出発点を築くことができるものとなると思う。今後におけるさらなる研究の進展を期待したい。なお末筆ながら、論考の再録について快く御承諾いただいた執筆者各位に、深く感謝します。

二〇一八年二月

黒田基樹

目次

第2部　隠居後の領国支配

第3部　氏康の外交

北条氏康

総論　北条氏康の研究

黒田基樹

はじめに

北条氏康は、天文十年（一五四一）に父氏綱の死去にともなって戦国大名小田原北条家の家督を継いで三代目当主となり、永禄二年（一五五九）末に、家督を嫡子氏政に譲って隠居した。その間の当主としての治世は一九年におよんでいた。しかし氏康は、隠居後も「御本城様」と称されて、北条家の最高権力者の地位から退くことはなく、当主氏政とともに「二御屋形」とか「御両殿」と称されて、氏政と共同統治にあたっていた。その状況は元亀二年（一五七一）に死去するまで続き、隠居後の治世は一二年におよんでいた。当主期と合わせると、氏康の治世は実に三一年におよぶものとなっている。

この三一年という治世は、小田原北条家全体の歴史のなかでも三分一を占めるものとなる。しかも氏綱期までと比べれば、残されている史料は桁違いに増加しており、その発給文書数は三六一点にのぼっている。これは前代氏綱が一〇〇点未満であったことをみれば、その増加のほどがわかるであろう。さらに北条家朱印状（虎朱印状・伝馬「常調」朱印状）についても、当主期だけでも虎朱印状一五七点（うち裁許朱印状五点）・「常調」朱印状三点と、合わせて一六〇点にのぼるものとなっている。いうまでもなく氏綱期からは相当の増加数となっている。単純に合わせても五〇〇点以上の発給文書が残されているのである。ちなみに氏康は、「御本城様」となってからも、虎朱印状・「常調」朱印状の発給も行っていたとみられるので、それらを合わせればその数量はさらに多いものとなる。

しかも内容は、家臣団統制・寺社統制・村落支配などを中心とした領国支配と、他大名との外交や国衆統制などの軍事・外交を中心とした政治動向について、極めて豊富なものとなっている。そのため氏康についての研究は、ほぼ戦国大名北条家についての研究と一体化されたものとなっているといってよく、その結果として、北条家に関する研究において、ほとんどすべてで氏康期が取り上げられる、という状態にある。したがってこのような状況にあることから、氏康に関する研究をまとめるということは、ほとんど北条家の研究をまとめることに等しく、それは容易なことではない。

そのため本書に収録する論考をどのように選定するか、また本論の内容をどのようなものにするか、ということはかなり難しいものとなる。もっともすでに単著論文集などに収録されているもの、北条家を主題にした再録論集および論文集に収録されているものについては、収録の対象外であるので、基本的にはそれ以外の論文のなかから、おそらくは将来において単著書などにも収録されないか、ないしは現状でただちにはその予定がないようにみられるもの、あるいは今後において他の北条家に関する再録論集などにも収録されないであろうとみられるものを選定するしかない。

そのような多くの制約、さらには今後における著作刊行状況を見据えながら、本書の収録論文としては、氏康についての研究として特徴的なもの、そのなかでも発表年代が比較的早い時期にあるものを、優先して選択することにした。また本論の内容についても、氏康に関する研究状況を把握し、それを提示することに主眼を置いたものとすることにした。その結果として、第一に、氏康に関する基本史料の研究、第二に、氏康の領国支配に関する研究、第三に、氏康の政治動向に関する研究、について、それぞれ概要をまとめるものとする。

一、氏康に関する基本史料の研究

まず、氏康を取り上げた著作についてみておく。氏康の生涯についてまとめたものとしては、山口博『北条氏康と東国の戦国世界』[1]がある。また私も、氏康の生涯を辿るかたちをとって、その領国支配の展開についてまとめたものとして、『戦国大名の危機管理』[2]を刊行している。これらは今もって、氏康の動向を把握するうえで、基本的な著作として存在しているといってよい。また一般書ではないが、氏康に特化した著作として、氏康の子供たちの動向をまとめたものに、黒田・浅倉直美編『北条氏康の子供たち』[3]があり、氏康期についての多様な問題を取り上げた論文集に、藤木久志・黒田編『定本北条氏康』[4]がある。これらが氏康を取り上げた、あるいは書名に氏康の名を入れた書籍ということになる。

氏康についての研究において、その基本史料となるのが、一つはいうまでもなくその発給文書であるが、もう一つのものに、氏康期に作成された「北条家所領役帳」（「小田原衆所領役帳」とも。以下、「役帳」と略記）がある。ただし研究史的には、後者をもとにした研究が早くからすすめられるとともに、多くの割合を占めていたかたちになる。それに対して前者については、本格的な発給文書の集成が遂げられたのが、一九九〇年代に入ってからのことになるので、それに対する本格的な基礎研究もそれ以降にすすめられたという状況にある。
まずは発給文書に関する研究についてみておく。発給文書の分析のためには、花押編年をもとにした文書の総編年化の作業と、花押を据えた判物に対する朱印を押捺した朱印状の発給状況についての解明が必要になる。これについてはともに山口博氏による精力的な分析が行われている。(5)なかでも「武栄」朱印の使用開始の状況と、使用内容についての解明は重要である。

「武栄」朱印状の初見は永禄九年（一五六六）五月になるが、それが当主氏政の出陣による、虎朱印の不在にともなって使用されたものであることを基点にして、「武栄」朱印は、前年九月以降に氏康の出陣が停止されたことをうけ、氏政の出陣にともなう虎朱印の不在において、それに代わって文書発給するために使用されるようになったこと、それにともなって氏康はそれまでの左京大夫から相模守に遷任し、氏政が左京大夫に任官したこと、が指摘されている。次に「武栄」朱印状の使用の在り方については、虎朱印不在時における代行にとどまらず、伊豆から武蔵小机領・小山田庄を範囲に、御料所支配、百姓・職人・町人に対しての諸役賦課、寺院統制に関わる領域を統轄していたことが推定されている。これは隠居後における氏康の立場を把握する重要な解明である。そしてこのことから氏康は、私のいう「本国」のうちの小机領以南の地域において、いわゆる民政支配を統轄し、本城の「大蔵」をはじめ同地域の諸蔵を管轄して財政を統轄し、そうした立場に基づいて出陣する氏政の後方支援を管轄した、と位置付けられるものとなっている。

また「武栄」朱印状の分析から導き出されてくる問題に、虎朱印状発給への関与がある。「武栄」朱印状の奉者は、氏康の側近家臣ととらえられるが、同時に北条家臣として当主氏政の支配下にもあった。「武栄」朱印状の奉者としては、遠山康光・大草康盛・南条四郎左衛門尉・幸田与三・石巻家貞・増阿弥・中将・丹後の八人が確認されているが、そのうち前三者については、氏政から氏康への披露状の宛名になるとともに、それに幸田与三・石巻家貞・増阿弥を加えて、彼らを奉者とした虎朱印状が出されていることが注目されている。そしてそれらを奉者とした虎朱印状は、ほぼ「武栄」朱印状が出される以前の、永禄八年までに集中して残されていること、それらの虎朱印状は、氏康が管轄したと想定される相模三浦郡支配や江戸湾防備関係、氏康直臣に関する事柄などに特化されたものとなっている。

このことは「両殿制」段階での虎朱印状の発給事情をどのように認識するか、という問題に連なるものとなっている。この点に関して、そのような問題関心からではなかったが、伊藤一美氏が、氏政が奉者に使用印判の誤用を指摘している史料に注目したことは嚆矢といえ、(6)それをうけて私は、その奉者が氏康近臣であることから、その誤用は氏康によるものであることをもとに、氏康による虎朱印状発給を指摘した。(7)ただその後、山口氏が指摘するように、そこで氏康が使用すべきとされていたのは自身の「武栄」朱印と理解されるから、ただちに虎朱印状発給を論証するものとはならなくなっている。しかし、先にみたような虎朱印状の奉者における氏康近臣の存在、それらの内容が氏康の管轄内容に即応していることから、氏康が虎朱印状発給に深く関与した場合があったことは確実とみられている。ただし全く任意に発給できたわけではなく、発給後に氏政による確認がなされるのであるが、発給手続までは氏康によってすすめられた、とみなされている。(8)

虎朱印状が、北条家権力を象徴するものであり、それが基本的には当主によって管理、押捺されていたことは、すでに認識されていることである。そのうえでその具体的な発給手続を追究することによって、とりわけ「両殿制」における権力構造に迫ることが可能になったといえるであろう。ここからは隠居と当主が協調しながら、北条家を主宰していた状況をうかがわせるものとなる。またそのなかでの、役割分担についても明確にされるようになってきている。今後、さらにその状況が精緻に解明されていくことにより、さらにその実態が明らかになることとみられる。

次に「役帳」についてみていきたい。同史料については、北条家研究にとどまらず、広く戦国大名研究全体においても重要な史料として存在している。残存する同史料は、氏康期の永禄二年（一五五九）二月にとりまとめられたものであり、そこには当時におけるほぼすべての北条家一門・家臣について、さらには従属する他国衆や、被官関係にある職人、寺社、客分衆などについて、北条領国内に所在した所領と、その知行高、それに対する知行役（軍役・普請役・出銭）の賦課状況がほぼ網羅されている。そのためこの史料をもとに、当時の家臣団構成はもちろんのこと、領域支配の構造や、地域の所領配置状況など、地域の在り方とそこでの家臣所領の在り方が判明するだけでなく、所領の領有状況や継承関係などをもとに、さらには北条家が領国に編成する以前の地域状況もうかがうことができる、実に多方面にわたる追究が展開されている。

現在、同史料に関する基本的な見解は、以上のようなものといえ、佐脇栄智編『小田原衆所領役帳　戦国遺文後北条氏編別巻』解説[9]に、要領よくまとめられている。しかしそこに辿り着くまでには、多くの研究の蓄積がみられていた。それらのうち、現在の「役帳」理解にとって基本的な事柄となるもののうち、池上裕子氏により、同史料は永禄二年作成であり、そのため内容は同時点でのものであること、所領の貫高は知行高であること、さらに支城配属の衆の構成が、有力家臣による寄親・寄子関係の集合体であることが指摘された[10]。このうち所領の貫高が知行高であることについては、さらに小和田哲男氏によって明確にされた[11]。

下村信博氏によって、家臣に賦課される（狭義の）「知行役」の内容が普請役であることが指摘された。[12] この点は、ほぼ同時期に佐脇栄智氏も指摘している。[13] 伊禮正雄氏によっては、列記されている所領のうち、筆頭もしくは最高貫高の所領に、その給人の本拠ないし重要拠点が置かれていたことが指摘された。[14] 家臣らは「衆」ごとに記載されているが、その分類については、私は、小田原衆・御馬廻衆・玉縄衆・江戸衆・河越衆・松山衆・伊豆衆・津久井衆・諸足軽衆・職人衆・他国衆・社領・寺領・御一家衆・客分衆の一五に分類されると整理した。[15] またこのうち他国衆の性格については、北条家に従属する国衆であり、他の家臣とは性格が異なるものであること、そこにあげられている所領は、他国衆の所領すべてではなく、小田原出仕のための在府料などとして、北条領国内で与えられたものであり、その所領は、北条家からの諸役賦課の対象になっていたことを明確にした。[16]

「役帳」をもとにした研究は、早くに一九五〇年代終わりからみられていたといえるが、[17] その史料内容が確定されたのは、今みてきたように基本的には一九七〇年代後半のことであり、最終的には一九九〇年代後半になってのことになる。ほぼ「役帳」を通じての研究が本格化してから、四〇年以上の歳月が費やされた結果といえるであろう。

「役帳」は、支城に配属された「衆」ごとに家臣とその所領が列記されていることから、当初より、家臣団編成の在り方および家臣の所領配置や所領の性格をもとにした、北条家による地域支配の様相の追究に利用された。ただし当初は、当時における戦国大名論との関係から、旧来の在地領主を知行制に編成していく、あるいは土豪層（当初は「名主」「小領主」「在地小領主」などと概念化されていた）を知行制に編成していく状況の究明、さらには家臣所領の在り方に地域によって相違があることをもとに、それを領国制の進展状況の段階差とみて、旧来の在地領主を弱体化させていき、土豪層の家臣化を進展させていく、という動向をみようとする傾向にあった。

もっともそのような観点は、一九七〇年代から、個々の家臣や所領についての検討やその獲得の経緯の追究、それをもとにした地域における所領配置の在り方、さらには北条家が領国に編成する以前の時期からの変遷状況の追究がすすむにしたがって、相対化されるものとなった、ととらえられる。「役帳」に記載されているのは、伊豆から武蔵松山領までの、ほぼ私のいう「本城領国」あるいは「本国」地域にあたり（松山領のみ外れる）、それは堀越公方足利家・扇谷上杉家の領国を経略したものであり、とくに扇谷上杉家段階の状況の解明の進展にともなって、そこからの継承と断絶の状況が明らかになってきたのである。(18)そうして「役帳」にみられた地域による家臣所領の在り方の相違は、その地域を領国化した段階での状況の反映ととらえるべきものとなり、そこに進展状況などを見出す必要はないとみられるようになったのである。

その後の一九八〇年代以降は、そうした地域支配の在り方の把握に重点が置かれていくようになっている。その起点に位置したのが池上裕子氏による、領域的な公事賦課体系としての「郡代制」の解明であり、「役帳」にみえる地域表示である、伊豆・（相模）西郡・中郡・東郡・三浦・保内（津久井）・（武蔵）久良岐・小机・江戸・河越・松山・（下総）葛西などが、領域支配の単位にあたり、それは同時に公事賦課の単位であったことが明らかになったのである。(19)また池上氏はそこで、この郡代制がのちに支城制に転換していくと見通している。支城制については、北条家の領国支配における特徴として、それ以前から注目されていた領域支配の在り方であったが、それを公事賦課などの支配権の内容から、領域支配者およびその制度の性格を規定していくという視点が提供されるものとなった。

そしてそれをうけて、私は個々の支配領域ごとに、領域支配者とその支配権の内容について明らかにし、北条家の基本的な領域支配制度とその在り方を位置付けることになる。(20)その結果として、郡代制が支城制に移行するのではなく、両者は併存した異なる制度であり、支配領域によって性格が異なることを明確にした。また個々の支配領域における領域支配者の継承過程についても具体的に検討し、それによって氏綱期から氏康期の「役帳」段階への変遷過程として、伊豆＝笠原綱信・清水綱吉→同康英（綱吉子）両郡代、西郡＝郡代石巻家貞、中郡＝郡代大藤栄永→秀信（栄永子）、玉縄領（東郡・久良岐郡）＝玉縄北条家、三浦郡＝北条為昌（氏康弟）（郡代山中修理亮）→同綱成（氏康妹婿）、津久井領＝内藤朝行→同康行（朝行子）、小机領＝北条為昌（郡代笠原信為）→（同宗哲〈氏康叔父〉）→同三郎（宗哲子）、江戸＝城代遠山直景→同綱景（直景子）、河越＝北条為昌→城代大道寺盛昌→同周勝（盛昌子）、といった状況を明らかにしている(21)。

「役帳」には、永禄二年という一時点の状況を示すとはいえ、各領域における家臣所領の配置状況、領域ごとにおけるそれらの状況や知行役賦課状況などをもとに、個々の家臣の性格や領域の性格、さらには領域支配制度の在り方や家臣団構成の在り方を把握することができる希有の史料である。そして所領の所在領域やその性格、あるいは前代氏綱期における家臣としての在り方と比べることで、そこからの変遷についても明らかになる。また所領の継承関係に注目すれば、前代の扇谷上杉家領国期の状況についてもうかがうことができるものとなっている。こうしたことから、各家臣、各領域に関する研究における基本史料として、多くの研究成果が生み出されている。しかしそれらはあまりにも多数にのぼるので、ここで取り上げることは省略せざるをえない。

二、氏康の領国支配に関する研究

氏康の領国支配については、時期により大きく、天文十年（一五四一）から永禄二年（一五五九）までの当主段階の時期と、同三年から元亀二年（一五七一）までの隠居段階、すなわち「御本城様」段階の時期とに、分けるのが適当である。北条家としては、領国支配の展開として一連の動向として把握することもできるが、そこにおける氏康の関わり方は大きく異なるからである。ただし実際の研究状況は、氏康期からそれ以降については、氏政当主期・氏直当主期にいたるまで一貫的に取り上げられているのが実状といえる。

そこにおいては、村・百姓への課税額を決定する検地と棟別改め、年貢・公事徴収制度とその変遷、領民賦課の公事の内容とそれにともなう税制改革、百姓・町人・職人への賦課役とそれにともなう身分政策、目安制による裁判制度、公定枡（榛原升）の制定、撰銭令などの貨幣対策、伝馬制などの交通政策、六斎市などの市場・流通政策、着到書出を通じての家臣に対しての軍役賦課体系、支城制の展開、などの問題が追究されている。およそ領国支配の主要な内容については、ほとんど氏康期から本格的な追究が行われている状況にある。それは冒頭にみたように、氏康期からその発給文書が大量にみられることによっている。

そうした領国支配政策のうち、とりわけ進展がみられているのが、村・百姓・職人に対する公事賦課関係といえる。そこではどのような税種があり、その賦課基準についての解明が行われている。それを牽引したのが佐脇栄智氏であり、その成果は二冊の論文集にまとめられている(22)。また同氏の『神奈川県史　通史編1』における叙述は、その成果をまとめたものとなっている[23]。その後では、池上裕子氏[24]、久保健一郎氏[25]、則竹雄一氏[26]、そして私[27]などによって追究を深めており、とりわけ則竹氏の「北条領国下の年貢・公事収取体系」[28]は、それらの成果をまとめ、全容を示したものとなっており、関連研究における到達点として位置している。

しかしながら以下において、それら豊富な研究成果について、具体的に内容を示すことは難しいので、どのような内容について研究が積み重ねられていて、どこまでの成果があげられているのかという、研究状況の把握に重点を置いていくものとする。またその際には、氏康がどのような領国支配を展開したのかという、氏康への視点を重視して、先に述べたように、当主期と隠居期に分けて、その大要を把握することにしたい。

まずは当主期について取り上げる。この時期の領国支配に関して、具体的な研究対象としてとくに注目されるものとなっているのが、天文十九年四月一日付け「公事赦免令」の内容と、そこから展開された税制改革と目安制の問題、伝馬制の制度化の問題、撰銭令による貨幣・流通対策、「役帳」の作成、支城制の展開、といったこととなろう。このうち「役帳」の作成と支城制の展開に関する問題については、前節で触れたのでここでは省略することにしたい。

天文十九年四月一日付け「公事赦免令」の内容と、そこから展開された税制改革については、佐脇氏と池上氏の研究により、その大要が明らかにされている。「公事赦免令」は、「国中諸郡退転」という領国危機において、反銭・棟別銭の減税、畠方賦課諸役を統一し新税としての懸銭の創出、同役の納入期日の統一、目安制の全面展開、一部夫役の廃止、還住百姓への徳政、といった内容からなっている。このうち税制改革として注目されたのが懸銭の創出であり、それにともない反銭・棟別銭の賦課方法とその税額の変遷が追究されている[29]。これらは役銭とまとめられ、大名が直轄領・給人領の区別なく、領国内すべての村落を対象に賦課した「国役」であったことも明らかにされた。

さらに役銭とは別の、領国内村落に対する「国役」として存在した夫役についても、大普請役・陣夫役を中心に検討が行われ、その賦課基準などについて追究されている(30)。そしてこの問題はさらに、池上氏によって、その賦課が郡代・支城主などの領域支配者の管轄であったことから、その賦課範囲が支配領域を示しているという、領域支配制度の解明へと展開されるものとなっている。なお佐脇氏は、それら夫役は基本的には村落の貫高（すなわち村高）を基準にして賦課されたという見解を示しているが、それに対しては家数賦課が基準であったとする村川幸三郎氏の見解が出されている(31)。この点に関しては、現在においても解決されておらず、その解決は今後の課題として残されているといえる。

これら村落を対象に賦課された役銭・夫役についての解明がすすめられるとともに、漁村に対しての賦課役としての船方役・網度役や番肴銭(32)、宿に対しての賦課役である伝馬役(33)、職人に対する諸役などについても追究され、それらを総合して、北条家による領国内民衆に対する公事賦課体系の全容の解明が行われるようになっている。さらにそのうえで、それら公事の内容の違いをもとに、大きくは村落に対する「百姓役」、宿に対する「町人役」に区分され、身分と公事の対応関係と、それによる領国内における身分体系構築の動向が見通されるにいたっている(34)。これらの検討は氏康期にとどまるものではないが、これらの研究を通じて、そうした公事賦課体系の基本は氏康期に整備されたことが明らかになっている、といえるであろう。

このうち伝馬役については、それに基づいた伝馬制について、領国内の交通制度、宿への賦課役として注目されており、そこでは伝馬役の内容、伝馬役に基づく伝馬制の制度化を示す伝馬手形という独自の文書様式の創出、などのことが明らかにされている。なかでも野沢隆一氏によって、伝馬役については有賃のものと無賃のものがあったこと、伝馬手形については、従来は永禄元年（一五五八）が初見とみられていたが、天文年間にさかのぼることが明らかにされている[35]。そして池上氏や阿部浩一氏などによって、伝馬役が宿への賦課役であり、それを差配するのが宿問屋であること、伝馬役負担の対価は輸送業営業の承認であり、負担しない業者は当該街道で輸送業を行えないこと、商人荷物輸送においては宿で付け替えが行われることなど、伝馬役の検討を通じて、北条家による陸上交通・流通政策の実態まで追究がおよぶものとなっている[36]。

「公事赦免令」のもう一つの重要問題に、目安制の全面展開がある。これについては藤木久志氏と、それをうけた稲葉継陽氏により、村落から大名家への直訴制であると位置付けられ、領主と村落および村落間紛争における武力衝突を回避・抑制する新しい紛争解決手段であり、「平和」創出という共同利害を体現する画期的政策として、その意義がとらえられるものとなっている[37]。さらにこの目安制の全面展開にともなって、裁判制度の整備が行われている。それは目安（訴状）を受理し、裁決にいたるまでの審理担当者としての評定衆の編成、その採決結果を評定衆が署判した奉書に虎朱印を押捺した「裁許朱印状」という新しい文書様式の成立としてあらわされている。これらの裁判制度や評定衆についても検討はそれ以前においても蓄積されていたが[38]、藤木・稲葉両氏の研究によって、その成立は目安制の全面展開にともなうものであったことが明確になった。ちなみに裁許朱印状は弘治元年（一五五五）を初見とし、氏康当主期における評定衆には、石巻家貞・狩野泰光・笠原綱信・清水康英が確認されている。

この他に、氏康当主期の政策として顕著なものとなっているものに、撰銭対策があげられる。氏康による撰銭対策の初見は、「国中諸郡退転」への対策として「公事赦免令」を出した二ヶ月後の天文十九年閏五月のことであり、それから氏政に家督を譲った直後になる永禄三年（一五六〇）六月まで、連続的にみることができ、この時期、氏康が撰銭対策に集中的に取り組んでいたことがうかがわれる。これらについては佐脇栄智氏の研究があり[39]、その後では、私や川戸貴史氏の検討が行われている[40]。この問題に関しては、それらの対策の展開を、氏康による主体的な貨幣・流通統制の観点からとらえようとする伝統的な視角と、私による飢饉状況での「村の成り立ち」維持のための対策の一環とみる視角とに、大きく分けられる。またこの問題は、その後、永禄七年以降に、精銭不足への対応としての年貢・公事の現物納の採用、基準銭としての永楽銭の採用へと展開していくが、それへの評価とも連動するものとなる。

次に氏康隠居期について取り上げることにしたい。氏康は永禄二年十二月二十三日に隠居し、家督を氏政に譲った。しかしその後も、氏政とともに「二御屋形」「御両殿」と称されて、北条家の最高権力者として存在し続けるだけでなく、具体的にも、山口氏の指摘にあるように、伊豆から小机領・小山田庄にわたって領国支配を担当するのである。この隠居期における領国支配に関しては、実際に氏康が主導した内容のものについてみていくものとする。そしてそれに関して、これまでの研究では、永禄三年の徳政令、同七年の年貢・公事納入における現物納採用にともなう「納法」の制定、永禄三年以降にみられる村落賦課役の収取機構としての小代官・名主制度の展開、などのことが取り上げられている。

永禄三年徳政令について、専論として初めて取り上げたのは久保田昌希氏の研究であり[41]、その後、佐脇栄智[42]・則竹雄一[43]・山口博[44]・阿部浩一[45]・藤木久志[46]・久保健一郎[47]諸氏および私[48]によって検討が蓄積されている。発令の契機については、佐脇氏が指摘するように、数年来の飢饉状況ととらえられ、それを踏まえて藤木氏により、その前提となる氏康の隠居は「天道思想」に基づくものであり、徳政令の発令は「代替わり」による領国復興策としてのものであることが認識された。

内容は、年貢・公事の納入方法の緩和（半分現物納の容認）と徳政からなり、徳政に関しては適用対象とそれ以外の規定が行われている。発令も春の勧農期であることから、則竹氏はこれを「勧農の徳政」と評価しているが、その後の追究により、そもそも戦国大名の徳政令が、戦乱・災害・飢饉の領国危機にあって領国復興策として出されるものであることが明らかになっている。内容そのものに関しても、年貢・公事納入方法の緩和策については、私によって、その後の撰銭状況の深刻化をうけて、同七年からは常態化する内容であること、したがってこの時の処置は、撰銭対策であるとともに、その先駆をなすものであったこと、質流れ規定の「三島酉町」については、山口氏によって、伊豆三島社の秋の祭礼の「酉町」のことであり、それが流質期限であったことが明らかにされている。

さらにこの徳政令を契機にして、年貢・公事の収取制度の改変が行われたことが、近年の研究によって明らかになってきている。前提となるのは、西戸雄一郎氏が明らかにした[49]、未進年貢・公事の徴収方法の変更であり、「国役」系の役銭における未進分の徴収が、ただちにおける譴責から、一旦債務化され、それでも未進した場合に譴責が行われる、という方法に、ちょうど永禄三年から変更になっていることである。もう一つは、則竹氏の調査による村宛の役銭賦課における配符の登場である[50]。それをみると役銭徴収は、弘治期までは当該村落を支配する給人・代官によって行われていたものが、永禄五年からは村から担当奉行への納入に変化している。そしてこの役銭徴収に責任を負うものとして、同四年からみられてくるのが「小代官」であることから、「国役」系公事賦課における収取制度としての小代官制度は、未進分の徴収制度の変更にともなうものであったと理解されることになる[51]。

北条家による村落支配機構としての小代官・名主制度については、それ以前からも注目されてきた。両職を務めているのが村の土豪層であったことから、村落支配の進展を示す事柄ととらえられたことによる。しかし専論は少なく、先駆的な研究として下山治久氏の研究がみられた後では[52]、私がそれぞれの職務を明確にし、伊豆から武蔵河越領までの「本城領国」＝「本国」において、直轄領・給人領の区別なくすべての村落を対象に存在したこと、などの基本的内容を明らかにした。そのなかで小代官の初見が永禄四年、そのような性格の名主の初見は同三年であり、とくには同七年以降に頻出されるようになることを明らかにしている[53]。これにより小代官・名主は、ある段階における村落支配政策の展開にともなうものであることが予想されるものとなった。

ところが、その理由や経緯については容易には明確にならなかった。そうしたところ、未進分の年貢・公事徴収方法の変更、「国役」系の役銭の納入方法変更の時期が明確になったことで、先に述べたように、「小代官」制度の成立が、それにともなうものであったことが判明したのである。そしてもう一つの名主制度についても、その存在が同七年から顕著になること、そこでの役割が年貢・公事における納入責任にあることから、同年からの現物納容認という収取方法の変更にともなうものであることが認識されるのである。このようにして北条家の村落支配機構として注目されてきた小代官・名主制度成立の背景と経緯が、ようやくに解明されるにいたったといえるであろう。

また、永禄七年からの年貢・公事納入における現物納容認という収取方法の変更にともなって生み出されたのが、貫高と現物との換算率を規定する「納法」の成立であり、これについては山口氏によって検討されている[54]。北条家が収取する年貢・公事、「国役」系公事のうち、どの税目が何時から現物納が認められるようになったのか、について詳細に解明されている。さらにそれにともなって生み出されたのが、「俵入」規定であり、これについては西戸氏によって検討されている[55]。

これら永禄三年以降に展開された、年貢・公事収取制度およびその機構の整備は、いずれも隠居後の氏康が中心になってすすめたものであった。そしてそこで構築された制度・機構は、氏康の死後においても、そのまま北条家が滅亡する小田原合戦時まで継承されるものとなっている。このことから氏康は、隠居後は、そうした収取制度・機構の整備に尽力したものとして認識することができる。そしてそれらが、北条家の領国支配の在り方をもっともよく示す事柄となっていることから、北条家の領国支配の仕組みは、氏康によって構築されたと認識されるまでになっているのである。

三、氏康の軍事・外交に関する研究

氏康の軍事・外交についても、時期により大きく、天文十年（一五四一）から永禄二年（一五五九）までの当主段階の時期と、同三年から元亀二年（一五七一）までの隠居段階の時期とに分けるのが適当である。ここでは主として、当主期におけるものを中心に、その研究状況についてまとめることにしたい。

氏康が家督を継いだ時、北条家は、すでに室町幕府との関係では相伴衆の家格にあり、周囲の武蔵扇谷上杉家・上野山内上杉家・甲斐武田家・駿河今川家などと同等の家格にあった。また関東では、関東管領職にあり、関東政界においてはすでに古河公方足利家に次ぐ地位にあった。そして領国は、伊豆・相模二ヶ国、武蔵のうち小机・江戸・河越各領、下総葛西領にわたり、すでに関東において最大の領国を形成し、さらに武蔵由井大石家・同勝沼三田家・下総佐倉千葉家・同小金原家・上総土気酒井家・同東金酒井家・同真里谷武田家・駿河駿東郡葛山家・同垪和家・同富士郡富士家などの周辺国衆を従属させていた。しかしその一方で、扇谷上杉家・山内上杉家・武田家・今川家・安房里見家といった周囲の諸大名とは抗争関係にあるという状況であった。

そこから永禄二年末に氏政に家督を譲るまでの動向をおおまかにまとめると、天文十二年からの上総真里谷武田家内訌への介入と安房里見家との抗争の展開、同十三年における甲斐武田家との和睦、同十四年における武蔵忍成田家の服属、駿河今川家との和睦と河東地域からの撤退、同十五年における武蔵岩付太田家の服属、同河越合戦での勝利による扇谷上杉家の滅亡、山内上杉家への軍事的勝利、古河公方足利家への優位の確立、その後における武蔵松山上田家・岩付太田家・花園藤田家・深谷上杉家の従属、同十九年からの山内上杉家領国への侵攻、下総結城氏との通交開始、同二十年からの今川家・武田家との甲相駿三国同盟交渉の展開、古河公方足利晴氏との和解、同二十一年における武蔵御嶽城の攻略、山内上杉家の関東からの追放、越後長尾家との抗争開始、上野国衆の服属の展開、外甥足利義氏の古河公方擁立、真里谷武田領国の接収、同二十二年からの陸奥白川家との通交開始、安房里見家領国への侵攻開始、同二十三年における上総佐貫城の攻略、甲相駿三国同盟の成立、前古河公方足利晴氏の謀叛鎮圧、弘治元年（一五五五）における上総金谷城の攻略、同二年における結城家への援軍派遣と常陸海老島合戦での同小田家への勝利、下野那須家との通交開始、三男氏照の武蔵由井大石家の継承、同三年における常陸佐竹家との通交開始、下野宇都宮家の内訌への介入、永禄元年における北上野吾妻郡への侵攻、五男氏邦の武蔵花園藤田家の継承、同二年における御一家衆北条康元（妹婿玉縄北条綱成の次男）による上野沼田家の相続、などのことがあげられよう。

これらの結果として、永禄二年末頃の状況としては、領国は駿河河東を喪失したものの、扇谷上杉家を滅亡させ、山内上杉家を没落させたことで、武蔵全域・上野全域の国衆を服属させて両国を勢力下に置き、上総真里谷武田家領国を接収して、下総・上総のほぼ全域で国衆を服属させ、さらに下野国衆の足利長尾家・佐野家を従属させ、北下総結城家・下野国衆（小山家・那須家・宇都宮家）・常陸国衆（大掾家・佐竹家）・陸奥国衆（白川家）なども同盟あるいは通交関係を展開するようになっている。これによってその領国は、伊豆・相模・武蔵・上野・下総・上総六ヶ国におよぶものとなっている。そして安房里見家との抗争を継続していた。それとともに駿河今川家・甲斐武田家とは、互いに婚姻関係を結んだ強固な攻守軍事同盟を成立させ、その一方で越後長尾家との抗争が開始されるようになっている。

このように氏康は、旧来の関東における代表的な政治勢力であった扇谷・山内両上杉家を没落させ、それらの領国を併合することで、西関東一帯の領国化を遂げ、また古河公方足利家当主に外甥の足利義氏を擁立することで、公方家との一体化を遂げたうえで、下野・常陸・陸奥の政治勢力との政治関係を展開するようになっており、すでに関東の全域に影響力をおよぼす、全国的にも有数の大規模な戦国大名としての地位を成立させている。そして今川・武田両家と同盟関係を締結し、越後長尾・安房里見家との抗争を展開するという状況になっている。こうした状況は、いわば最終段階となる小田原合戦まで、基本的な状況として続いていくものといえる。このことからこの氏康当主期に到達した状況が、その後の氏政期・氏直期までにわたる、北条家の軍事・政治状況の基点となっているものと認識される。そしてそこでの大きな画期ととらえられるのが、両上杉家の没落、古河公方家の取り込み、甲相駿三国同盟の成立といえるであろう。これらの事柄を境にして、氏康の軍事・政治行動の性格は、大きく変化したとみなすことができるようである。

これらの氏康の軍事・政治行動のうち、具体的な政治過程については、『戦国遺文　後北条氏編』（東京堂出版、全七冊、一九八九〜二〇〇〇年）と『小田原市史　史料編中世Ⅱ・Ⅲ小田原北条1・2』（小田原市、一九九一〜九三年）[56]

の刊行により、無年号文書の年代比定が進捗したことによって明らかになったものといえる。その具体的な状況をまとめたものとして、全体的には拙編『北条氏年表　宗瑞・氏綱・氏康・氏政・氏直』（註51書）がもっともよくまとまったものとなっているほか、武蔵・上野に関しては拙著『関東戦国史　北条VS上杉55年戦争の真実（角川ソフィア文庫）』[57]、房総に関しては拙著『戦国の房総と北条氏〈岩田選書・地域の中世4〉』[58]、下野・常陸国衆との関係に関しては拙稿「下野国衆と小田原北条氏」によって[59]、それぞれ状況を把握することができる。

政治史研究としてもっとも蓄積がみられているものは、古河公方足利家との関係といえるであろう。これについては一九七〇年代後半から、佐藤博信氏による研究がみられている[60]。これによって前代氏綱期以来から、北条家と古河公方足利家との関係の在り方とその変化が把握され、とくに天文二十一年における外甥にあたる義氏の公方擁立、同二十三年の前公方晴氏謀叛の鎮圧、公方義氏を介しての下野・常陸国衆との関係展開といったことを通じて、古河公方足利家との一体化が進展し、それを冠することで他の関東政治勢力に対する優位を成立させていった状況が把握されるようになっている。

とくに古河公方足利家五代義氏との関係については、近年においても新たな研究がすすめられている。義氏は永禄元年に下総関宿城に移るまでは「葛西様」と呼ばれていたが、その葛西については従来は鎌倉葛西谷とみられてきたが、佐藤氏により下総葛西城であることが指摘され[61]、また私によって、義氏の葛西城入城は、公方家相続以前の天文十九年から二十年のことであったことが明らかになった[62]。それを踏まえてあらためて両家の関係の在り方とその変遷について、佐藤氏による整理が行われ[63]、また山口氏によって、北条家による古河公方家奉公衆に対する軍事統制、古河公方家御料所に対する支配の状況が追究され、そこでは北条家と義氏の協調関係をもとに、北条家の実質的な支配展開として把握できる状況が示されている。[64] なかでも永禄三年徳政令に際しての、義氏御料所であった武蔵小机領子安郷について、同郷からの年期売下人返還が否定されていることに関して、「結城氏新法度」を参照して、公方領の特別な性格を想定していることは注目され、この点についてはその後、藤木氏によって、公方領のアジール性として把握されている。[65]

また義氏との関係の在り方は、氏康が関東政界における北条家の地位、義氏と北条家による関東政治秩序の構築という、いわば「政権構想」を示すものとなる。この点については長塚孝氏によって、義氏が元服後に右兵衛佐に任官にしており、これが室町幕府将軍・関東公方家には類例がなく、鎌倉幕府初代将軍源頼朝の官途に一致していること、氏綱以降の北条家歴代の官途が左京大夫であり、これは鎌倉幕府において執権北条氏の歴代官途であったことをもとに、氏康は、義氏を頼朝に擬し、自らを執権北条氏に擬した、義氏との関係を鎌倉幕府の政治秩序に倣うものとしたことが指摘されている。[66]

ちなみに氏康が左京大夫に任官するのは、天文二十年十二月頃のことであり、義氏の右兵衛佐任官時期については、これまで明らかではなかったが、最近、その口宣案の存在が確認され、弘治四年（永禄元年）二月二日、従四位上・右兵衛佐に叙任していることが明らかになった（「平成二十八年東京古典会古典籍展観大入札会目録」）。その年四月に、義氏は古河公方足利家としては初めて鎌倉鶴岡八幡宮に参詣し、その後にやはり初めて北条家の本拠小田原城を訪問し、八月までのうちに下総関宿城に移って、公方領国への入部を果たすことになる。こうした経緯を踏まえると、年初における右兵衛佐任官は、氏康による、義氏の「頼朝化」の第一歩にあたるものであったことが、あらためて認識できるものとなろう。

この義氏は、先にも述べたように公方家相続以前から、北条家の属城であった葛西城に在城し、それは鶴岡八幡宮参詣まで続いていた。その期間は八〜九年におよぶものとなっており、そこに独自の在り方を想定することができる。そしてそれは氏康の意向によるとみなされるので、これも氏康がどのような「政権構想」を有していたのかを探る材料になる。ただ義氏の葛西城在城が判明したのが近年のことであるから、それに関する追究は始まったばかりともいえるが、葛飾区郷土と天文の博物館編『葛西城と古河公方足利義氏』[67]は、多方面からその実状に迫るこころみをみせており、今後におけるさらなる検討の進展が期待される。

次いで研究蓄積がみられているものが、駿河今川家・甲斐武田家との甲相駿三国同盟に関わる問題であろう。今川家との関係については、久保田昌希氏・池上氏による全体的な検討が行われているほか[68]、とくに天文十四年までの河東一乱に関する研究が蓄積されている。そのなかで近年では、同年の抗争の契機になる、聖護院道増による和睦斡旋が、室町幕府将軍足利義晴の意向により、それをうけた近衛稙家（氏康継母の弟）によるものであることが確認されている[69]。ただし同乱以降については、同二十三年における氏康娘早川殿（蔵春院殿）と今川氏真（義元嫡子）との婚姻における同盟成立が取り上げられるくらいであり[70]、その間の両家の関係とその変遷や、今川家関係者との交流などはあまり追究されていない。そのなかで同十七年に氏康が尾張織田信秀と通交していることについては、すでに奥野高広氏が注目しているが[71]、近年、今川・織田両家の関係について研究の進展がみられているので、それを踏まえたあらためての検討も要請される。

武田家との関係については、早くに柴辻俊六氏によって全体的な検討が行われたが[72]、氏康当主期に関してはそれほど研究の蓄積がすすんでいるわけではない。しかしそのなかで、両国間にあって「境目の国衆」として存在した甲斐郡内小山田家に関する検討のなかで、同家が北条家への取次を務めていたことにともない、北条・武田両家の関係についても認識が深められるようになっている。[73] なかでも小山田弥三郎信有については、「役帳」に他国衆として記載されていることに関して、様々な見解が出されてきていたが、小山田家の性格が明確になったことにともなって、そこにみえる所領は、丸島和洋氏により、取次給として把握されるものとなっている。[74]

また武田家との同盟については、これまでは天文二十三年における氏康嫡子の氏政と武田晴信娘（黄梅院殿）との婚姻によるものとみられてきたが、[75] これについては近年、武田家との同盟は、河東一乱解決の前年にあたる天文十三年に成立していたことが明らかになっている。[76] そして現在における氏康当主期における北条・武田両家の関係の全体的な状況については、それに関する専論というわけではないが、丸島和洋『戦国大名の「外交」』（講談社選書メチエ556）[77] に、もっとも要領よくもとめられているものとなっている。

なお氏康は、永禄二年末に隠居するが、その後もしばらくは北条家の軍事・外交を主導している。氏康が基本的にそのような立場にあったのは、同八年における出馬停止まででであったといえ、国衆との外交関係も同十年までのことであった。[78] 氏康の軍事・外交について把握しようとすれば、隠居後についてもその時期までは対象にすることが必要になるが、一方でそれは当主氏政との役割分担を検討することになるので、本稿で取り上げることはせず、それについては氏政について検討する機会に、あわせて取り上げることにしたい。

註

（1） 山口博『北条氏康と東国の戦国世界〈小田原ライブラリー13〉』（夢工房、二〇〇四年）。

(2) 拙著『戦国大名の危機管理〈歴史文化ライブラリー200〉』（吉川弘文館、二〇〇五年。のち角川ソフィア文庫、二〇一七年）。
(3) 黒田・浅倉直美編『北条氏康の子供たち』（宮帯出版社、二〇一五年）。
(4) 藤木久志・黒田編『定本北条氏康』（高志書院、二〇〇四年）。
(5) 山口博「氏康花押の変遷」「氏康による「武栄」印判の使用」（同著『戦国大名北条氏文書の研究〈戦国史研究叢書4〉』岩田書院、二〇〇七年。初出一九九九年・二〇〇三年）。
(6) 伊藤一美「伝馬御印と常御印判―発給手続に関する小考―」（『戦国史研究』一〇号。一九八五年、本書第2部Ⅴ）。
(7) 黒田基樹「戦国大名印判状の性格について」（『戦国史研究』三四号、一九九七年。本書第2部Ⅵ）。
(8) 山口博「氏康・氏政と虎印判状奉者」（註5同著収録。初出二〇〇四年）。
(9) 佐脇栄智編『小田原衆所領役帳　戦国遺文後北条氏編別巻』（東京堂出版、一九九八年）。
(10) 池上裕子「戦国大名領国における所領および家臣団編成の展開」（同著『戦国時代社会構造の研究』校倉書房、一九九九年。初出一九七六年）。
(11) 小和田哲男「戦国大名後北条氏の百姓と侍」（同著『後北条氏研究』吉川弘文館、一九八三年。初出一九七七年）。
(12) 下村信博「戦国大名後北条氏の役について―「小田原衆所領役帳」を中心に―」（『年報中世史研究』二号、一九七七年）。
(13) 佐脇栄智「後北条氏の知行役」（同著『後北条氏と領国経営』吉川弘文館、一九九七年。初出一九七八年）。
(14) 伊禮正雄「『小田原衆所領役帳』研究への提言―城郭との関わりを中心に―」（佐脇栄智編『後北条氏の研究〈戦国大名論集8〉』吉川弘文館、一九八三年。初出一九七六年）。
(15) 拙稿「『北条家所領役帳』の世界」（拙著『北条早雲とその一族』新人物往来社、二〇〇七年。初出一九九八年）。
(16) 拙稿「戦国期外様国衆論」（拙著『増補改訂戦国大名と外様国衆〈戎光祥研究叢書4〉』戎光祥出版、二〇一五年。初版一九九七年）。
(17) 代表的なものとして、勝守すみ「後北条氏家臣団の構造（一）―小田原衆所領役帳を中心として―」（『群馬大学紀要』人文・自然科学編七・八巻、一九五九年。本書第1部Ⅱ）・實方壽義「戦国大名後北条氏の家臣団構成―「小田原衆所領役帳」の分析を中心に「小田原」「津久井」両衆の場合―」（『石田和田龍山中四先生頌寿記念史学論文集』日本大学史学会、一九六二年。本書第1部Ⅲ）などがあげられる。
(18) とくに湯山学『関東上杉氏の研究〈湯山学中世史論集1〉』（岩田書院、二〇〇九年）・同『三浦氏・後北条氏の研究〈湯山学中世史論集2〉』（岩田書院、二〇〇九年）。
(19) 池上裕子「後北条領の公事について」（註10同著所収。初出一九八三年）。
(20) 拙著『戦国大名北条氏の領国支配〈戦国史研究叢書1〉』（岩田書院、一九九五年）。
(21) 前註拙著および註15拙著など。
(22) 佐脇栄智『後北条氏の基礎研究』（吉川弘文館、一九七六年）・註13同著。
(23) 佐脇栄智「北条氏の領国経営（氏康・氏政の時代）」（『神奈川県史通史編1』第三編第四章第二節、神奈川県、一九八一年。本書第1部Ⅰ）。
(24) 註10池上著書。
(25) 久保健一郎『戦国大名と公儀』（校倉書房、二〇〇一年）。
(26) 則竹雄一『戦国大名領国の権力構造』（吉川弘文館、二〇〇五年）。
(27) 拙稿「戦国大名の「国役」とその性格」（拙著『中近世移行期の大名権力と村落』校倉書房、二〇〇一年）・註2拙著など。
(28) 則竹雄一「北条領国下の年貢・公事収取体系」（註4書所収）。
(29) 主に佐脇栄智「後北条氏の懸銭・段銭再考」（註13同著所収）にまとめられている。その他、反銭に関しては、野沢隆一「後北条氏と段銭」（『米原正義先生古稀記念論文集　戦国織豊期の政治と文化』続群書類従完成会、一九九三年）がある。
(30) 主に佐脇栄智「後北条氏の夫役について」（註22同著所収）による。
(31) 村川幸三郎「後北条氏の陣夫役について（上下）」（『研究と評論』五六・五七号、一九九六～七年）・「後北条氏の陣夫役賦課基準への疑問」（『戦国史研究』二一号、一九九一年）。
(32) 船方役・網度役については、佐脇栄智「後北条氏の船方役と船役と網度役と」（註22書所収）、番肴役については實方壽義「戦国大名後北条氏の「番肴」税制について」（『研究彙報』八輯、一九六四年。本書第1部Ⅳ）。
(33) 伝馬役については、下山治久「後北条氏の伝馬制度」（註14同著所収）・野沢隆一「後北条氏の伝馬制度に関する一試論」（『國史學』一二七号、一九八五年）・池上裕子「伝馬役と新宿」「市場・宿場・町」（註10同著所収）など。
(34) 池上裕子「北条領国における身分編成と役の体系」（註10同著所収）。
(35) 註33野沢論文。なお初見の伝馬手形については、その後、受給者の人名表記から天文二十二年であることが確定されている（小佐野浅子「武田領国の土豪層と地域社会」平山優・丸島和洋編『戦国大名武田氏の権力と支配』岩田書院、二〇〇八年）。
(36) 註33池上論文・阿部浩一「戦国期東国の問屋と水陸交通」（同著『戦国期の徳政と地域社会』吉川弘文館、二〇〇一年）など。
(37) 藤木久志「村の越訴」（同著『村と領主の戦国世界』東京大学出版会、一九九七年）、稲葉継陽「中世史における戦争と平和」「中・近世移行期の村落フェーデと平和」（同著『日本近世社会形成史論』校倉書房、二〇〇九年）。
(38) 中丸和伯「後北条氏と印判状」（稲垣泰彦・永原慶二編『中世の社会と経済』東京大学出版会、一九六二年）・小和田哲男『小田原評定〈小田原文庫9〉』（名著出版、一九七九年）・伊藤一美「戦国大名後北条氏の『庭中』と『目安』」（『戦国史研究』九号、一九八五年）・實方壽義「戦国大名北条氏の評定衆について―その設定動向と職権の存在を中心に―」（『小田原市郷土文化館研究報告』二七号、一九九一年）・古宮雅明「戦国大名後北条氏の裁判制度について」（『史朋』二七号、一九九二年。本書第2部Ⅰ）。
(39) 佐脇栄智「後北条氏の貨幣政策について」（註22同著所収）。
(40) 拙稿「戦国大名の撰銭対策とその背景」（註27同著所収）・川戸貴史「十六世紀後半関東の「永楽」と永楽銭」（同著『戦国期の貨幣と経済』吉川弘文館、二〇〇八年）。
(41) 久保田昌希「後北条氏の徳政について―武蔵国多摩郡網代村の一事例―」（『史誌』五号、一九七六年。本書第2部Ⅱ）。
(42) 註23佐脇論文。
(43) 則竹雄一「後北条領国下の徳政問題―永禄三年徳政令を中心に―」「大名領国下の年貢収取と村落」（註26同著所収）。
(44) 山口博「「三島酉町」と流質との関連をめぐって―後北条氏永禄三年の「徳政令」文書における、徳政除外規定の再検討を中心に―」（『小田原地方史研究』一六号、一九八八年）・「永禄三年酒匂における徳政相論覚書」（『おだわら』二号、一九八八年）。

(45) 阿部浩一「戦国期徳政の事例検討」「永禄三年後北条氏徳政令と『酉町』」(註36同著所収)。
(46) 藤木久志「永禄三年徳政の背景―〈歴史のなかの危機〉にどう迫るか―」(『戦国史研究』三一号、一九九六年。本書第2部Ⅲ)。
(47) 久保健一郎「戦国大名領国における高利貸と「徳政」」「北条氏康の徳政」(註25同著所収)・「戦国大名の徳政と徳政観」(同著『戦国時代戦争経済論』校倉書房、二〇一五年)。
(48) 拙稿「北条氏康の徳政令―戦国大名の構造改革」(拙著『戦国期の債務と徳政』校倉書房、二〇〇九年)。
(49) 西戸雄一郎「未進年貢諸役に関する規定と戦国大名―武田氏・北条氏を事例として―」(『信濃』七四二号、二〇一一年)。
(50) 註28則竹論文。
(51) 拙稿「「百姓直納」体制の成立」(拙編『北条氏年表　宗瑞・氏綱・氏康・氏政・氏直』高志書院、二〇一三年)。
(52) 下山治久「後北条氏の郷村支配と小代官」(『藤沢市史研究』八号、一九七六年)
(53) 拙稿「北条領国における「小代官」と「名主」」(註20拙著所収)。
(54) 山口博「後北条領の「納法」に関する若干の問題について」(『郷土神奈川』二六号、一九九〇年)。
(55) 西戸雄一郎「戦国時代後北条氏領国における年貢公事収納と「俵入」」(『歴史学研究』七三三号、二〇〇〇年)。
(56) その後、補遺として「小田原北条氏五代発給文書補遺」(『小田原市史　通史編原始古代中世』別冊付録、小田原市、一九九八年)がある。
(57) KADOKAWA、二〇一七年。初版二〇一一年。
(58) 岩田書院、二〇〇八年。
(59) 拙稿「下野国衆と小田原北条氏」(栃木県立文書館編『戦国期下野の地域権力』岩田書院、二〇一〇年)。
(60) 佐藤博信「足利晴氏・義氏とその時代―後北条氏との関係を中心に―」「古河公方領に関する考察―「葛西様御領」をめぐって―」(同著『古河公方足利氏の研究』校倉書房、一九八九年。初出一九七六・七八年)。
(61) 佐藤博信「古河公方足利義氏についての考察―特に「葛西様」をめぐって―」(同著『中世東国政治史論』塙書房、二〇〇六年)。
(62) 拙稿「足利義氏と北条氏」(拙著『古河公方と北条氏〈岩田選書・地域の中世12〉』岩田書院、二〇一二年)。

(63) 佐藤博信「古河公方足利義氏と東国―特に「葛西様」段階を中心に―」(同著『中世東国の権力と構造』校倉書房、二〇一三年)。
(64) 山口博「戦国大名北条氏と古河公方」(浅野晴樹・斎藤慎一編『戦国大名北条氏〈中世東国の世界3〉』高志書院、二〇〇八年)。
(65) 藤木久志「関東公方領のアジール性」(『日本歴史』七四三号、二〇一〇年。本書第3部Ⅱ)。
(66) 長塚孝「戦国武将の官途・受領名―古河公方足利氏と後北条氏を事例にして―」(『駒沢史学』三九・四〇号、一九八八年。本書第3部Ⅰ)。
(67) 雄山閣、二〇一〇年。同書には、公方家当主御座所としての葛西城に関する考察のほか、註63佐藤論文のほか、長塚孝「葛西公方府の政治構想」・平野明夫「足利義氏の元服式」などが収録されている。
(68) 久保田昌希「今川氏と後北条氏―駿甲相同盟の政治的前提―」(同著『戦国大名今川氏と領国支配』吉川弘文館、二〇〇五年)・池上裕子「戦国期における相駿関係の推移と西側国境問題―相甲同盟成立まで―」(『小田原市郷土文化館研究報告』二七号、一九九一年。本書第3部Ⅳ)。
(69) 大石泰史「足利義晴による河東一乱停戦令」(『戦国遺文今川氏編月報』一、二〇一〇年。本書第3部Ⅴ)。
(70) 杉山博「早河殿(蔵春院殿天安理性)への回想」(『史談小田原』特集号、一九七五年)・長谷川幸一「早川殿―今川氏真の室」(註3書所収)など。
(71) 奥野高広「北条氏康の外交」(『東京史談　菊池山哉先生追悼号』一九六八年。本書第3部Ⅵ)。
(72) 柴辻俊六「戦国期の甲・相関係」(同著『戦国大名領の研究　甲斐武田氏領の展開』名著出版、一九八一年)。
(73) 小山田家に関しては、丸島和洋『郡内小山田氏〈中世武士選書19〉』(戎光祥出版、二〇一三年)・同編『甲斐小山田氏〈論集戦国大名と国衆5〉』(岩田書院、二〇一一年)を参照。
(74) 丸島和洋「取次給の宛行」(同著『戦国大名武田氏の権力構造』思文閣出版、二〇一一年)。
(75) なお黄梅院殿についての専論に、杉山博「黄梅院殿春林宗芳への回想―武田信玄の娘・北条氏政室―」(『歴史手帖』三巻七号、一九七五年)がある。
(76) 拙稿「天文期の山内上杉氏と武田氏」(拙著『戦国期山内上杉氏の研究〈中世史研究叢書24〉』岩田書院、二〇一三年)・註57拙著。

(77) 講談社、二〇一三年。
(78) 拙稿「北条氏政」(註3書所収)

第1部

氏康の領国支配

Ⅰ　北条氏の領国経営（氏康・氏政の時代）

佐脇栄智

一、氏康の時代

氏康、家督を継ぐ　氏康《うじやす》が北条家の第三代当主の座についた月日は明らかでない。通説に従い、父の死により子が立ったとすれば、天文十年（一五四一）七月十九日以後のことである。しかし、『北条五代記』には、「氏綱の長兄氏康に家督をわたし、氏綱公ハ天文十年七月十九日薨《こう》し給ひぬ」と記していて（巻之二の一）、氏綱はその死に先立って、家督を氏康に譲ったようでもある。しかも、『相州兵乱記』や『鎌倉管領九代後記』などに一致して、天文十年の夏（四～六月）のころ、氏綱が病中にあったことを伝えている。そして、このことを動機としているかのように、同年五月二十一日付で、氏綱は家督相承者である氏康に対して置文をしたためているのである（『神奈川県史　資料編』〈以下『資料編』〉３下　中世六七四三）。こうしたことから、氏綱には隠居の可能性が認められるわけであるが、いずれにしても、氏康が北条家の家督を継いだのは天文十年半ばのことである。ときに氏康は二十七歳であった。

しかしながら、すでに相田二郎が指摘するように、氏康はこれより以前から、北条家の家督を相承すべき一人として、氏綱とともにその政務に関与していた（「織田氏并豊臣氏の古文書」『戦国大名の印章印判状の研究』）。その初見は、天文六年七月二十三日に、氏綱・氏康父子が連署して武蔵の佐々目郷を鶴岡八幡宮に安堵寄進しているものである（『資料編』3下　中世六七〇〇）。北条氏が、扇谷上杉氏の本拠河越城を奪取した直後のことである。このとき、氏康は二十三歳に達しており、すでに今川氏親の娘（瑞溪院《ずいけいいん》、その母親は中御門宣胤の娘）を正室として迎えて、その間には嫡男新九郎（氏政の兄、天文二十一年三月二十一日死亡）が出生していたものとみられる。その後、氏康は、天文七年正月に相模の大山寺八大坊に対して御造営御蔵の諸役賦課を停止《ちょうじ》させているが、翌八年十二月には武蔵六郷の宝塔院僧某を同院に帰寺させるとともに横合非分と諸役等を申しかけることを禁じ、九年三月には駿河の桃源院に対し殺生等の禁制を与えるなどしている（『資料編』3下　中世六七〇三・六七二三・六七二九）。

ところで、氏綱が死ぬとその虚を衝《つ》いて扇谷上杉朝定が攻撃をかけてきた。十年の十月には、河越城を守備する北条軍と上杉軍との間で二度にわたり攻防が展開されたようである。結局、上杉軍は撃退され、氏康は十一月二日に篠窪出羽入道・重田木工之助・大藤信実・金谷斎（大藤信基）・大藤与次郎・太田弾正忠・竹本源三らの河越城における戦功に対して感状を与えている（『資料編』3下　中世六七四五〜四九）。この戦いで、相模の田原城（秦野市）を本拠としていた大藤一族は、河越城の北曲輪《くるわ》を守備して戦功を立てたものである。扇谷上杉軍は、河越城を陥れて江戸城に迫ろうとしたらしく、十月に、品川の妙国寺と本光寺に禁制を与えている（妙国寺文書、『武州文書』荏原郡）。この禁制の発行者は確定できないけれども、大永四年（一五二四）七月に江戸城の奪還を目指した上杉朝興が、氏綱の花押を襲用した禁制を両寺に与えていることを考え合わせると、扇谷上杉氏関係者のものとみてよいであろう。

扇谷上杉軍の来襲を撃破した氏康は、北条家の新当主としてその領国経営に乗り出した。まず、その検地についてみると、天文十一年には相模の中央部（平塚市・厚木市・茅ヶ崎市・藤沢市・津久井郡）と武蔵の東南部（横浜市金沢区など）で、また翌十二年には相模の中央部（大磯町・平塚市・厚木市・伊勢原市・海老名市・清川村）と武蔵の南部（川崎市多摩区・町田市）および同東南部（横浜市南区など）さらに伊豆の韮山付近で、それぞれ実施していることが知られる。その個々の郷村については後述するが、このいわゆる代替わり検地を、直轄領だけでなく、給人領や寺社領でも行っていることは注目されるところである。勝俣鎮夫が指摘するように、検地により確定された百姓の土地保有権は、新当主氏康に直接的に安堵されたことを意味するとみてよいであろう（「戦国法」『戦国法成立史論』）。

　検地の施行とともに、氏康は先例に任せて公事の免除などを行った。本県関係についてみると、十一年四月祖父早雲・父氏綱の例に任せて建長・円覚・東慶の三か寺の行堂の諸公事を免除し、七月には同じく鎌倉の本覚寺に制札を与えて陣僧・飛脚以下の諸公事を免除している（『資料編』３下　中世六七五五・六七六〇）。十一年の六月に、当麻山無量光寺に制札を与え陣を取ることを禁じたのも、そして九月に、垪和《はが》又太郎《またたろう》の所領の福田郷（大和市）・千束・七次（藤沢市高倉）・長後（藤沢市）などに対する段銭《たんせん》・棟別《むなべち》等を免除したのも、先例に任せて行ったものであろう（『資料編』３下　中世六七五八・六七五九・六七六二）。新当主氏康は、祖父早雲・父氏綱が認めていた公事の免除などについても、これを安堵する判物・印判状を与えたのである。

　なお、天文十一年四月には鶴岡八幡宮の大鳥居が由比ヶ浜に再建されたが、その翌々月の六月、後奈良天皇は北条家の菩提所早雲寺を勅願寺としている（『鎌倉九代後記』、『資料編』３下　中世六七五七）。このことは、天文の初めに、同天皇が氏綱の許《もと》に勅使を遣わされていることや、氏綱が伊豆の御料所の貢租を献上していることなどと、関わりをもつものであろう。また、氏康は十二年四月に鎌倉覚園寺の修理勧進のことについて印判状を与えたが、翌十三年六月には鶴岡八幡宮の法度を定めて、巡礼や往来の者の落書などを禁じている（『資料編』３下　中世六七七四・六七八八）。

河越合戦前後　氏康が北条家の家督を継いだ翌年の天文十一年六月、関東管領上杉憲政は、常陸の鹿島神宮に願文を納め、宗瑞（早雲）以来すでに三代に及んだ北条氏を討滅し、その家運の回復することを祈った（鹿島神宮文書）。扇谷上杉氏の反撃作戦が失敗に終わったのち、新たに山内上杉氏による北条氏打倒計画がすすめられていた。

こうした情勢の中で、氏康は古河公方足利晴氏との同盟関係の保持に努めているが（『資料編』３下　中世六七七三）、憲政は安房の里見義堯《よしたか》らに働きかけて氏康に敵対させたらしく、天文十三年九月、氏康の軍は義堯の軍と安房で一戦を交えている（『資料編』３下　中世六七八九、妙本寺文書）。一方、天文六年二月の甲駿同盟成立後、北条氏と今川氏との間では駿河の富士川以東の地域をめぐり抗争が絶えなかったが、憲政は今川義元と結び氏康に当たることになった。こうした中で、聖護院道増《しょうごいんどうぞう》は義元と氏康の和睦に努めたが成功せず、天文十四年七月義元は駿河の善徳寺（吉原市）に兵を進め、翌八月氏康の軍と今井狐橋で戦いを交えたが、このとき武田晴信は義元を援助している（『為和卿集』、天野文書、『妙法寺記』）。この義元の進撃に呼応して、憲政は九月に扇谷上杉朝定とともに河越城を攻囲するに至り、氏康は重大な危機に立たされることになった。十月十日、氏康は鶴岡八幡宮に願文を納めて、義元に対する戦勝を祈り、三年間毎月参詣し万度祓を行うと誓っている（『資料編』３下　中世六七九七）。氏康が不利に陥ると、古河公方足利晴氏は氏康と断って憲政に加勢することになり、十月の末には河越城攻めに加わった。しかし、武田晴信の斡《あっ》旋《せん》により、氏康と義元および憲政の間に講和が成立し、その結果、氏康は富士川以東の駿河を失うことになる。こうして十四年は暮れたが、翌十五年四月になると、氏康は北条綱成らが守る河越城の救援に向かい、その二十日に憲政らを撃って大勝した。この、河越の夜討といわれる戦いで、朝定や難波田善銀らは戦死し、憲政は上野の平井に逃れ、晴氏は古河に帰った（『喜連川判鑑』、『武家事紀』、『年代記配合抄』、『北条五代記』、『高白斎記』、『妙法寺記』）。朝定らの敗死によって扇谷上杉氏は滅亡した。

この河越合戦の勝利とともに、松山城は北条の手に落ち、滝山（東京都八王子市）の大石定久、天神山（埼玉県秩父郡長瀞町）の藤田邦房らが氏康に服属することになった。しかし、九月になって松山城は太田資正に奪われたが、翌十六年になると、資正の部将上原出羽守が氏康に来属した。その八月七日、氏康は上原に対し、本領である市郷（横浜市緑区）を安堵し、ついで同郷の棟別・段銭・押立・城米といった公事を免除している（『資料編』３下　中世六八一八・六八一九）。十六年も押し詰まった十二月、資正は松山城を上田又次郎（朝直＝案独斎宗調《あんどくさいそうちょう》）に預け岩槻城に移ったが、氏康は上田の内応とともに直ちに岩槻城を攻囲した。翌十七年の正月十八日になって、氏康は資正と和したが（『年代記配合抄』）、資正の許を去って北条方に来属する武士が多かったようである（『資料編』３下　中世六八五六）。こうした現象は、氏康が北武蔵における覇権《はけん》を握ったことを意味するものであろう。十四年の危機から二年半が過ぎていた。なお、氏康は十七年五月、上原出羽守に戸部郷（横浜市西区）七十貫文の地を与えている（『資料編』３下　中世六八五五）。

これより前の天文十五年三月、氏康は相模の寒川神社の宝殿を再興しているが（寒川神社所蔵棟札）、同年七月には武蔵の小沢郷（川崎市多摩区）二百十八貫文の地を垪和左衛門大夫に与えている（『資料編』３下　中世六八〇六）。これは恐らく、垪和の河越合戦における勲功に対する恩賞であろう。翌十六年、氏康は鎌倉中に検地を行い、十月に宝戒寺の大持院をはじめ諸寺社に、所領を安堵したり、あるいは増分を寄進したりなどしている（『資料編』３下　中世六八二一～二九・六八三一～四八）。この鎌倉検地も、代替わり検地とみてよいであろう。危機到来によって、鎌倉ではそれが延引されていたものとみられる。

ところで、氏康の弟で玉縄城主の為昌は、天文十一年五月三日に死亡したが、十六年になってその菩提所本光寺が小田原に建立され、その九月、氏康は相模の下中村のうち上町《かのまち》分百貫文の地を寺領として寄進した（『資料編』３下　中世六八二〇）。ついで十七年十二月に、この寺領は段銭や棟別銭などを賦課しない不入の地としている（『資料編』３下　中世六八六二）。また同じ十二月、氏康は鎌倉の荏柄天神社再興のための関所を設けて、その関銭をこれに充てさせたが、翌十八年七月には、江の島の上宮と下宮に白糸（中国製の絹糸とみられる）二十斤を寄進し、造営の資に充てさせている（『資料編』３下　中世六八六三・六八七〇）。この白糸は、六月下旬に伊豆の御蔵島《みくらじま》に漂流した中国貿易の薩摩船の積荷の一部とみられるが、氏康はその荷物の大半を分国中の大社に修理料として寄進したといい、武蔵の六所明神社にもこれを寄進している（『資料編』３下　中世六七九一）。寺社領における検地の増分も、その造営料所として寄進しているが（『資料編』３下　中世六七九一）、このような寺社の復興整備政策は、民心安定策の一環として北条氏が重点施策としていたとみることができよう。

税制の改革　河越合戦で大勝した氏康は、その翌天文十六年、陣夫について二百貫文の地に対して一疋ずつの増夫を行っている（『資料編』３下　中世七四六三）。この陣夫の増徴が示しているように、氏康はさらにその軍事力の増強を図ったものとみられ、そのために、北条氏の課役が一層厳しくなったであろうことが推測される。すると、国中の諸郡が退転、つまり疲弊してしまったというのである。

領国がこうした状態になると、氏康は税制を改革するとともに徳政をも行ってこれに対処した。この税制改革というのは、年貢に関してではなく、北条氏が領国の土地や人に対して賦課していた段銭とか棟別銭などといった公事諸役について行ったものである。

氏康が、このような税制改革を行ったことを示している史料は、天文十九年庚戌四月朔日付の虎の印判状で、現在、八点知られている（『資料編』3下中世六八八五～九一、三須文書）。本県関係では、相模の一色郷・磯辺郷・田名郷、武蔵の本牧郷の、それぞれ百姓中にあてられているが、その書き出しに「国中諸郡就退転、庚戌四月諸郷公事赦免之様躰之事」と記されていることと、徳政の条項があることから、従来、公事赦免を行ったものと解釈されていた（牧野純一『後北条氏民政史論』、『横浜市史』第一巻）。しかし、この印判状の眼目は、結局、「諸点役の替わりとして、百貫文の地から六貫文がけの役銭を出すように相定めた。したがってそれを納めれば、今後は昔から定められていた諸公事は残らず免除する」と、いっているところにあるとみなければならない。そして、諸点役といっているのは、北条氏がそれまで賦課していた守護役系統の課役で、その主要なものは段銭であったとみられ、また、役銭と呼んでいるものは、その後の賦課徴収状況からみて、「段銭」に充てることができる。したがって、氏康は、旧来の段銭などを整理統合して、税率六パーセントの新しい段銭に統一した税制改革を行った、とみることができるのである。その税制改革は、天文十九年（一五五〇）四月一日に実行された。

この新段銭につぐ北条氏の主要な課役には、懸銭《かけせん》がある。この懸銭についての初見史料は、庚戌（天文十九年）閏五月十二日付磯辺代官同百姓中あて虎の印判状で（『資料編』3下　中世六八九二）、この文書の書きぶりから、閏五月十二日をさかのぼること間もない時期に、懸銭が新たな税目として設定されたものであろうことを読みとることができる。その時期は、新段銭と同じ四月一日ともみられるが、たとえそうでないとしても、その直前・直後であることは間違いない。この懸銭も、新段銭と同様に田畠の貫高を基準として賦課されており、その税率は四パーセントと算出することができる（拙稿「後北条氏の税制改革について」『後北条氏の基礎研究』）。また、懸銭は、万雑公事《まんぞうくじ》を整理統合して設定された税目とみられるが、それは、これまで地頭（個別領主）や代官などが慣例にしたがって賦課していたもろもろの公事（万雑公事）を禁止して、氏康はこれを懸銭として統一し、吸収したものと推測される。つまり、新段銭（天文十九年四月以後の段銭）は守護役系統の諸公事（諸点役）を整理統合し、また、懸銭は地頭（個別領主）・代官等賦課の諸公事（万雑公事）を禁止して、それぞれ一定の税率で再編統一した税制整備とみることができるのである。しかも、この税制の改革は、検地によって確定された貫高を基礎として行われている。

段銭・懸銭とともに三税の一つであった棟別銭についても、この天文十九年四月の税制改革の際に、それまでの一間当たり五十文から三十五文に減額されたとみることができる（拙稿「後北条氏棟別銭考」『後北条氏の基礎研究』）。それから、廻陣夫と呼ばれている夫役についても、同時に、それまでの郡代夫などを整理統一して設定したものと推測される。したがって、この天文十九年四月の税制改革では、さまざまな公事諸役について、整理統合が行われるとともに、それぞれ一定の税率が確定されたとみることができる。このことは同時に、北条氏の土地支配と農民の直接把握が一層強化されていることを意味しているとみられ、その意義は大きいといわなければならない。なお、税制については後述する。

この税制改革が行われた天文十九年にはまた、氏康は、関東諸国に永楽銭の通用を命じたように伝えている（『北条五代記』巻之二の五）。しかし、その後の関係史料からみると、永楽銭は北条氏の本位貨幣とはなっていないのである。北条氏の貫高についても、永楽銭を基準としたいわゆる永高ではない。北条氏の場合、永高は北武蔵などのごく一部で使用されていることが知られているにすぎない。

東嶺智旺の来相　天文十九年は、氏康によって、その領国経営の基礎固めが行われた年といってよいほど意義ある年であったが、その翌二十年の四月には、智旺という禅僧が駿河から箱根路を越えて相模にやって来て、鎌倉の寺社などを見物している。この智旺について、玉村竹二は、京都南禅寺の第二百六十一世となっている東嶺智旺《とうれいちおう》で、彼は伊勢氏またはその被官蜷川氏の関係者（両氏の帰依僧あるいは出身者）であろうと推定している（『円覚寺史』補遺其二）。その智旺は、相模における見聞を、四月二十六日付でしたためて、兌心庵《たいしんあん》という友人にあてて送っていたが、それが『明叔録』に収められ、今日に伝えられている。

智旺の書状は、小田原についてのあらましを、次のように記している。

湯本の早雲寺よりして一里ばかり、府中の小田原に到る。町の小路は数万間、地に一塵なし。東南は海なり。海水は小田原の麓をめぐらすなり。太守（氏康）の塁《とりで》は、喬木森々、高館巨麗にして、三方に大池あり。池水は湛々として、浅深はかるべからざるなり。白鳥そのほかの水鳥、翼々然たり。太守、平日実地を踏み、文を表にし武を裏にす。刑罰清くして遠近服す。まことに今代天下無双の覇王なり。およそ士たる者、敬わざるべからず。万般、耳目を驚かすのみ。諸士は美麗、なかんずく、若俗の風流、温藉《おんしゃ》なること、春雨の海棠、風中の楊柳のごときなり。（原文は漢文体）

このような智旺の記述によって、小田原城の巨大にして壮麗なるさまや、その城主氏康の偉大さ、また、整備され繁栄する小田原の町の様子をうかがうことができる。

智旺は、氏康から伝馬《てんま》の手形を与えられて小田原を出発し、すでに相当に整備されていた伝馬を利用して鎌倉に向かい、途中、伊勢兵庫助の領地（中郡八幡郷＝現在の平塚市八幡であろう）に一泊し、翌朝早く相模川を渡り、藤沢を経由して玉縄城下の伊勢備中の被官の家に着いて歓待をうけた。その後、円覚寺の門前を通って建長寺に至り、その塔頭《たっちゅう》である天源庵を定宿としている。同庵は、早雲寺の以天宗清《いてんそうせい》が再興していたものである。

天源庵に二、三日滞在した智旺は、まず、金沢見物に出かけたが、瀟湘《しょうしょう》八景も及ばないと、その絶景をたたえている。船に乗って夏島・野島・烏帽子島を遊覧したのち、称名寺を訪ね天竺人が書いたという十六羅漢像などを見て、帰りは朝比奈の切通しを通り瑞泉寺に着いたが、その難路に驚いている。瑞泉寺で夢窓国師（夢窓疎石）の御影《みえ》を拝したのち、頼朝の屋敷跡などと浄妙寺を見物して天源庵に帰った。

その翌日は、まず、円覚寺を訪ねているが、仏殿のあるべき場所には礎石だけが残っていて、法堂を仏殿としていると記している。建長寺の仏殿についても、これ以前に同様の記述をしており、当時、両寺の仏殿は存在していなかったようである。正続院昭堂（舎利殿）で開山（無学祖元）の木像を拝見したりなどし、最後に鐘楼に行って洪鐘《こうしょう》を見、帰りに浄智寺を見物している。ついで禅居庵で大鑑禅師（清拙正澄《せいせつしょうちょう》）将来の摩利支天像を拝覧したのち、一山《いっさん》一寧《いちねい》（一山国師）の塔頭玉雲庵で、大覚禅師（蘭渓道隆）の御影などを拝見しており、また、同庵において、建長寺の僧門顕首座が、大覚の女性問題を将軍に讒訴《ざんそ》したため、大覚は同寺を出でて甲斐に退いた、という話などを聞いている。

そののち、鶴岡八幡宮を訪ねた智旺は、再建まもない八幡宮の回廊が印象深かったらしく、「百八廻廊は旧《もと》のごとし」と記している。また、頼朝像について両眼のうち一方が小さいといっている。ついで尼五山筆頭の太平寺の仏殿（永禄六年十二月二十七日の円覚寺大火災後に、円覚寺舎利殿として移建され、現在に至るといわれる）を見て、荏柄天神社から寿福寺へと回り、八幡宮前から若宮大路を由比ヶ浜に出て長谷に至り、すでに露坐となっていた大仏を見ている。

さらに長谷寺観音堂から極楽寺に行き、碼碯《めのう》の不動などを拝見し、腰越を通り江の島に着き、松明《たいまつ》で岩窟を見物した。途中、義経の腰越状の話も聞いている。

智旺の書状は最後に、これらの霊区・名所は、太守（氏康）の印判がなければよく見物できない、と記しているから、寺社等に対する北条氏の保護が徹底していたとみてよいであろう。

なお、東嶺智旺が相模に到着する直前の三月、氏康は山内上杉憲政を上野の平井城に攻めて厩橋《まやばし》城に走らせたが、北条・上杉の両軍は上野を舞台に攻防をくり広げることになった。氏康は、その七月、ついで八月にも出陣し憲政を攻めているが、憲政は追い詰められた白井城をも支えることができず、遂に翌二十一年正月、越後の守護代長尾景虎（のちの上杉輝虎、謙信）に頼ることになった（上杉家文書、『小田原編年録』、『年代記配合抄』、『資料編』３下　中世六九一一）。また、天文二十年の十二月、氏康は古河公方足利晴氏の部将簗田晴助と盟約したが、翌二十一年十二月には、晴氏はその子義氏（母は氏綱の娘、芳春院）に家督を譲るの止むなきに至った（『資料編』３下　中世六九一九、喜連川文書）。氏康は関東の経略をさらに一歩前進させたのである。

その翌二十二年の十一月、氏康は、鎌倉の安養院などに対し、先年（天文十六年とみられる）半分赦免した棟別銭についてその残額を免除し、また、同じ浄妙寺などに対しては、天文十六年の検地の際に保留した増分の一部とみられる土地を修理料所としてそれぞれ寄進している（『資料編』３下　中世六九四七〜五二、六九五四〜五八）。

相甲駿三国同盟の成立　関東管領上杉憲政（憲当）を上野から越後に逐《お》うなどして関東の経略が一段落すると、北条氏康は天文二十三年（一五五四）の二月、駿河へ攻め入って吉原に軍を進めた。このとき、今川義元は三河に遠征中で氏康はその間隙《かんげき》をぬっての行動であった。しかし、今川氏と同盟関係にあった甲斐の武田晴信（信玄）は、加島の柳島に兵を進め、北条軍と対峙《たいじ》することになり、三月の初旬には相・甲両軍の間で戦闘が行われたが、義元も急遽三河から兵を帰して武田軍と合流して、北条軍との間で一大決戦が展開されようとしていた。

　そのときである。義元の軍師で臨済寺の住職であった太源崇孚《たいげんすうふ》（雪斎）と、その弟で当時善徳寺にいた建乗の斡旋によって、氏康・義元・晴信の三者が瀬古（静岡県富士市）の善徳寺で会見し、晴信の娘を氏康の子氏政に、氏康の娘を義元の子氏真に、それぞれ嫁がせるという条件で講和が成立したというのである。これを一般に「善徳寺の会盟」と呼んで名高いが、氏康・義元・晴信といった三人の戦国大名が一堂に会して講和を結んだという事実は、古文書など良質の史料からはまだ確かめられていない。この「善徳寺の会盟」については、すでに磯貝正義がその存在を否定している。その理由としては、（一）この会盟に関する史料は『相州兵乱記』など全て後世の編纂物で、信頼度の高い『妙法寺記』などには全く見えない、（二）この時点で氏康が天文十四年の和約を破って、あえて駿河へ出兵しなければならない理由がみつからない、（三）雪斎が第三者的な講和の斡旋者であったとは考えられない、ことの三点をあげている。そしてさらに、会盟の結果とされている三者の婚姻関係は、今川・武田については天文二十一年に、また武田・北条については天文二十二年に成立していたのであって、会盟などで決まったものでないことは明らかである、とする（磯貝正義「善徳寺の会盟」『甲斐路』一九六九年十一月発行、同「武田信玄の戦略戦術」『武田信玄のすべて』）。

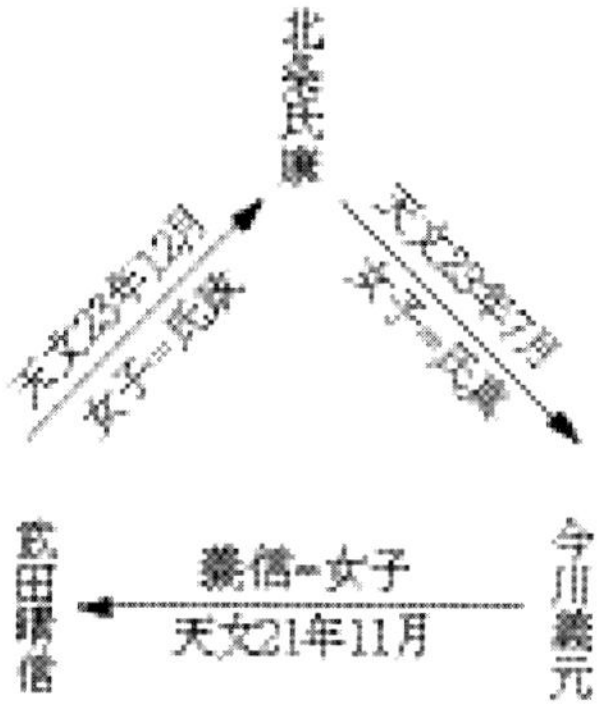

三国同盟婚姻関係図

　たしかに、現段階では「善徳寺の会盟」を肯定することはできない。しかし、天文二十三年二月に氏康が駿河へ進攻したのを契機として相甲駿の三国同盟が成立したことは事実である。同年七月には氏康の娘早河殿が義元の子氏真に嫁ぎ、同じ年の十二月には晴信の娘（黄梅院）が氏康の子氏政に嫁いだが、これより前の二十一年十一月には義元の娘が晴信の子義信に嫁いでいた（『資料編』３下　中世六九六四・六九六七、『妙法寺記』、『高白斎記』）。氏康の駿河進攻については、天文十四年に今川義元と上杉憲政の挾撃《きょうげき》にあい、氏康が割譲を余儀なくされた富士川以東の駿河を奪回するためであったとみてよいであろう。最近、山中恭子は、天文二十一年から翌二十二年にかけて、義元が駿河の東部地域一帯にかなり大規模な検地を実施していることを指摘しているが（「中世の中に生れた「近世」」『史学雑誌』第89編第６号）、この検地は、この地域の今川領国編入を意味しているといえよう。富士川以東の地域は、長享元年（一四八七）に北条早雲が今川氏親から富士郡下方荘と興国寺城とを与えられて以来、北条氏の勢力範囲となっていたとみられ、また、天文六年（一五三七）のいわゆる河東一乱ののちも、それが確保されていた。しかし十四年にこれを失った。したがって、氏康は時機をみて富士川以東の駿河奪還を企てたものとみられ、駿河進攻の理由なしとはいえない。氏康の駿河進攻の結果は、相甲駿の三国同盟が成立し、氏康は関東、義元は三河、晴信は北信の経略に当たることになる。

前に述べたように、天文二十一年の十二月、足利晴氏はその子義氏に家督を譲ることを余儀なくされた。この義氏は氏綱の娘（氏康の妹）と晴氏の間に生まれた子であるが、晴氏にはこのほか簗田晴助の娘との間に生まれた藤氏らがいて、義氏の兄となっていた。ところで、三国同盟が結ばれ、氏康の娘が義元の子氏真に嫁して間もない二十三年の九月、晴氏は藤氏らと謀って氏康に背いた。そこで氏康は古河城を攻めて十一月にこれを陥れ、晴氏・藤氏父子を相模の秦野（秦野市）に幽閉し、義氏に家督を安堵《あんど》したが、義氏はこのころすでに鎌倉の葛西ヶ谷にいたらしい（『武蔵国竜淵寺年代記』、『北条五代記』、喜連川文書、『資料編』３下　中世六九六六）。その後、永禄元年（一五五八）四月、氏康は簗田晴助の居城関宿に義氏を移すこととし、晴助には古河城を与えることとしている。義氏の葛西ヶ谷から関宿城への転居の月日は詳《つまび》らかでないが、八月ごろであったとみられる。氏康は同年の十一月十日に、北宝戒寺の公方屋敷を宝戒寺に返還している（『資料編』3下　中世七〇七二・七一一五、白川文書）。また、こののち晴氏も関宿に移ったが、永禄三年五月二十七日にそこで死んでいる。

これより前の天文二十二年、氏康は安房に里見義弘を攻めたが、弘治二年（一五五六）三月には、義弘が三浦郡に来襲し氏康に撃退された。このとき、義弘は三月九日付で鎌倉の禅興寺と妙本寺に制札を与え、軍勢らが濫妨狼藉《らんぼうろうぜき》することを禁じている（『里見代々記』、『資料編』3下　中世六九四一・七二〇一、妙本寺文書）。

『小田原衆所領役帳』の作成　相甲駿の三国同盟が成立し、また、足利晴氏らを秦野に幽閉したその翌年の弘治元年、北条氏康は北武蔵、すなわち河越城と松山城周辺のかなり広い地域にわたって検地を実施しているが、そのことは、永禄二年の二月に作成された『小田原衆所領役帳』と呼ばれる家臣らに対する賦課の台帳によって知ることができる。それは同帳に「乙卯検地辻」「乙卯増」などと注記されていることによるが、この乙卯は弘治元年に当たっているのである。そして、弘治元年というと、氏康は天文十九年（一五五〇）に税制改革をして税率六パーセントの新段銭を賦課した地域には段銭の増徴を行い、そのとき税制改革を保留した地域には同率の新段銭等を賦課するに至ったとみられる年である。さらに、この年には正木棟別銭の創設が行われている。こうした検地による貫高の統一と、その貫高に基づいて段銭などの税制整備を行うことによって、氏康はその領国の形成をすすめていたのである。

家臣らに対する軍役の賦課基準も、弘治年間（一五五五〜五七）にはほぼ確定されるに至ったとみられるが、家臣らはこの軍役のほかに、原則として普請役と出銭を賦課されていた。この軍役・普請役・出銭については後述するが、これらを総称して知行役あるいは所領役と呼ぶことがある。これは広義に用いている場合であるが、『小田原衆所領役帳』ではこれを狭義に用いて、このうちの普請役を知行役などと称し、記載もそれを主としているといえる。したがってこの役帳は、氏康が太田豊前守らに命じ、家臣らに対する普請役賦課の状況を主として調査させ、その台帳として作成したものとみることができる。ただ、軍役（役帳では人数着到などと記す）や出銭などについても触れているが、それは附属的な記述になっている。こうした点からみて、北条氏は軍役帳を別に作成していたものと思われる。

このような『小田原衆所領役帳』の原本は、高野山の高室院に伝えられていたが、同院の火災により焼失してしまった。しかしそれ以前の元禄五年正月、武蔵国豊島郡王子の金輪寺第五世宥相は、高室院でこの役帳を書写し、持ち帰って金輪寺に所蔵していた。ところが、その宥相書写本も万延元年（一八六〇）の十二月に焼失したが、今日伝来する諸本は有相本を転写あるいは復写《またうつし》したものである。

その構成と内容は、ほぼ衆（軍団）別に、家臣らの所領についてその貫高と郷村名を列記し、普請役等の賦課状況を記しているものである。衆別順序は、小田原衆・御馬廻衆・玉縄衆・江戸衆・河越衆・松山衆・伊豆衆・津久井衆・諸足軽衆・職人衆・他国衆・社領・寺領・御家門方・本光院殿（北条為昌）衆・小机衆となっている。杉山博が集計したところによると、小田原衆は三十四人で九千二百八十七貫文余り、御馬廻衆は九十四人で八千四百二十六貫文余り、玉縄衆は十八人で四千二百五十七貫文余り、津久井衆は五十七人で一千六百九十七貫文余り、小机衆は二十九人で三千四百三十八貫文余りなどで、総計は五百六十人で七万二千百六十八貫二百五十九文である（杉山博校訂『小田原衆所領役帳』）。なお、この役帳が一般に『小田原衆所領役帳』と呼ばれているのは、小田原衆の分が最初に置かれているためである。

この役帳には、相模・武蔵・伊豆などの郷村名と貫高とが記されていることから、貴重な郷土資料の一つとされている。しかし、北条氏の直轄領や滝山・八王子衆、鉢形衆などの役帳は伝来せず不明であることなどから、現存する役帳の記載するところをもって、その郷村の実態を示しているとみるのは早計であろう。もちろん、ほぼその実態に近い場合もあるとみられる。それから、役帳に記載されている郷村の貫高数値が、役高（課役貫高）であるか、それとも検地によって確定された知行貫高であるかの問題であるが、原則として後者の知行貫高とみられる。検地により確定された知行貫高が即役高とされている場合もあるが（課役について減免が行われていない場合）、その一部あるいは全部が課役を免除されている場合は、その旨を記していることからみても明らかであろう。つまり、減免が行われない場合は知行貫高が役高ともなり、減免が行われている場合は知行貫高からその免除分を差し引いた額が役高といえるからである。

『小田原衆所領役帳』の記載の仕方から、家臣の居城ないし居館の存在場所を認めることができると、伊禮正雄は提唱している（「『小田原衆所領役帳』研究への提言」『関東戦国史の研究』）。すなわち、（一）所領のうち最高貫高のところにある場合四十六例、（二）所領書立の第一番目のところにある場合十五例があるとする。また、（一）の四十六例のうちの三十七例は、その書立順位も第一番目になっており、第一番目に記載されているところに、根拠地（居城あるいは居館）をもっているものは五十二人いるという。役帳の側面からの研究として注目されるところである。

所領役帳の成立は、氏康が重点施策の一つとして実施した検地の集大成といえるものである。その作成後しばらくして、氏康はその子氏政に北条家の家督を譲っているのである。なお、役帳が作成された永禄二年には、代物法度が制定されている。この代物法度というのは、諸年貢納入のために定められたもので、年貢や段銭・棟別銭などを銭納する場合の、精銭と地悪銭（中銭）との混合比率を規定したものといえる（『資料編』3下　中世七一四六）。その割合は、百文中、精銭七十五文、地悪銭二十五文であった（三須文書、網代文書）。

二、氏政の時代

氏康から氏政へ　永禄三年（一五六〇）の六月といえば、関東の巷《ちまた》でも、上洛途上の今川義元を尾張の桶狭間で打ち取った織田信長の威名が聞かれたころである。下野《しもつけ》の足利学校の庠主《しょうしゅ》（校長）であった九華瑞璵《ずいよ》は、還暦を迎えたのを機会に辞職し、故郷の大隅《おおすみ》に帰ろうとして小田原を過ぎるにあたり、氏康に暇乞《いとまご》いをしたらしい。そのとき、氏康・氏政父子は、彼を城中に招き『三略』の講義を聞いたのち、宋刊の『文選《もんぜん》』を足利学校に寄進するとともに、瑞璵に再び同校の庠主になるよう懇請しているのである。この宋刊の『文選』には金沢文庫の黒印が押されているから、かつては同文庫の蔵書であったのを知ることができるが、そのころは小田原城中に置かれていたものとみられる。このことは、北条家の好学を物語っているといえるものであろう。『文選』のほかには『吾妻鏡』も小田原城中に置かれていたことは明らかで、それは今日いうところの北条本である。この北条本は、新訂増補国史大系本『吾妻鏡』等の底本とされている。小田原城中には文庫が設けられ、そこには貴重本などかなりの書籍が収蔵されていたものとみられる。

さて、足利学校に寄進された『文選』に記されている奥書に注目すると、『文選』が寄進された日付は永禄三年六月七日で、その寄進者は氏政となっている。しかも、北条家において当主の専用印であったところの、いわゆる虎の印判が押されていることである（『資料編』３下　中世七一四八）。この事実から、すでに永禄三年六月七日の時点において、北条家の当主は氏康から氏政に代替わりしていたということができる。星野恒は、この『文選』の奥書に「平氏政朝臣」と氏政の名を挙げていることに着目し、このことから推測して、氏康の永禄三年五月隠居説を提唱している（「北条氏康の好学」『戦国時代史論』）。しかし、氏康の隠居の月日はさらにさかのぼらせることができる。

　氏康は隠居したのちも、なお小田原城内の本城に在城していたことは明らかで、隠居後は「御本城様」あるいは「本城」などと敬称されていた（『資料編』３下　中世七四八四〜八六・七八八四）。そして、彼は氏政の後見として、印文「武栄」の印判を用いたりして政務を助けていた。ところで、相模国府津《こうづ》（小田原市）の村野宗右衛門が所有していた船は、氏康の室（瑞渓院）の御台所船として、毎月二百五十文分の魚を納入するように決められていた。たまたま、庚申《かのえさる》（永禄三年）二月二十三日付で、この村野あてに出された虎の印判状には、「本城御前様御台所、毎月納肴従昔相定帳面、改而被仰出事」と書き出されているのである（『資料編』３下　中世七一三六）。すると、この永禄三年二月二十三日の時点においても、氏康はすでに隠居していたということができる。

　それでは一体、いつ、氏康は隠居し、その子氏政が家督を継いでいるのであろうか。幸い、注目すべき説がある。それは『年代記配合抄』及び「古河足利氏世紀」（坂東八館譜所収）が伝えているもので、それらには、「永禄二年十二月二十三日、氏康は隠居し、その子氏政を屋形に定めた」とされていることである。この両書は、従来その史料価値を軽視されているけれども、現段階においては、永禄三年二月二十三日をさかのぼる唯一の手掛かりとなっている。

　氏康から氏政への代替わりは、永禄二年十二月に行われた可能性が強いけれども、そのとき、氏康は四十五歳、氏政は二十二歳に達していた。そして、それは、『小田原衆所領役帳』が作成されたときから数えて、ちょうど十か月後のことであった。この役帳の作成は、氏政への代替わりと関わりをもっていたようにも思われる。なお氏政は、政略結婚であったとはいえ、すでにそれより四年前に、武田晴信の娘（黄梅院）を正室としており、その間には弘治元年（一五五五）十一月に、氏直の兄が誕生している（『妙法寺記』）。この氏直の兄は夭折《ようせつ》したものとみられるが、晴信は同三年十一月にその娘黄梅院の安産を甲斐勝山の浅間神社に祈っている（『資料編』3下　中世七〇五三）。氏直の誕生は永禄五年のことであるという。

氏政が北条家の当主になった翌永禄三年の六月、代物法度《だいもつはっと》の改定が行われている（『資料編』3下　中世七一四六）。前に触れたように、この代物法度が制定され実施されたのは永禄二年のことであるが、その後は、宿場における商売にも影響を与え撰銭（貨幣授受の際、良銭を選びとる行為）が行われ流通界が混乱し、庶民が苦しめられる結果を生じた。その対策として、代物法度の改定が行われたわけであるが、改められた点というと、（一）精銭と地悪銭（中銭）の法定混合使用については年貢や段銭・棟別銭などの銭納の場合だけに限らず、諸商売の取引にも適用させたことと、（二）その混合の割合については百文中精銭七十五文と地悪銭二十五文であったのを七十文と三十文にしたこと、である。その後、この割合は北条氏の滅亡に至るまで維持されたものとみられるから、北条領国における精銭と地悪銭の法定比率は、永禄三年に確立したとみることができる。

代物法度の改定が行われてから三か月後の九月には、正木棟別銭の納入方法についても改定されている。この正木棟別銭は弘治元年の創設以来、一年おきに一間当たり四十文ずつ納入することに定められていたが、永禄三年からは毎年二十文ずつ納めるように改められることになった（『資料編』3下　中世七一五一）。北条家第四代目の当主の座についた氏政は、徳政の実施、代物法度と正木棟別銭についての改定などを行い、その領国経営に着手したのである。

なお、三年の二、三月に行った徳政については後述する。

長尾景虎（上杉輝虎）の来襲　北条家において、氏康から氏政への家督譲与が行われる少し前の永禄二年十月、越後では二度目の上洛から帰った長尾景虎を迎えて、盛大な祝賀会が催され、諸将は太刀を献じてこれを祝っている。この祝賀について、井上鋭夫は、景虎が永禄二年の上洛から帰国して、関東管領になることに内定したための御祝であったと解釈している。この景虎の上洛は、私的には上杉憲政の養子に決定していたが、関東管領は公職であるので、山内上杉家の後継者となることに、将軍家の内諾を得るためであった。そしてその内諾が得られたから、このとき憲政は関東管領職を景虎に譲ったが、正式には永禄四年の鎌倉鶴岡八幡宮社前の盛儀をまたねばならなかった、としている（井上鋭夫『上杉謙信』）。

年が明けて永禄三年の三月には、常陸《ひたち》の佐竹をはじめ、秩父・千葉・佐野・大胡・正木・宇都宮・結城・小山・太田などの関東諸国の大名衆・国人からも、景虎に太刀が贈られ、関東管領の就職内定を祝賀されている。また、その翌四月には、上杉憲政が景虎の関東出陣を希望して長尾政景にその執成《とりなし》を依頼したが、佐竹義昭も景虎に関東の形勢を伝え、その出兵を要請している。そしてこれより前に、里見義堯からも景虎の越山の申し入れが行われていた。こうした中で、景虎は八月になって関東出陣を決め、長尾顕長らに参陣を命ずるとともに、憲政を奉じて上野に軍を進め、九月には岩下・沼田などの諸城を攻略した。これに対し、氏康は河越に出陣し、ついで十月には松山城に在城して、厩橋城を本拠とする景虎と対峙した（上杉家文書、伊佐早文書、福王寺文書、『歴代古案』、『年代記配合抄』、『資料編』3下　中世七一五〇・七一五五・七一五六・七一六四）。

一方、北条氏と同盟関係にあった甲斐《かい》の武田晴信は、北条氏がその領国で一向宗（浄土真宗）の布教を禁止していたのを解除するよう氏康に申し入れるとともに、それを交換条件として、石山本願寺光佐（顕如）に加賀・越中の門徒が越後を侵すよう依頼し、また援軍を派遣して氏康を援《たす》けた。景虎の来襲は、北条氏の宗教政策の変更を余儀なくしているのである。その後、北条氏は、籠城《ろうじょう》戦術で景虎を迎え撃つことにしたが、永禄三年の十二月には河越に籠城する池田安芸守に対し、借銭・借米の貸借関係を破棄する、いわゆる徳政を行っている（『資料編』３下　中世七一六三・七五一八・七一七三）。

景虎方の成田長泰は、三年の十一月に早くも鎌倉の妙本寺に制札を与えたが、翌四年二月には景虎自身が同寺に制札を与え、関越軍（景虎が率いる関東・越後の連合軍）の濫妨狼藉を禁ずるに及んで、いよいよその来襲が近づいた。庶民は寺社に身を寄せてこの兵難を避けようとしたが、氏政らは円覚寺や鶴岡八幡宮などで衆庶が横合非分をすることを禁じている。三月にはいりその七日、景虎は憲政を奉じて相模に侵入し、当麻（相模原市）・厚木などを経て小田原城下に迫り、同城を攻撃するとともに城下に放火した。北条氏は籠城戦術とゲリラ戦法で景虎の軍を邀撃《ようげき》したが、三月十四日には大住郡大槻（秦野市）で、同二十二日には足柄下郡曽我山（小田原市）でそれぞれ戦闘が行われたことを伝えている。時は飢饉続きで、しかも籠城という消耗戦術にあって、景虎の軍は兵糧に窮したらしく、三月の二十日ころには軍を班《かえ》して鎌倉に入ったとみられ、景虎方の太田資正は同二十二日付で鶴岡八幡宮社内において軍勢衆庶らが濫妨狼藉することを禁じている。景虎が八幡宮の神前で関東管領拝賀の式を行い、上杉氏を継ぎ名を政虎と改めたのは、その二十六、七日ころであろう（景虎が政虎と改名したのは憲政の一字を与えられたものとみられるが、年末ころにはさらに将軍義輝から一字を与えられて輝虎と改めている。以下輝虎を用いる）。輝虎は鎌倉に数日滞在し三月の末にはここを去ったらしい。撤退にさいし玉縄城を攻撃した。翌閏三月四日には、酒勾（小田原市）に駐屯《ちゅうとん》していた

関越軍も撤退している（『資料編』3下　中世七一七二・七一八一・七一八八・七一九三・七一九五〜九七・七二〇四・七二〇七・七二一〇・七二一一・七二一六・七二二八・七三二八・七三九〇、『鎌倉市史』史料編第二・同社寺編）。

関越軍は相模で横暴な振る舞いをしている。その大軍諸勢は、神社・仏閣などから山家《やまが》・村里に至るまで、ことごとく焼き払い、大山高峰に身を隠した僧俗男女を手分けして探索し、あるいは衣服をはぎとり、あるいは食糧を一粒も残さず奪いとったといい、そのため寒さと飢えによって大勢の者が死んでしまった、という。このとき、厚木の最勝寺の本尊阿弥陀仏像は、その頭や手足などを関越軍の兵士に壊されてしまった（『資料編』3下　中世七二三八）。

駿河の今川氏真《うじざね》からの援軍は、河越城に籠城し奮戦したが、氏康・氏政父子は四月の八日その戦功を賞して所領等を与えている（『資料編』3下　中世七二三三・七二三四）。これより前の閏三月十六日、すでに関東管領となっていた輝虎は、簗田晴助に足利藤氏を古河公方として擁立することを約しているが（『資料編』3下　中世七二二七）、六月には厩橋から越後に帰り、九月には川中島で武田晴信と四回目の戦いを交えた。その後、輝虎はたびたび関東に侵入し、その権威の回復に努めたが、北条氏にこれをはばまれた。

ところで、輝虎に推戴《すいたい》された足利藤氏は、永禄五年になると北条氏のため古河城を追われて、房総の里見氏に頼ることになった。その前年、輝虎（景虎）が相模に侵入してきたとき、里見義堯・義弘父子は輝虎加勢のため来陣し、小田原と鎌倉で輝虎に対面している。その後、永禄六年閏十二月に、輝虎はまたも上野の厩橋に軍を進め、里見義弘に出陣を求めたが、義弘は翌七年の正月早々に下総《しもうさ》の市川に兵を進め、武蔵の岩槻城に兵糧を入れようとしていた。そこで、その八日、氏政は父氏康とともに義弘の軍と国府台で戦って勝利を収めた。第二次国府台合戦である（『資料編』3下　中世七三五〇・七三五四）。なお、七年の七月二十三日、北条氏は太田氏の内訌《ないこう》とともに岩槻城を陥れ、また、足利藤氏を伊豆で殺している（『資料編』３下　中世七三九〇）。

支城体制の確立とその領域　北条家四代目当主の氏政には、多くのすぐれた弟たちがいた。すぐ下の弟は氏照で、武蔵の大石定久の跡を継いで瀧山城主（のち八王子城に移り、また、水海・関宿・栗橋・小山・榎本の城主を兼ねた）となり、印文「如意成就」の印判などを用い、小田原城主からある程度の権限を分与されて、その領域の支配と経営に当たっている。次の氏邦は、同じく武蔵の天神山城主藤田重利の跡を継いで鉢形城主となり、倉賀野・深谷・前橋・箕輪・沼田などの城主を兼ね、「翕《きゅう》邦《ほう》挹《は》福《ふく》」の印判などを用い、次の氏規は、相模の三崎城や伊豆の韮山城の城主となり、「眞実」の印判を用い、次の氏忠は、下野《しもつけ》の佐野宗綱の跡を継いで佐野城主となり、また足柄城主として、「樓《ろう》欝《うつ》」の印判を用いて、それぞれ領域の支配と経営に当たっている。末弟の氏秀は、初め武田晴信の養子となり、のち上杉輝虎の養子となって、名を景虎と改めた人物である。

小机城主の北条氏堯も、一般に氏政の弟とされているが、彼は大永二年（一五二二）三月十五日の生まれで、永禄二年（一五五九）には三十八歳であったことが明らかであるから（『兼右卿記』永禄二年五月十日の条）、氏政よりもかなり年長であり、その父とされてきた氏康とも七歳の年少に過ぎないので、氏康の実子とは思われず、あるいは養子であったのかもしれない。氏堯は三種の印判を使用している。なお、玉縄城主の北条綱成は、氏綱の女婿であるから氏康とは義理の兄弟であったけれども、氏康の弟為昌の養子となっていることは、以前述べた通りである。

北条領国において、小田原城を本城とした支城体制がほぼ確立したのは、永禄二年の氏康から氏政への代替わり前後とみてよいだろう。それは、氏照の「如意成就」印判状の初見が永禄二年十一月十日であること、氏規の「眞実」印判状のそれが天文二十四年（弘治元年、一五五五）二月十一日、氏堯の「有虞寶昵陶唐」印判状が永禄四年閏三月

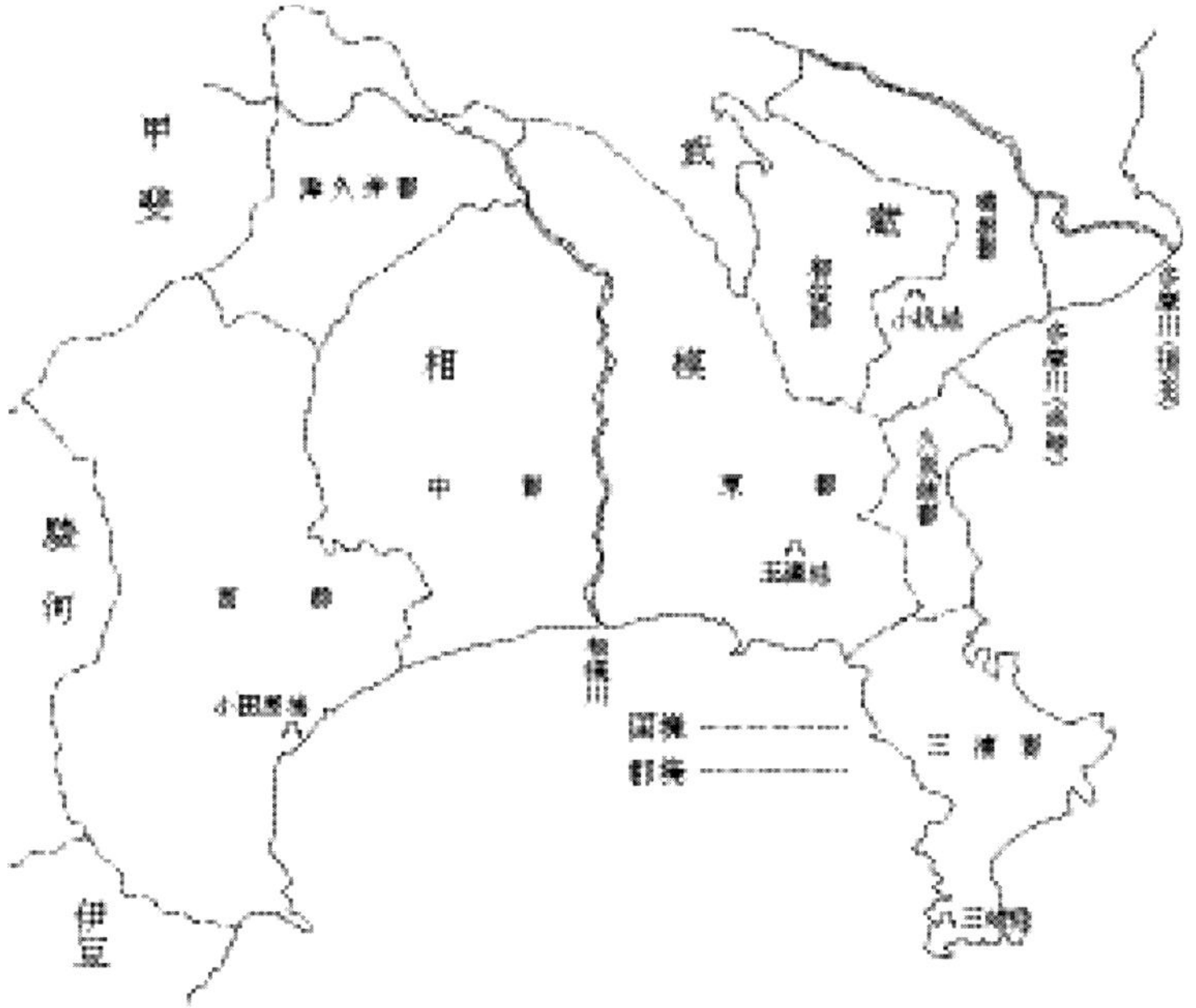

戦国時代県域国郡想定図

二十二日であることからも推察することができるだろう（宮本文書、『資料編』３下　中世六九八〇・七二二九）。

本県域における支城といえば、玉縄城・小机城・三崎城である。ところで、北条時代の相模は、東郡・中郡・西郡と三浦郡・津久井郡に分けられていたことを、『小田原衆所領役帳』に記載されている郷村につけられている注記からうかがうことができる。東郡は相模川以東の相模から三浦郡を除いた地域、すなわち現在の、相模原市・座間市・大和市・綾瀬市・海老名市・寒川町・茅ヶ崎市・藤沢市・鎌倉市および横浜市の戸塚区・瀬谷区を、ほぼその地域としていたとみてよい。中郡は厚木市・愛川町・清川村・秦野市・伊勢原市・平塚市・大磯町・二宮町、西郡は小田原市・中井町・大井町・松田町・山北町・開成町・南足柄市・箱根町・湯河原町・真鶴町を、ほぼその地域としていたといえる。三浦郡は逗子市・葉山町・横須賀市・三浦市の地域、津久井郡は現在の津久井郡の地域とみられる。これらに武蔵の橘樹郡・都筑郡・久良岐郡（大体、現在の川崎・横浜両市域）を加えると、ほぼ現在の県域となる。

玉縄城の領域は、相模の東郡と武蔵の久良岐郡（ほぼ現在の横浜市西・南・磯子・港南・金沢各区の地域）とであったとみてよいであろう。それは、天文十八年十一月に城主綱成が同城普請のための人足を鎌倉中の家別に賦課していること、翌十九年四月に氏康が東郡の磯辺郷・田名郷、久良岐郡の本牧郷に対し玉縄城米銭の納入を命じていること（西郡の一色郷では城米銭は賦課されていない）、永禄六年六月に氏政が東・三浦・久良岐の三郡の郷村に対し玉縄城の塀の修築を五年に一度ずつ命じていること、天正八年（一五八〇）八月に城主氏舜《うじきよ》が東郡中での殺生を禁止していること、さらに同十四年二月には城主氏勝が鈴木又右衛門尉に対し東・久良岐両郡における借米の催促を認めていることなどによって、うかがうことができる（『資料編』3下　中世六八八二・六八八六〜八九・七三三一・八六〇四・九一六〇）。なお、氏康の弟為昌が玉縄城主であった時代には、三浦郡もその領域であったらしいが、為昌の死後に北条綱成がその城主となってからは、東郡と久良岐郡をその領域としたとみられる。三浦郡の三浦衆は、永禄二年の段階においてもなお、本光院殿衆と呼ばれているが、本光院殿とは為昌の院殿号である（『小田原衆所領役帳』）。氏規は、この本光院殿衆を配属され、三崎城主としてその領域三浦郡の支配と経営に当たっていることは、彼が発行した印判状などからうかがうことができる。

小机城の領域は、ほぼ武蔵の橘樹・都筑両郡の地域で、大体、現在の川崎区を除いた川崎市域と横浜市の北半分（鶴見・神奈川・保土ヶ谷・港北・旭・緑の各区）とみてよいであろう。『小田原衆所領役帳』では、「小机」・「稲毛」あるいは「稲毛庄」と注記されている郷村である。ところで、同役帳は、川崎や六郷・大師河原や駒井宿河原に「江戸」と、また、駒井登戸に「多波川北」（多摩川の北）と注記している。このように記載されていることから考察すると、当時の多摩川はこれらの地域の南を流れていたこと、そして、その地域は江戸城の管轄領域であったことを示唆しているといえよう。つまり、小机城と江戸城の領域は、多摩川を境界としていたということになる。ところが、この多摩川の流路は、恐らく天正年間、強いて言えばその三年（一五七五）か七年の大洪水のときに（『年代記配合抄』）、上流の登戸や宿河原付近と下流の川崎付近では北に移り、中間の丸子付近では南に動いて、ほぼ現在に近い流れに変わったものとみられるのである（『川崎市史』）。

相模川以西の相模、すなわち中郡と西郡は、小田原城の領域としてその城主（北条家当主）が全面的に支配した地域であったとみられる。いうならば直轄領域であったであろう。また、津久井郡については、『小田原衆所領役帳』のうちの津久井衆の記載が他の場合と異なっているところからも、特別な領域であったろうことを推測させる。なお、北条領国では、ほぼ郡を単位として郡代が、また、直轄領である郷村には代官・小代官が、その他の郷村には名主などが置かれて、郷村支配が行われていた。

永禄の飢饉　再び永禄初年のことに戻るが、その二年（一五五九）は天候が不順で、次の三年は長雨が続いて、飢饉となり、そのうえ二年には疫病がはやりだして、それが三年、四年と三年間も流行したというのである（『妙法寺記』）。

こうした状態の中で、北条領国の百姓たちは北条氏に愁訴したので、新当主氏政は三年の二月から三月にかけて徳政を行って、この飢饉と疫病の流行に対処している。徳政の内容は、次のようなものであった（網代文書、三須文書、『資料編』3下　中世七二三九）。

（一）永禄三年秋の年貢については、その半分を米穀納とし、納法《おさめほう》は相場を勘案して秋に決定する。また、残りの半分は精銭納とするが、混合率は百文中精銭七十五文・中銭（地悪銭）二十五文で、去年規定した通りである。
（一）借銭・借米・質物等については、本利（元本と利子）ともに徳政としてその貸借関係を破棄する。したがって、請札を持参し公文《くもん》と話し合い穏便に取りもどせ。
（三）妻・子・下人等の年期売りについても取りもどせ。
（四）田畠の年期売りについては、三年間の場合、一年間は百姓に返し一年分は買手のものとし、また五年間の場合、三年間は百姓に返せ。そして永禄三、四の両年については百姓が取り、その五年以後に買手が取れ。このような具合で処置せよ。

このような徳政が行われた一方で、徳政を除外されたものもある。それは、（一）百姓たちが未納であったために代官や奉行が立て替えて納入した年貢や段銭・棟別銭・懸銭など（ただしその利子は赦免された）、（二）北条氏の貸付金、（三）無尽銭、で、このほか、（四）田畠の永代売りについては裁判によって決めるとされている。このときの徳政は、百姓役、つまり段銭・棟別銭・懸銭・陣夫役などの公事《くじ》を負担しているものに適用されたが、出家・奉行人・商人・諸職人などの場合でも、百姓役を負担しているものについては同様に取り扱うとしているのである。

北条氏の徳政令が発せられると、古河公方足利義氏は、永禄三年三月二十六日付で、その所領であった子安郷（横浜市神奈川区）の百姓等と代官あてに印判状を与え、子安郷から他所へ売られた下人等については取りもどし、他所から子安郷に買い取った下人等については返還しなくてよい、と命じている（『資料編』3下　中世七一三七）。古河公方領の子安郷では例外措置がとられているわけであるが、それにしても、人身売買は飢饉の最中《さなか》において、その数を増していたであろうと思われる。

徳政にかかわる裁判も行われている。藤沢の須田蔵助は、その田畠と屋敷を大鋸《だいぎり》の方（森木工助であろう）に年期売りしていたが、須田がこの徳政について北条氏に訴え出たため、藤沢の客寮（遊行寺の僧）が呼び出され、事実の糾明が行われた。しかし、証拠の文書もはっきりしていたため、氏政は永禄三年の四月二十五日に、その貸借関係の破棄を命じている。ついで、相模西郡の十か村の百姓たちは、酒勾（小田原市）の蔵に納入した年貢の返還を求めて訴え出た。このときは、酒勾の代官小嶋左衛門太郎が召喚されて糾明が行われたが、結局、こうした年貢に関する徳政は行わない旨の判決が下された。同三年五月十五日のことである（『資料編』3下　中世七一三九・七一四四）。

飢饉が続く中で、永禄四年には武士に対する徳政も行われたが、翌五年の三月には相模中郡の皮作に対しても徳政が行われている。『年代記配合抄』は、その五年の条に、「依大乱大疫ニ大飢饉」、六年の条に、「七月廿五日大洪水故飢饉、入万民死」と記しており、永禄の五、六年になってもなお飢饉が続いていたことを伝えている。五年の四月十四日、氏政は武蔵金曽木郷の百姓たちからの愁訴に対して、同郷の懸銭・棟別銭・段銭を五、六、七年の三年間にわたり赦免している。また、同年八月には、武蔵の羽田浦から徴発していた船と船方についての減免を、五、六の二年間にわたって行わざるを得なかったが、これらは浦賀水軍の戦力保持に必要な課役であったとみられるから、飢饉と疫病の流行は、その海軍の戦力低下を余儀なくしているということができよう（『資料編』3下　中世七二三九・七二六九・七二七三・七二八二）。

永禄五年の九月、相模の田名郷（相模原市）では作柄調査が行われて、段銭として四貫八百文、懸銭四貫九百九十二文、城米銭三百文をそれぞれ割り当てられた。このころの田名郷の段銭賦課額は通常八貫四百二十七文であったから、約四三パーセント減免されていることになる。玉縄城米銭は通常三百六十文であったから、約一七パーセント引きであったが、懸銭の減免は行われていない。永禄五年の米の相場は、銭百文当たり五升（通常は百文当たり一斗二升、いずれも榛原枡）で、二倍以上に騰貴していることが知られる。翌六年になると、田名郷では段銭が二貫四百文増加され、七貫二百文割り当てられている。まだ一五パーセントほどの減免が行われているけれども、作柄は好転してきていることがうかがえる。この同じ六年には、武蔵の寺尾郷（横浜市鶴見区）でも段銭について田名郷と同じ割合の増徴と減免が行われたものとみられる。八年には駒林（横浜市港北区）などで正木棟別銭が免除され、また同年には風損のため国並十分の一の年貢減免が行われているが、九年になると田名郷では段銭が減免されずに賦課されている。そして、納法《おさめほう》も貫高百文当たり米一斗四升と平常にもどっている。永禄の飢饉は、その二年から七年ないし八年まで影響を与えているといえるのである（『資料編』３下　中世七二八〇・七二九〇・七三三七・七三三八・七四四四・七四四五・七四六七・七五〇九）。氏康から氏政への代替わり、長尾景虎（上杉輝虎、謙信）の来襲などは、飢饉と疫病が流行する中で行われていることになる。

相越融和と三増合戦　関東では、永禄の飢饉がようやく終わりを告げようとしていた永禄八年（一五六五）の五月、京都では将軍足利義輝が三好義継・松永久秀らに殺されるという事件が起きている。義輝は、その前年の七年、大館藤安を上杉輝虎の許に遣して氏康との和睦を図っているが、八年には講和促進のための使節を氏康にも派遣している。しかし、その実現をみないままこの世を去った。ところで、氏康・氏政父子は、その義輝から御相伴衆《ごしょうばんしゅう》を許されていた（『資料編』３下　中世七四三四・七四三五、『永禄六年諸役人附』）。このころの御相伴衆については、最高の栄誉ではあったけれども、室町幕府機構の職名ではなく、単なる名誉的称号であったといわれている（二木謙一「室町幕府御相伴衆について」『日本歴史』第三七一号）。

　これより前、永禄二年とみられる六月、氏康は、子息氏政に家督を譲るから氏政を御相伴衆にして欲しいと要請しているが、氏政は家督後にそれを許されたものとみられる。一方、氏政は左京大夫に、氏康は相模守に任ぜられている。また、氏康は、同じ六年の十月、武蔵岩槻城の太田資正を味方に引き入れるため、室町幕府の御相伴衆に推挙するといっている。義輝の母は近衛尚通の娘で、その室はその子稙家の娘であったが、すでに述べたように、尚通と氏綱の間には交渉があり、またその娘（稙家の姉）が氏綱の内室になっていることからみても、義輝と北条氏の関係はかなり密接であったように思われる。ところで、将軍家にならった御相伴衆の制は、北条家においても設けられていたことが知られる（『類従文書抄』、『資料編』3下　中世七三四一・七五八二）。

　義輝死後の永禄八年十月、弟の義昭（一乗院覚慶。義輝の死後に還俗して義秋と名乗り、のち義昭と改名）は、上杉輝虎に対し氏康と和睦して上洛するよう求めたが、翌九年五月、輝虎は越後・上野・下野・安房等の平定と、義昭の意に従い氏康と和し武田晴信父子を滅ぼして上洛し、京都・鎌倉両公方を擁立できるよう仏神に祈っている。しかし、その年の閏八月には輝虎が上野に出陣するとの情報も流れたが、翌九月には上野の由良成繁・国繁父子が輝虎を離れて北条氏の味方となった。また、その後、十年四月には上野厩橋《まやばし》の城主北条《きたじょう》高広や下総《しもうさ》の簗田晴助・持助父子が相次いで北条氏に服属している。こうした中で、その九月になると、里見義弘が北条方の拠点上総《かずさ》の三船台《みふねだい》（千葉県君津市）を攻めたが、この応援に向かった岩槻城主太田氏資らは敗死した。そのため、氏政はその子氏房に氏資の跡を継がせている（『資料編』3下　中世七四八三・七五一四・七五一五・七五三四〜三六・七五三八・八四九〇）。

　義昭は再三にわたり相越甲の講和を図ったけれども、実現するに至らなかった。しかし、義昭は永禄十一年九月、織田信長に擁せられて入京を果たした。この年の七月、氏政が相模の海蔵寺（小田原市）の僧を上洛させているのは、恐らく相越甲の講和と関わりをもっていたであろう。ところで、これより前の十年八月、武田晴信は、嫡子義信を殺し、その室今川氏を離別したため、今川氏真は北条氏と謀り甲斐への塩の輸送を停止する経済封鎖を行った。その後、十一年の十二月には、晴信は駿河に侵入し、氏真を遠江の懸川に逐ったが、北条氏は駿河に兵を進めて武田軍と戦い、また、海上から援軍を懸川に派遣している。のち、氏真は、懸川から伊豆の徳倉に移ったが、十二年の五月には氏政の子国王丸（氏直）を養子として駿河を譲った。一方、晴信の駿河侵入以来、北条氏と上杉氏との講和交渉は着々と進んで、十二年の閏五月三日には相越融和が成立するに至った（『資料編』３下　中世七六〇二・七六〇五・七六四一・七六四二・七七七四・七七八一）。

ところで、晴信の娘で氏政の室となっていた黄梅院《こうばいいん》は、相越融和が成立した翌六月十七日に死んでいるが、彼女は相甲同盟の証《あかし》として輿入《こしい》れした人物であるから、その死因は疑えば疑える問題であろう。晴信はその二か月後の八月に、小田原城攻撃のために甲斐を出発したと伝え、上野を経て九月に入って武蔵に侵入し、鉢形城（埼玉県大里郡寄居町）・瀧山城（東京都八王子市）などを攻め、その二十八日には相模の東佐川（酒匂川以東の酒匂のことであろう）に到着したといい、十月一日には小田原城を猛攻し蓮池という所まで肉迫したという。北条氏はこのときも籠城戦術を用いたため、武田軍は城下に放火するなどし、四日になって撤退を始めた。大神（平塚市）を経て津久井筋を帰る武田軍を待ち構えた氏照らは、六日の早朝に三増峠《みませ》（愛川町）で武田軍と大いに戦ったが、北条軍の敗北に終わった。いわゆる三増合戦である。なお、武田軍の一部は、江戸から品川を経て小杉・綱島を通り小田原に進撃したといい、稲毛十六郷などで民家や寺院を思いのまま乱暴して過ぎ去っていったと伝えている（『資料編』３下　中世七八六〇・七八六九・七八七〇・七八七四～七六、『大日本史料』第十編之三）。

武田軍が上野から武蔵へと南下し、まもなく相模に侵入しようとしていた九月十四日、氏政は相模の大山寺（現在は阿夫利神社、伊勢原市）に対し、武田軍の撃滅と国家安寧の祈念を行わせている。また、武田軍が撤退後の十一月には、伊豆・相模・武蔵の三か国の郷村から人足を徴発して、小田原城の修築を行っている。このときの普請人足は、寺社領などに至る全ての郷村に割り当てたといい、大規模な城普請であったことがうかがえる。小田原城のほかでは、武蔵の瀧山城や相模の津久井城の修築も行われている。ついで翌十二月には、領国の郷村の人改め、すなわち人口調査を行っているが、その目的は、晴信が相模・伊豆・武蔵に来年再び攻め入ってきた場合、これと戦うために全ての兵士を当てるので、そのときに三か国の城々を守備する要員を確保する必要からであった。晴信の再来襲を予想してこれを邀撃《ようげき》する準備が急がれていた。これらは相模の田名郷・磯辺郷（相模原市）・虫窪（大磯町）に関する資料からうかがうことができる（『資料編』3下　中世七八六一・七八八九〜九一・七九一五・七九一六・七九二六）。なお、相越融和の成立と三増合戦が行われた前年の永禄十一年に、北条氏は精銭と永楽銭・黄金の法定比価を改定しているが、これについては「貨幣対策」の項で述べることにしたい。

氏康の死と氏政の引退と　その後、晴信が再び相模に侵入するとの噂も流れたが実現はしなかった。しかし、晴信は元《げん》亀《き》元年（一五七〇）の四月二十三日、伊豆・相模の攻略と氏康・氏政父子の滅亡を駿河の富士浅間神社に祈るとともに、駿河の東部や伊豆で大攻勢にでて北条軍と激しい攻防を展開している。武田軍はその年の十二月十日ごろから深沢城（静岡県御殿場市）の攻撃を開始し、翌二年の正月十六日には同城を陥落させた。この間の正月三日には同城の守将北条綱成に降伏を勧告する矢文（深沢城矢文と呼ばれて名高い）が射込まれたといい、十日には氏政が救援のため出陣し、十三日には氏康が相模の大山寺に深沢城における戦勝を祈っている。深沢城を失った直後の正月二十日、氏政は上杉輝虎と三郎（相越同盟の結果、その人質として輝虎の養子となった氏康の子氏秀。のち景虎と改名）に救援を要請したが、三月には、再び武蔵の富部（横浜市西区戸部）をはじめ領国で人改めを行い、晴信来襲時の諸城守備要員を確保するとともに、相模の磯辺郷などから人足を雇ったりして、河村城（山北町）・足柄城（南足柄市矢倉沢）の修築を行っている。しかし、このころになると、深沢城は再び北条方の手にもどり危機は去った。晴信は遠江で作戦を開始している（『資料編』３下　中世七九五八・八〇一五・八〇二四・八〇二八・八〇二九・八〇三一、新田茂雄氏所蔵文書）。

これより前、元亀元年の八月六日、北条氏の奉行安藤良整らは、円覚寺の僧に鶴岡八幡宮神前で大般若経を真読《しんどく》させて、氏康の病気平癒《へいゆ》を祈っているが、このころの氏康は、その子たちをもはっきりと見分けることができず、また、食べたい物に指をさすありさまで、言葉を話せない状態であったという（『資料編』３下　中世七九八三・七九九〇）。恐らく中風《ちゅうぶう》を病《や》んでいたのであろう。これ以後、氏康は文書に花押を据《す》えることができなくなり、その代用として印文「機」の鼎形の印判を用いたことを、相田二郎は指摘している（「北条氏の印判に関する研究」）。氏康は発病後一年余りたった元亀二年の十月三日、この世を去ったが、ときに五十七歳であった。その輝かしい事績についてはこれまでにも記し、これからも述べることになるが、そうした戦国武将の最後としては、哀れである。氏政は名実ともに北条家の当主の座についた。三十四歳であった。

氏康の死は、その外交政策の転換をもたらした。すなわち、相甲一和、つまり再度の北条・武田同盟の成立と、相越同盟の破綻《はたん》である。相甲一和については、氏康が死んだ翌十一月の下旬に交渉が始められ、十二月の半ばにはそれが成立したものとみられる。ただ、氏政は十二月の二十七日までその成立を秘密にしていた。ところで、その翌三年の正月、氏政は家臣に対して軍役の改定を行っているが、このときの改定は装備の充実を行ったものとみられる（『資料編』3下　中世八〇七八～八二）。外交政策の転換とともに、その軍事力の強化を図っているのである。同じ三年十二月、晴信が徳川家康と遠江の三方ケ原《みかたがはら》（静岡県浜松市）で戦ったとき、氏政は晴信に援兵を送っている。しかし、その晴信は、翌天正元年（一五七三）四月に死んで、勝頼が武田家を継いだ。

天正元年の七月、織田信長は将軍足利義昭を追放し、室町幕府は滅亡する。こののち、義昭はたびたび氏政・輝虎・勝頼に対し和睦をすすめ、その協力によって足利家の再興を図ろうとする。一方、信長は輝虎・家康とともに勝頼を挟撃《きょうげき》しようとする。翌二年になると、輝虎は上野に出兵し武田方の属城を攻め、ついで武蔵などで北条軍と戦ったが、やがて佐竹義重らが氏政と講和したため、撤退を余儀なくされる。そして翌三年の四月に、輝虎は氏政の撃滅を多聞天《たもんてん》に祈っている。また、その翌五月、信長は、家康とともに勝頼と三河の長篠で戦い大勝したが、十一月には佐竹義重らにこの大勝を伝え、味方に誘う。四年の六月には、佐竹義重が信長の奏請《そうせい》によって従五位下・常陸介に叙任し、下野の佐野宗綱も信長の推挙により但馬守に任ぜられ、反北条勢力と信長の交渉は密になっている。これに対し、義昭は大和淡路守を氏政の許に遣わし、相越甲の和睦を図ったが、氏政はこれを承諾している。同年八月六日のことである。その後、勝頼も義昭の命に従っているが、翌五年正月、氏政はその妹（尾崎殿）を勝頼に嫁がせている。北条氏は反信長の立場を明らかにしているといえる。同年五月、氏政の子氏直は小田城（茨城県筑波郡筑波町）に梶原政景を攻めたが、足利義氏はこの氏直の初陣を祝っている。氏直は十六歳であった。また、氏政は里見義弘を攻め、これと和した。六月のことである。

上杉輝虎が天正六年の三月に春日山城で死ぬと、その養子であった景勝と景虎（氏康の子）とが継嗣を争った。景勝は同城の本丸に入り家督を相続し、景虎は同城の二の丸をでて府内の御館城に拠った。氏政は勝頼に景虎を援けさせたが、やがて勝頼は景勝と和し、景勝と景虎の和睦を斡旋し、一時それが実現するが、すぐに破れた。九月に入ると、氏政は景虎援助のために氏照を越後に向かわせたが、氏照は間もなく一部の兵を留めて関東に帰った。十月十日、景虎は鶴岡八幡宮に戦勝を祈ったが（『資料編』３下　中世八四六九）、翌七年三月になると、景勝は御館城を攻めてこれを陥れ、前関東管領上杉憲政らはここで死んだ。景虎は鮫尾城に逃れたが、ここも陥され、景虎は自殺した。

上杉家の継嗣紛争が起こると間もなく、相甲同盟は破綻し、北条と武田はまたも敵対関係となる。七年の五月になると、氏政は相模の入不斗《いりやまず》（横須賀市）などから辰年（天正八年）の大普請人足を前もって徴発し、また、煤ヶ谷（清川村）から用材を取り寄せるとともに、鎌倉や田原（秦野市）の番匠を動員するなどして、小田原城の大がかりな修築を行っている（『資料編』３下　中世八四九五～九九）。勝頼の来襲に備えているのである。同年九月、氏政は徳川家康と和し、勝頼を挟撃することを約したが、氏政と勝頼は駿河の黄瀬川をはさんで対陣した。同じく九月には、氏政の弟氏照が信長に鷹を進上しており、北条氏は勝頼・景勝に対抗するために、家康・信長に接近し、遠交近攻策をとっている。これに対して、景勝は勝頼の妹を娶《めと》り、両者の関係を強固にしている。

天正八年三月、勝頼は氏政を撃ち相模・伊豆の両国を平定できるよう信濃の練光寺に立願するとともに、駿河の浮島原に出兵したが、氏政も伊豆の三島に出陣し、これと対峙した。同じ三月、氏政は信長の許《もと》に使者を派遣し、北条・織田両家の縁組を申し出て、その関係を密にしようと図っている。八月に入り、氏政と勝頼は再び黄瀬川で対峙したが、その十九日、氏政は陣中で軍扇を氏直に渡し、家督を譲り、当主の座から退いた（『資料編』３下　中世八六〇一）。氏政は四十三歳、氏直は十九歳であった。氏政の引退は、対織田・武田の複雑な関係の中で行われたが、それは結局、親織田、武田撃滅の具現であったろう。その後の氏政は、岳父武田晴信の花押に似通う花押を改め、父祖の型に似る花押を用い始めている（氏康が隠居したときには、その花押の極端な変化はみられない）。彼は、「御隠居様」などと敬称されるとともに、印文未詳の印判、つづいて「有効」の印判を用いて氏直の政務を助け、その後見となっている。

なお、三官という唐人は天正四年に氏政から虎の印判状を得て明国に渡り、三年目の六年七月二日には明船が相模の三崎（三浦市）に来港したといわれる（『北条五代記』巻之十）。関東の北条氏も明との貿易に無関心ではなかった。

三、土地と人の掌握

検地の実施　土地の調査は領国支配の根本的な事業として行われたものであるが、北条氏は諸大名にさきがけてこの検地を実施している。それは『小田原衆所領役帳』の随所に、「壬寅検地増分」・「癸卯増分」・「乙卯検地辻」等々と注記されているのによって知ることができるが、まず、神奈川県内においては、いつ、どこで、それが行われているか、みることにしたい。

年次	検地実施郷村（ ）内は現在の地名	現行政区域	資料（『小田原衆所領役帳』は省略）
永正三年（一五〇六）	宮地（宮上・宮下か）	湯河原町	
	松田惣領分	松田町	『資料編』3下 中世六四六〇

永正十七年（一五二〇）	片浦・原方（山王原）・宮方・酒勾箱禰分・酒勾駒形分・池上分・久野道場分・瀬下分（穴部の内）・下堀	小田原市	
	幸福寺分・与田分	所在不明　小田原市内か	
	鎌倉（十二所・浄明寺・二階堂・西御門・雪ノ下・小町・大町・乱橋材木座・極楽寺・坂ノ下・長谷・扇ケ谷・山ノ内）	鎌倉市	『資料編』３下　中世九四四七ほか
大永六年（一五二六）	飯積（飯泉）	小田原市	『資料編』３下　中世六六〇四
天文元年（一五三二）	沖之郷（西郡、所在不明）		
天文元年か	落畑	秦野市	
	本郷木曽分（小菅の内）	横浜市	
	浦郷	横須賀市	
天文五年（一五三六）	矢向	横浜市	
天文八年（一五三九）	門川・吉浜	湯河原町	保善院文書『資料編』３下　中世八三〇六
天文十年（一五四一）	下中村上町分（上町・前川）	小田原市	『資料編』３下　中世六九〇一
天文十一年（一五四二）	小鍋島	平塚市	
	温水・七沢・林郷・飯山・荻野郷（上荻野・中荻野・下荻野）	厚木市	
	赤羽禰（赤羽根）	茅ケ崎市	
	藤沢	藤沢市	
	津久井郡	津久井郡	『新編相模国風土記稿』
	釜利谷・金沢称名寺分・杉田・東漸寺分（杉田の内）・多々久（大久保町・弘明寺町・中里町・別所町・最戸町・六ツ川町辺）・岩間	横浜市	

天文十二年（一五四三）	堀之内	横浜市	『資料編』3下　中世六七六七
	今井	横浜市	『新編武蔵風土記稿』
	国府（国府本郷・国府新宿）・幾沢（生沢）	大磯町	
	山下郷寺山	平塚市	『資料編』3下　中世六七八一
	中原・新土（真土）	平塚市	
	富田（戸田）・小柳（戸田の内）・津古久（下津古久・岡津古久）・酒井・愛甲・岡田・船子・船子箱根分・長谷・小野庄・愛名・戸室・妻田郷・上古沢・下古沢・飯山	厚木市	
	石田	伊勢原市	
	今里	海老名市	
	煤ヶ谷領家方・煤ヶ谷地頭方・煤ヶ谷	清川村	
	日野・大賀郷（大岡町・上大岡町）・井出ヶ谷（井土ヶ谷）・太田郷	横浜市	
	麻生（上麻生・下麻生）・黒川	川崎市	
天文十六年（一五四七）	鎌倉（十二所・浄明寺・二階堂・西御門・雪ノ下・小町・大町・乱橋材木座・極楽寺・坂ノ下・長谷・扇ヶ谷・山ノ内）	鎌倉市	『資料編』3下　中世九四四七ほか
天文十九年（一五五〇）	大田和郷	横須賀市	『資料編』3下　中世六八九七・六八九八
天文十九年か	鶴間（上鶴間・下鶴間）	相模原市・大和市	
天文二十一年（一五五二）	今井郷半分	小田原市	
天文二十三年（一五五四）	吉岡	綾瀬市	
弘治元年（一五五五）	吉岡郷	綾瀬市	『資料編』3下　中世六九九四
弘治三年（一五五七）	吉田島	開成町	

永禄二年以前	成田	小田原市	
	白根山田名	伊勢原市	
	青山之村	津久井町	
永禄五年（一五六二）	吉田郷	横浜市	『資料編』3下　中世七二六八
永禄十二年（一五六九）	斑目郷	南足柄市	『資料編』3下　中世七九一七
元亀三年（一五七二）	鳥山之内神台地（神大寺）雲松院分	横浜市	『資料編』3下　中世八一四五
天正二年（一五七四）	前岡郷（舞岡）・野葉郷（野庭）	横浜市	『資料編』3下　中世八二二四・八二二五
天正十三年（一五八五）	恩田之郷	横浜市	『新編武蔵風土記稿』

この県内における北条氏の検地一覧は、『小田原衆所領役帳』を中心に、古文書その他の資料で知り得たものにより作成したが、この中には、検地と同じような効果があったとみなされる検見のほかに、検地の実施を推測し得る場合も二、三含めてある。ただ、『小田原衆所領役帳』では、北条氏の直轄領について知ることができないので、その検地は大部分が不明であり、また、この役帳が作成された永禄二年（一五五九）以後に行われた検地についても、多くを知ることができない。したがって、検地が行われた郷村は、この一覧に示したよりもはるかに上回っているであろうことは容易に推測できる。

北条氏の検地の場合、今日わかっているところでは、永正三年（一五〇六）に相模の宮地（宮上・宮下か、湯河原町）で行っているのが最初である。これは早雲によって行われた検地であり、それ以後、相模・武蔵・駿河・伊豆・上総・上野の六か国で実施しているのが確認される。このうち、永正十七年（一五二〇）に小田原周辺と鎌倉、天文十一、十二年（一五四二、四三）に相模の中央部と武蔵の南部等、弘治元年（一五五五）に武蔵の河越周辺、天正十四年（一五八六）に上野で、それぞれ実施している検地が比較的に広い範囲で行われているとみることができる。

検地の内容　北条氏は天正九年の八月と十月に、相模の波多野今泉・田名・粟船（大船）・斑目・神山、武蔵の永田・鴨志田寺家分・駒林などに対して段銭の増徴を行っているが（『資料編』3下　中世八六四八～五四、八六六八・八六七〇）、そのことを命じた虎の印判状には、「先年検地なき郷村、御代替りにつき、当年改めらるべく候といえども、それ以来打ち置かる、只今、こと六ヶ敷あいだ、段銭の増分をもって仰せ付けられ候」と記している。このことから、北条氏は代替わりの際に検地を行うのを基本方針としていたことがうかがえる。前の虎の印判状にいう「御代替り」とは、氏政から氏直への家督譲与をさしており、それは天正八年八月十九日に行われているが（『資料編』3下　中世八六〇一、拙稿「小田原北条氏代替り考」『後北条氏の基礎研究』）、このときの代替わり検地は実施せず、段銭の増徴に替えたことが知られる。

前にみたように、北条氏の検地で比較的に広範囲にわたるのは、永正十七年、天文十一、十二年、弘治元年、天正十四年の検地である。このうち、永正と天文の検地は、代替わり検地とみることができる。永正のは、早雲から氏綱への代替わりであり、それは前に述べたように永正十五年に行われたとみられる。早雲は翌十六年に伊豆の韮山で死亡するが、氏綱は十七年になって代替わり検地を小田原周辺と鎌倉で行っているのが確認される。また、氏綱は天文十年に死亡するが、その年に氏康への家督譲与が行われたとみられ、翌十一年から十二年にかけて、相模の中央部や武蔵の南部などで代替わり検地が行われた。氏康から氏政への家督譲与は、永禄二年の十二月と推定されるが（「小田原北条氏代替り考」）、弘治元年に検地を実施しているためか、このときには代替わり検地を行わなかったようである。この北条氏の代替わり検地は、国衙《こくが》領における国司の任替ごとに行われるはずの国検、また、荘園における本所や領家の代替わりごとに行われるはずの正検と、一脈相通ずる。しかし、北条氏は直轄領だけではなく、給人領・寺社領を含む領国のほぼ全般にこれを実施しているところに、大きな相違がある。

弘治元年の検地は、税制を整えるために行われたとみてよい。すなわち、氏康は天文十九年に税制を改革するが、それは天文十一年から十二年にかけて検地を行った郷村に対し、その検地により掌握した土地（貫高）を基礎としてこれを実施したとみられ、さらに、弘治元年には税制の整備を行って、一応領国の税制を確立したといえるが、その前提として検地を実施したものと推測されるからである（拙稿「後北条氏の検地」『後北条氏の基礎研究』）。それから、天正十四年に上野で行っている検地は、新領土に対し自己の方針による土地調査を実施したものとみることができる。このほか、天正二年に相模の前岡（舞岡）郷（横浜市戸塚区）・野葉（庭）郷（横浜市港南区）で行っている検地は、陣夫役を増徴するために実施したもの、同五年の武蔵府川郷の検地は隠田があるのを訴え出たことにより行ったもの、翌六年の武蔵三保谷郷の場合は、前に行われた同郷の検地の際に賄賂《わいろ》を使って不正があったため改めて行ったもの、などがあるが、これらは臨時に局部的に実施した検地ということができる。

北条氏の検地方法については、天文十二年（一五四三）に伊豆の長浜（静岡県沼津市）で行った検地の場合、九月七日に野帳が作られていることなどから推して（『豆州内浦漁民史料』上巻）、実際に検地役人が現地に臨んで実施しているものとみられる。この野帳の日付から八日後の九月十五日付で長浜御代官御百姓中あてに検地書出を与えている大草但馬ら五名は、その検地役人とみてよいであろう（『資料編』3下　中世六七七九）。また、天文十一年十一月に武蔵の堀之内（横浜市南区）で行われた検地についても、検地役人が派遣されて実際に田畠の調査が行われたものと推察される（『資料編』3下　中世六七六四～六七）。これらから、北条氏の検地は、検地役人を現地に派遣してかなり厳しく実行しているとみることができる。もちろん、郷村側から土地の明細書（指出）を提出させ、それを認定して検地を行ったことにする、いわゆる指出検地も行われたとみられる。鳥山之内神台地（神大寺）雲松院分（横浜市神奈川区）・恩田之郷（横浜市緑区）の場合は、ともに指出検地であろう（『資料編』3下　中世八一四五、『新編武蔵風土記稿』）。

ところで、永原慶二は、北条氏が「名田」という土地権利区分を否定する政策をとっていることを指摘している（「大名領国制下の農民支配原則」『戦国期の権力と社会』）。すると、検地による増分の中には、隠田のほかに、それまでの名主加地子《みょうしゅかじし》（名主が作人から徴収した得分）・内徳《ないとく》といわれる部分が含まれていることになろう。このような増分の処理について、北条氏は、寺社領の増分は直轄領にくりこむことなく寺社に寄進し、給人知行地の増分は給人から召し上げて直轄領にくりこむことを、原則としていたといえる。例えば、天文十二年（一五四三）に相模の六所大明神社領から検出された増分は同社造営料として寄進され、また、天正二年（一五七四）に鎌倉の東慶寺領前（舞）岡郷と野葉（庭）郷から検出された本年貢高を上回る増分も同寺に寄進されている例などがある（『資料編』3下　中世六七九一・八二二四・八二二五）。給人知行地の例では、天正十五年に武蔵の久下郷（熊谷市）で八人の小山衆の給田から検出された五貫九百十二文の増分は、わずかであったが「給田の増、召し上げらるる儀は御国法也」と、直轄領にくりこまれている（広瀬文書）。また、永禄五年（一五六二）に武蔵の吉田郷（横浜市港北区）から検出された三十二貫四十文の増分のうち、約三分の一に当たる十貫文は本給五十貫文に加えて高橋郷左衛門尉に与えたが、残りの増分二十二貫四十文は直轄領に編入している（『資料編』3下　中世七二六八）。

北条氏は、直轄領における増分はもちろんのこと、給人知行地の増分についてもこれを召し上げる国法によって、かなり直轄領にくりこんでいることは明らかである。また、寺社領についても東慶寺領の場合のように、増分に対し陣夫役の増徴を行っている。したがって、北条氏の土地掌握は、検地によって強められているといえるのである。

検地帳　検地によって得た結果は検地帳に登記されて、土地と人を支配する基礎台帳とされたが、北条氏の場合、その検地帳の写を領主と村方に与えたとみられ、また、村方には別にその大概を記した検地書出を与えている。領主に与えた検地帳については、相模の「下中村上町《かのまち》分検地帳」の存在によって、ほぼその体裁や内容を知ることができる（『資料編』３下　中世六九〇一）。ただ、この検地帳の場合は、検地が実施された際に領主に与えたものではない。というのは、下中村上町分（小田原市上町・前川）で検地が行われたのは天文十年であった。ところが、同十六年九月二十一日に本光寺（氏康の弟為昌の菩提所）の建立に伴って、氏康はこの上町分を同寺に寄進したが（『資料編』３下　中世六八二〇）、その後、上町と小竹の間で田八段余りの所属をめぐり争いが起きた。そのため氏康は、同十九年七月十七日にこの田地を上町に所属させることにして解決したが、その際、天文十年の下中村上町分検地帳を書写し、争論の田地を書き加え、この田地が上町に帰属した旨を記し、虎の印判を押して、そのときの領主である本光寺に与えた証拠書類が、現存する「下中村上町分検地帳」といわれるものである。

　さて、この検地帳の記載をみると、まず「辛丑下中村上町分検地帳」と記し、ついで、

田一反大卅歩　　三郎左衛門
田二反百十歩　　同人
田小四十歩　　二郎三郎
畠大六十歩　　同人

というように、田畠の別、地積、作人名を一行書きに記しており、終わりに田畠の合計とその分銭（貫高）を記して

いる。「長浜の野帳」もほぼ同様に記しているから、両者によって北条氏の検地帳の体裁や内容を知ることができる。

この検地帳や検地書出に記載されているところからみて、まず、荘園制の単位である「名《みょう》」は解体されているということができ、そこには新しい土地領有関係が生じていることがうかがえる。また、地積の表示は、町段歩の一段三百六十歩の制を用い、この小割を大半小に分けている。大は二百四十歩、中は百八十歩、小は百二十歩である。一段歩の十分の一を表わす畝《せ》などは用いていないが、屋敷の場合は坪（歩と同じ）を使用している。次は貫高の制を用いていることであるが、これについては後述する。次は、一筆ごとに田畠の等級を記していないことである。このことについては、「下中村上町分検地帳」と「長浜の野帳」に登載されている合計四百三筆の田畠の地積に、十歩未満の端数がほとんど見られず、それが省略などの操作をされていることが推測されるので、恐らくは、貫高に換算した関係上、地積を増減することによって上田・下田の格差を調整しているのではないかと考えられる。つまり、一定基準の田地より一だん劣る場合は、例えば実際の地積よりも二割がた差し引き、さらに一だん劣る場合は四割がた差し引いた地積を、それぞれ検地帳に記しているのではないか、とみるのである。このような操作をすることによって、各田畠の収穫高が調整され、上田・下田を区別しなくとも矛盾は解消されることになる。

北条氏検地帳の特徴としては、田畠を分類しない田畠混合記載であること、また、屋敷を記載していないことが挙げられる。屋敷を記載していないのは、別に棟別帳が作られているためでもあるが、それは屋敷に年貢の賦課を認めず、北条氏自身が屋敷に対し年貢にかわる棟別銭を賦課しているためとみることができる。

村方に与えた検地書出は、まず、大体が「何々郷検地書出」というふうに書き出し、次に何町何段何歩と田数を記し、これを分銭何貫何百文と換算し、段別何百文と注記し、次に何町何段何歩畠数、この分銭何貫何百文、段別何百何十文、秋成何百文、夏成何十文と注記し、次に田畠の分銭（貫高）の合計を記し、次に公事免などの免除分を貫高で記し、次にそれを差し引いた定納額を記し、また増分を記している、といったところが一般的な体裁と内容である。この検地書出の書式は一定しておらず、また、書き出しも「分国之定法郷中之指引」とされている場合もある（『資料編』３下　中世八二二四・八二二五）。

免除分は、公事免のほか、代官給・名主免・宮免（神田）・寺領免・井料免《いりょうめん》・堤免・定使給《じょうづかいきゅう》などあるが、検地高辻（検地により確定した貫高の合計）からこの免除分を差し引いた残りが定納（確定された年貢納入額）として、直轄領ならば北条氏に、給人領であれば給人にというように納入されたものである。公事免は検地高辻の十分の一の額を示しているが、これは段銭以下の公事諸役の一部として検地高辻から差し引き、農民側に与えたものといえる。代官給は原則として直轄領における代官の給料、名主免は給人領などにおける村役人の給料とみられる。検地書出は、検見書出とともに、近世における年貢割符の前身ということができよう。

貫高の制　北条氏の検地書出・検地帳では、検地によって掌握された田畠の面積が、分銭として貫文で表示されている。つまり、貫高に換算されているのである。その換算値は、田の場合は一段歩が五百文、畠の場合は一段歩が百六十五文（秋成り百文、夏成り六十五文）の例が最も多く、標準数値ということができる。ただ、ごく一部で、田を三百文、畠を二百文（両毛）などに評価している場合もみられる（拙稿「後北条氏の検地」『後北条氏の基礎研究』）。

このような貫高を、北条氏が用い始めた時期については、今日わかっているところでは、永正三年（一五〇六）にまでさかのぼらせることができる。すなわち、この年の正月十四日、北条家の重臣の一人である遠山直景は、相模の松田惣領分（松田町）の延命寺に寺領を寄進しているが、その寄進状に、「岳之分一反、百七十六文充々、并田分一反、五百文充々」と明記していることによって知られる（『資料編』3下　中世六四六〇）。「岳之分《おか》」とは畠の分ということであるが、一段歩当たり百六十五文ではなく、百七十六文とされているのは、一町三段歩を代物二貫三百文に換算しているためであろうとみられる。ところで、この永正三年には、松田惣領分からおよそ二十キロ南方の宮地（湯河原町宮上・宮下か）で検地が実施され、北条氏の基準による貫高の確定が行われているので（『小田原衆所領役帳』）、この松田惣領分でも検地が行われ貫高を確定されたことが推測される。前述の寄進状は、その際遠山直景の所領のうちに介在していた延命寺領を、直景が寄進という形で安堵したものとみることができるからである。したがって、北条氏独自の貫高の設定は、すでに早雲によって行われていたことになる。その後、検地を通して領国内をその基準に統一していくのである。

相模の長尾郷（横浜市戸塚区）の場合、永正六年（一五〇九）の段階ではまだ北条氏の基準による貫高は行われていないといえる（『資料編』3下　中世六四八二・六四八三）。もっとも、この辺りが北条氏の支配下に入ったのは、永正十年前後のことである。しかし天文四年（一五三五）には、すでに長尾郷の東南に近接する岩瀬郷（鎌倉市）で、北条氏の基準による貫高が用いられているのが認められる。すなわち、同年三月五日、宗感という人は鎌倉の明月院に岩瀬郷内の田二段歩を寄進したが、その寄進状に「孫四郎名内田二反代物百疋之分」と記しているのである。ここでいう百疋は一貫文のことであるから、田一段歩当たり五百文となる。永正十七年の鎌倉検地の際に、岩瀬郷なども検地を実施されて、貫高を確定されたものとみてよいであろう。

さて、北条氏の貫高は、田畠の面積を基礎として換算しているものであるから、年貢との関わりが最も強いといえる。例えば、永禄十年（一五六七）九月に武蔵の宮寺郷志村分（埼玉県入間市）で検地を行った際、北条氏照は村方に与えた検地書出を「宮寺郷志村分卯歳御検知(地)之上改而被定置御年貢之辻」と題し、貫高で表示していることからもうかがえる（「天満天神社文書」『埼玉の中世文書』）。たしかに、貫高は年貢高といい得る。しかし、北条氏の場合は、年貢そのものとはいい難い。年貢については後述するが、結局のところ、貫高は年貢の基準数値であるということができる。したがって、年貢の銭納の場合においても、いわゆる貫高そのものの額の納入が行われていたわけではないであろう。

一方、貫高は、家臣に対して人数着到（いわゆる軍役）・出銭《でせん》・普請役を賦課する場合、また、農民に対して段銭・懸銭・陣夫役・大普請役などをかける際に、その基礎として用いている。それから、貫高は、土地の売買価格の基礎にもされており、北条領国では国法の規定により、貫高の六倍の値段で売買が行われている（『資料編』３下　中世九二六八）。さらに屋敷や網度《あんど》（一定の漁場）などについても、それぞれ貫高表示が行われており、屋敷の場合、一坪が六文に評価されていたとみられる。

このような北条領国の貫高は、永高、すなわち永楽銭で換算した数値ではないといってよい。ただ、天正五年（一五七七）五月二十六日付の府川郷検地書出には永高が付記されており、それは、いわゆる貫高の二分の一の数値で示されている（『資料編』３下　中世八三八六）。また、同十六年八月十五日付の荒川郷検地書出では永高のみが用いられている（持田文書）。しかしいずれも、永高であることを明記している。ただ、天正十五年十月十二日付の府川郷検地書出の場合のように、永高を用いていながら、その旨を記していないこともあるが（竹谷文書）、永高の事例はきわめて少なく、今日わかっているところでは武蔵の北部と上野に限られている。

農民の掌握　伊豆の長浜（静岡県沼津市）では、天文十二年（一五四三）の九月に検地を実施されて、田畠についての地積の把握《はあく》とともに、その貫高を確定されているが、翌十三年九月には屋敷の調査を行われて、棟別間数と棟別銭賦課額を確定されている（『資料編』３下　中世六七七九、『豆州内浦漁民史料』上巻）。こうした二つの調査が行われている事例は、現在、この長浜以外では知ることができない。しかし、北条氏はその領国の全般で並行して行ったとみてよいであろう。それは、永禄二年（一五五九）の段階のことであるけれども、北条氏が伊豆の本棟別総数を八千九百五十五間半と把握していることからもうかがえる（『資料編』３下　中世七一三〇）。

このように、北条氏は、屋敷すなわち家屋を含む敷地を、田畠とは別に調査して把握しているが、その屋敷には個別領主が年貢を賦課することを認めていない。すなわち、天正四年（一五七六）に、相模の大井郷（大井町）に住む番匠の勘解由と、その領主である斎藤との間で、屋敷の年貢についての訴訟が行われた際、北条氏政は「百姓屋敷に年貢あるまじく候」と判決していることからも明らかである（『資料編』３下　中世八三一七）。北条領国では、給人領や寺社領内に介在する百姓屋敷に対し、その領主が年貢をかけることを認めていないといえるのである。

この、人が居住する屋敷に対し、年貢の賦課を認めていないのは、人の掌握と支配に大きな関わりをもっていたことを意味しているとみられる。北条領国における屋敷に対する課税であるところの棟別銭賦課状況についてみると、大途《だいと》（北条氏）の被官にはこれを免除しており、また、従属関係を強めた職人衆にも同じようにこれを免除している（持田文書、『資料編』３下　中世六九八二・七五九七）。しかし、農民というか一般庶民に対しては、それが賦課されていた。ただ、鎌倉の寺院では、天文二十二年などに棟別銭を免除されているけれども（『資料編』３下　中世六九四七〜五二）、これは寺領が屋敷となっていることに対して採られている措置であろう。それらの寺院では北条氏から棟別銭を免除されて、その屋敷に居住する人から年貢に相当する棟別銭を収納したものとみられるのである。

北条領国における棟別銭の賦課額については後述するが、これに関連して最も注目されるのは、屋敷に居住する人の仕事（職業）によって相違している点である。すると、棟別銭は一見、屋敷あるいは家屋に対する課税のようにみえるけれども、その実は人に対する課役ということもできる。そのような課役について、北条氏以外の賦課を原則として認めず、北条氏自身が賦課することを基本方針としているのは、人の掌握とその直接支配を意図していたことを示しているものといえよう。

ところで、天正八年二月二十五日、北条氏政が伊豆の愛染院に対し、「豆州田方郷村之儀ニ付而、惣領主へ申出筋目之事」と題する虎の印判状を与え、作付のことや他郷へ移住の百姓召還のことなど五か条にわたり命じたうえで、「右、郷中の仕置、私領のことは綺《いろい》に及ばず候といえども、諸百姓たり候あいだ、かくのごとく申し出し候、右の仕置、忽諸《こっしょ》に申し付けられ、不作せしむるに付きては、領主これ越度に処すべく候」と記していることについて（『資料編』3下　中世八五五八）、勝俣鎮夫は「『国の百姓』という規定にもとづく、領主権への介入のありかたが明瞭にしめされている」と指摘している（「戦国法」『岩波講座日本歴史』8、一九七六年刊）。この、北条氏が領国民に対して最高の主権者であることを意識していることと、領国内の人が居住する屋敷を把握していたこととは、密接な関わりをもっていたとみることができる。

また、領国の郷村から欠落《かけおち》・逃散などする農民に対し、北条氏が国法を定めそれによって召還を命じている、いわゆる人返しは、農民の掌握を目的とした土地緊縛政策、すなわち農民を土地にしばりつけておく政策に基づくものといえる。相模における欠落の事例としては、永禄十二年（一五六九）に須賀郷（平塚市）から今若という者が用田郷（藤沢市）へ、とねはうが打戻郷（藤沢市）へ欠落したのに対し、北条氏康が須賀郷の清田某に、国法だからとその召還を命じている例、また、天正九年（一五八一）には木古庭《きこば》郷（葉山町）の領主であった宮下某の欠落とともに同郷諸百姓らの郷中明《ごうちゅうあけ》が行われたが、北条氏規はやはり国法であるからと、その還住を命じている例などを知ることができる（『資料編』3下　中世七七二五・八六二〇）。

職人の掌握　大工・番匠・大鋸引・石切・鍛冶などといった職人衆は、城郭の構築や修築、軍需品の製造等において欠くことのできない存在であり、その軍事力に直接大きな関わりをもっていた。したがって、戦国大名北条氏にとって、農民の掌握とともに職人の掌握も重要な課題であったといえよう。前に述べたように、永正十五年（一五一八）の段階に、すでに職人衆を徴発使役する場合の手形の印判として、「調」の印判を用い始めているのである。

ところで、北条氏綱が天文の初年（一五三〇年代）に鎌倉の鶴岡八幡宮の造営を行った際、これに従事した職人衆として鎌倉・奈良・玉縄・伊豆の大工・番匠集団がいたが（『快元僧都記』）、このうち、玉縄のそれは、北条氏に掌握された番匠らが玉縄城下に集住し形成された職人集団とみてよいだろう。また、相模の鍛冶の場合、すでに天文二年には全体的に掌握されていたとみられ、その二十七火床《ほど》の鍛冶は、同年の十月、十四組に分けられて五日間ずつ鶴岡八幡宮造営に使役されている（前掲書）。それから、天文七年三月には、伊豆国中の皮作として三島など十二か所の合計二十一人が北条氏によって掌握され、皮革の加工と調達を命ぜられるとともに、他人の被官となったり、諸役免除の特権を与えられた不入の在所へ移る者は処罰すると厳命されているのである（『資料編』3下　中世六七〇五）。

鶴岡八幡宮の造営に従事した奈良の大工・番匠などは、同宮造営のため北条氏によって招かれたものであるが、同宮の八足門の建立等にたずさわっている京大工は、それ以前に小田原に下って北条氏に召しかかえられていたものとみられるのである。それは、『快元僧都記』の天文二年五月一日の条に、「大工彦左衛門は、屋形（北条氏綱）の大工たるの間」と記され、また翌三年八月二十一日の条には、「京大工又三郎」に「氏綱大工彦左衛門の子たり」と注記されていることなどによってうかがえる。北条氏においては、すでに氏綱の時代のかなり早い時期に、京都から職人を招いて御用職人としていることが知られるのである。

北条氏に掌握された職人衆の主だった者には、知行や給田が与えられていた。その全体的な状況は、永禄二年（一五五九）に作成された『小田原衆所領役帳』の職人衆の項に記されているところから知ることができる。そこに載せられている職人は、鎌倉・江戸・奈古屋（伊豆）の鍛冶、玉縄・江戸・河越の番匠、藤沢・奈古屋の大鋸引、鎌倉の大工・結桶師・笠木師・経師、奈古屋の石切・切革・青貝師など合計二十八人で、その貫高は七百八十九貫二百十文に上っている。職人衆の頂点にいた須藤惣左衛門のごときは、万田（平塚市）などで合わせて二百貫文の知行を与えられ、このほかに出縄郷（平塚市）の年貢など九十一貫三百五十八文を「御細工公用銭《くようせん》」として預け置かれている。

職人衆に扶持が与えられる場合もあった。天文二十二年（一五五三）には、新石切の孫三郎など五人に、一人当たり一貫二百文の扶持銭を与え、公方の御用を怠らず走廻するよう命じ、また、元亀二年（一五七一）には、畳刺の弥左衛門とその番子に給と扶持をそれぞれ与えている例などがある（『資料編』3下　中世六九三九・八〇五九）。しかしながら、北条氏といえども、数多い職人衆の全てに知行や扶持などを与え、被官として掌握するわけにはいかなかったのであろう。そこで、番匠大法の制定となったとみられるけれども、その存在と内容とは、卯月十一日（年未詳）付の芳春院（季龍周興）あて安藤良整書状によって知ることができる（『資料編』3下　中世八三九三）。

この書状からうかがうことのできる番匠大法の内容は、

（一）世間で賃取り仕事をする番匠は、一年のうち三十日間公方役（公用使役）を勤めなければならない。言い換えれば、一年間に三十日の公方役を勤めれば、世間での賃取り仕事をすることができる。
（二）寺社等の被官である番匠には、公方役を賦課しないかわりに、世間での賃取り仕事を禁止する。
という二点を骨子としていたとみられ、公用使役の基本法となっているといえよう。公用使役については後述するが、この番匠大法は鍛冶や大鋸引などにも適用されているから、北条領国の職人は、世間での賃取り仕事をする、すなわち生活をするためには北条氏の支配をうけなければならなかったわけである。

金沢（横浜市金沢区）の鍛冶は、永禄九年（一五六六）の四月以前に公用使役を実施されていたとみられるが（『資料編』3下　中世七四七九）、伊豆松崎の船番匠の弥五郎は弘治元年（一五五五）三月に、また、同国江間の鍛冶であった八郎左衛門は永禄十一年六月に、それぞれ公用使役を命ぜられている（『資料編』3下　中世六九八二・七五九七）。弥五郎らは、同時に棟別銭を免除されているが、北条領国での棟別銭の免除は、大途（北条氏）の被官であることを意味するから、公用使役の適用は職人衆の被官化とみることができる。知行・扶持等を与えられた職人衆は、当然、被官であるが、それらを与えていない職人衆にも、番匠大法に基づく公用使役を適用して被官化し、彼らを直接支配体制の中に組み入れているといえるのである。

四、年貢と公事

年　貢　田畠の耕作者は、その領主（直轄領であれば北条氏、給人領であれば給人）に対して田畠の生産物の一部を年貢として納入する義務をもっていたが、北条領国における年貢の収納は、貫高を基準として行われていた。その統一的な貫高は、すでに早雲によって設定されていたが、その早雲は、また、延徳三年（一四九一）に足利茶々丸を滅ぼして伊豆を手中にすると、土豪層の掌握に努めるとともに、それまで五つ取り（五公五民）であった年貢を四つ取り（四公六民）にして、農民の掌握にも留意したことを『北条五代記』は伝えている（巻之四の三）。

しかしながら、現在、伊豆・相模・武蔵において、年貢の税率が四公六民であったことを明示している資料は見いだされていない。ただ、北条氏忠（氏政の弟で、下野の佐野宗綱の跡を継いだ人）の所領とみられる尻内郷（栃木市）・田嶋郷（栃木県佐野市）における年貢の場合、「四分之積」と明記していて、四公六民であったことが明らかである（島津文書丑＝天正十七年＝十月十五日付氏忠印判状、福地文書丁亥＝天正十五年＝十一月朔日付氏忠印判状）。したがって、このことから、北条領国における年貢は四公六民、すなわち農民は生産額の四〇パーセントをその領主に年貢として納入していたであろうことが推測される。しかし、農民は年貢とは別に、大名である北条氏から貫高を基礎として段銭や陣夫役などの公事諸役を収取されていたので、その手許に残る生産物は六〇パーセントではなく、それをかなり下まわっていたといえる。

北条氏が設定した貫高の標準数値は、前に述べたように、田一段歩当たり五百文、畠一段歩当たり百六十五文（秋成り百文、夏成り六十五文）であるが、年貢の収納はこの貫高と納法《おさめほう》が密接に関わり行われていた。納法は、国法として年ごとに規定されたものであり（『資料編』３下　中世七五六九）、平年作における貫高百文当たりの数量は、米の場合一斗四升、麦の場合三斗五升（いずれも榛原枡、その容積については「公定枡（榛原枡）の設定」の項を参照）とみることができ、今日わかっているところでは、年によって、米では一斗一升から一斗五升までの幅があり、麦では三斗の例がある（拙稿「後北条氏の検地」『後北条氏の基礎研究』）。すると、田一段歩の平年作の年貢量は、米七斗（＝

〈1斗4升×500〉÷100）となり、北条領国における米一俵は欠米《かんまい》一升を含め三斗六升詰であったから、米二俵となる。この年貢量の米二俵が四公六民であるとすれば、田一段歩（三百六十歩）当たりの生産額は米五俵で、まず妥当な数量といえよう。

年貢量は貫高と納法により決定されたものであるから、貫高は年貢の基準数値とみることができる。また、納法は作柄によって増減されてはいるものの、納法を貫高百文当たりいくらに規定するかによって、年貢量が決まるわけであるから、北条氏の貫高制は四公六民の制を考慮に入れて仕組まれていたのではないかと思われるのである。なお、納法は、段銭・懸銭などの公事諸役を、米や麦で収納する場合にも適用されていた。

年貢には銭納の問題がある。年貢の収納・納入に密接な関わりをもっていた貫高は、従来から年貢の銭納と結びつけられて考えられてきた（例えば宮川満「戦国大名の領国制」『封建国家の権力構造』）。しかし、北条領国における年貢の場合、銭納を原則としていたことを示している証拠は見当たらない。むしろ、田の年貢は米穀、畠の年貢は雑穀の現物納を基本としていたとみられる。ただ、直轄領では年貢の銭納を命ぜられていることもある（『資料編』3下　中世七五一一・七五九四、牧野文書）。納法が毎年国法として規定されているのも、現物納を主としていたであろうことを推測させるし、また、銭納を原則としていた棟別銭でさえも銭納は容易でなく、田名（相模原市）でも現物納を余儀なくされていた（『資料編』3下　中世七五〇九・七八五二）。そうした実情の中で、棟別銭とは比較にならないほど膨大な年貢について、銭納を原則とした貫高が行われていたとは思われない。正木棟別銭の収納にしても、初め、麦と黄金で納めよと決めながら、精銭が必要になったからといって、麦と精銭で納めよと再び命じている例があり、北条氏の銭納命令は、かなり恣意《しい》的な場合がある（『資料編』3下　中世七四八四）。

北条領国では、検地によって郷村ごとに確定した貫高、すなわち検地高辻がそのまま実際の年貢高であったわけではない。そこから、国法の規定によるところの公事免・代官給・名主免・宮免（神田）・寺領免・井料免・堤免・定使給などの免除分を差し引き、その残りを定納と呼び、これが実際の年貢高、すなわち領主が収納した年貢である（『資料編』3下　中世六六〇四・六七七九・八二二四・八二二五）。例えば、氏康は天文十六年に下中村上町分（小田原市）百貫文の地を本光寺に寄進しているが、同郷の検地帳に記されている検地高辻は百十五貫九百四十二文であり、この検地高辻から公事免などを差し引いた残りが定納高百貫文であったとみられるのである。また、永禄五年に氏政が大井のうちの山田村（大井町）百六十貫文を小長谷某に与えた際には定納と明記している（『資料編』3下　中世六八二〇・六九〇一・七二七一）。北条氏が家臣や寺社に与えている貫高は、定納高とみてよいであろう。

人数着到（軍役）　人数着到は、いわゆる軍役であり、北条氏が家臣に与えていた知行高辻（知行貫高の合計）に対し、軍役として割り当てた人数と、その人員構成・武具・装備、またその動員とみられる。この軍事上の課役について、やや具体的な内容をもっている資料は、弘治二年（一五五六）の「伊波知行之書立」である（『資料編』3下　中世七〇〇〇）。そこでは、知行高辻四百四十二貫八百三十二文に対し、軍役の人数が五十六人（うち馬乗十二騎）とされ、知行高辻に対する軍役人数の割合がわかる資料となっている。しかし、まだその人員構成や武具・装備については具体的に示されてはいない。

ところが、元亀（一五七〇〜七二）の段階になると、「着到定」とか「改定着到之事」などと題し、その記載も、知行高辻に対し「此着到」と記して、割り当て人員の構成・武具・装備を詳細に記すようになっている。その代表例としては、元亀三年（一五七二）における武蔵岩槻衆の宮城四郎兵衛尉の場合が挙げられる（『資料編』3下　中世八〇五四・八〇七九）。こうしたことから、北条氏の軍役は永禄の末から元亀にかけて、改革と整備が行われていることが知られる。これを促進させたのは、鉄砲の実用化であったといえるであろう。

さて、知行貫高（正確には蔵出・給田の場合も含め）と軍役人数との関係がわかる事例は二十数例ある。これらについて、知行貫高を軍役人数で単純に除してみると、一人当たり二貫文強から十四貫文までとなる。この場合かなりの幅があり、まとまりのない結果である。そこで、午（天正十年＝一五八二）の二月二十五日付北条氏邦印判状に、「九本　鑓、馬上三騎之替」と記されていることから（彦久保文書）、馬上一騎は三人分に相当させているとみて、馬上一騎を三人分とみなした軍役人数を算出し、知行貫高をこの数値で除してみると、一人当たり一貫七百文台から八貫三百文台となる。この場合、その幅が狭められるとともに、五貫文加減一貫文ずつの四貫文ないし六貫文（五貫文グループ）が全体の半分近い四四パーセント、三貫文加減一貫文ずつの二貫文ないし四貫文（三貫文グループ）が全体の三分の一の三二パーセントを占め、かなり集約されてくる（拙稿「後北条氏の軍役」『日本歴史』第三九三号）。

結局のところ、五貫文グループには、相模の給人伊波大学助・同修理亮・池田孫左衛門尉、武蔵の宮城四郎兵衛尉といった知行貫高が百貫文を超える寄親クラスと、座間・道祖《さいど》土図書助・植松右京亮などの在地小領主が含まれている（『資料編』３下　中世七〇〇〇・八〇七九・八〇八一・八一六九・八六四四・八七三三）。そして、三貫文グループでは、池田孫左衛門尉の寄子衆（池田の家子郎等とは別）が目立った存在となっており（『資料編』３下　中世八六四四）、さらに『小田原衆所領役帳』によると、大藤式部丞・伊波などの寄子衆に三貫文の給田が与えられていることから、この三貫文グループは、ほぼ寄子衆（同心衆）とみることができる。北条氏では、家臣に対する人数着到の割り当てと、寄子衆とは区別されている。したがって、北条氏の軍役といった場合、五貫文グループに限ることができ、それは、

第1表　知行貫高に対する人員・武具・装備の割合

知行人	知行貫高（A）	馬上（B）	（A）／（B）	鉄砲	弓	鑓（C）	（A）／（C）	大小旗
伊波大学助・同修理亮	四四二貫八三二文	一二	三六貫九〇〇文	―	―	―		―
宮城四郎兵衛尉	二八四、四〇〇	八	三五、五〇〇	二	一	一七	一六、七〇〇	三
池田孫左衛門尉	一九一、六〇〇	六	三一、九〇〇	一	一	一二	一五、九〇〇	二
吉田新左衛門	一〇〇、〇〇〇	一	一〇〇、〇〇〇	一	一	六	一六、六〇〇	一
小曽戸丹後守	二〇〇、〇〇〇	五	四〇、〇〇〇	二〇	〇	〇		二

資料：『資料編』3下中世7000・8079・8644、諸州古文書武州12、島津文書

ほぼ知行貫高五貫文につき一人の割合（馬上一騎は三人分）を原則としていたであろうと推測される。

それでは、軍役規定というか、知行貫高に対する人員の構成・武具・装備はどのような割合になっていたのであろうか。これを探る手掛かりとして作成した表が、第1表である。この表は、知行貫高が百貫文以上の五人を選んで作ったが、それ以下の場合は共通性が少ないために除いた。表をみると、まず、小曽戸の場合は鉄砲隊の性格が強く、また、吉田の場合はこれ以外にも知行貫高五十貫文に対する軍役を課せられているためか、いずれも変則である。しかし、伊波・宮城・池田の場合には共通性がみられ、結局のところ、（一）馬上は知行貫高百貫文に対して三騎、（二）鉄砲は百貫文に一挺（百貫文単位を超える残余の貫高には弓一張）、（三）鑓は百貫文に六本、（四）大小旗は百貫文に一本、を基準としていることがうかがえる。なお、これまで知行貫高が千貫文の上野《こうずけ》の後閑《ごかん》氏については触れなかったが、後閑氏の場合は例外として馬上と鑓とをそれぞれ三分の一ずつ減免されているとみると、これまで述べてきた二つの基準を否定する証拠にはならなくなる。

人数着到といわれている北条氏の軍役は、人数の割り当てについては知行貫高五貫文に一人当たりを基準とし、また、着到（人員構成・武具等）の割り当てについては知行貫高百貫文につき、馬上三騎、鉄砲一挺、鑓六本、大小旗一本を原則として割り当てていたと推定されるのである。

出銭と普請役　出銭《でせん》も普請役も、前の人数着到と同様、北条氏が知行（所領）を与えていた家臣に対しての課役で、知行役（所領役）といわれるものである。知行役は家臣に対する公事である。

まず、出銭については、その具体例が極めて少なく、出銭と明記されているのは、現在、北条氏忠の印判状二通が知られているに過ぎない。その一通は、天正十六年（一五八八）正月に行われた西口参陣、すなわち豊臣秀吉の来攻に備えるため関八州の軍勢を小田原に召集した際、氏忠が知行貫高の少ない下野《しもつけ》の鍋山衆小曽戸摂津守に対して、その参陣を許し、替わりに参陣衆の兵糧費用としての出銭三百文を割り当てているものである（小曽戸文書）。このときは、知行貫高十貫文に対して百文の割合でその出銭を課したものとみられる。二通目は、天正十七年の十月、氏忠が高瀬紀伊守に対して、氏政上洛の費用としての出銭一貫八百四十八文を命じているものである（『資料編』3下　中世九四八七）。この場合は、知行貫高五十貫文に対し一貫文の割合で賦課していることがうかがえる。

ところで、天正十年の三月、武田勝頼討伐のため甲斐に来陣した織田信長に対し・北条氏は執拗《しつよう》に使者を派遣して物品を贈っているが（『原本信長記』）、この費用の黄金が出銭として賦課されたとみられ、北条氏邦には黄金三枚（三十両）が割り当てられている（『資料編』3下　中世九三六七）。同じ年の五月に、内山弥右衛門尉が「御知行役之黄金壱分一朱」を納入しているのも、この出銭とみられるが（内山文書）、それは知行貫高百貫文に対して黄金一両の割合であったと推測される。

天正十年代以前の事例では、鶴岡八幡宮造営の際、すなわち天文二年（一五三三）に造営費用の出銭が部将らに割り当てられている（『快元僧都記』天文三年六月二十四日の条）。再び天正年代の事例にもどるが、その十五年の春には小田原城大普請の費用が出銭として課せられたが、このほかにも伊豆の土肥城普請などの出銭をかけられ、また、十六年には氏規の上洛費用の出銭が課せられている（『資料編』3下　中世九三六七）。ただ、これらの場合については、賦課率が明らかでない。

このように、出銭は、城普請などの費用のほか、信長への使者派遣、また氏規や氏政の上洛のための費用等を、知行貫高を基準として賦課した銭貨・黄金などとみることができる。知行貫高が少ないために出陣を赦免し、替わりに参陣衆の兵糧費用を割り当てたときも出銭と呼ばれている（拙稿「後北条氏の知行役」『戦国の兵士と農民』）。

次は、家臣に対する普請役であるが、これには着到普請と呼ばれる二種の城普請がある。その一つは、本城である小田原城の普請であり、他の一つは、番所すなわち在番（在城）を割り当てられた曲輪《くるわ》の普請で、これについては番普請などといわれている（『資料編』3下　中世九二五七）。

小田原城の着到普請については、天正十五年の正月と二月に、関根石見守と道祖土図書助とが命ぜられている例がある（『資料編』3下　中世九二三二・九二三六）。ただ、この場合は、軍役として割り当てられている人数着到と同数の人足を徴発され、着到衆自身は出役を赦免されている。しかし、着到普請は、着到衆自身がその労役に従事することを原則としていたとみられるのである（『資料編』3下　中世九三四六、道祖土文書）。

番普請については、永禄十二年（一五六九）に垪和伊予守が駿河の興国寺城で、また、天正十五年に宇津木下総守が上野の新田（金山）城で行っている例などがある（『資料編』3下　中世七七七九・九二九七）。相模の例では、天正十年五月に、足柄城（南足柄市）諸曲輪の鰭板《はたいた》工事を番普請によって行っており、同時に、玉縄城主北条氏勝には同城城外の役所の普請として千人分の労役が課せられている（『資料編』３下　中世八七二七）。また同じ年とみられる八月、北条氏政は岡本越前守に対し、新城（山北町）の普請について八十人で五日間の出役を命じているが、この場合も番普請であったとみられる（『資料編』３下　中世八七七〇）。なお、当時の普請は土木工事をさし、その道具として鍬《くわ》・鶴嘴《つるはし》・鉞《まさかり》などを持参させているから、堀切・土塁・塀などの構築・修築が主であったと思われる。

北条氏の家臣らに対する城普請以外の普請役としては、天文の初めに行われた鎌倉の鶴岡八幡宮造営の際、築地などの普請を所領役として課している場合がある。また、天正九年八月には、湯本（箱根町）から三島に抜ける箱根路の道普請が軍勢の労役により行われている（『快元僧都記』、『資料編』３下　中世八六四七）。

普請役の主要なものは城普請とみられるが、城普請には、小田原城の普請と番普請の二つがある。これらは着到普請とも呼ばれているように、その賦課は人数着到の人員を基準としていたといえる。ただ、『小田原衆所領役帳』からもうかがえるように、普請役は知行貫高に応じて賦課される場合もある。そして、普請役は出銭とともに、知行貫高の一部について免除が行われている場合などがある（拙稿「後北条氏の知行役」『戦国の兵士と農民』）。

段銭と懸銭　段銭と懸銭《かけせん》に、棟別銭を加えた三者は、北条氏の三税といわれる主要な課役で、その直轄領・給人領など領国全体から収取することを原則としていた公事《くじ》である。このうち、段銭と懸銭は、検地によって各郷村ごとに確定された貫高を基準として賦課されているから、その負担者は農民ということができる。

段銭については、天文十九年（一五五〇）四月の税制改革を境にして明らかに相違している。すなわち、それ以前の段銭は、現在なお、その税率など明らかでないが、以後の段銭は、百貫文の地に対し六貫文がけ、すなわちその基

第2表　段銭増徴の年次と割合

郷村名	天文19年（本段銭額）	弘治元年（増徴段銭額と本・増段銭額）	天正9年（増徴段銭額）	本段銭・増徴段銭の合計額
神山（松田町）	?	本段銭の$\frac{1}{3}$	同$\frac{1}{3}$（2貫9□文）	?
斑目（南足柄市）	（8貫001文）	同　$\frac{1}{3}$	同$\frac{1}{3}$（2貫667文）	13貫335文
波多野今泉（秦野市）	（3貫160文）	同　$\frac{1}{2}$	同$\frac{1}{2}$（1貫580文）	6貫320文
田名（相模原市）	（6貫320文）	同　$\frac{1}{3}$	同$\frac{2}{3}$（4貫214文）	12貫641文
粟（大）船（鎌倉市）	（20貫841文）	同　$\frac{1}{3}$	同$\frac{2}{3}$（13貫894文）	41貫682文
永田（横浜市南区）	—	（5貫280文）	本・増段銭の1倍（5貫280文）	10貫560文
駒林（横浜市港北区）	—	（3貫40文）	同　1倍（3貫40文）	6貫80文
鴨志田寺家分（横浜市緑区）	—	（1貫660文）	同　1倍（1貫660文）	3貫320文

資料：『資料編』3下　中世8648〜53・8668・8670

本税率は六パーセントである。すでに述べたように、天文十九年四月以後の段銭は、それまでの段銭など守護役系統の諸公事を整理統合して、新たな段銭として再編統一したものとみられる。北条領国では、田一段歩（三百六十歩）当たりの貫高は普通五百文であるから、田一段歩につき三十文分の段銭がかけられたわけである。ただ、守護不入の地といわれて従来から段銭などの公事を免除されていた、本牧郷（横浜市中区）・磯辺（相模原市磯部）では、六パーセントの税率をかけた額の三分の二にされており、このほか川成りの地や散田の場合にも、それぞれ減免をされている。また、田名郷（相模原市）の場合は、初め七貫四百八十七文を割り当てられたが、その後何らかの理由で六貫三百二十文に減額されている、（『資料編』3下　中世六八八五～九一・六九二七・八六四九）。このように、段銭の基本税率は六パーセントであったけれども、守護不入の地などの場合には減免されていたのである。

　このような段銭は、弘治元年（一五五五）と天正九年（一五八一）の二度にわたり、本段銭（天文十九年の税制改革の際に決定された段銭額）の三分の一あるいは二分の一というような割合で増徴されている（第2表）。この最初の段銭増徴が行われた弘治元年になって、永田・駒林・鴨志田寺家分（いずれも横浜市）では、税率六パーセントの段銭を賦課されることになったとみられ、新段銭への切り換えは、二度にわたって行われたことが推測される（拙稿「後北条氏の税制改革について」『後北条氏の基礎研究』）。なお、天正九年の増徴の場合は、代替わり検地をするかわりに行ったことを記している（『資料編』3下　中世八六四八〜五四・八六六八・八六七〇）。ただ、段銭の増徴は検地増などを目論んで行われただけでなく、段銭が免除されていた部分への賦課が行われただろうことも推測される。

　段銭は、田作りの役銭、平たくいうと、田地を耕作することに対し、北条氏が賦課した税金といってよいであろう。この段銭は米穀で納入される場合が多く、したがって十月に納められていることが多い。米穀で納入の場合は穀段銭と呼ばれている。なお、段銭の銭納が行われている場合もある。さらに、飯泉（小田原市）の本段銭には目銭が付加されているけれども、現在のところでは極めて稀《まれ》な例となっている（『資料編』3下　中世六九二七・七五〇九・七六一五・七八六二）。

　懸銭については、前に述べたように、天文十九年の税制改革以前には全くみられず、その税制改革の際に、新たな税目として設定されたとみることができる。税率は、磯辺郷と田名郷（いずれも相模原市）に対する賦課から検討してみて、各郷村ごとに確定された貫高の四パーセントであることが確認される。したがって、百貫文の地に対しては四貫文がけである。また、その性格については、すでに述べたように、地頭（個別領主）や代官などが賦課していた各種の公事（万雑公事）を整理統合して設定し、これを北条氏が吸収したものとみられる。

懸銭の場合、段銭のような守護不入の地などに対して行われた減免はされていない。また、段銭のような増徴も行われていない。ただ、飢饉や水害などによる不作の場合には、段銭とともに減免や免除が行われた。例えば、天正三年とみられる九月に、田名郷と駒林郷では段銭と懸銭の減免をされているのが知られる（『資料編』３下　中世九三〇三、『武州文書』橘樹郡）。

懸銭の納期は六月と十月とで、収穫期となっている。六月に納入する分については、夏懸銭とも呼ばれている（『資料編』３下　中世七二九〇・七五四五）。

なお、ここで、城米銭と呼ばれる課役について付け加えたい。城米銭は、支城領域の郷村に賦課された公事とみられ、その固有の城米銭については、現在、玉縄城米銭と韮山城米銭とが知られる。前者は玉縄城の領域であった相模の磯辺郷・田名郷（いずれも相模原市）及び武蔵の本牧郷（横浜市中区）から徴収されていたことが確認される。小田原城の直轄領域であったとみられる中郡・西郡の郷村には賦課されていないようである。城米銭は、段銭などと同様に郷村の貫高を基礎として賦課されていたであろうことは、飢饉のときなど、段銭とともに減免されていることによって推測される。ただ、まだその税率は明らかではないけれども、田名郷では平年の場合、年間三百六十文の玉縄城米銭を徴収されていた。さらに小机城領域においても、城米銭を賦課されていたことが認められる（三須文書、『資料編』３下　中世六八一九・六八八五〜八九・七二九〇・七四六四・七五一三・七八五五）。

棟別銭と正木棟別銭　棟別銭と正木棟別銭とは、いずれも屋敷に対する課役ということができる。したがって、その賦課単位とされている一間とか半間については、屋敷の広狭によって決められていたとみられ、棟別一間は屋敷五十

第３表　県内郷村の棟別（屋敷）間数＜棟別銭・正木棟別銭定納額からの逆算＞

郷村名	棟別銭定納額	(A) 逆算屋敷間数	(B) 35文×(A)	(C) 目銭	(B)+(C) 合計	年次
	貫 文	間	貫 文	文	貫 文	
田名（相模原市）	4,075	113	3,955	120	4,075	永禄９年（1566）
寺尾（横浜市鶴見区）	9,638	274	9,590	48 (288)	9,638 (9,878)	元亀元年（1570）

郷村名	正木棟別銭定納額	(A) 逆算屋敷間数	(B) 20文×(A)	(C) 目銭	(B)+(C) 合計	年次
	貫 文	間	貫 文	文	貫 文	
谷上（矢上）（横浜・川崎）	711	34.5	690	21	711	永禄３年（1560）
駒林（横浜市港北区）	2,678	130	2,600	78	2,678	永禄８年（1565）
寺尾（横浜市鶴見区）	5,650	274	5,480	170 (165)	5,650 (5,645)	元亀元年（1570）
酒匂柳下（小田原市）	3,854	187	3,740	114	3,854	元亀２年（1571）

資料：『資料編』３下　中世751・7444・7509・7957・7994・8038

坪前後の賦課単位であったと推定される（拙稿「後北条氏の「棟別一間」について」『戦国史研究』第一号）。すでに述べたように、北条氏は田畠の検地とは別に棟別（屋敷）調査を行い、賦課単位としての間数を把握《はあく》している。

棟別銭の賦課額については、天文十九年の税制改革の際に軽減が行われ、それまで一間当たり五十文（銭）であったのを、三十五文にしたものとみられる。この棟別銭三十五文という額は、それ以来北条氏の滅亡に至るまで変更されていない。ただ、この額以外の棟別銭をかけられていた地域がある。例えば、伊豆の三津（静岡県沼津市）の場合は七十銭棟別をかけられ、武蔵の井草（埼玉県比企郡川島町）の十五間については一間当たり百文の棟別銭をかけられ、また、相模の藤沢の伝馬屋敷では一間当たり二百文の年貢（この年貢は棟別銭と読み替えられる）を賦課されている（『資料編』３下　中世六九九七・九二八九、『武州文書』比企郡）。三津は駿河湾に臨む内浦の一漁村で漁業に関係する半農半漁であったろうこと、また、井草では六斎市が開かれているので、この十五間は商売に関係があったであろうとみられ、棟別銭はその屋敷に住む人間の仕事（職業）によって賦課額が相違していたことが推測される。つまり、三津のような農兼漁民の場合は七十文、商売に関係していたであろう者は百文、運輸関係者は二百文であったとみられる。そして、三十五文の棟別銭をかけられた者は、農民ということができよう。なお、この棟別銭は大途（北条氏）の被官などには免除されている。

正木棟別銭については、今日知り得るところ、庚申（永禄三年＝一五六〇）九月朔日付の虎の印判状に「正木四十銭棟別」として初めて現れる（『資料編』３下　中世七一五一）。しかも、この文書に記されているところから、正木棟別銭という税目の創設は、段銭の増徴が行われた弘治元年（一五五五）と推定され、最初は一間当たり四十文を一年おきに賦課されていたが、永禄三年（一五六〇）に至って四十文の半分の二十文ずつを毎年徴収されるように改められている。このような正木棟別銭については、「正木棟別麦」といわれたり、その収納が麦などで行われていることからして、麦のみのり（収穫）や麦と深いつながりをもっていたとみることができる。「正木」は何を意味しているか未だ明らかでないが、米を「八木《はちぼく》」というのに対して麦をさしているものとも思われる。

正木棟別銭は、麦・精銭などで収納され、その納期は大抵五月あるいは六月の末日限りであり、また、棟別銭の徴納は米穀・精銭などで行われ、大抵九月あるいは十月末日を納期としている。したがって、北条氏は棟別銭を減額したのち再びこれを増徴するに当たり、棟別銭を秋成りとみなし、これに対して夏成りの正木棟別銭を設定したのではないかとみられるのである。江戸時代になると、屋敷は普通、上畠並みの税率の屋敷年貢を徴収されることになるが、正木棟別銭の設定はその萌芽《ほうが》とみられるのである。

さて、棟別銭にも正木棟別銭にも、ともに必ず目銭が付加されているが、その割合は、一貫文につき三十文、百文につき三文である。目銭というのは、元来、銭納を建て前とした課役に付加されたものであろうが、両棟別銭を米穀や麦で徴収する場合にも付け加えている。もっとも、米穀や麦で収納しているのは、納入の便宜を図った措置であり、棟別銭と正木棟別銭とは銭納を原則としていたとみることができる。目銭は、欠銭《かけせん》や割銭《われせん》というような悪貨もしくは鐚銭《びたせん》を目こぼしして混入したり、あるいは算《かぞ》え違いから生ずる不足などを補うために付け加えられているものといってよいであろう。

ところで、棟別銭および正木棟別銭の一間当たりの賦課額と目銭の割合を知ることによって、郷村に割り当てられている両者の定納額から、その棟別（屋敷）間数を逆算することができる。いま、県内の郷村についてみると、第三表の通りである。この表で、両者の定納額がわかる寺尾の場合については、どうしても計算が合わない。また、表に掲げなかったが、藤沢寺分の棟別銭十貫四百十二文について、三十五文棟別銭だけで試算したのでは、同じように計算が合わない（『小田原衆所領役帳』）。この藤沢の場合は職人衆や商人が居住していたことが推測されるから、それらを解明できれば計算は可能になるように思われる。寺尾の場合も同様の理由で計算が合わないことも考えられる。

夫　役　夫役《ぶやく》は労働課役の総称で、北条氏においては、陣夫役・廻陣夫役《めぐりじんぶやく》・大普請役がその主なものである。

陣夫役の陣夫は、出陣の際、北条氏から前もって決められた武士に属して戦場にしたがったが、その主な任務は兵糧などの運搬で、直接の戦闘要員ではない。このような陣夫は、「陣夫一疋」とか「現夫四疋」というようにいわれ、普通、馬とともに動員され、小荷駄の主たる構成員であったとみられるのである。ただ、必ずしも馬を伴って動員されたわけではなく、「歩夫一人」というように徴発されている場合もある。その賦課については、各郷村の貫高を基準とし、その四十貫文に一疋（馬一疋と人一人）の割合でかけられたものとみられる。このように、郷村を単位として割り当てた陣夫を、北条氏は家臣に与え、その家臣によって陣夫の使役が行われた。人と馬で実際に徴発される陣夫は、現夫と呼ばれ、主として農民が駆り出されたものとみられる。また、銭や米などで代納のときは夫銭といわれ、一疋分について年間八貫文とされ、普通、春秋の二度に分けて納入させられている。この夫銭については、給分として与えている例がある。

廻陣夫については、天文十九年の税制改革の際、新たに設定された夫役とみられる。これは、それまでの郡代夫といわれるものなどに替えて創設されたものではないかと推測される。この廻陣夫は夫銭（一疋当たり年間八貫文）で納入するよう命ぜられており、その賦課は、郷村を単位とした、おそらく貫高百貫文に一疋ほどの割り当てではなかったかとみられる。この名称については、「三浦郡諸郷廻夫」という語があること（『資料』３下　中世八三五三）、また、百貫文の地に一疋の割合となると、一郷村から一疋分を徴発できるところはそれほど多くなかったであろうから、各郷村が順々に何日分かずつを負担して一疋分の陣夫をまとめるというような意味で、廻陣夫といわれたのではないかと思われる。

大普請役は、城普請すなわち城郭の土木工事のために、領国の郷村を単位として、その貫高に応じて賦課した夫役である。各郷村に割り当てている大普請の人足数とその貫高の関係を調べてみると、貫高二十貫文に一人当たりの賦課ということができる。そして、大普請人足の徴発を命じた文書に、「来年大普請の人足五人、先段五日召しつかわれ候、残して五日の分を召しつかわるべく候」、あるいは「中十日の用意を致し」などと記していることから（『資料編』３下　中世六九九二・九〇六〇）、その年間の使役日数は一人当たり十日間であったことがわかる。この大普請の人足も主として農民が駆り出されたとみられるが、牧野純一は、普請人足の使用時期について、十一月から三月までの農閑期に多いことを指摘している（『後北条氏民政史論』）。大普請役の余剰人足は河川工事に使役している場合があり、その代納は行われていない（『資料編』３下　中世八五九五）。なお、動員の際、一日遅参すると、五日間の懲罰が課せられた。

ところで、北条氏は天正十五年（一五八七）七月、豊臣秀吉の来攻に備えるため、相模の栢山《かやま》（小田原市）など領国内の各郷村に対し戦闘要員の割り当てを行っている（『資料編』３下　中世九二七七〜八四）。その割り当ては郷村の貫高を基準とし、二十貫文に一人当たりの割合とみられることは注目されてよい。この戦闘要員の徴発が、陣夫などと同じ賦課方法で行われていることからみると、特殊ではあるけれども夫役の一つとみることもできるであろう。

船方役など　船方役《ふなかたやく》をはじめ、船役・網度《あんど》役は漁民ないし漁業についての課役（公事）である。

船方役はいわゆる水主《かこ》役《やく》で、北条氏がその水軍の水夫《かこ》などとして使役するために、領国の船方（漁民）を徴発したものである。それはあたかも、農民に対して陣夫役や廻陣夫役を課したのと同じような性格の夫役といってよいであろう。この賦課については、郷村を単位とし、漁村における津方《つがた》の年貢といわれる貫高を基準として割り当てたものとみられるが、詳細は明らかでない。船方役の船方は、浦賀（横須賀市）と西浦（静岡県沼津市）に徴発されているところから（『資料編』３下　中世七〇五一・七〇五二・七一四九・八九二一）、ここが北条水軍の二大基地ということができる。船方役には「詰船方」あるいは「定詰の船方」と呼ばれて労役に服した場合と、番銭と呼ばれて代納が行われた場合があり、浦賀および西浦の船方役の番銭については、一人一か月分五百文、年間六貫文とみられる（『資料編』３下　中世七一四九・八八七二）。しかし、相模の国府津（小田原市）や武蔵の金沢（横浜市金沢区）などに割り当てられた伊勢東海船方役の番銭は、一人一か月分七百文である（『資料編』３下　中世七五九二）。したがって、船方役には、番銭が一人一か月分五百文のと、同じく七百文のとの二種類があったことがうかがえる。

船役は、漁船に対する課役で、これには大きく分けて、諸役といわれるものと、年貢と呼ばれるものとの二種類がある。後者の年貢は船役銭とも呼ばれたもので、漁船の大小によって賦課額が異なっており、廻船は六百文、立物船・東海船は四百文、ほうちやう（舫艇船）・かつこ船は二百文、小はや船・さんは船は百文であったとみられる。船役銭は、漁船自体を賦課対象とし、その船主に対する課役とみてよいであろう。諸役については、まず、漁船の漁獲に対しての課役があり、これには御印判肴《ごいんばんざかな》と臨時公事網《りんじくじあみ》があったとみられる。懸鯛《かけだい》と呼ばれて鯛を納入させられているのは前者の御印判肴と同じであろう（『資料編』３下　中世七〇五一・七〇五二、獅子浜植松文書）。氏康が永禄九年（一五六六）十月に相模の須賀郷（平塚市）の田中某に対し、小鳥の餌の、あじ二百匹を上納させているのは、臨時公事網といわれるものであろう（『資料編』３下　中世七五二〇）。次に、漁船の動員も諸役の一つとみられる。これには、須賀郷の漁船十艘《そう》が当麻《たいま》（相模原市）に動員されて、軍勢渡河のために用いられている例や、永禄四年九月には羽田（東京都大田区）の東海船三艘が海上警備のために動員されている例などがある（『資料編』３下　中世七二五二・九一一〇）。このほか、「りうし」（漁師）と呼ばれる課役があるが、これは荷物輸送などのために漁船と漁民とが徴発使役されたものということができる。

網度《あんど》役の網度とは、一定区域の漁場をさしている。伊豆の内浦・西浦では、不定期に回游《かいゆう》してくる魚群を、大網や立網と呼ばれる網で捕獲する、立網漁法が行われていたが、その漁場を網度といい、これに対する課役が網度役である。網度は「帖」という単位で表示されているが、その主要な課役は番肴銭《ばんざかなせん》で、網度一帖分の課役は年間二貫六百文前後であったとみられる。

この立網漁法が相模で行われていたか否かは、現在明らかでないが、三浦半島では葛網《かつらあみ》漁法が行われていた（『資料編』3下　中世六九八〇・七五三二）。この葛網漁法については、具体的なことは不明であるが、内海延吉は、三浦茂信の『見聞集』にみえる地獄網漁法を想定している（『三崎郷土史考』）。地獄網漁法というのは、一艘に水手六人ずつ乗り組む早船七艘が沖に出て、地獄網と呼ぶ大網をかけ、三艘ずつが両方に分かれて大網を引く漁法をいい、西国から伝来したものといわれる。この地獄網漁法が葛網漁法と同じとすると、すでに、かなり大がかりの集団漁業が三浦半島で行われていたことになる。この葛網についての課役は明らかでない。

なお、相模の前川（小田原市）や武蔵の金沢付近で製塩業が行われていたことが知られるが、この製塩を行う者に対しては、塩竈銭《しおがません》あるいは塩役と呼ばれる課役がある。ただ、その詳細は明らかでない（『資料編』3下　中世六七七六・七五一二、杉山博「相模塩業史の一史料」『戦国史研究』第一号）。漁民ないし漁業についての課役は、農民に対する課役と比べて、まだ不明な点が多い。

公用使役と納物課役　この公用使役《くようしえき》と納物課役とは、職人衆に対する課役として行われていたものである。

公用使役は、知行・給田・扶持などを与えていない職人衆に対し、一日一人十七文（銭）の公用（手当）を与えて、一年間に三十日使役する労役である。これは、前に述べたように、番匠大法を根拠としており、この公用使役をしなければ、世間での賃取り仕事をすることができなかった。北条氏は三十日以上職人衆を使役する場合、一日一人五十銭の作料を与えたが、この一日一人五十銭の作料は、北条領国における職人衆の賃金とみることができる。通常の賃金（作料）の三分の一に当たる額の手当を与えて三十日間使役するということは、計算上からいえば、無報酬で二十日間の使役と等しいことになる。しかし、北条氏は職人衆に対し、無報酬使役でなく公用使役を行っているのは、職人衆の被官化と関係があるように思われる。それは、公用使役を行うようにした職人に対して、同時に棟別銭を赦免していることからも推察できる（『資料編』3下　中世六九八二・七五九七）。被官化すれば無報酬使役というわけにはいかず、一日一人十七文の公用を与えたのであろう。公用の同義語として「御養」を用いているのも、示唆するものがある（『資料編』3下　中世八四九九・九三七五）。公用使役は、番匠・船番匠・鍛冶・石切・大鋸引・山造などの職人衆に行われているが、それは弘治元年から始められたのではないかとみられる。なお、知行・扶持などを与えた職人衆に対しては、それ相応の使役を命じたものと推測される（『資料編』3下　中世八一三七）。

公用使役とはやや異なる職人衆に対する労役として、皮革をふすべ皮（松葉の煙にいぶして白くもようを残しおいた革）・なめし皮・いため皮に加工することがあるが、これは皮作（革作）に対しての課役である。伊豆の皮作二十一人に対しては、永禄元年（一五五八）二月に、四十二枚の皮をふすべる労役が公方皮と呼ばれて課せられている（『資料編』3下　中世七〇六八）。一人当たり年間二枚あてであるが、この四十二枚のうち、ふすべ皮に加工するだけのものは二十三枚で、一枚につき四百文の代金を与えられて皮の調達をしたうえ、ふすべ皮に加工するもの十九枚があった。ところが、永禄十年十一月には、伊豆の皮作に加工の手当としての、ふすべ銭二貫文が与えられ、皮の調達は中止されている（『資料編』3下　中世七五七五）。ふすべ銭は、前の公用と同じものとみてよいであろう。

相模中郡の皮作には、永禄五年三月、徳政が行われているが、その詳細は明らかでない。この中郡の皮作に対しては、一定の代金を与え皮革を調達させる方法がとられている（『資料編』3下　中世七二六九・七四三六・八二八三・八三二六・八五五九・九三六二）。この与えられた代金は皮革を手に入れるための費用で、ふすべ皮・なめし皮などに加工する労役が公方役として課せられたものといえる。結局、皮作に対しては、皮革を加工する労役を課しているが、それには二つの方法がとられ、伊豆の場合のように、加工手当としてのふすべ銭を与えているのと、相模中郡のように、皮革の調達に組み込んで行わせている例がある。いずれの場合も無報酬ではなく、公用使役に準じている。

職人衆に対する課役は、労役を基本としていたといえるけれども、納物課役が行われている例もある。例えば、永禄八年十二月、北条氏照は相模の座間（座間市）の鈴木弥五郎に対して、棟別銭と諸役を赦免し、公方御用として毎年鑓《やり》を二丁ずつ上納するよう命じている（『資料編』3下　中世七四六九）。また、同じ年の四月、氏照は武蔵柏原（埼玉県狭山市）の鍛冶新居新左衛門尉に対しても、十二間の棟別銭などを免除し、毎年二十丁の鑓を打って上納するよう命じ、これ以外の場合は、印判状で公物（銭貨）を与えて申し付けると述べている（新井文書）。こうした例から、鍛冶が鑓を上納するいわゆる納物課役の場合は、一人一年間に二丁ずつであったとみることができる。納物課役の具体例は、鍛冶のほかはまだ見当たらない。ただ、天正八年（一五八〇）五月、氏照が田嶋治郎左衛門尉に対して、見《み》世棚《せだな》役と棟別銭三間分などを赦免し、扇の地骨の納入を命じている例などがあるから（『新編武蔵風土記稿』多摩郡）、納物課役もかなり行われていたであろうとみられる。職人衆に対する課役は、公用使役を基本としながらも、納物課役も行われていたことが知られる。

商売役と伝馬役　ここで商売役と呼ぶ課役は、北条氏が商人等の物品販売行為に対してかけた税である。さきほど述べた、北条氏照が田嶋治郎左衛門尉に対して見世棚役を免除している例からも、北条領国においては商売役がかけられていることがうかがえる。しかし、その商売役賦課の具体例は、今日まだ知ることができない。ただ、その課役が免除されている事例は幾つかみうけられる。例えば、永禄四年（一五六一）閏三月二十八日付の藤沢木工助あて虎の印判状には、「藤沢において新儀の商売、御侘言申し上ぐるに付いて、塩あい物役弐ヶ年御免許、并びに酒役の儀をば永く赦免せしむものなり」と記していて（『資料編』3下　中世七二三二）、藤沢宿で新たに始められた塩相物の商売については、その商売役が二か年間免許され、酒の販売についての商売役は永久に赦免されている。また、武蔵の高萩（埼玉県入間郡日高町）新宿や松山本郷（埼玉県東松山市）新市場でも商売役が免除されている。さらに、松山本郷の本宿では、本宿の者に限り漆器商と炭商の商売役が免除され、関戸郷（東京都多摩市）では、濁酒商と塩相物商の商売役について赦免が行われている（『資料編』3下　中世七四〇〇・八〇四八）。このように、一部で商売役の免除が行われていることは、一般的には商売役が賦課されていたことを意味しているということができる。しかしながら、北条氏は楽市楽座政策を推し進めてもおり、また、前にも触れたように、商売役賦課の具体的事例をまだ見いだすことができず、その賦課基準も、また税額などについても詳細を知ることができない現状である。

次に、伝馬役であるが、伝馬は、人や物資の逓送を任務とした陸上交通機関である。これには、駄賃を支払わないで仕立てることのできる、いわゆる無賃の伝馬と、駄賃を支払って使用する、いわば有賃の伝馬の二種があった。このうち無賃の伝馬が、公方伝馬などといわれ、北条氏が駄賃免除（一里一銭を除く）の伝馬手形を発行して仕立てられたものである。伝馬役は、この無賃の伝馬を北条氏が領国の宿郷に割り当てたものということができる。宿郷への伝馬役の割り当てについては、伝馬定書や伝馬掟書などに記載されているところからみて、一日に、平時の場合は三疋、戦時の場合は十疋、が一定の数であったとみられる（『資料編』3下　中世七四〇〇・八二〇九・八八一七・八八二六）。また、天文二十年（一五五一）四月二十六日付の東嶺智旺の書状に、「小田原より鎌倉に到る路次并びに霊区所々は、太守（氏康）の印判に、一里一銭を除く、伝馬三疋」と記していることについて（『明叔録』、『円覚寺史』補遺其二）、相田二郎は、「天文末年頃から北条氏の領地たる相模地方には、無賃の伝馬役三疋の規定が存したものと見なければならない」とし、伝馬三疋の課役はすでに早い時代から存在したことと、三疋十疋という各宿駅負担の伝馬役が伝馬の提に関する永く一貫した主要な条規であったことを指摘している（「戦国時代に於ける東国地方の宿問屋伝馬」『中世の関所』）。なお・武蔵の葛西新宿（東京都葛飾区）では、一日に四疋の伝馬役を課せられていたとみられるが（『資料編』３下　中世七六一三）、平時の場合、三疋を基本としながらも、一部の宿郷では例外的な伝馬役をかけられていたことが知られる。

このような伝馬役の負担者については、相模の当麻宿や武蔵の関戸郷の例から、商人・旅人の宿泊所である問屋の経営者が負担していたことが明らかである（『資料編』３下　中世九一八二、『武州文書』多摩郡）。相田二郎は、問屋は宿泊所という本来の役目のほかに、伝馬を仕立てることの働きをもっていたことを指摘している（『中世の関所』）。ところで、氏康は弘治元年（一五五五）十二月、藤沢宿における伝馬衆の裏屋敷六間分の年貢（棟別銭）一貫二百文を森弥五郎と同木工助の両人に与え、両人に対し六人の伝馬衆からこの棟別銭を受け取り、公方御用、つまり伝馬役としての無賃伝馬を怠りなく勤めるよう命じている。森氏は大鋸引の頭であると同時に、恐らく藤沢宿で問屋の経営に関わりをもっていた人物と思われる（『資料編』３下　中世六九九七）。したがって、伝馬役は問屋の経営者に対する課役であったということができる。しかしながら、北条氏照は武蔵の平井郷（東京都西多摩郡日の出町）における伝馬の継ぎ立てを、伊那と平井の両郷が隔番で行うよう命じており（『資料編』３下　中世八二一三）、伝馬役が郷村の農民などの負担によって行われている場合もうかがえる。こうしたことから、伝馬役は、問屋の整備された宿駅ではその経営者に対する課役として、それ以外の地域では郷村に対する課役として行われていたということができる。

五、統一施策と領国整備

公定枡（榛原枡）の設定　北条政権は、始祖である早雲の時代に独自の貫高を設定し、検地の実施とともに領国内をこの基準に統一し始めているが、三代氏康の時代には、この貫高に基づいて税制の改革を実施し、段銭をはじめとする公事諸役の整理統合をし、再編統一を行っている。こうした土地制度をはじめとする諸制度の、一定基準の設定と、その統一化は、北条領国確立の基礎作業であったということができる。貫高等についてはすでに述べたので、ここではまず、量器の統一、つまり公定枡の設定についてみることにしたい。

北条政権が枡の統一を図り、公定枡を設定した時期は明らかでないが、『北条五代記』（寛永版）は氏康の時代のこととし、百姓の訴訟があって中止したとも記している。しかし、その公定枡が榛原枡《はいばら》であることは、例えば、元亀元年（一五七〇）の四月二十日、氏康が武蔵の寺尾（横浜市鶴見区）に対して正木棟別銭の納入を命じた文書に、「此麦五十六俵一斗七升五合、一俵別榛原升三《ママ》斗五升入、此代百文」と記している例などからうかがうことができる（『資料編』３下　中世七九五七）。この榛原枡というのは、遠江国榛原郡地方に起こった枡で、中世にはこの地方で広く行われたといわれる（宝月圭吾『中世量制史の研究』）。北条氏が公定枡とした榛原枡は、安藤枡ともいわれたというけれども、それは、段銭などの公事諸役の収納と、扶持や雇賃などの支出を担当している安藤氏が、枡のことに関わりをもっていたために呼ばれたものであろう。なお、伊北弥五右衛門というものは、この安藤枡の大小を作った科《とが》によって、天正十二年の十月に小田原の蘆子川《あしこがわ》の河原で磔刑に処せられたという（寛永版『北条五代記』巻九の七）。

公定枡とされた榛原枡の規格については明らかでない。しかし、その容積については、慶長五年庚子（ママ）吉日付の「長浜村網度十帖之覚書」の記載から、榛原枡一升は京枡の一升一合八勺に当たることが算出できる（『豆州内浦漁民史料』上巻）。また同覚書の末尾には、

> 右、当浦網度の儀、長浜に限らず、北条氏直の時、本銭百文と申すは榛原舛壱斗壱升目の積りにて候。公役も魚にて成るとも色品をもつて納め候処に、太閤乱の砌、家康様御代初めに、伊奈熊蔵と申す仁の御仕置、はい原舛壱升を京判にかへ、壱合八勺に積り、右の村々網度にかけ納所仕り候。

と記しており、北条氏直の時代には、貫高百文というのは榛原枡一斗一升の納法《おさめほう》であったが、小田原の陣後、徳川家康の代になり伊奈忠次という者の処置で、榛原枡を京枡に改め、榛原枡一升を京枡の一升と一合八勺、つまり一升一合八勺に換算したというのである。したがって、北条氏が公定枡としていた榛原枡一升の容積は、京枡の一升一合八勺であったことを知り得る。

しかしながら、現在の一升枡と等量のいわゆる六万四千八百二十七立方分の京枡は、寛永初年（一六二〇年代）ごろに固定されたもので、それ以前の京枡はこれより幾分小さかったことを、宝月圭吾は指摘している（『中世量制史の研究』）。伊奈忠次が榛原枡に替えて用いた京枡の規格や容積については明らかでないけれども、仮りに、容積が六万二千五百立方分の京枡であったとすれば、その一升一合八勺は現在の一升枡の一升一合三勺八撮《さい》弱に当たる。すると、榛原枡の一升は、現在の一升枡の一升一合四勺ほどとみても、それほど大きな誤差はないものと思われる。ちなみに、北条領国では、麦一俵は榛原枡で三斗五升詰、米一俵は欠米《かんまい》一升を含め同じく三斗六升詰であったので、榛原枡一升を現在の一升一合四勺として換算してみると、麦は三斗九升九合詰、米は四斗一升四勺詰となる。北条時代の一俵も、

現在の一俵と大きな差異はなかったということができる。

ところで、永禄五年（一五六二）七月に鎌倉の円覚寺正続院で営まれた芳春院（足利晴氏室北条氏）一周忌仏事の算用状には、斎《とき》米二石三斗三升五合に、「但、此俵榛原参斗五升俵、十八俵之積」と、また、二石八斗四升に、「但、此俵榛原弐拾俵壱斗之積」と注記されている（『資料編』３下　中世七二八〇）。この記載に基づいて換算してみると、鎌倉あたりでは榛原枡の二倍半強の容積（現在の三升前後）の一升枡を使用していたことがうかがえる。この使用されている枡が、従来、鎌倉をはじめ相模地方で広く使われていた枡とすると、量器の基準は北条氏によって大きく変革されたことになる。榛原枡の採用は、京枡に近づく結果になっているが、このことは時代の趨勢《すうせい》であったともみられる。鎌倉地方の使用枡は、あるいは甲州枡と同じであったかもしれない。

なお、天正十六年（一五八八）八月、北条氏邦は武蔵吉田の代官・町人に対し、麦・大豆などを百文当たり五盃入枡で二斗五升の値段以外に売ってはいけない、と定めているが（『武州文書』秩父郡）、北条領国では、麦の公定価格は百文当たり榛原枡で二斗四升であったことからみて、五盃入枡と呼ばれる枡と榛原枡とはほぼ同じ容積の枡であったろうと推測される。

貨幣対策　北条領国で流通していた貨幣は、中国すなわち宋・元・明からの輸入銭、わが国の古官《こかん》鋳《ちゅう》銭《せん》、さらに私《し》鋳《ちゅう》銭《せん》など数多くの種類を含んでいたとみられるが、その詳細は明らかでない。ただ、これらの貨幣の間には、品質に差違があったから、貨幣の流通がすすめられればすすめられるほど、善銭を選び取る行為、すなわち撰銭《えりぜに》が行われたであろうことは、容易に推測される。

北条氏康は、天文十九年（一五五〇）の閏五月、相模の磯辺（相模原市）の代官百姓中に懸銭の銭納を命じた際に、

「御法度《ごはっと》之四文之悪銭」を、また、同二十一年の八月に田名郷（相模原市）百姓中に対し段銭の銭納を命じたときには、「御法度三文悪銭」を、それぞれ選び捨てさせている（『資料編』３下　中世六八九二・六九二七）。これらからみて、北条氏は少なくとも、天文十年代に悪銭を規定して、その使用を禁止していたことがうかがえる。ご法度の三文（三種）の悪銭とは、大かけ、大ひびき（われせん）、打ひらめ、の三種と推察されるが（『資料編』３下　中世七〇七六）、「大かけ（欠）」は文字どおり欠除の部分か甚《はなは》だしい銭、「大ひびき」は特に大きなひび（割れ目）がはいった銭＝割《わり》銭《せん》、「打ひらめ」は特定の種類の貨幣ではなくて打ちつぶれた銭、をさしているものとみられる。四文の悪銭というのも、恐らくこれら三文の悪銭のほかに、いま一つの悪銭が加えられたものであろうけれども、それについては現在は知ることができない。

これら悪銭の程度や、地悪銭（中銭）の程合《ほどあい》、精銭の種類などを民衆に周知させるため、北条氏は、見本を宿中の制札に打ちつけたり、また郷村などにこれを与えたようである（『資料編』３下　中世七〇七六、三須文書、網代文書）。しかし、何十種類もの貨幣が混り合って流通していたのであるから、なかなか徹底しなかったらしい。それで、棟別銭・正木棟別銭・段銭・懸銭などを銭納させる場合には、あらかじめ納入の日限を定め（大体、十五日と晦日）、小田原城をはじめ玉縄城・小机城・韮山城等に持参させ、奉行人に選び渡すよう命じている。これらの城には撰奉行・料足奉行と呼ばれる役人がおり、また、見本が備えられ、選別のうえ請取っていたとみられる（『資料編』３下　中世七三九七・七四四四・七四四五・七四八四・七五〇九・七六一五・七六一六）。

こうした中で、永禄二年に、北条氏は代物法度《だいもつはっと》を制定している。しかし、この代物法度は現在伝えられていないが、その制定や内容等は、永禄三年庚申六月二日付の文書などによって知ることができる（『資料編』３下　中世七一四六）。

推察できる代物法度は、諸年貢納入のために制定されたもので、年貢のほか段銭・棟別銭などを銭納する場合の、精銭と地悪銭＝中銭との混合比率を規定したものであったとみられる。その割合は、百文中、精銭七十五文、中銭（地悪銭）二十五文となっている（三須文書、網代文書）。精銭の種類は四、五十種あったが（『資料編』3下　中世七三九七・七四一四）、具体的にはわからない。ただしそれは、古官鋳銭や渡唐《ととうせん》銭のうちの多くを含み、破損していない銭をさしたものとみられる。精銭と呼ぶ場合、広狭二つの意味かあり、精銭（上銭）と地悪銭（中銭）とを法定混合したものを称した広義と、上銭、すなわち善銭のみをさした狭義とである。中銭については、古銭（北条氏のいう古銭は精銭＝上銭ともみられる）のうち、それほど破損していない銭貨をさしているようであり、狭義の精銭を上銭ともいったのに対して、中くらいの銭（破損の程度が）という意を含んでいるものとみられる。

さて、永禄二年に代物法度を制定し、諸年貢等を銭納する場合の精銭と中銭の混合比率を規定して実施すると、宿場における商売にも影響を与え、撰銭が行われて流通界が混乱し、万民が苦労する結果を生じさせた。そこで、北条氏は翌三年六月に至り、代物法度を改定するとともに、これを諸商売の取り引きにも適用させて、その解決を図ったのである。永禄初年は、北条領国における精銭と中銭の法定比率が確立した時期であり、その百文中の推移は、次の通り整理される。

永禄元年　精銭八十文・地悪銭二十文（『資料編』3下　中世七〇七六）
永禄二年　精銭七十五文・地悪銭二十五文＝代物法度（『資料編』3下　中世七一四六、三須文書、網代文書）
永禄三年　精銭七十文（六十七文）・地悪銭三十文＝改定代物法度（『資料編』3下　中世七一四六）

改定代物法度において、精銭六十七文と地悪銭三十文とで百文とみなしている場合があるのは、実数九十七文をもって百文とする省陌法《しょうびゃくほう》が行われているためである。北条領国における通貨は、広義の精銭とみてよいが、百文中、精銭七十文・中銭三十文の法定比率は、その後改定されることなく、北条氏の滅亡まで続けられたものとみられる。

ところで、『北条五代記』の伝えるところによると、北条氏康は天文十九年に、関東諸国に永楽銭の通用を命じ、永楽銭を本位貨幣としたように読みとれる記事がある（巻之二の五）。しかしこのことは、今日まだ裏付けることができないし、むしろそれを否定しなければならない状態である。ただ、北条氏の場合、永楽銭は精銭（上銭）に含まれず、それよりも価値を高く評価されていた貨幣である。また、秤量《ひょうりょう》貨幣としての黄金と広義の精銭との間には一定した法定比価が決められていた。その精銭と永楽銭・黄金との法定比価についてみると、第四表の通りである。この表で最も注目されるのは、永禄十一年に、精銭が黄金一両（四匁三分か四匁四分かは不明。一両は四分＝十六朱）に対しそれまでの一貫五百文から二貫五百文にされていることである。翌十二年に精銭と永楽銭が三文対一文であることからみて、北条氏は、永禄十一年に、精銭に対して黄金と永楽銭の価値を六六パーセントないし五〇パーセント高める施策を実施していることが推測される。しかし、この施策も天正五年までには再び元にもどされ、この時期を除けば、精銭と黄金・永楽銭の法定比価は、大体、一貫五百文対一両、二文対一文であったとみられるのである。

賃金と物価　このような貨幣流通の中での、賃金と物価はどうだったのであろうか。北条領国における賃金については、職人の作料（手間賃）と、人足の雇賃とを知ることができる。

職人衆の作料は、一日一人五十銭（文）であった。これについては、永禄十一年（一五六八）の十月、氏康が藤沢の大鋸引頭である森木工助に対し、大鋸の雇用を命じた際に、作料は一日一人五十銭ずつである旨を明記していること、そして、それより少し前の弘治元年三月には、同じく氏康が伊豆松崎（静岡県賀茂郡松崎町）の船番匠の弥五郎

第４表　精銭と永楽銭・黄金の法定比価

年　次	精　銭	永楽銭	黄　金
永禄９年(1566)	１貫500文		（１両）
10年	１貫500文		１両
11年	２貫500文		１両
12年	２貫700文（３文）	900文（１文）	
天正５年(1577)	92貫706文（２文）	46貫353文（１文）	
16年	12貫720文（２文）	６貫360文（１文）	
天正年中	〔薄銭〕１貫文（２文）	500文（１文）	

資料：『資料編』３下中世7509・7545・7615・8386、真如村八幡神主文書（伊豆文書所収）、『武州文11』児玉郡、中院文書（『埼玉の中世文書』所収）

第５表　米および麦の相場（銭百文当たり）

年　次	米	麦
永禄５年(1562)	５升	
10年	１斗２升	
11年	１斗２升	２斗４升
元亀元年(1570)	１斗１升	
天正元年(1573)	１斗１升	
７年	１斗２升	
13年		２斗４升
15年	１斗２升	
17年		２斗４升

資料：『資料編』３下中世7280・7551・7598・7624・7942・8001・8186・9130～32・9268・9481、船寄神社文書（『静岡県史料』第１輯）

に対し、年間三十日の公用《くよう》使役、つまり、一年間のうち三十日は一日一人十七文の公用（手当）支給による労働課役を命じた際、もしこのほかに雇用する場合は一日五十銭ずつの作料を与えるといっていることによって、うかがえるのである（『資料編』３下　中世六九八二・七六二四）。また、永禄五年の芳春院（足利晴氏室北条氏）一周忌仏事の算用状でも、番匠の作料は一日一人五十文であることがわかるので（『資料編』３下　中世七二八〇）、北条氏の職人雇用に限らず、北条領国内における職人衆の賃金は、一日当たり五十銭を公定相場としていたということができる。

また、人足の雇賃は一日一人当たり二十文であったといえる。すなわち、元亀《げんき》二年（一五七一）とみられる九月、氏政が田名郷（相模原市）から河村城（足柄上郡山北町）普請の人足四人を雇用した際、一日一人二十文の雇賃を与えていることや、天正十四年（一五八六）五月に、伊豆の桑原郷（静岡県田方郡函南町）から材木運搬の人足を雇用したときの雇賃が二十文であることなどによって知られる（『資料編』３下　中世八〇六三・九一七七・九二六九・九三三三など）。なお、天正十五年十一月に、山中城普請のため雇われた人足の雇賃が永楽銭で六文とされているのは（『資料編』3下　中世九三二六）、この時期に、精銭と永楽銭の比価が三文対一文となっていたことを推測させる。

次に、物価であるが、まず、貨幣の代替として用いられていた米と麦の相場についてみることにしよう。北条氏は、同心衆の給や扶持銭、職人衆の公用《くよう》や作料、人足の雇賃、御祈祷の布施などを、米や麦で与えている場合がある。また、土地売買の決済を米で行っている例がある。こうした事例から、その米と麦の銭百文当たりの相場を算出してみると、第5表のような結果が得られる（拙稿「後北条氏の貫高制についての一考察」『後北条氏の基礎研究』）。この表で、永禄五年に米が五升となっているのは、このころ関東が疫病の流行と大飢饉に見舞われ、米が騰貴していたためとみられるのである（『年代記配合抄』）。そうした年を除けば、北条領国における米と麦の相場は、銭百文当たり米が一斗二升（枡は榛原枡。その一升は現在の一升一合四勺ほど）、麦が二斗四升であったとみることができる。麦は、米の半分の値段ということになる。北条領国における米一俵は欠米《かんまい》一升を含め三斗六升詰、麦は三斗五升詰であったから、通常、米一俵は三百文であったわけである。これは公定価格であり、市場価格とみてよい。それは、納法《おさめほう》とは区別され、また、それとは相違していることからも明らかである。納法は、年貢や段銭などの公事を米や麦で納入する場合の貫高百文当たりの数量で、国法として毎年規定されていたが、この決定には、その年の作柄や相場が勘案されていたようである。例えば、永禄十一、二年における米の納法は一斗四升、麦は永禄十二年・元亀元年が三斗五升であった（『資料編』3下　中世七六一五・七六一六・七八五二・七八五五・七九五七）。なお、土地の売買は、北条氏が規定した国法によって、貫高の六倍の値段で行われている（『資料編』3下　中世九二六八）。

ところで、米と麦以外の物価はどうであったろうか。これらの、市場における取り引きの値段も、現在なお知ることができない。しかしながら、北条氏が漁船に対しかけた肴銭の納入のために規定している「魚之代定」とか、棟別銭の代納品について定めている値段など、および仏事の算用状によって知ることのできる値段のいくつかを示すと、次の通りである。

永禄三年　六、七寸の鯛（十文）、一尺の鯛（十五文）、一尺五、六寸の鯛（三十文）、以下生干《なまひ》で、鰹《かつお》（十二文）、大鯵《おおあじ》・若魚子《わかなご》（二文）、鮑《あわび》（三文）、鰯《いわし》二匹（一文）、いなだ（五文）（『資料編』3下　中世七一三六）

永禄五年　饅頭（三文）、布三段（二百五十文）、畳一帖（七十五文）（『資料編』3下　中世七二八〇）

永禄六・八年　大和竹一束（五文）、縄二房《ぼ》（一文）、萱一把（一文）（『資料編』3下　中世七三三一・七四六二）

永禄九年　漆（杣《そま》―二百五十文、あきみ―二百文）、綿一把百匁（上―二百三十文、中―二百文）、塩一升（五文）、鯵《あじ》三匹（一文）（『資料編』3下　中世七五〇九・七五一二・七五二〇）

永禄十年　畳一帖（百文）、蠟燭一挺（十文）（『資料編』3下　中世七五五一・七五五四）

天正十二・十四・十六年　上紬《つむぎ》一段（一貫五百文）、中紬一段（一貫三百文）、下紬一段（一貫文）（『資料編』3下　中世九〇三二・九二二一・九四一八）

以上いずれも、厳格にいえば市場価格とはいいがたいけれども、市場における取り引きの値段も、ほぼ似通っていたとみてよいであろう。それは、これらの値段が市場相場を勘案して決められているとみられるからである。

なお、「魚之代定」は、魚の値段を示しているばかりでなく、その当時、相模湾において漁獲されていた魚についてもうかがわせる。また、永禄年代（一五五八～七〇）には、すでに相模地方でも綿（木綿）の栽培が始められていたことが知られ、棟別銭などの代納品にもされていた（『資料編』3下　中世七五〇九・八六六八・八六七〇）。木綿の生産は繊維革命をもたらし、鉄砲とならんで戦国時代の社会に大きな影響を与えたものである。

流通政策　北条氏によって、小田原が関東制覇の本拠とされたのは、明応四年（一四九五）のことであったが、そのときから九年を過ぎた永正元年には、早雲に迎えられて京都から陳（宇野）定治が下向し、その後、外郎《ういろう》の薬ともいわれた透頂香の製造販売の独占権を与えられるなど優遇された。さらに、京大工の彦左衛門らもまた、天文初年（一五三〇年代）以前すでに小田原に移り住み、御用職人となっていた（『快元僧都記』）。小田原は城下町として、着々その整備と振興が進められていたが、氏康時代の天文二十年（一五五一）に、小田原を訪れた東嶺智旺《とうれいちおう》という禅僧は、友人にあてた書状の中で、「町の小路は数万間、地に一塵なし」と記して、その繁栄ぶりをたたえている（『明叔録』、『円覚寺史』補遺其二）。

こうした小田原で、宮前町の加藤は武蔵・上野・上総・下総から集まり来たる商人らの問屋を経営していたが、天正十年（一五八二）、氏直は加藤に対して、今後とも宿以下をきれいにして営業すること、他所より参着する全ての者を城に来て報告するよう命じている。また、これより先の永禄十二年（一五六九）、氏政は新宿の鋳物師山田二郎左衛門に対し領国内で鋳物の商売を許可しているが、天正十四年になると、彼は鋳物師の棟梁とされている（『資料編』3下　中世七八四二・八七二五・九一九一）。これらの事例からみても、すでに小田原は関東における経済の中心地ともなって、物資の流通機関である市場には商人らの往来、商品の流通が盛況に行われていたといえる。

玉縄城下にもまた、市場が設けられていたことは、『小田原衆所領役帳』の左衛門大夫殿（北条綱成）の項に、「此外　五貫三百文村岡市場屋敷地除之」と載せていることによってうかがえる。そのうえ、この城下には番匠らが集住し職人集団を形成していたとみられることなどから（『快元僧都記』、『小田原衆所領役帳』）、玉縄城下にもかなりの町場ができて賑わいをみせていたことが推察される。小机・三崎・田原などの城下もまた、それぞれ整備されていたものとみられる。田原城下（秦野市）には、「田原番匠」と呼ばれた職人衆が居住していたことが知られる（『資料編』3下　中世八四九五・九二一〇）。

　ところで、氏政は、永禄五年（一五六二）に飯泉山（勝福寺、小田原市）、ついで同十年に弘明寺《ぐみょうじ》（横浜市南区）に対し諸役の免許と押買狼藉・喧嘩口論などを禁じているが、これはその門前市を楽市としたものである（『資料編』3下　中世七二九八・七五六六）。また、これより前の弘治二年（一五五六）、氏康は畑宿（箱根町）の源左衛門らに対し領国内での合器《ごうき》（蓋つきの椀）の販売を許可するとともに、地頭や代官といった各地の有力者が商売役をかけることを禁じ、併せて畑宿における諸役の免許などを行っているが、諸役の免許はすでに早雲によっても行われていたという。そして永禄四年には、藤沢で新規に始められた商売について、塩相物の場合は二か年、酒は永代、その商売役を免除しているのである（『資料編』3下　中世七〇〇五・七〇〇六・七二三二）。これらから、北条氏は、市場税・商業税の免除と自由通商を特質とした楽市楽座政策の実施によって、旧来の商業体制を打ち破り、新市・新宿を設立して新しい商業組織の編成を推し進めていたことが知られる。なお、吉良頼康は天文十九年（一五五〇）に、小田中《こだなか》（川崎市中原区）の市場から泉沢寺《せんたくじ》の堀際《ほりぎわ》までを寺門前とし楽市としている（『資料編』3下　中世六九〇二）。

　こうした中で、最も注目されるものは六斎市《ろくさいいち》の開設である。六斎市とは、月に六回定期的に開かれる市のことである。その性格について、杉山博は、（一）その多くは戦国大名によって新しく開設されている、（二）六斎市には新宿が多い、（三）六斎市の市場の保護育成のために楽市である場合が多い、（四）一般百姓が来商しやすいように押買狼藉や国質・郷質の押領や喧嘩口論や借銭・借米の催促などを一切禁止している、（五）市場開設にかかる一切の諸役を免除している、ことの五点を挙げている（「商業風俗」『講座日本風俗史』別巻八）。いま、北条氏が開設した六斎市を示す印判状の伝わるものについてみると、第6表の通りである。この表において、相模で開設されているのは荻野だけであるが、豊田武は『新編相模国風土記稿』の記載から六斎市の設置を調査して、厚木・伊勢原・平塚・曽屋村十日市場（秦野市）・座間宿・当麻宿（相模原市）に存在したことを挙げている（『増訂中世日本商業史の研究』）。北条氏は、恐らく相模の要地に六斎市を開設したとみられるから、これらの多くは、北条氏によって開設されたものとみてよいであろう。そして、荻野（四と九の日の市日）、座間（五と十の日）、当麻（一と六の日）、厚木（二と七の日）、それに伊勢原（三と八の日）を加えた五か所で一つの六斎市市場圏を形成していたものと推測される。こうした直径二、三里（十キロ前後）程度の六斎市市場圏を、北条氏は領国の所々に編成し、地方《じかた》商業の発展を図ったものとみられる。

第6表　北条氏開設の六斎市

市　　名	市　日	開設年次
関　戸　郷（東京都　多摩市）	3と9の日	永禄7年（1564）
世田谷新宿（東京都世田谷区）	1と6の日	天正6年（1578）
高萩新宿（埼玉県　日高町）	2と7の日	天正11年（1583）
荻　　野（厚木市）	4と9の日	天正13年（1585）
井　草　宿（埼玉県　川島町）	1と7の日	天正15年（1587）

資料：「資料編」3下中世7400・8468・9059、『新編武蔵風土記稿』高麗郡、『武州文書』比企郡

なお、菱沼（茅ヶ崎市）や植木（鎌倉市）にも新宿が設置されているが、ここも六斎市であったろう（『資料編』3下　中世八七〇七・九五四四）。荻野では、六斎市のほかに、毎月十九日から二十五日までの七日間、馬市が開かれたが、両市とも楽市であった（『資料編』3下　中世九四七五・九四七六）。

北条氏の六斎市開設の政策意図については、従来、農民が領主に貫高年貢を納入するため、生産物を販売し、貨幣を入手する場として六斎市が開設されたとみる農民銭納説（中丸和伯「後北条氏の発展と商業」『歴史学研究』第二二九号）と、これとは逆に、領主が農民から収取した年貢米を、商品として販売するために六斎市が開設されたとする、領主再投下説（藤木久志「大名領国の経済構造」『日本経

済史大系』２中世）との、対立する二つの解釈が行われていた。この両説を子細に検討した永原慶二は、原則的には藤木説に従うべきだとしながらも、六斎市のもつ機能を領主の手による年貢米の再投下だけに限定せず、地侍・民衆的地方商業の発展を想定すべきであり、六斎市がその中心であるという側面を無視することはゆるされないとし、大名にとって、六斎市を中心とする領内経済機構の直接的編成とその発展が、貨幣獲得と軍事力強化につらなるかぎり、これの保護育成にはおおいに力を入れたと、説明している（「戦国の動乱」『日本の歴史』14）。永原も、「六斎市が、従来の土豪国人の掌握していた市場に対抗して、大名自身の推進によって、みな『新市』『新宿』として設立されている」と指摘しているが、北条氏の六斎市開設が、楽市楽座政策の推進と新しい商業組織編成の中で行われていることに、注目すべきである。

伝馬・宿駅政策　人や物資の逓送を任務とした伝馬には、駄賃を支払わない無賃の伝馬と、それを支払う有賃の伝馬の二種があったことは、すでに「商売役と伝馬役」の項で述べた。前者の無賃の伝馬が、いわゆる公方伝馬といわれるもので、北条氏は大体、一日に、平時の場合は三疋、戦時の場合は十疋ずつを、領国の宿郷に割り当てていた。これが伝馬役であるが、この課役は、問屋が存在した宿駅ではその問屋の経営者に、また、問屋が存在しない所では郷村に、それぞれ賦課されたものである。問屋の経営者は、北条氏の伝馬役を負担した代償として問屋の営業を認められ、また、郷村ではその公事諸役の一部を免除されたものとみられる。さらに、一日に平時三疋戦時十疋のほかは、たとえ北条氏の用事であっても駄賃が支払われたのであり、また、一般の物資輸送の営業を認められている（『資料編』３下　中世八八一七・八八二六）。このことは、伝馬に対する保護とみてよいであろう。

北条領国における駄賃、すなわち伝馬の料金は、一疋につき一里一銭（文）であったが、この場合の一里は六町

（約六五五メートル）である。北条領国における一里が六町であったことについては、相田二郎が天文二十年の東嶺智旺書状の記述を検討して明らかにした（『中世の関所』）。ただ、武蔵の平井郷（東京都西多摩郡日の出町）に対する伝馬定では、その駄賃は一里一銭半、二里三銭とされている（『資料編』3下　中世八二〇九）。相田はこれを根拠に、北条氏が天正十四年（一五八六）に駄賃の値上げをしたものと想定されているけれども、同郷における伝馬を伊奈と平井の両郷が隔番で行っていたことなどから考えて、平井郷などごく一部に認めていた例外的な駄賃とみてよいであろう。それは、小田原から伊豆の小浦（静岡県賀茂郡三浜村子浦）までの宿中にあてた伝馬手形で、一里一銭を免除しながら、土肥（湯河原町吉浜・門川あたり）・熱海・軽井沢の三郷については、役銭（この場合は一種の駄賃とみられるが、それは一里一銭ではなく、二里一銭あるいは三里一銭といった額であろう）を与えていることと照合して推測することができる（『資料編』3下　中世八六九九・八八八四）。したがって、北条領国における駄賃は、その滅亡に至るまで一貫して一疋一里一銭を原則としていたといえる。このような例外的な駄賃の設定なども、伝馬に対する保護育成策とみられるが、北条氏はこうした保護施策を講じて、陸上交通機関としての伝馬を、領国の宿郷に常備させておいたといえるのである。

伝馬の継ぎ立てが行われた宿駅は、近いところで三キロほど、離れているところで十キロ程度の間隔で設置されていたものとみられる。また、そこに常備されていた伝馬の員数は明らかでないが、酒匂本郷（小田原市）に対し動員をかけた際、伝馬衆十三人などは残し置くよう命じているから、主要道では十疋前後備えられていたものとみられる（『資料編』3下　中世九一〇一）。

こうした北条氏の伝馬・宿駅制は、東嶺智旺の書状の記述からみて、天文二十年（一五五一）ごろには、ほぼ確立

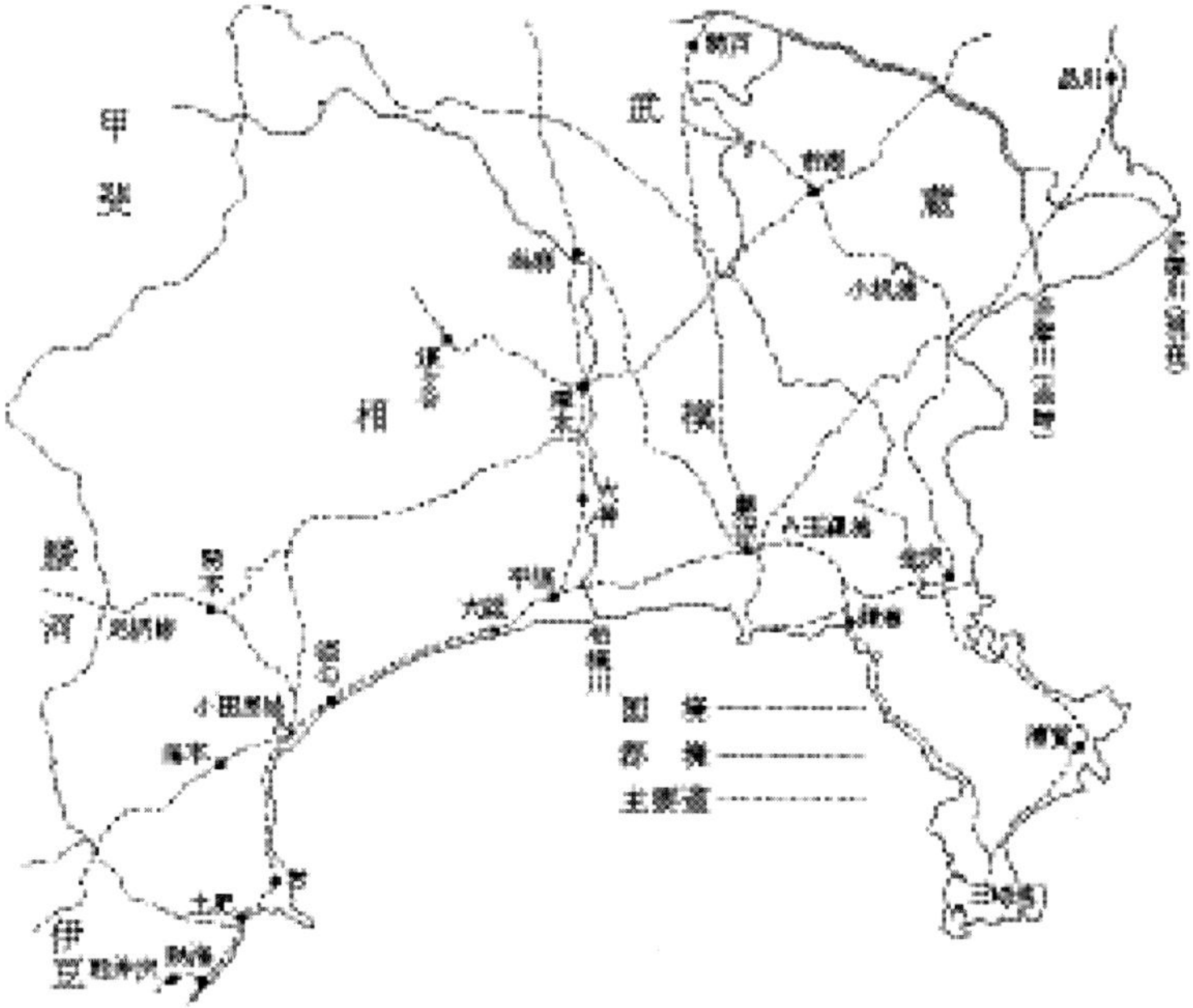

戦国時代主要交通図

されていたといってよいであろう。それ以前については、江戸城を攻略した大永四年（一五二四）ごろにおいても、交通の要衝であった当麻（相模原市）をはじめとする要所には、すでに伝馬が常備されていたことが知られる（『資料編』3下　中世六五七六）。当麻における伝馬の継ぎ立ては、そこで商人・道者（旅人）の問屋（宿泊所）を経営していた関山氏によって行われていたが、関山氏は、当麻が早雲の支配下にはいった永正九年（一五一二）ころに北条氏の被官となり、伝馬の仕立てについて命ぜられるとともに、問屋の経営を安堵《あんど》されたようである（『資料編』3下　中世九一七九）。なお、北条氏の伝馬手形に押された伝馬専用印判（印文「常調」の上に馬の姿をすえた縦横四センチ余りの朱印）の初見は、現在、永禄元年（一五五八）のものであるが（『資料編』3下　中世七一〇四）、天文二十年ごろにはすでに使用し始められていたものと推測される。

この時代の相模における主要交通路は、小田原から酒勾—国府津—二宮—大磯—平塚—茅ヶ崎—藤沢を経て玉縄に至るもの（ここからさらに鎌倉・金沢に通じている）、小田原から大磯—平塚—大神—厚木—当麻を経て武蔵に入るもの、また、玉縄から当麻を経て武蔵に向かうもの、玉縄から戸塚—神奈川を経て江戸城に至るもの、それに矢倉沢往還などであったとみられる。西に向かう道筋には、小田原から早川—岩—土肥—熱海—軽井沢を経て韮山に至るもの、小田原から湯本を経て箱根山を越えて三島に通ずる道、小田原から関本を経て足柄峠を越える道があった。これらの道筋には宿駅が設けられ、伝馬が常備されていた。このほか、金沢（横浜市金沢区）から浦賀（横須賀市）、煤ヶ谷（清川村）から厚木、などの間にも伝馬が備えられていたことが知られる（『資料編』3下　中世七五四九・八一九三・八一九四・八九〇二）。なお、矢倉沢往還が通過していた市郷（横浜市緑区市ヶ尾）の伝馬は、船橋用の竹を江戸城にたびたび運んでいる（『資料編』3下　中世九一六七・九二二二・九三四九・九四二八）。こうした事実から、相模をはじめ北条領国における伝馬と宿駅は、かなり整備されていたものとみられる。その伝馬と宿駅は、軍事面ばかりでなく、経済活動の面で大きな役割を担っていたということができる。

なお、北条氏は、陸上交通における伝馬制に対し、海上交通機関として浦伝制《うらづたいせい》を設定していたということができる。すなわち、天正三年（一五七五）とみられる亥七月二十四日付の虎の印判状は、下田から小田原まで浦伝舟持中にあてて、船一艘を浦伝に出し近藤孫六の荷物を下田から小田原まで漕ぎ届けよ、と命じているのである（『古文書纂』廿九）。この虎の印判状の形式は伝馬手形に似たものであり、しかもこの印判状を奉《うけたまわ》っている宗甫は、伝馬手形を奉っていた人物である。また、庚刁《（寅）》（天正十八年）二月十二日付の、自小田原浦伝下田迄船持中あて虎の印判状では、浦伝に船一艘を出して清水衆の八木（米）を下田まで漕ぎ届けよ、と命じている（『資料編』3下　中世九五九八）。この二通の浦伝史料の伝来によって、北条氏は海上輸送のために、荷物などを浦から浦へと船送りする制度、いうならば、浦伝制を設けていた事実をうかがい知ることができる。この浦伝制がいつ創始されたかは明らかでないが、天正の初年までさかのぼらせることができるようである（拙稿「後北条氏の船方役と船役と網度役と」『後北条氏の基礎研究』）。

暦の統一　太陽暦が使用されるまでのわが国においては、太陰太陽暦が用いられていた。この暦は、月のみちかけを主とし、これに回帰年を組み合わせたものであったが、両者の調節のため、十九年に七度、つまり二、三年に一度、閏月を設けて平均させていた。

さて、北条領国では、伊豆一の宮の三嶋神社から頒布の三嶋暦と、武蔵一の宮の氷川《ひかわ》神社から頒布の大宮暦とが用いられていたようである。しかしながら、この両者は別系統の暦であったらしく、北条氏政の時代に食い違うところがあった。『北条五代記』（寛永版、巻九の七）はそのことについて、次のように伝えている。

然ば関八州にをいて、こよみをば伊豆の国三嶋、武蔵の大宮、両所にて作り出す、一年《ひととせ》、北条氏政時代、十二月に至て、大小に相違有、両所の陰陽師《おんみょうじ》をめしよせ、此儀を御尋有といへ共、諍論に及び決しがたし、故に元日の御祝、いづれ分明ならず、

こうした中で、北条氏は、安藤豊前守（良整）に究明させたというが、結局のところ、三嶋暦が正しいとされて、これが採用されたのである。その両暦が相違を生じた年次については、氏政の時代であるとか、十二月における相違ということなどから、天正十年（一五八二）のこととみることができる。実際、北条氏はこの年に、閏十二月を用いており（『資料編』３下　中世八八二五～二七）、京暦では閏月を翌十一年の正月に当て、閏正月を用いている。こうし

たことから、大宮暦は、恐らく京暦と同じであったということができよう。なお、氏政は天正八年八月に家督をその子氏直に譲っているから、正確には氏政の時代のことではないといえるが、実権はなお氏政の手中にあった。

この閏月の相違については、関東でのみ問題とされたのではなかった。十年の年頭にはすでに、尾張の唱門師がこの年に閏十二月があるべきことを、織田信長に訴えでている。安土で、京暦の造暦者を交え究明が行われたが結論を得られず、信長は関白近衛前久《さきひさ》にこの糺明《きゅうめい》を依頼した（『晴豊公記』、『兼見卿記』）。ところがその後、信長が本能寺で不慮の死にあったためもあろうか、結局、京暦は天正十一年に閏正月を用いている。

北条氏が三嶋暦を正しいと決定した理由など、その詳細については今日なお不明である。しかしながら、北条氏は、代々崇敬して止まなかった三嶋神社の頒布する三嶋暦を、正式な暦として、すでにかなり以前から常用していたとみても間違いないであろう。したがって、三嶋暦が正しいと決定された裏には、この辺の事情も大きく影響していたものとみられるのである。二つの暦の食い違いを機会に、北条氏は暦の統一を図ったであろうことも推測されるところである。三嶋暦と大宮暦の間における閏月の相違については、『新編武蔵風土記稿』の氷川神社の条（巻之百五十三）にも載せているが、そこでは結局、「三嶋暦の方、正きに極り、それより武蔵の暦を停止せらる」と記していて、恐らく天正十年に、北条氏によって大宮暦の頒布が停止されたことを伝えているのである。風土記稿の記述は、北条氏の暦の統一について、示唆しているようでもある。

ところで、この天正十年閏十二月中における、北条領国での出来事としては、古河公方足利義氏の死があり、彼はその二十日を忌日としている。桃裕行の研究によれば、関東暦（三嶋暦）は閏十二月が小（二十九日）、正月が大（三十日）で、京暦は正月が大、閏正月が小であり、したがって、三嶋暦使用の北条等の差し出した文書の日付を京暦に換算する場合、閏十二月は正月とするだけでよいが、正月については閏正月とするばかりでなく、日を一日減じなければならないことを指摘している（「京暦と三島暦との日の食違いについて」『天文総報』一四巻四号）。すると、足利義氏の忌日は、京暦では天正十一年正月二十日となり、また、彼の葬礼が営まれた正月十三日については、閏正月十二日となるわけである（『資料編』３下　中世八八三五）。

Ⅱ

後北条氏家臣団の構造
―小田原衆所領役帳を中心として―

勝守すみ

一、序

後北条氏は、十五世紀末（一四九一年）に伊豆を攻略してから急速な発展を遂げ、さらに相模に進出して小田原を本拠地とし（一四九五年）、やがてその勢力は関東地方を風靡し、戦国大名としてめざましい活躍をした。しかし後北条氏は、零落の身を今川氏によせていた北条早雲（伊勢長氏）に始まり、全く関東地方への侵入者だった。同地方で威を振った戦国大名の武田氏は甲斐の守護、上杉氏は越後守護代長尾家の出身であるのに比べ、早雲はその出自さえ明らかでない。従って後北条氏は伝来の土地も譜代の家臣も持たなかった。他の戦国大名は従来の権力形態を変質させつつ生長したが、後北条氏の場合には、在地武士層を麾下に編入して家臣団として編成し、国内の小領主の封建的土地所有権を吸収して領国の一円的掌握を押し進めて行く所に、戦国大名としての生長過程があったのである。

それで後北条氏の家臣団はどのように構成されていたか、またその家臣の持つ所領の性格はどのようなものであったかを第一の問題とし、あわせて後北条氏の領国の構造について考察したい。

規　　　模	人数
2000貫文以上	3
1000貫文以上	8
1000～500貫文	16
500～100貫文	126
100～50貫文	95
50～10貫文	181
10貫文以下	46
計	475

第I表　後北条氏家臣団所領規模
（個人名でないもの、社寺、職人を除く）

その手懸りとなるものに、永禄二年（一五五九）に改定された「小田原衆所領役帳」がある。永禄二年ころは北条氏康の時代であった。氏康は天文十五年（一五四六）川越城を包囲した両上杉軍に決定的な打撃を与えて川越・松山の両城を納め、扇谷上杉氏は滅び、山内上杉憲政は越後にのがれた。また天文二十三年（一五五四）古河城を攻めて、足利晴氏父子を相模波多野へ移した。ここに関東の旧勢力は全く没落し、後北条氏の勢力は伊豆・相模・武蔵・両総（その一部）に及び、一応その権力が確立安定した。この時期において、家臣の所領とその知行役を改定したのが本帳であり、「糺明於御眼前被定畢。後日可為本帳状」[1]という性格をもち、家臣の基本的な所領役帳として定められたものである。本帳は永禄二年当時の家臣をすべて網羅してはいないが、[2]これによって後北条氏家臣団の構造の一端を知ることができる。

この「小田原衆所領役帳」（以下役帳と略す）はその内部が、御馬廻衆・玉縄衆・江戸衆・松山衆・伊豆衆・津久井衆・小机衆・諸足軽衆・他国衆等のグループに分けて記載されている。「成田家分限帳」（天正十年）にみられる御家門・普代侍・蔵米侍・扶持方侍等の区別はなく、グループ別の記載方法であって、一門さえ別記されていないので、本帳からは家臣の階層に関することは汲みとれない。

役帳に記された後北条氏家臣の所領の規模を示したのが第I表である。これによると百貫文以下、特に五十貫文以下の所領を有する者が圧倒的に多数を占めている。

役帳に示されているグループは何を現わすものであるのか。第I表にみられる家臣の所領はどんな性格のものであるのか。そしてこれら家臣の在地における存在形態はいかなるものであるかを問題としたい。しかし後北条氏の出身が曖昧であるように、その家臣もまた歴史的系譜を辿れるものはごく少部分であり、それも明瞭なものは稀なので、特定の者について後北条氏の統制下に編成されてゆく経過を知る事は困難である。それでこれらの問題の考察に当たって、地域的に検討する方法を取って行きたい。

註

（1）　小田原衆所領役帳。

（2）　例えば武蔵では、荏原・新座・豊島・橘樹・久良岐・都築・入間・高麗・比企・横見・多摩の諸郡にある所領は記載されているが、男衾・足立・秩父・児玉・埼玉・幡羅・大里・榛沢・加美・那珂の諸郡にあるものは、記されていない。

二、伊豆の家臣団

地域的な家臣集団の考察に当たり、伊豆地方を最初に取り上げる。その理由は、伊豆は後北条氏の勢力が最も早く浸透した地方であり、伊豆一国の家臣の所領に関する記述が、役帳に比較的完全に行われているという点からである。

第Ⅱ表は伊豆関係の所領所有者を示したものである。これによると次のような事が知られる。

（一）役帳の中で、伊豆に所領を有する者は九十七名あって、それが各グループに分散している。

（二）九十七名のうち、その所領が伊豆のみに存在するのは五十六名である。

	伊豆に所領をもつ者	伊豆のみに所領をもつ者
（小田原衆）	9名	4名
御馬廻衆	30	17
玉縄衆	4	1
江戸衆	11	4
松山衆	2	1
伊豆衆	26	21
他国衆	1	1
本光院殿衆	2	2
御家中役之衆	4	3
（一門衆）	2	0
小机衆	4	0
（客分衆）	2	2
計	97	56

第Ⅱ表　伊豆関係の所領所有者
{（　）のものは、役帳では1グループをなしているが、名称がないので、筆者がかりに名付けた。}

(三) 伊豆に所領を有する者が、必ずしも伊豆衆でないという家臣団構成の複雑性を示している。

また役帳の中で、伊豆衆として記されている者が笠原美作守を筆頭に二十九名ある。これら二十九名の伊豆衆の所領の規模を表わしたのが第Ⅲ表である。第Ⅰ表にみられたのと同様の傾向がここでも現われ、五十貫文以下の所領を有する者が圧倒的に多く六五パーセントを占めている。

さらに、この二十九名の伊豆衆の所領の存在場所についてみると、次のようである。

(一) 伊豆内に所領を持たぬ者　二名（一名相模鎌倉郡倉田、一名相模大住郡坂間）
(二) 伊豆以外にも所領を持つ者　五名
(三) 伊豆のみに所領を持つ者　二十一名
(四) 所領の場所の不明な者　一名

この伊豆衆のうち関係文書があって、伊豆に本領地を有した地侍であると推定される者は九名、役帳全体の中では二十九名ある。

後北条氏の家臣が有した所領の種類は、所領給与関係の文書にみられるものに、本領、給田、給恩、新恩、増給、加恩、加増、扶持、扶持給、扶持米、増給米、かんにん分、御蔵出等があり、大別して（一）本領地、（二）給恩地、（三）御蔵出、（四）扶持に分かれる。

その所領が本領地であるか、或いは給恩地であるかによって、またこの両者の比率によって、これを存立の基盤とする武士の性格を決定し、さらにこの事は戦国大名の中央集権と表裏関係をもつのである。

この点から伊豆の地侍が、後北条氏の家臣としていかなる存在形態を示しているかをまず検討したい。

伊豆は南北朝時代以来、山内上杉氏の分国であった。北条早雲が伊豆に侵入した当時のこの地方の状態については「北条五代記」に、「永享より乱国とはいへ共、伊豆は無事に有て、一郡を十人廿人宛分持にし、下々の侍共は田地を手作し、形義風俗共百姓共見分かたく、しかとしたる大将一人もなきよし」とある。このように伊豆には有力な土豪が居らず、室町時代の関東地方に蔟生しつつあった地侍が、土着勢力として存在した事が知られる。有力な土豪が存在しなかった事は、早雲にとって非常に有利であった。彼は堀越御所をおそって茶々丸を自殺せしめ、韮山城によって、またたく内に伊豆一国を討ち従えている。このとき早雲に従った伊豆の地侍は、「伊豆国の住人等、三津の松下、江梨の鈴木、大見の梅原、佐藤、上村（大見三人衆）、土肥の富永、田子の山本、雲見の高橋、目良の村田なと云侍、吾劣らしと馳付ける。彼等上杉の成敗を欺き、御所の政道を背し者共成しか、早雲の器量、何様唯人ならしとて各同心して、皆彼下知に随ひける」（小田原記）(1) とあり、また長浜の大川氏もこのとき早雲に従属している。(2) 大川氏は「元亨の頃より当所を領知い

規　模	人数
800貫文台	1
500	1
400	1
200	1
100	4
80	1
70	1
50	2
40	2
30	1
20	8
10	5
10貫文以下	1
計	29

第Ⅲ表　伊豆衆所領規模

	氏名	所領規模	所領存在場所			知行役
			伊豆	相模	武蔵	
御馬廻衆	松下三郎左衛門	33貫文	西浦33貫文			なし
江戸衆	鈴木次郎三郎	100	江梨100			あり
伊豆衆	大見三人衆	130	大見100	堤　30貫文		あり
江戸衆	富永弥四郎	1383	西土肥1000	飯田岡108 大槻100	牛島四ケ村150貫文 川越谷中　25	内、1162貫文、役あり
木光院殿衆	山本太郎左衛門	135	田子　30 一色　70 梨木　35			あり
伊豆衆	高橋	10	雲見　10			あり
伊豆衆	村田	70（外、御蔵出10貫文）	妻良　40 福（安）良30			あり

第Ⅳ表

たし住居仕候由申伝候」[3]といい、富永氏は「尊氏の家臣にして堀越御所に仕う」[4]といい、それぞれ南北朝期より伊豆の各地に割拠して、上杉氏や堀越公方の配下に属していた。

役帳によると、彼らは第Ⅳ表にみるような知行地を有していた。これ以前の彼らの所領の規模が分からないので、この所領はどのような種類のものであるのか明確でないが、所領の存在場所がまとまっている事、彼らの在所がその知行地となっているので、大体において本領地を安堵され、他に給恩地を与えられた（大見三人衆、富永弥四郎）と推測される。

天文十二年（一五四三）の長浜検地之書出之事によると[5]、ここでは田畠それぞれの合計が田一町六反大九十歩畠一町四反大九十歩となっている。これは伊豆半島の場所によって異なるが、長浜の例から田畠の比率を半々として、また後北条氏の貫高制では田地一反当たりの年貢負担額五百文、畠地は一反当たり百六十五文が標準であったから[6]、これを適用すると、田地一町五反畠地一町五反で約十貫文の土地となる。すると前述の者は、田畠合わせて三町歩から三十町歩に及ぶ所領を支配する所の狭少な村落的規模における小領主ないしは名主的存在の武士であった事が推察されるのである。そして彼らがいち早く早雲に味方したのは、その経営規模の小ささから、領有権の維持を図るために、権力の推移に応じて迅速に主君を変える必要があったからである。一方単身で興起した早雲は、一応これら在地武士の存在と既得権をある程度認め、その所領を安堵して彼らを麾下に編入し、伊豆支配を進めていったのである。

このうち松下氏は、天正九・十年（一五八一―八二）の戸倉合戦（後北条氏と武田勝頼の戦）に舟大将として参加している[7]。また、天文二十三年（一五五四）北条家が西浦の舟方に、駿州御祝言の荷物を西浦より清水へ廻漕する事を命じているが、その舟方中に松下三郎左衛門の名がある[8]。即ち松下氏は後北条氏の水軍の将となったのである。鈴木氏も同じく舟方としての役を勤め、永禄十二年（一五六九）の薩埵合戦（武田信玄との戦い）に伊豆の水軍として活躍している[9]。天正元年（一五七三）北条家は江梨五ヵ村に関する船舶出入の法度を鈴木丹波宛に出している[10]。その中に「右条々厳密ニ可申付、若妄申付候者、領主之可処越度」とあり、この領主は鈴木氏を指すものである。天正二年（一五七四）武田家の船手判について、北条家より鈴木丹波宛の文書があり[11]、また鈴木氏は北条家の鰤御用も勤めている[12]。これらの事は鈴木氏の江梨在地を示している。山本氏も舟方であり戸倉合戦に加わっている[13]。また、天正元年の田子浦の船舶出入法度が山本信濃宛に出され、これに背く時は「領主可処越度」とあって[14]、この領主は山本氏を指している。高橋氏については、清水康英が幸田大蔵丞に宛てて、高橋氏の雲見の知行続目の判物下付の斡旋を頼んだ書状の中に「雲見之領主高橋与申儀無其隠候、定而当国之御帳ニも雲見之領主高橋と可有御座候[15]」とあり、高橋氏は下田城主清水氏の同心衆であった[16]。また、天正十七年（一五八九）四板船二艘を新造し、その船役を免除されている[17]。村田氏も下田城主清水氏の同心衆となっている[18]。大見三人衆は永禄七年（一五六四）に北条氏康から出陣に付き急ぎ着陣するように命じられている[19]。

これらの史料は、早雲に従った伊豆の地侍達はその知行地に在地した事を示している。これらと同様の性格をもつ者に、他に西原氏、渡辺氏がある。

西原善左衛門は、「百貫文　豆州畠郷」がその所領であり、これは本領地を安堵されたものである。他に西原弥七郎「卅貫文　豆州多田之内」、西原次郎右衛門「廿貫文　豆州矢田伏給田[20]」とあって、その一族が伊豆北部に給地を与えられて分布している。西原氏も在地していたことは、永禄七年二月四日北条氏康が自分の出馬を報じて「明日昼以前ニ当地（小田原）へ可打着[21]」と着陣を命じている事によって知られる。また「中間小者なり共達者之者共不残可召連候[22]」とあって、西原氏はその配下として中間・小者を従えていた。

渡辺孫八郎は、「百貫文　豆州仁科郷」が本領を安堵されたものであり、他に豆州青木に二十一貫五百文の給地を有している。その一族と思われる渡辺与八「廿貫文　豆州社領中村」、渡辺次郎三郎「百廿貫文　豆州箕作」、渡辺蔵人「廿弐貫五百七拾五文　三島中村之内岡田給[23]」とあって、一族が伊豆内に知行を与えられている。なお、渡辺孫八郎は仁科郷より出す陣夫を召仕う権利を持っていた[24]。

以上は伊豆の地侍であって、後北条氏からその本領地を安堵され、従前通りそこに在地したと考えられる者である。それでは彼らの在地生活の形態はどのようであったのであろうか。

彼らの知行地からの収納は田畠の租、即ち年貢の一円所務権のみであった。その他、後北条氏からの宛行があった場合に陣夫を召仕うことができた[25]。知行地に対して知行役があった。これは「役帳」によると、人数・着到・出銭と表現されている。このうち最大のものは軍役―着到（知行高に応じて負担すべき人数と武具）であり、夫役（定期のものは陣夫と大普請役）及び恒常的な棟別銭・段銭・懸銭等諸役といわれるものが主なものであった。その他、城米（兵糧）等もあった。[26]夫役及び諸役は、免判によってその収取権を与えられる以外は、原則的に後北条氏の収得となった。彼らはその知行地の支配を名主層を通じて行い、年貢・諸役の徴収及びその運搬、陣夫・普請人足の徴達等の任務を持ち、後北条氏の支配機構の末端として、村落政治の責任者でもあった。後北条氏関係の文書にしばしば存在する「地頭代官」という文言は、このような性格のものを指していると考えられる。

さらに、彼らは生産面に携わったか、つまり手作地経営を行っていたかということであるが、「役帳」は所領と知行役の記載を主体としているので、家臣の名田—私有地については全く触れていない。早雲の侵入当時の伊豆の状態について、先にみたように「北条五代記」に、伊豆は一郡を十人もしくは二十人で分轄し、これに従属する侍は各々田畠を耕して衣食を給していたとある。この場合、後北条氏の家臣となった前述の人々は、十人もしくは二十人の中に入ったか或いはそれに従属した武士であったかは決め難いが、所領の規模の大きいものは前者、小さいものは後者に近いのではないかと考えられる。この手作地の問題を考察するに当たって一つの手懸りとなるのは、長浜の大川氏の場合である。大川氏は初め早雲に従ったが、間もなく上知して百姓の仲間に入っている。[27]しかし、大川兵庫助は自己の決意如何によっては、侍にも百姓にもなりうる社会的存在であると自己の事を言っている。[28]その大川氏は天文十二年（一五四三）の長浜野帳によると、[29]

大川四郎左衛門
田　二反三百歩
畠　六反九十歩

大川四郎兵衛
田　二反百八十歩
計一町一反二百十歩

の田畠を有し、その他漁業経営に主力を注ぎ、被官・下人・網子等の隷属生産者を従える名主的存在であった。そこで他の者もこれと相似的な手作地経営を行っていたのではないかと推測される。後北条氏は地頭代官が私用に百姓を使役することを禁止しているが[30]、このように百姓を私用に使役する事は、地頭代官の手作地経営の問題に関連していたと言える。

註

(1) 北条五代記・相州兵乱記に記されている早雲に従属した者の氏名も、これと全く同じである。
(2) 増訂豆州志稿。
(3) 豆州内浦漁民史料。
(4) 豆州志稿。
(5) 豆州内浦漁民史料。
(6) 後北条氏治下の百姓の年貢負担額は年代により多少異なっているが、田一反歩五百文、畠一反歩百六十五丈にほぼ一定していた。これは検地書出によって知り得る。安良城盛昭「太閤検地の歴史的前提」(『歴史学研究』一六四号)二一頁以下参照。
(7) 北条五代記。
(8) 豆州内浦漁民史料。
(9) 小田原記。

(10)(11)(12)　静岡県史料　第一輯　鈴木文書。
(13)　北条五代記。
(14)　静岡県史料　第一輯　山本文書。
(15)(16)(17)　同　高橋文書。
(18)　同　村田文書。
(19)　同　西原文書。
(20)　小田原衆所領役帳。
(21)(22)　静岡県史料　第一輯　西原文書。
(23)　小田原衆所領役帳。
(24)　静岡県史料　第一輯　渡辺文書。
(25)　静岡県史料　第一輯　西原文書、同　橋本文書、武州文書　十二　足立郡（小熊左近丞宛）等の例がある。陣夫は戦時の人夫であった。一定の土地にその高に応じて他の諸役と並んで一定の陣夫が課せられていたが、その基準は明瞭でない。
(26)　天文十六年上原出羽守は「一城米之事、一押立之事、一棟別并段銭之事」三ヵ条を赦免されている（武州文書　九　都築郡）。
(27)　増訂豆州志稿。
(28)(29)　豆州内浦漁民史料。
(30)　武州文書　六　荏原郡、天正十四年品川百姓中宛北条家朱印状。

また、伊豆衆の内「多田之内給田」・「奈古屋内給田」・「熊坂内給田」等のように、場所の表示が漠然としている給地を持つ者がある。例えば、

西嶋藤次郎　　廿貫文　　熊坂内給田

池田　　　　　廿貫文　　多田之内給田
西原次郎右衛門　廿貫文　　矢田伏給田
伊東九郎五郎　　廿五貫文　奈古屋内給田
多米弥次郎　　　廿貫文　　奈古谷内給田

の如きである。後北条氏家臣の知行地を示す場合には、何郷また単に地名のみ、或いは何々分等と記されているのが一般である。このように知行地の場所が、漠然と示されているのは、伊豆内では奈古谷・多田等幾つかの場所に限定されている。奈古谷についてみると、役帳のなかで「奈古谷之内」・「奈古屋」・「奈古谷田」・「奈古谷内給田」・「奈古谷給内」という地名の表示の仕方で、此所に知行を持つ者が十九名ある（内職人七、神社一）。多田については、此所に知行を持つ者が十六名ある（内職人七、寺院二）。後北条氏家臣は、同一の土地を二人以上で分割領有する実例が多く、一ヵ所を単独で持つ者は少ないが、これはその最も甚しい例である。

そしてこれらの者の知行役は、大部分「大普請半役」となっている。役帳の他の部分では「大普請半役」の者は寄親について之を行うとあって、それ自身単独で知行役を行う者ではなかった。この点から給田とあっても、実際その土地に領有権・支配権を有していたかは疑問である。奈古谷郷は南北朝期以来山内上杉氏領であったので[1]、これが後北条氏の蔵入地になったと考えられる。なお、天正六年（一五七八）の「三保谷郷検地書出」によると、

弐百六拾六貫八拾文　　田畠踏立辻
　此内
廿三貫八百卅弐文　　　養竹院分

拾九貫五百六拾五文　　福島給田
三貫七百七拾文　　矢部大炊助給田
拾四貫四百文　　宮分五ヶ所寺分九ヶ所
　已上六拾壱貫五百七拾《ママ》文
　　残而
弐百四貫五百拾文　　御領所(2)

とある。三保谷郷は御領所（蔵入地）であり、その内六十一貫五百七十文が給田となっている。この事から伊豆の場合も何々内給田と記されている場所は、蔵入地であってその年貢を給与されたのではないかと考えられ、給田所有者は蔵米侍に近い者と察せられる。このような者が伊豆衆二十九名の内六名存在する事は、中小家臣団は所領安堵を通じてのみ家臣化されたのではない事を示し、後北条氏における知行制の確立を知り得るのである。役帳には「御蔵出」という形で、約二千八百四十八貫六百四十文の知行高辻が百名に附加されている。しかし、御蔵出のみを有する者は無く、すべて知行の一部として与えられているので、御蔵出を有する者は蔵米侍であるとは言えない。御蔵出は後北条氏の御領所の年貢を支給したものであろう。此所に述べた伊豆衆の蔵米侍の場合には、表示されている場所と何かの形で交渉を持つとも推察されるが、その点明瞭ではない。

註

（1）上杉家文書。

（２）　武州文書十四　比企郡。

その他、伊豆に本領地を有していたが在地性が稀薄になった者に富永氏・伊東氏・狩野氏等がある。いちはやく早雲に属した土肥の富永氏は、本領地の土肥に千貫文、他に相模、江戸、川越に計千三百八十三貫七百三十文の所領を持ち（第Ⅳ表参照）、遠山氏と共に江戸城主であった。役帳の中で、千貫文以上の所領の所有者は十一名あり（第Ⅰ表参照）、内四名は後北条氏一門である事から、富永氏の占めた地位が察せられる。相模の松田氏は小田原城に在城し、その所領には一族を代官として配置しているので（第三節参照）、富永氏も本領地土肥には、その一族を代官として置いていたと考えられる。永禄七年（一五六四）、北条氏忠が出した田中山薪取手形に富永衆とある(1)。富永衆とは富永氏の被官を指すのであろう。また天正五年（一五七七）、富永政家は井田の高田千代丸に相続安堵状を出している(2)。高田氏はその由緒書によると「高田氏代々伊豆国居住仕、早雲寺御入国之砌、相州小田原之手ニ附罷在」とあるが(3)、大川氏と同じく後北条氏の給人とならず、名主百姓であって、富永氏の被官となっている。この井田の高田氏の如き者も含めて、富永氏の被官を富永衆といい、土肥及びその周辺に在地した。

伊東・狩野の両氏は伊豆の名族であったが、早雲と戦って敗れ(4)、その後これに従属している。伊東氏については、御馬廻衆に属した伊東九郎三郎の所領は次の如きである。

七拾貫文　　豆州伊東ノ内岡
五拾弐貫弐百文　　西郡　賀山
弐拾壱貫九百七拾文　　赤羽根　藤沢　温水共

八拾三貫百拾六文
以上弐百廿七貫二百八拾六文　　同所壬寅増分[5]

その所領は伊豆よりむしろ相模に多く存在し、本領地の伊東は他にも分割されている（伊東内屋形　拾八貫文　古尾谷周防）[6]。その他、西浦御領所の代官職を有していた[7]。その一族の伊東九郎五郎（伊豆衆）は、伊豆奈古谷内給田二十五貫文、相模小稲葉新田三十貫文、御蔵出四拾貫文を有していた。狩野氏については、狩野大膳亮（御馬廻衆）は評定衆の一人であり後北条氏の重臣であった[8]。彼の所領は、伊豆蓮台寺六十貫文、江戸阿左布五十三貫二百文、武蔵吉見郡高木小八林十二貫文、相模中郡長谷百九十貫二百三十文、この他に買得地が伊豆・相模において五ヵ所百九十八貫文、計五百十三貫四百三十文であった。また、狩野介（松山衆）は松山城主であり[9]、伊豆狩野日向郷百三十八貫九百文、他に相模に二ヵ所二百八十貫五十八文、武蔵に七ヵ所三百五十二貫、計七百七十一貫五百五十八文の所領を有していた。伊東・狩野氏は御馬廻衆や支城主・評定衆となり、家臣としての地位は高くなるが、その所領についてみると、本領地より給恩地の方が多く、またその給恩地が著しく分散する傾向を示している。

註

（1）静岡県史料　第一輯　矢田部文書。
（2）（3）同　高田文書。
（4）北条盛衰記。
（5）（6）小田原衆所領役帳。
（7）豆州内浦漁民料のうち、被仰出御法之事（永正十五年）、西浦重洲闕落書立（永禄九年）、西浦之内木負村御年貢納様之事（永禄十一年）。

（8）　後北条氏の職制は全般的には明瞭でないが、評定衆が設置されていた。これは鎌倉幕府の評定衆の制度に倣ったもので、重職であった。これに任ぜられたのは、石巻氏・狩野氏・笠原氏・塀和氏・松田氏・山角氏等であった。

（9）　後北条氏は松山城に上田又次郎政広を置いたとあるが（小田原記、関八州古戦録、新編武蔵国風土記稿）、役帳では松山衆の筆頭に狩野介が記されている。役帳の各衆の筆頭に記されているのは大体支城主である。

上田氏は扇谷上杉氏の家臣であり、松山城の築城者であって、後北条氏に服属した者である。松山城が後北条氏持となって後、上田氏も此所に置いたが、後北条氏の支城主は狩野介であったと考えられる。

伊豆に在地した家臣は、どのような形で後北条氏に把握されていたのであろうか。それには伊豆衆の内で笠原氏及び清水氏の占めた地位を検討する必要がある。

笠原美作守は伊豆衆の筆頭に記載され、その所領は、伊豆内に多古・矢田・肥田・北湯ヶ野四ヵ所三百二貫九百文、他に「矢田草切銭之内」十貫三百文、相模内に大磯、谷郷二ヵ所百三十三貫九百五十文、計四百四十七貫百五十文であり、他に寄子給が十貫文あった。笠原氏は武蔵国造家の末裔といわれ、武蔵の出身で、後北条氏治下においてその一族は武蔵の小机城主であった。笠原美作守の所領はすべて給恩地であり、伊豆内のものは韮山附近に存在し、永禄二年には彼は韮山城主であった。

清水太郎左衛門は「伊豆の住人、北条譜代の侍」とあり[1]、清水小太郎は北条氏康と乳夫子の関係にあった[2]。役帳によると、清水太郎左衛門は南伊豆に八百二十九貫七百文の所領を持ち、これは加納・熊坂・修禅寺・平田・長伏・宇土金・子浦の七ヵ所に分かれていたが、これらの場所は近接地だった。この内五十貫文は棧敷銭で、この他に十七貫三百四十文の御蔵出があり、知行役辻は六百七十貫文だった。これ以前の清水氏の規模は不明であるが、伊豆南部に本領地を有した地侍であったと考えられる。清水太郎左衛門は天正九・十年の戸倉合戦に駿河長久保城に在城し、その一族の清水越前守はこの戦いに後北条氏の船大将として参加している。(3)また天正十六年（一五八八）に、

西国勢於出張者、船勤歴然候。依之豆州奥郡之為備、下田之地取立候此度当城主ニ定置上、他人之綺自元一切有間敷候。弥上野ニ任置候。仍状如件。(4)

とあって、豊臣秀吉の来攻に備えて、下田城が取立てられ、清水上野介（康英）がその城主となっている。天正十二年（一五八四）清水康英は子浦屋敷分拾貫文を、一族の清水淡路守（後北条氏の給人であった）に宛行い、(5)また又兵衛に加納本郷以下三ヵ所計十五貫文の地を安堵している。(6)この又兵衛は清水氏の所領内をさらに宛行われている清水氏の被官である、清水氏は封建領主として又兵衛の如き被官を抱えていたのである。

また前述のように、雲見の高橋丹波守は清水康英の同心衆であり、康英は高橋丹波守の雲見の知行相続について、後北条氏の判物下附の斡旋を幸田大蔵丞に頼み、(7)天正十七年（一五八九）には高橋氏の新造船の舟役免許を斡旋している。(8)高橋氏は役帳に載っている後北条氏の給人であり、天正十七年十二月に小田原に人質を出している。(9)妻良の村田氏も清水氏の同心衆であった。(10)

後北条氏の場合、時と所により寄子を同心・寄騎とも称しているので、これらの点から、清水氏は伊豆在地の後北条氏の給人の寄親的立場にあったと言える。しかしこの寄親的立場は、清水氏が下田城主となって後に生じたのではなく、それ以前からであった。天文十五年（一五四六）韮山の願成就院大御堂修理のために行われた豆州国中棟別勧進の奉行が、笠原・清水の二人であった事は、(11)この両人の伊豆における主導的地位が、天文年間にすでに成立してい

た事を示している。そして笠原・清水氏は、役帳成立の永禄二年当時伊豆に在って伊豆衆の寄親としての立場にあったのである。

後北条氏においても、寄子は寄親の給人・家臣でなく、寄子寄親共に主君の家臣であり、従って寄子の統帥権は主君にあり、寄親はその統帥権の代行者として、直接の指揮権を委任されていたのであった。役帳の伊豆衆と称されるグループは、伊豆在地の後北条氏家臣をもって地域的に組織された寄子寄親集団を指すものであり、玉縄衆・江戸衆・松山衆・津久井衆・小机衆等のグループも、これと同様のものであった。このような寄子寄親制度は、軍事的意味をもって地域的に組織されるのが原則であったと思われる。しかし、同じ伊豆在地者の中で江梨の鈴木氏は江戸衆、田子の山本氏は本光院殿衆のグループに属しており、また伊豆内に所領を持たぬ吉原（鎌倉郡倉田）・成瀬（大住郡坂間）両氏が、伊豆衆の中に入っているのは、寄子寄親関係の形成には、地域性と異なる因子が入る場合もあった事を示している。

寄子寄親制は軍事的組織であったが、笠原・清水氏は同時にこの地域を行政的に支配する権限を有していた[12]。この行政面の支配権からみて、後北条氏関係の文書にある「郡代」とは、笠原・清水氏のような性格のものを指すのではないかと考えられる。天正二年（一五七四）七月十日江梨の鈴木丹波宛に、甲州船の手形の事についての北条家の朱印状を、笠原氏の奉書で出し[13]、同年同月同日付で同内容の北条家の朱印状を、清水氏の奉書で子浦の八木氏宛に出している[14]。この事は彼らの持つ行政的支配権においても後北条氏の代行者であり、同時に笠原氏は北伊豆、清水氏は南伊豆の寄親であり郡代であった事を示している。さらに、江梨の鈴木氏は前述のように江梨の領主であり軍事的組織においては江戸衆に属していたが、行政的には、北伊豆の郡代笠原氏から江梨の地頭代官鈴木氏へという形で支配が行われている。即ち軍事的と行政的には二本建の支配構造が存在したと思われる。

清水氏についてみると、その一族で後北条氏の給人である清水淡路守に対して、その所領の一部（子浦屋敷分）を給与し、またその被官である又兵衛にも所領の一部を宛行っている。このように清水氏は一族や被官に知行地を給与して、その経営を行った。なお、又兵衛は十五貫文の土地を給与されているので、このような場合、家内労働力のみでは農業経営は不可能であり[15]、当然下人もしくは名子的隷属農民を所有していたと考えざるを得ない。この点から清水氏の被官は、後北条氏の直接被官となった場合には給人衆と呼ばれる名主的存在の者をも含んでいたのである。以上のように清水氏は封建領主として陪臣・被官を抱え、南伊豆に八百貫文余の所領を有し、南伊豆地域の寄親として寄子を指揮し、常に彼らを兵力源として掴み、また南伊豆の村落を彼らを通じて行政的にも支配し、下田城主である部将であった。

後北条氏の支城主は、大体この清水氏の如き性格を持ち、これが職制の上では「郡代」と言われたのであろう。後北条氏の領内には小田原本城をはじめ下田、韮山、津久井、玉縄、江戸、松山、川越、八王子、鉢形、岩槻等をはじめ多数の支城が存在し、一族や部将を支城主として置いた。これら多数の支城が存在したのは、勿論軍事的必要性からであろうが、城下に家臣を集中し常備軍化する過程は、後北条氏の場合にはそれ程進捗しておらず（一部兵力は本城支城への集中が行われていた）、在地領主層を兵力的基盤としていたので、従ってその行動半径にも自ずから限界があり、そのために多数の中心点を設ける必要があったのである。

さらに、天正十六年（一五八八）閏五月廿日の後北条氏より清水氏宛の朱印状に「同心衆閏五月分御扶持銭五貫九百文、長谷川大村釆女前より来晦請取之、則可有配当者也」とある[16]。清水氏が扶持銭を配当した同心衆は、恐らく前述の雲見の高橋氏クラスのものではなかったのだろう。この閏五月分五貫九百文の扶持銭は、役帳に見られる寄子給と同様のものではなかったかと考えられる。例えば「百五貫文　伊波衆　三五人分」という風に記載されているものである。この伊波衆を手懸りとして、天正十六年の北条家朱印状にある清水氏の同心衆について検討を行いたい。

伊波知行之書立
百九拾壱貫五百文　富田
九拾壱貫六百文　生沢
七拾壱貫文　宮分
四拾九貫六百卅二文　杉崎分
卅九貫百文　千津島之内三浦分
以上四百四拾弐貫八百卅二文
此人数
廿八人此内六騎馬乗　大学
廿八人同　修理
以上五十六人　此内十二騎馬乗
右人衆之嗜如此可致、毎陣両人互相改、厳密ニ可申付、少人衆不定、又者武具以下嗜至于無之者、其者を払、
後年ニ者一人ニ可申付者也、仍如件。
弘治二年丙辰三月八日

「虎朱印」
　　伊波大学助殿
　同修理亮殿(17)

これによると、伊波大学助・同修理亮の二人は、相模に五ヵ所四百四十二貫八百三十二文の所領を有し、着到人数は五十六人だった。さらに永禄二年（一五五九）の役帳によると、伊波氏は諸足軽衆のグループに属し、その所領は、

卅壱貫七百卅文　西郡杉崎分
四拾三貫弐百拾八文　同　千津島内之三浦分
五拾貫文　中郡幾沢
四拾五貫七百文　同所癸卯増
卅九貫六百文　中郡富田小柳
百五拾弐貫文　同所癸卯増
　以上三百六拾弐貫弐百四拾八文

となっている。弘治二年（一五五六）の知行書立の中の「七拾壱貫文　宮分」は、大道寺弥三郎に沽却されている。この他に役帳では中郡岡崎給田のうち百五貫文が伊波衆卅五人分となっている。この岡崎給田三百三十五貫文は、「百九拾壱貫文　大藤衆六十七人分一人三貫文宛、百五貫文が伊波衆卅五人分、卅六貫文　狩野介衆十二人分、三貫文　深井衆一人」と分割給与されている。これはこの各衆一人一人に給田として与えられたのではなく、各衆毎に扶持銭の形で給与されたのであり、清水氏の同心衆の扶持銭と同様のものだと思う。即ち伊波氏は、彼の知行高辻に対

して着到人数を出し、その他に、三十五人の伊波衆が彼に属していた。なお「池田可致指南寄子衆書立」によると、[18]

（前略）

以上弐百四拾四貫文　　御給人数十六人

此外

卅八貫四百文　　御扶持銭上下卅二人分

以上

一伊波一跡可相続者無之間、寄子与知行ニニ書分、修理進（以下闕ク）

とある。この御給人数十六人は後北条氏の給人で、池田氏の寄子であった。御扶持銭上下卅二人分は、伊波衆三十五人分に該当するものである。この文書は、年月日、宛名、本文の最後の部分が欠けているが、これによると、伊波氏に後継者がないので池田氏が伊波修理進の分を相続したと考えられる。また天正九年（一五八一）の池田孫左衛門宛の北条家朱印状によると、

一百九拾壱貫六百文

池田孫左衛門

此内

百卅壱貫六百文　　中郡富田小柳之内

五十貫文　　西郡杉崎分

拾貫文　　喜瀬川之内於大平被下

此着到
（中略）
以上廿六人　　　　　自分
一百七十七貫五百文
此内
廿八貫　　　　　　　於大平被下
卅七貫五百文　　　　中郡岡崎給田　一騎合侍十四人
百十二貫文　　　　　御蔵出
此給小割者、依人之上中下、池田可為計次第、但従前々相定取来寄子者、可為其分、新儀者可得御意。
此着到
四張　弓持、仕立皮笠具足
拾本　鑓二間々中柄、仕立皮笠具足、
拾四騎　馬上、仕立甲立物具足手蓋指物、何ニ而も、
以上廿八人
一弐拾貫文　於大平被下、歩鉄炮侍二人、仕立金頭金甲立物具足指物、
何にても、
合五十六人　着到辻

（以下略）[19]

とある。池田孫左衛門の所領富田小柳及び杉崎分は伊波氏の所領だったので、前の文書の伊波氏分を相続したと思われる池田と、この池田孫左衛門は同一人或いは子孫と推定される。池田孫左衛門の知行は百九十一貫六百文で、着到人数は二十六人である。その他、百九十七貫五百文は池田氏の寄子三十人（四人弓、十人槍、十四人馬乗、二人鉄砲）への給分である。この給分の配当は「此給小割者、依人之上中下、池田可為計次第」とあり、池田氏が行っている。

伊波氏及び池田氏の知行辻にかかる着到人数は、彼らの被官・中間・小者等と言われるものであるが、彼らから扶持銭を配分される伊波衆・池田衆といわれた寄子とは、いかなるものを指したのであろうか。

永禄十二年（一五六九）布施佐渡守が蒲原在城を申付けられた時、「寄子弐拾騎預け置候、急度可相尋候、扶助之義をは、彼人衆出来之上、披露次第可遣候、彼廿人之者弓鉄炮致者を可被集候、依人歩侍、依其身馬上可然候、扶助者人之可為善悪次第者也」[20]とあって、寄子二十騎を預けられている。この寄子は布施美作守が徴集し、その扶持銭は後北条氏から給与され、配分は美作守が行っている。また天正十八年（一五九〇）三月廿日足柄在城の北条氏忠に、北条氏直は氏忠の着到人数の他に足軽百人を預け、「彼足軽共後日相当之可加扶助儀勿論候」[21]といっている。これらの事からみて、寄子給の配当に預かる者は足軽であったと考えられる。

そこで伊波氏・池田氏が寄子給を配当する者も、彼らの知行辻にかかる着到人数外の足軽衆であり、伊波氏・池田氏は足軽衆を統率する足軽大将的な地位にあったのである。そして寄子給は役帳や池川氏の知行着到帳に載っている所から、臨時のものではなく恒常的なものであった。役帳の中にこのような寄子給を有する者が（最高花之木三百八十一貫六百文―最低深井三貫文）十九名ある。[22]寄子給の所有者は伊波氏・池田氏のように、その配下に足軽を従えていたのである。このように伊波衆・大藤衆等と呼ばれた足軽は特定の者であるのか、或いは後北条氏が地域毎に徴集した者をそれぞれの配下に組入れたのであろうか。前記の池田氏宛の後北条氏の文書に「但従前々相定取来寄子者、可為其分、新儀者可得御意」とあり、また永禄八年（一五六五）坂間郷代官百姓中宛の北条家朱印状に「近年大藤寄子衆給銭之方ニ出夫銭」[23]（寄子給を受けるものが夫銭を出す）とあるので、何々衆と呼ばれるのは特定の者と見る方が妥当ではないかと思われる。

なお、後北条氏の農兵徴発に関しては三種類の文書が見られる。[24]

（一）　巳年（永禄十二年）駿河磯部宛のもの、[25]未年（元亀二年）武蔵富部宛のもの[26]等である。「当郷人改之儀者、信玄相豆武へ来年出張候者、一途ニ可遂一戦事」・「当郷ニ有之者、一人も隠置、此帳に不付者、後日聞出次第小代官名主可切頚事」とあって、信玄の軍勢の来襲に備えて、小代官や名主が責任をもって、村々のすべての人を調査して名簿を作り、直ちに応召出来るようにしている。

（二）　年代不明であるが、天正十年代と推定されるもので、七月二十六日武蔵駒林宛のもの、[27]七月二十二日相模酒勾本郷宛のもの[28]等である。「物而為男者、十五七十を切而、悉可罷立、舞々猿引躰之者成共可罷出事」・「男之内当郷に可残者は、七十より上之極者、定使、十五より内之童部、陣夫、此外は悉可罷立事」・「此度心有者は、鎗のさひともみかき、紙小籏髄□致廻候者、於郷中似合之望者相叶可被下事」とある。十五から七十に至る男たる程の者は、すべて手に入れうる武器を用意して出陣せよと命じている。そして駒林の場合には「可罷出者は、来四日に小机へ来、公方検使之前にて着到に付可罷帰、小代官百姓共致同道可罷出」とあって、各地域毎にこれらの者の着到帳を作成している。

(三)(一)・(二)の場合にも農兵徴集について組織立ったものが見られるが、豊臣秀吉がその全国統一事業の最後の決戦のために小田原城を攻撃しようとするに及んで、農兵徴集も一段と組織的になっている。天正十五年(一五八七)七月晦日武蔵相模一帯に出した文書がそれを示している。[29]

定

一於当郷不撰侍凡下、自然御国御用之砌、可被召仕者撰出、其名を可記事。但壱人

一此道具弓鑓鉄炮三様之内、何成共存分次第、但鑓ハ竹柄にても二間より短ハ無用ニ候、然者号権門之被官、不致陣役者、或商人或細工人類十五七十を限而可記之事。

一腰さし類々ひら〳〵武者めくやうに可致支度事。

一よき者を撰残し、夫同前之者申付候者、当郷之小代官何時も聞出次第可切頸事。

一此走廻を心懸相嗜者ハ、侍にても凡下にても随望可有御恩賞事。

以上

右自然之時之御用也、八月晦日を限而、右諸道具可致支度、郷中之請負其人之交名以下をハ、来月廿日触口可指上、仍如件。

丁亥(天正十五年)

七月晦日

「虎朱印」

柏木角筈　小代官

百姓中(30)

ここでは各郷村にあらかじめの屈強な者を人数を指定して選び出させ、命令があると応じうるように、その交名の提出を命じ、いかなる武具が用意出来たかも申告させており、農兵召集の方法が制度化してきている。当時の戦争は「人数ニ相極間」という性質のものであった以上、このような組織化が要求されたのである。

ここに挙げた後北条氏の農兵召集に関する三種類の文書は、永禄十二年（一五六九）以後のものである。しかし、この制度は永禄十二年以後に始まったのではなくそれ以前からあり、さらにそれを強化したのがこの三種類の文書にみられるような制度であった。

そこで天正十一年の北条家朱印状の清水氏が扶持銭を配当する同心衆は、伊波氏・池田氏の寄子と同様に清水氏に従った足軽であると考えられる。役帳の清水太郎左衛門の知行の最後に「此外、拾七貫三百四拾文　御蔵出」とある。後北条氏の家臣で純粋に御蔵出のみを所持する者はなく、すべて知行の一部として給与されている。特に顕著なのは高知行所有者と低知行所有者に集中している事である。知行高八百貫文余を有する清水氏が、単に知行として御蔵出を附加されているのではなく、何か目的を持つ御蔵出ではなかろうか。松田左馬介の知行の内百五十貫文は彼の代官二人に対する給分で、これについては「御蔵出同前被下」とあり(31)、御蔵出には種々の意味があった事が知られる。清水氏のそれは寄子給を意味すると思われる。すると天正十一年に初めて足軽衆が清水氏に従ったのではなく、すでに永禄二年に足軽を従えていたのである。韮山城主笠原美作守も寄子給十貫文を有しているので、この寄子給を支給される足軽が彼の下に存在していた。

寄子衆・同心衆と表現されていても、同一の性格でなく、異なった構造をもつものが存在したのである。

以上、伊豆という一つの地域について、後北条氏家臣団の構造をみたのであるが、その結果は次のようである。
(一)　従来の本領地を安堵され在郷するクラス。これは知行高百貫文以下の者が多い。彼らは、北条早雲の伊豆侵入と共にその家臣となった者である。そして従来の主導的地位、社会的経済的優位性をある程度安堵されて、これまでの存在形態を本質的に認められ、笠原或いは清水氏の下に寄子同心として組織された。彼らは知行役を負担し、戦時には自己の一族・被官・中間・小者（彼らの着到人数として表現されているのは、このような者であった）を従えて、その寄親たる部将の指揮下に入った。そして彼らは村落政治の直接の責任者あり、いまだに名田を持って生産部面にも携っていた。後北条氏はこのような在地性の強い者を、その権力の末端機構としていたのである。そのために彼らを村落から引抜いて城下に集中し、常備軍化する段階にはいまだに立至らず、その家臣の大部分は郷村内に在郷した。また伊豆に在地する家臣は、すべて伊豆衆としての軍事的集団の中に組織されたのではなく、江戸衆・御馬廻衆の中に組入れられたものもあった。
(二)　大体二十貫文以下の給地のみを有し、蔵米侍とも称すべき者。彼らは村落支配の責任はなく、知行役は大普請半役だけを負担し、軍事的には伊豆衆として寄親に従った。
(三)　(一)・(二)を指揮統率する部将クラス。これには笠原美作守のように伊豆に給恩地のみを持つもの、清水氏のように伊豆に本領地を有したものがあった。彼らは自己の領地を一族・被官に分かち与える封建領主的存在であった。そしてこの地域の寄親として(一)・(二)を指揮し、またその配下に足軽を従えていた。なお郡代として、行政的支配にも当たった。
これら伊豆衆の本領地と給恩地との間に、知行役について差別の認められない事は、本領地もまた知行地たる意味が強い事を示している。

後北条氏の所領給与関係の文書には、本領地を安堵する場合に所謂本領安堵状の形式をとる事はほとんどない。例えば上原出羽守宛のものに、

太左就申合候、其方別而当方御荷担候事、誠祝着候、仍御本領之由候間、都筑郡之内市郷雖小地候進候、猶小菅可申候、恐々謹言。

天文十六月丁未八月七日　　氏康（花押）

上原出羽守殿(32)

とあって、本領地市郷を「進候」という文言が使用されている。この市郷の公事について、天正十六年八日廿八日付で「一城米之事、一押立之事、一棟別幷段銭之事、以上、右三ヶ条赦免候、但陣夫大普請之儀者可被申付候、其外之事者可為守護不入者也」とあって(33)、城米・押立・棟別銭及び段銭の三つを免じ、陣夫と大普請役は申付けている。役帳の上原出羽守の条に「因茲美濃守御敵申時岩付迄引切馳参候、其時市郷被下、諸不入之御判頂戴」とある。即ち出羽守は太田美濃守資正に背いて北条氏康に従い、そのとき市郷を宛行われ、さらに諸不入之判形を貰ったのである。市郷の公事赦免は出羽守が後北条氏に服属した恩賞であり、本領地であるから赦免されているのではない。

以上の点からみて、本領地を宛行われた場合も、それは領地の性格から言ってむしろ知行地たる意味が強かった。このように在地小領主の領主権を知行制に編成してゆく方向は、後北条氏と給人との間の力関係の中で着々と遂行されたと思われる。従って本領地に在地したものの主導性は、後北条氏の家臣という限界の内でのみ可能だった。

註

（1）北条五代記。
（2）小田原記。
（3）北条五代記、小田原記、関八州古戦録。
（4）相州文書　二　足柄下郡。
（5）（6）静岡県史料　第一輯　清水文書。
（7）（8）（9）同　高橋文書。
（10）同　村田文書。
（11）同　願成就院文書。
（12）天文十五年願成就院大御堂修理の棟別勧進の奉行が清水・笠原両氏であった事。永禄十二年武田信玄が三島神社に放火した跡始末を氏康がこの両人に命じている事（静岡県史料　第一輯　矢田部文書）。同年笠原美作守が三島神社護摩堂へ制札を出している事（静岡県史料　第一輯　小出文書）。同年北条氏康が笠原美作守に三島神社四月祭礼の供僧役について命じている事（同上）。清水氏はその同心衆高橋の知行相続安堵状や舟役免許の斡旋をなし、また天正元年御神事銭等の催促について清水太郎左衛門が奉書を三島神社に出している（静岡県史料　第一輯　三島神社文書）。天正十一年清水上野介が仁科十二郷の百姓に三島神社八月朔幣の用途を出すべき事を命じている（同　旧伊豆在庁文書）。
（13）静岡県史料　第一輯　鈴木文書。
（14）同　新井文書。
（15）古島敏雄「日本近世農業の構造」。徳川時代前期においてさえ、一町歩以上の農業経営は、単婚家族の家内労働力のみを以ては困難であったとされている。
（16）静岡県史料　第一輯　矢田部文書。
（17）（18）（19）相州文書　六　大住郡。

(20)　静岡県史料　第三輯　増善寺文書。
(21)　相州文書　四　足柄下郡。
(22)　南条右京亮、花之木、布施弾正左衛門、遠山右衛門、岡本八郎左衛門　小幡源次郎、太田豊後守、吉村助五郎、笠原美作守、大藤、加藤、伊波、狩野介、深井、桑原、高橋、横江、正木兵部大輔、高田等である。
(23)　静岡県史料　第一輯　西原文書。
(24)　中村吉治「近世初期農政史研究」。
(25)　静岡県史料　第二輯。
(26)　武州文書　八　久良岐郡。
(27)　武州文書　七　橘樹郡。
(28)　相州文書　四　足柄下郡。
(29)　天正十五年七月晦日付の武蔵、柏木角・筈・永田・上石原鈴木分・大井、相模、栢山・中島・広川・三増・岩瀬・木古庭等宛の多数のものがある。
(30)　武州文書　四　豊島郡。
(31)　小田原衆所領役帳。
(32)(33)　武州文書　九　都築郡。

三、相模の家臣団

次に相模において家臣団はどのような形態をとったかについて検討したい。相模は早雲の代に後北条氏領となった。即ち明応四年（一四九五）の小田原城攻略に始まり、永正十五年（一五一八）三浦氏の滅亡を以て後北条氏はほぼ相模を経略した。

相模の地侍で後北条氏家臣となった代表的なものは松田氏である。松田氏は波多野氏の一族で松田荘より起こり、扇谷上杉家に属していた。「爰に松田左衛門（頼重）云人あり。是は公方家の忠臣たりし故に、上杉の下知に随て、相州西郡にて度々合戦したりけるか、早雲小田原へ入給ふと聞、大に悦び、最前に馳参て一ツに成」[1]とあって、松田氏は小田原城攻略のとき、早雲に属した。

松田氏は評定衆であり、役帳の筆頭に松田左馬助（顕秀）が記載されている。彼は二千七百六十八貫百十文の所領を有し、これは後北条氏一族の幻庵（氏綱の弟）につぐ所有高である。

松田左馬助の所領は次のような特色をもっている。

（一）西領苅野庄に千二百七拾七貫七百二十文の領地がまとまって存在している。苅野庄は三十六ヵ村に亘り[2]、これ程所領が集中している例は他にはない。彼の本領地の規模は明らかでないが、これは本領地を中核としてその周辺を含むと考えられる。

（二）「武州　関戸ノ内　五拾貫文」は「於御代官所之内被下」とある。多摩郡関戸は御領所であり、彼はその代官職を有していたのである。また、武蔵高麗郡横手三十五貫文も代官職であった[3]。

（三）鎌倉郡笠間百八十貫文の内百貫文筑前、五十貫文因幡とあり、「是ハ左馬助致代官両人ニ御蔵出同前被下」とある。一族の松田筑前、松田因幡が左馬助代官としてその所領の統治に当たり、これに御蔵出同様に給与されたものである。しかし、これは左馬助の知行分となっているので、彼がこれを両人に支給したのである。また、筑前・因幡は後北条氏の給人でもあった[4]。この点、伊豆の清水氏と同様な構造が見られる。

（四）苅野庄段銭三十貫文がその知行の中に入っている。
（五）その他、相模・武蔵に彼の所領は分散している。
（六）なお、松田一族（筑前守、因幡、兵部丞、新次郎、助六郎）の相模における所領は、小田原の東、酒匂川の沿岸に集中している。

松田左馬助は早雲に従属したとき、その本領地を安堵され、さらに相模武蔵内に給恩地と後北条氏御領所の代官職を持っていた。

また、松田尾張守憲秀（左馬助の子）は、苅野庄塚原村長泉院に天正十八年（一五九〇）中沼之郷（苅野庄内にあり）内五貫文の地を寄進し、その状の中に「代官池田出雲守有御断、田地可有御請取者也」とある。(5) これによれば中沼郷は当時憲秀が領知していた所で、池田出雲守を代官として置いている。なお、浜居場城（酒匂川上流）は松田氏の持城であった。天正九年（一五七九）六月、後北条氏が当城に出した掟に松田代須藤源次郎、村野安芸守、小沢孫七郎とあり、(6) この三人が松田氏の代官として城番を勤めていた。このように、松田氏は一族・被官を代官としてその知行地の経営を行っていたのである。

松田一族は役帳の最初の部分に載っている。松田左馬助を筆頭とするこの三十三名のグループは何々衆と呼ばれる名称はないが、他の例に倣うと狭義の小田原衆とも称すべきもので、小田原城の直接指揮下に入ったと考えられる。また、松田助六郎（秀吉の来攻に備えて、伊豆の山中城を取立てたとき、その城主となった松田右兵衛大夫康長と思われる）は御馬廻衆に属している。このように松田左馬助とその一族五名は、後北条氏の近臣団とも言うべきグループに入っている。「新編相模国風土記稿」には、小田原の城下に松田尾張守の邸宅があったとある。恐らく松田氏は小田原城に在城していたのであり、従って在地クラスを糾合する寄親としての意味は稀薄になっている。

相模の支城の地域については、役帳に玉縄衆・津久井衆があるが、玉縄衆について考察する。

玉縄城は永正九年（一五一二）早雲が築き、大永・享禄のころ北条氏時（氏綱の弟）が居城し、天文十四年（一五四五）北条左衛門大夫綱成が城主となった。この城は相模東部の重要な拠点であった。役帳には玉縄衆として北条綱成を筆頭に十八名が記載されている。この内、福島左衛門・福島四郎左衛門・花木隠居の三人は綱成の一族と考えられる。玉縄衆の所領は相模東部に集中せず、伊豆、相模（大住・高座・三浦・鎌倉郡）、武蔵（都築・久良岐・橘樹・荏原・葛飾郡）に分散している。中でも吉田勘解由は松山本郷内に五貫文を有するのみである。この玉縄衆に属する間宮・朝倉・行方氏について、「則左衛門大夫氏勝は、黄八幡の左衛門大夫（綱成）か孫にて、当時は相州甘縄（玉縄）の城主也。三代已に武功を顕し、関東無双の兵也。其寄騎侍間宮備前守、朝倉能登守、行方弾正忠以下雑兵を懸て八百余騎」とあって[7]、この三氏は玉縄城主の寄騎侍である。玉縄衆もまた伊豆衆と同様に玉縄城に属する寄子を言うものであった。それでは、玉縄衆はいかなる性格と構造を持っていたのであろうか。

間宮氏についてみると、永正七年（一五一〇）権現山合戦に神奈川の住人問宮某が後北条氏に属している。間宮氏の家系は明瞭でない。伊豆の間宮出身とも称するが、この時代の武士は必ずしも本領地の地名を名乗るとは限らないので、信憑性に乏しい。間宮氏の所領は、間宮豊前守が六百九十八貫二十二文で、そのうち杉田（武蔵久良岐郡）三百七十五貫九百文が最も集中しており、これに近接して川崎六十六貫九百七十六文、小机末吉三十五貫文があり、その他鎌倉・高座・三浦郡に分散している。間宮藤太郎（豊前守の子）も杉田東漸寺分七十貫九百四十四文を有している。間宮氏は後北条氏滅亡後徳川氏に仕え、杉田中里両村で五百石を知行している[8]。神奈川の住人間宮と言うのは、杉田辺りを本領地として局地的権力を樹立していた小領主であった事を示し、それが本領安堵によって後北条氏の給人となり、他に給恩地も宛行われたのであろう。天正十八年、山中城で間宮一党百十余人が討死しているが[9]、これはその一族及び被官と見られる。

朝倉右京助は天文十四年北条綱成が川越城を守備したとき、その副将をつとめている[10]。彼の所領は三百九十五貫三百四十文で、その内三浦郡浦郷百五十二貫三百四十文、その他は伊豆及び上総に存在している。朝倉氏は浦郷の小領主であって、その地を安堵されて後北条氏の家臣となったと考えられる。

行方氏について述べると、役帳では行方与次郎（弾正明連）が「三百六拾壱貫廿四文　六郷大師河原共、六拾貫文寺島」を領知している。即ち行方氏は六郷・羽田浦一帯を支配していた領主であり、これも本領を安堵されて後北条氏に属したのである。永禄十二年（一五六九）武田信玄が小田原城を攻めたとき、「六郷に行方弾正居たりけるか、己か屋敷の近所成八幡を要害にかまへ、稲毛、田嶋、横山、駒林等引卒し」とあって[11]、稲毛、田嶋、横山、駒林氏は彼の被官であったと推測される。また、永禄五年（一五六二）行方与次郎宛に羽田浦の「当年来年船々方定之事」、永禄十一年（一五六八）行方左馬允宛に羽田浦の漁獲についての北条家朱印状がある[12]。これは、行方氏が後北条氏の地頭代官としての職務を持った事を示している。

以上の三氏についてみると、伊豆衆の場合よりは、自立性の強い領主的勢力を有した事が察せられる。これらが後北条氏家臣となって、玉縄衆として編成されたのである。

註

(1) 小田原記。
(2) 新編相模国風土記稿。
(3) 武州文書　十　多摩郡、武州文書　十四　高麗郡。
(4) 松田筑前守は百三貫十一文の所領を有し、松田因幡は百三貫九百七十一文を領有していた。
(5) 相州文書　一　足柄上郡。
(6) 相州文書　一　足柄上郡。
(7) 小田原記、北条五代記の記事もほぼこれと同様である。
(8) 新編相模国風土記稿。
(9) 小田原記。着到人数の明確な基準は分からないが、伊波氏は四百四十二貫八百三十二文で五十六人（弘治二年）、大曽根飛騨寺は二十七貫二百文で四人（天正九年）、小熊総七郎は十八貫五百文で三人（永禄六年）、鈴木雅楽助は八貫二百五十文で二人（元亀三年）等の例でみると、約八貫文・七貫文・六貫文・四貫文に一人となっている。間宮氏の一党百十余人はその所領高約七百貫文に対する着到人数と考えられる。
(10) 関八州古戦録。
(11) 小田原記。
(12) 武州文書　六　荏原郡。

Ⅲ

戦国大名後北条氏の家臣団構成

―『小田原衆所領役帳』の分析を中心に「小田原」「津久井」両衆の場合―

實方壽義

序論

戦国大名に関する研究は、課題・内容ともに近年とみに深化されつつある(1)。いうまでもなく戦国大名の研究は、戦国大名がその領国経営にあたって、領国における封建的小領主層及び農民層の発展過程に対応して、如何なる形で小領主層を把握し、如何なる方法で郷村を掌握し、戦国大名としての自己の権力構造を確立しつつ、支配体制を構築していったか、の問題が中心にならねばならない(2)。

このような観点から、令名を覇せた戦国大名後北条氏をとりあげ、五代百年におよぶ同氏の関東領国経営の中で、如何なる形をもって家臣団を組織編成し、さらに在地土豪層を掌握していったかを『小田原衆所領役帳』(3)の分析を中心に、特に「小田原衆」「津久井衆」の二衆の場合をとりあげ、検討を加え明らかにしたい。

一、『小田原所領役帳』記載概要

『小田原衆所領役帳』（以下『役帳』）の記載内容にしたがって所領を大別すると、後北条氏直轄領、家臣団知行領、寺社領の三領に分類できる。この区分をもとに各所領についての記載形式を概括すれば、それぞれ次の通りである。

（ａ）後北条氏直轄領

①小田原本城主である後北条氏と血縁的関係のある一族所領分(4)を記載している。

②所領分記載形式は「国郡郷名」と「貫高」など、知行地名とその得分権を明記している。

③「附」書きとして、「検地辻」「検地増分」などを記している。

（ｂ）家臣団知行領

①各々「衆」別編成毎に一括統制して記載している。

②各「衆」の記載形式は、各「衆」毎に、知行人名及び知行貫高とその知行地名（国郡郷名）を記し、さらに「御蔵出」とその「引銭」（それぞれ貫高）を記載している。

③「附」書きには、「従前々致来知行役辻」「自昔除役間、自今以後も可為其分也」「当年改而被仰付半役」「知行役御免、出銭者半役、有御印判」「大普請之時半役」「検地辻」「代官給除之」などがある。

（ｃ）寺社領

①寺領・社領ともにそれぞれ区別し、記されている。

②記載形式は、寺領・社領ともに同形式であるので、寺領の場合をあげると次の如くである。まず寺名を記し、所領高（貫高）及びその所領地名（国郡郷名）を記している。

『役帳』の記載概要は以上の如くである。

なお、この『役帳』は、いうまでもなく、後北条氏が家臣団掌握のため、永禄二年（一五五九）二月奉行人太田豊後守、関兵部丞・松田筑前守の三名に命じて作成させたものである。(5)

この『役帳』作成の主旨については、近時佐脇氏が論じられた如く、(6)後北条氏税制体制の確立及び後北条氏の家臣団掌握政策推進を意味するものである。それは『役帳』記載中における文言により明白であり、その文言を示せば次の通りである。

右之人数者自前々一切役不致之間、向後茂可為其分、但御目之前大普請又御庭普請大持等人数入候時、可被召仕者勿論候、其時者以後帳懸高辻可申付者也、仍如件、

これは「小田原衆」及び「御馬廻衆」両衆知行人の記載末尾に記されたものであるが、後北条氏の家臣団に対する「役」の設定及び右記二衆の存在が後北条氏家臣団構成において貴重なる存在であったことをあらわしている。さらに「玉縄衆」の場合によれば、

右当方諸侍知行役不分明間、此度遂糺明於御眼前被定畢、後日可為本帳状、如件、

永禄二年己未二月十二日

奉行人

太田豊後守

関　兵部丞

松田筑前守
筆者
安藤豊前守

とある。このことから、「役」の設定＝家臣団把握は明白である。

以上述べた如く、『役帳』の成立は衆編成のもとに家臣団把握を主眼とする後北条氏権力構成の基盤となった。

二、『役帳』による知行人の記載形式

『役帳』の記載概略は先述の如くであるが、知行人＝家臣団の場合においては、後北条氏上級家臣である有力知行人層及び他の一般家臣である知行人層、さらには地域的関係などによりそれぞれ記載形式を異にしている。これら知行人層の記載形式をみると次の如くである。

まず上級家臣（有力知行人）の例として、「小田原衆」筆頭の松田左馬助をみると次の通りである。松田左馬助は相模国西郡における鎌倉以来の在地土豪であり、北条早雲の小田原城攻略に際してはいちはやく呼応し、後北条氏の重臣的位置を確保した(7)松田左馬助の知行役総貫高は二七九八貫一一〇文であり、北条早雲の第二子幻庵（北条氏綱の弟）の知行分五四六六貫七三一文に次ぐものである。(8)この松田左馬助の知行役高記載の詳細は、次の如くである。

一　　松田左馬助

千弐百七拾七貫七百弐拾文　西郡苅野庄

此内千貫文　従前々致来知行役辻
　残而弐百七拾七貫七百弐拾文　自昔除役間自今以後も可為其分者也
此外百五拾貫文　入間川卯検地辻
　此内七拾五貫文当年改而被仰付半役
合千七拾五貫文　知行役辻
此外　六拾壱貫三百四拾文　飯田岡孫太郎分　但藪（マヽ）（散）田之内富永与両代官に而給田同意候間無役
　廿三貫七百五拾文　飯田富永知行内乞り出
　　同　理
弐拾五貫三百文　東郡忍（恩）間
　　小地ニ付而無役
五拾貫文　武州関戸之内、於御代宮之内被下間御知行役除之
百八拾貫文　笠間郷内
　百貫文　筑前
　五拾貫文　因幡
三拾貫文ハ、彼地水干損地故、年貢無之由尾張守申候、是ハ左馬助致代官、両人ニ御蔵出同前被仰付無役
合千七百六拾八貫百拾文、但、人数着到出銭む（者）如高辻
此外苅野庄段銭三拾貫文納之外ニ被下、

此外西歳千貫文被下地
　四百貫文　懸谷
　　卅五貫文　大屋泙（マヽ）（沢）
　　廿五貫文　盧苅庭
　　廿貫文　羯鼓船
　以上　五百貫文　三田谷
此外　五百貫文　松田筋」

以上の如く、「附」書きの詳細なことは明らかであろう。このような細部におよぶ記載は、各「衆」編成の中で、有力領主層的な立場にある知行人層、或いは支城の城主を兼ねている知行人層にみられる記載である。

右に示した如き記載内容を有する彼ら後北条氏有力知行人は、数郷または十故郷の知行地を集中的に或いは散在的に知行し支配していたのに対し、在地性の強い他の一般知行人層の場合についてみれば、その記載例は次の如くである。

（前略）
一、　村田
四拾貫文　豆州妻良
三拾貫文　福良
以上七拾貫文　役致来

此外拾貫文御蔵出此内三貫文引銭
一、　　　　　清水小太郎
三拾貫文　豆州河津南禅寺分
拾貫文　　同所内開分被下
以上四拾貫文　大普請之時半役
一、　　　　　西川藤四郎
拾六貫六百八拾壱文　　豆州東福寺分
　　　　　　　　　　大普請時半役
一、拾弐貫五百八拾四文　豆州大津、小針
　　　　　　　　　　同　理
一、拾貫文　　　　　　雲見、高橋
一、弐拾五貫文　　　　安良里、矢野
　　　　　　　　　大普請之時半役
一、四拾四貫文　　　　蝶ケ野、大谷
　　　　　　　　役致来
一、弐拾貫文　熊坂内給田、西嶋藤次郎、大普請之時半役
（中略）

一、　　　　　　　　　　伊東九郎五郎
弐拾五貫文　豆州奈古内給田
三拾貫文　　中郡小稲葉新田
以上五拾五貫文　此度被改上知行役可申付
四拾貫文　　御蔵出　此内拾弐貫文引銭
一、三拾貫文　豆州立野　　江川
一、拾貫文　　御免郷内ニ而被下、加藤又五郎
一、弐拾貫文　奈古屋内給田　多米弥次郎、大普請之時半役
一、弐拾弐貫五百七拾五文　三嶋中村之内岡田給、渡辺蔵人
一、　　　　大谷善左衛門
五拾貫文　豆州中条
三拾貫文　同所癸卯増
以上八拾貫文　於韮山御城従前々諸篇走廻付而知行役御免
　　　　　　但、自今以後ハ可依走廻
五貫文　御蔵出
（後略）

右の記載事例は「伊豆衆」の場合であるが、各「衆」ともにほとんど同一的な書式を示している。そこで、ここに

示した「伊豆衆」の記載例によれば、なかには村田、伊東九郎五郎の如き二郷をも支配する知行人もみられるが、右記書載例の如く、各「衆」ともに一般的には一郷或いは一村に対し一知行人の知行形態が最も多い。

なお、彼ら知行人層の知行役貫高は、ほとんどが百貫文未満の知行役貫高をもつものであった。

以上、右記二例の如く、『役帳』記載形式はかなり一般的であるが、この形式が『役帳』全体を意味するものではない。それは先述の一郷一知行人或いは数郷一知行人の形式とは正反対に、一村を数人の知行人に分割し、支配していた事実を示す記載があるからである。いまそれを示せば、次の如くである。

（前略）

与瀬村

七貫弐百文　石井五郎左衛門

五貫五百文　石井四郎太郎

六貫百七拾文　石井藤左衛門

六貫百七拾文　石井助次郎

弐拾七貫四百五拾文　守屋若狭守

壱貫九百五拾文　寺領

七百五拾文　是ハ荒地、白沢

壱貫弐百文　是ハ荒地、そく沢

壱貫文　川崩

壱貫文　　　　　　　守屋若狭守屋敷
以上　五拾八貫九百四拾文
吉野村敵知行半所務
七貫五百文　　　　守屋縫殿助
三貫文　　　　　　大塚図書助
五貫文　　　　　　同人、是ハ当代大和守合カ
弐貫文　　　　　　大塚四郎左衛門
此外、拾貫文　　　大和守所務
以上　弐拾五貫五百文
（後略）

右記の記載形式は、相模国東郡（津久井郡）津久井の城主内藤左近将監のもとに統率された知行人、即ち「津久井衆」の場合にだけみられる記載形式である。この記載例によれば、一村内に数人の知行人がおり、その「役」高辻（貫高）も非常に少ない。

とにかく「津久井衆」の場合における家臣団の知行形態は、一郷または一村一知行人の形式ではなく、一村数知行人の知行役高辻であったことは明らかである。

以上の如く、『役帳』記載による知行人＝家臣団の「知行役高辻」記載形式は、三大別できる。

三、『役帳』分析による知行人層の所領規模

次に本節では、この『役帳』の分析から後北条氏の家臣団構成に検討を加えてみたい。『役帳』記載中における後北条氏家臣団構成は、第1表（A）の如く「小田原衆」・「御馬廻衆」・「玉縄衆」・「江戸衆」・「松山衆」・「伊豆衆」・「小机衆」・「津久井衆」・「他国衆」・「諸軽足衆」・「足軽衆」・「無役之衆」・「半役被仰付之衆」・「本光院殿衆」・「御家中之役之衆」・「職人衆」以上一六衆による「衆」編成を組み、知行人総数六一六名によって構成されている。この他に、「衆」に属さない「此外」の知行人六名が記載されている。これら一六衆の知行役貫高をみると、第1表（B）の如くである（御蔵出を含む）。さらに、これを各々知行人別に知行役貫高をみれば、第2表の如くである。この第2表によれば、知行役貫高一貫文以上百貫文未満の知行人が、知行人総数六二一名[9]のうち四六三名即ち全体の七四・五五七パーセントもの多くを占めていることに注目したい。このような後北条氏知行人層をさらに詳細に分析したのが第3表である。この第3表によれば、一貫文以上百貫文未満の知行人総数四五六名のうち一貫文以上十貫文未満の知行人は一六九名であり約四〇パーセントを占めている。また、十貫文以上二十貫文未満の知行人は五〇名（一〇・九六四パーセント）、三十貫文以上四十貫文未満の知行人数四七名（一〇・三〇七パーセント）、四十貫文以上五十貫文未満—四二名（九・二一〇パーセント）を占めるが、知行役高が増大すればするほど、知行人数は順次減少の状態を示している。なかでもこのことを顕著にあらわしているのが「津久井衆」である。先記の第2表「津久井衆」の項をみると、一貫文以下＝三名、一貫文以上百貫文未満＝四九名、百貫文以上二百貫文未満＝一名、

第1表　衆別知行人数及び衆別知行総高（貫高）表

衆名	(A) 知行人数	(B) 総知行貫高	1人当り平均知行貫高
		貫　文	貫　文
小田原	33	9,116. 095	276. 245
御馬廻	92	8,856. 299	96. 264
玉縄	18	4,376. 541	243. 141
江戸	99	6,369. 715	64. 340
松山	15	3,440. 427	229. 361
伊豆	29	3,202. 864	110. 443
他国	30	3,587. 117	119. 570
小机	40	4,649. 530	116. 213
津久井	54	1,692. 791	31. 348
諸軽足	16	2,028. 707	126. 794
職人	28	895. 570	31. 984
本光院殿	4	693. 000	173. 250
御家中之役	17	1,706. 639	100. 384
半役	15	377. 282	25. 152
無役	11	735. 542	66. 862
足軽	115	519. 000	4. 513
此外	6	1,236. 621	206. 103
計	622	52,483. 739	84. 379

（註）小机衆知行人総数40名となっているが、「役帳」によれば、知行役貫高不詳1名がある。故に（B）の総知行高の集計は、知行人実数39名分の合計貫高である。

千貫文以上＝一名の如く、「津久井衆」の知行人数は五四名である。さらにこの一貫文以上百貫文未満の知行人四九名の知行役貫高を細分化したのが、第3表（「津久井衆」の項を参照）である。この第3表によれば、一貫文以上十貫文未満の知行人は三四名であり圧倒的に多い。さらに、十貫文以上二十貫文未満の知行人九名、五十貫文以上の知行人一名、とピラミッド形の状態を示している。

以上述べたことから、後北条氏知行人層は小領知行（貫高）が多くを占め、後北条氏の家臣団を構成していたものと思われる。

次に、前述の第2・3表から、

後北条氏知行人の知行地所領規模（所領地面積）を検討すれば、次の如くである。

後北条氏の年貢高が反別五百文[10]（田年貢）であることから、第2表の場合、後北条氏家臣団の約七五パーセントを占める知行人層（一貫文以上百貫文未満）の所領面積は二反歩〜二〇町歩内の所領地を知行し、支配していたことになる。さらに、これを第3表によってうかがえば、約三七パーセントを占める知行人（一貫文〜十貫文未満）の場合、二反歩〜二町歩内の知行地を支配していたことになり、一貫文以上五十貫文未満（知行人数三六二名＝約八〇パーセント）の知行人は二反歩〜十町歩内の所領地を支配した。また七十貫文〜百貫文未満の場合は、知行人数わずかに三九名（約一八パーセント）であるが、知行地面積は一四町歩〜二〇町歩内、と増大している。

以上のことから、後北条氏家臣団構成において、小領地を支配していた知行人層が非常に多かった[11]、ことがうかがえる。このような小領地支配の知行人に比して大領地を領有する知行人層（千貫文以上）は、わずかに九名である。このうち分けは、「小田原衆」一名、「玉縄衆」一名、「江戸衆」三名、「松山衆」一名、「小机衆」一名、「津久井衆」一名、衆に属さない「此外」一名であり、彼ら知行人層は後北条氏支城の城主或いは後北条氏の重臣的位置にあったものである。

四、知行人所領分布形態と「衆」の存在

各「衆」の所領分布と「衆」の存在関係及びその「衆」の性格は、如何であったのであろうか。『役帳』記載によれば、各「衆」ともにそれぞれの特徴を示している。そこで本節では、特に「小田原衆」「津久井衆」の二衆をとり

第2表　衆別知行人の知行役貫高階層表

貫高＼衆名	小田原	御馬廻	玉縄	江戸	松山	伊豆	他国	小机	津久井	本光院	職人	御家中	半役	無役	諸軽足	足軽	此外	計
1貫文以下									3									3
1～ 99	12	67	9	61	11	20	22	27	49	1	26	11	15	8	7	115	2	463
100～ 199	8	13	2	18		5	2	8	1	2		6		3	7		2	77
200～ 299	3	8	4	5	1		1	2			1				1			26
300～ 399	5	2		4		1	1			1	1				1			16
400～ 499			1	3		1	2	1										8
500～ 599	3	1		2	1	1	1											9
600～ 699				2													1	3
700～ 799	1		1				1											3
800～ 899		1			1	1												3
900～ 999				1														1
1000～1099									1									1
1100～1199					1												1	2
1200～1299																		
1300～1399				1														1
1400～1499				1														1
1500～1599																		
1600～1699			1					1										2
1700～1799																		
1800～1899																		
1900～1999																		
2000～2099				1														1
2100～2199																		
2200～2299																		
2300～2399																		
2400～2499																		
2500～2599																		
2600～2699																		
2700～2799	1																	1
計	33	92	18	99	15	29	30	39	54	4	28	17	15	11	16	115	6	621

第３表　衆別知行人知行高表（百貫文未満）

貫高＼衆名	小田原	御馬廻	玉縄	江戸	松山	他国	小机	津久井	諸足軽	職人	本光院殿	御家中	半役	無役	足軽	伊豆	此外	計	%
1～9		1	1	4	1	3	1	34		9					115			169	37.061
10～19		2	1	12		4	7	9	1	6			3			5		50	10.964
20～29	4	14		7	2	2	1	1	2	4			7	2		7	1	54	11.842
30～39		15	1	7		4	6		1	1		3	4	3		2		47	10.307
40～49		14	1	8	1	3	3	4		2		3	1			2		42	9.210
50～59	4	7	1	6	1	3	3	1	1	1		3		1			1	33	7.236
60～69	1	5	2	5	1		2		1	1		2		1		1		22	4.824
70～79		1		1	2		1							1				6	1.315
80～89	2	7	1	5	2	1	2									2		22	4.824
90～99	1	1	1	3	1		1		1		1					1		11	2.412
合　計	12	67	9	(61) 58	11	(22) 20	27	49	7	(26) 24	1	11	15	8	115	20	2	(463) 456	99.995

（註）江戸衆＝「役帳」に石川衆４人85貫300文とあり、本表にては１知行人とした。（知行人実数＝61名）
他国衆＝「同上」大窪丹後、同内匠助、同勘解由55貫文とあり、同上。（同上＝22名）
職人衆＝「同上」石切３人５貫文とあり、同上。（同上＝26名）
（本表にての総知行人数は456名であるが、知行人総実数は463名である）

第4表　小田原衆の国別所領分布高表

国　名	貫　高
	貫　文
相　模	6,279, 986
伊　豆	1,176, 804
武　蔵	602, 705
不　詳	746, 600
計	8,806, 095

（註）御蔵出310貫文を含まず

第5表　小田原衆の相・武両国の郡別所領分布貫高表

国　名	郡　名	貫　高
		貫　文
相　模	西　部	3,475. 970
	中　部	1,653. 581
	東　部	1,150. 435
伊　豆	田　方	513. 270
	賀　茂	280. 000
	君　沢	383. 534
	計	7,456. 790

あげて検討を加えたい。

（イ）「小田原衆」

「小田原衆」の『役帳』記載形式は、第二節で述べた如く（松田左馬助の記載例参照）であり、「附」書きの詳細なことは明らかである。また知行形態は、数郷或いは数村を一知行人の知行地とする形をとっているのが一般的であった。しかしながら、なかには一郷一村一知行または半郷一知行の形をとっている知行人もみられる。(12)

次に、「小田原衆」の知行人総数をみると、先記第1表（A）の如く三三名であり、その知行役総貫高は九一一六貫九五文（「御蔵出」三一〇貫文を含む）(13)である。

右の「小田原衆」国別知行役貫高の分布は、第4表の如く相模国六二七九貫九八六文・伊豆国一一七六貫八〇四文・武蔵国六〇二貫七〇五文であり、相州における「小田原衆」の知行役高は、他の武蔵・伊豆両国の知行分布をおさえて圧倒的に多い。これを、さらに相豆両国における知行役高分布を郡別にみると、第5表の如くである。この第5表によれば、相州西郡の三四七五貫九七〇文をピークとして、同国中郡―一六五三貫五八一文、同東郡―一一五〇貫四三五文、伊豆国田方郡―五一三貫二七〇文、同国賀茂郡―二八〇貫文、同君沢郡―三八三貫五三四文の分布である。即ち、この知行分布は相州西郡を中核とした同心円状の分布形態を示すものである。このことから「小田原衆」の知行地が、相模国西郡[14]に集中していたことがわかる。これは小田原に本城を構え、相州西郡は小田原本城の麾下にあって本城地域としてあつかわれた[15]こと、及び北条早雲の相模入国（小田原城攻略）に際して西郡地方の在地土豪松田氏をはじめ一五家[16]が早雲側に味方した関係上その所領をそのまま安堵されたためであろう。この例として、（地域的には伊豆国であるが）同じ「小田原衆」に属す大草加賀守をはじめ、高田左衛門などの場合をとりあげ、検討してみよう。

「役帳」記載によれば、大草加賀守の知行役総貫高は三九一貫四二〇文であり、この知行地分布は伊豆国田方郡南条郷二二一貫四二〇文、同国東浦（加茂郡）多賀郷一〇〇貫文、武蔵国比企郡（埼玉）中山七〇貫文の役高分布をみるが、特に伊豆国に集中している。この知行分布のうち、南条郷二二一貫四二〇文の地において「此内五拾貫文為川流、早雲寺殿様御代より役御免」とある。文中「早雲寺殿様」とあるから、これは明らかに北条早雲を示すものであ る。故に大草加賀守は、北条早雲の伊豆入国の当時から彼に従い南条郷を宛行安堵されたものであろう。従って、「役帳」作成の永禄二年において「早雲寺殿様御代より役御免」と再確認されたのである。さらに「役帳」書載中において、先述の南条・多賀両郷の合計役貫高辻三三一貫四二〇文の後文「附」書きに「此内弐百七拾壱貫文自前々致来、残而五拾貫四百弐拾文従昔除役南条郷川成共ニ」とあることからも早雲時代からの家臣（知行人）であったことがうかがえる。それ故に、後北条氏家臣団内部においても後北条氏奉行人として重要な部署を占めた[17]。また、同じ「小田原衆」高田左衛門の場合も同様である。高田左衛門は相州西郡（足柄上郡）怒田郷一七〇貫文、同州東郡（高座郡）今里一〇貫文以上一八〇貫文の所領を安堵され、その上一〇〇貫文の「御蔵出」をうけていた。この高田左衛門の怒田郷及び今里の合計貫高記載の後文「附書」に「従駿馳参砌之間、半役御免」とある。この文中「従駿馳参」とある如く、高田左衛門は駿河から早雲に従ったものである。このような例は、相州西郡において松田氏一族をはじめ篠窪氏一族など列記するにいとまがない。なおかつ彼ら「小田原衆」は、後北条氏家臣団構成において、寄親寄子制⑱の寄親でもあった。例えば、南条右京亮の場合によれば知行役高総計四〇五貫一五〇文（西郡宮地八一貫九〇〇文、中郡堀三保二二〇貫文、中郡温水五三貫六〇〇文、東郡東田原四四貫六五〇文、中郡簑毛一五貫文）の知行を領していたが、この他に一五〇貫文の給恩をうけていた。この一五〇貫文の詳細は、『役帳』によれば次の如くである。

百五拾貫文

此内百貫文、寄子六人給恩ニ被下、

五拾貫文、知行五ケ所夫銭役銭ニ為御合力南条ニ被下、

また、同「小田原衆」布施弾正左衛門の場合も同様に、『役帳』書載中「百六貫文、豊田之内（大住郡―中郡内）為寄子給被下」と明記している。以上のことから「小田原衆」は、寄親的存在でもあったことは明らかである。

次の史料は、永禄十二年九月十四日付の後北条氏年寄連署状である⑲。

就今度相甲鉾楯、既敵陣五三里之門へ被打懸候、忽被得勝利、御味方私貴賤可開大慶之咲所、於御神前、二夜一昼被凝精誠、巻数可有御進上候、若敵無退散、連日朝暮弥国家安寧之御祈念不可有懈怠候、恐々謹言、

（永禄十二年）九月十四日

江　雪　斉　　融茂（花押）

安藤豊前入道　　良整（花押）

同　源左衛門　　清慶（花押）

関　信濃守　　為清（花押）
板部岡能登守　康雄（花押）
石巻下野守　　康保（花押）
南条山城入道　香玉（花押）

この願文連署状は、永禄十二年十月の三増合戦[20]の前月、甲斐武田氏との合戦を迎えるに際して、後北条氏年寄連署のもとに後北条氏勝利祈願のため相州大山社に納めた願文である。この書状連署名の中に板部岡能登守康雄と記載されているが、この板部岡は「小田原衆」に属す知行人であった。『役帳』による板部岡の知行役総貫高は三三五貫五五七文であり、この詳細は次に示す如くである。

百五拾七貫五百五拾七文　西郡延沢
　此内四拾八貫五百文甲辰川成永不作
　　但川成ニ付而五拾貫役之御定有御印判、
弐拾五貫文　東郡用田
三拾八貫文　豆州奈古屋之内
以上弐百弐拾貫五百五拾七文
百拾五貫文　御蔵出
　此内三拾貫引銭
以上三百三拾五貫五百五拾七文

此内百六拾貫文知行役自前々致来

この『役帳』記載において、約半分の知行所領を相州西郡延沢（足柄上郡）に設定された場合、板部岡の勢力は相当に強かったものと思われる。このことは、板部岡が同地内西福寺に宛てた証文及び勧進によってうかがえる。(21)とにかく先述のような祈願に際し「小田原衆」に属する後北条氏年寄として連署したということは、後北条氏知行人内においてさらにまた後北条氏自体にとっても非常に重要な重臣的立場にあったと解さねばなるまい。

（ロ）「津久井衆」

「役帳」による「津久井衆」の記載形式は第二節で述べた如く、一村数知行人の形をとっている。また知行人総数・知行役貫高は先述の第1表・第2表及び第3表の如く（知行人総数五四名）であるが、「津久井衆」の総知行貫高は一六九二貫五八四文である。(22)この「津久井衆」の知行分布は第6表の如く、相模国津久井郡の六二〇貫五九三文をピークとして愛甲郡・大住郡に集中し、高座郡の一部及び武州多摩郡小沢郷（一〇貫文）に分布している。「津久井衆」は津久井城主内藤左近将監のもとに統率されていたが、ほとんどの知行人は津久井郡日向六ヶ村一八七貫三九六文（千木良村—六一貫七〇〇文、与瀬村—五八貫九〇〇文、吉野村—二五貫五〇〇文、沢井村—一二貫文、佐野川村—一九貫三〇〇文、小淵村九貫九九六文）及び同郷日陰十一ヶ村二一八貫三八〇文（日連村—二八貫二〇〇文、那倉—一三貫文、牧野—四六貫文、青根—四貫文、鳥屋—二三貫八〇文、青山—一九貫五〇〇文、若柳—三五貫三〇〇文、三ケ木—一五貫三〇〇文、中村—一六貫文、長竹—三貫文、大井—

第6表　津久井衆所領分布貫高表

国　名	郡　名	貫　高
		貫　文
相　模	大　住	472. 285
	愛　甲	534. 706
	津久井	620. 593
	高　座	55. 000
武　蔵	多　摩	10. 000
	計	1,692. 584

一五貫文）の一七ヶ村四〇五貫七七六文を知行していた。このような村々に数人の知行人が知行されていたので、知行人個々の知行高は非常に少ないことは当然である。さらに、「役帳」によれば「奥三保以上十七ケ村土貢、此十七ヶ村之内、田一向無之何も山畠迄也」とある。このことからも辺境の地であることがうかがえる。この津久井郡の地形的特色は、相州の東北部隅端にあり、東は同じく相州高座郡相原、南は愛甲郡三増の山境、西は甲州都留郡の国境、北は武州多摩郡、と北西南三方を深山に囲まれた地域であり、郡内中央には相模川を通している。これらの地形的特色を『新編相模国風土記稿』によりうかがえば、次の如く書している。

闔県の形状も科斗の形に似たり、西方は広袤崔嵬南より北に亘り十二里程、西より東に延袤する事八里に余れり、中程に至り南北へ三里許、夫より東方次第に狭まり、僅に二里若くは一里に足らず〔北より西は、甲州都留郡南に逮ては、国中足柄上郡を限る。同く険阻崔嵬、皆山嶽を以て隔す。中にも西南間には、蛭嶽など云へる大嶽、郡界に跨て、突出したる地域より量らば、南北へ聯緜すること。十七八里以上ならかんか。又東西へ延く袤すること十二三里にも及べし、南は愛甲郡を境い、北は中程より西に連ては、武州多摩郡なり、但し山を以て界とす。中程より東方によりては少しく境川を限れり、又少しく相模川を限り、又高座、愛甲の両郡、山を、以て皆境界となせり、〕土地の高低西偏は論なく、南より北に逮て山峯に拠りたる所は頗る高燥の地多し、是を要するに山村勝ちなれば猪鹿の類多く耕作を害する。（後略）(23)

このような辺境な地域において、「役帳」書載中の日向六ヶ村のうち吉野、沢井、小淵の三ヶ村は「敵知行」のために「半所務」となっている。これは何故か判然としないが、この村々は甲州街道に依存し、甲斐の武田氏の往還などの理由によるものであろう(24)。

とにかく、このような辺境な地域の知行人は「山勝ちなれば猪鹿の類多く耕作を害するがために往昔より猟師鉄砲及び四季打鉄砲を村々へ下し賜った(25)」とある如く、山師的な性格をもった在地小土豪であったものとみられる。

右に述べた如き「津久井衆」の零細的下級知行人層に対して、有力な上級知行人層の知行地分布は相州大住郡（中

第7表　津久井城主内藤左近の知行地分布貫高表

郡　名	貫　　高
	貫　文
大　住	432. 285
津久井	214. 817
愛　甲	355. 706
計	1,002. 808

郡）―四七二貫二八五文、同州愛甲郡（中郡）―五七三貫七〇六文、同州津久井郡（東郡）―二一四貫八一七文、同州高座郡（東郡）―五五貫文、武州多摩郡―一〇貫文、の分布を示している。また、特に後北条氏支城の城主を兼ねる内藤左近将監（津久井城主）の知行地分布形態をみると、第7表の如くである。内藤左近将監の知行総貫高は一〇〇二貫八〇八文であるが、大住・愛甲の両郡に多くあり、津久井郡内において少ないことがわかる。このことは、先述の零細的下級知行人の如き辺境な地域を知行していたのではなく、平野部ないしは平野部に近い土地を知行していたことを意味する。

このことについて、津久井城主内藤左近の知行地である津久井郡と先述の零細知行人の知行地である同じ津久井郡をとりあげ比較検討してみよう。第一図の如く、零細下級知行人の知行地である日向・日陰の一七ヶ村は甲斐国に近い山中の部分を占めているが、内藤左近の津久井領三ヶ村（河尻―一四九貫八一七文、中沢―三〇貫文、三井―三五貫文）は相模川下流に位置し、特に河尻村の場合は一五〇貫文に近い所領であるので相当広い知行地面積をもつものであった。しかも、高座郡相原村に近いことからも地形的に有利な所領地であることがわかる。このことからも、先述の大住・愛甲両郡の場合は平野郷であったことが理解できる。しかも、「役帳」によれば大住郡（岡田、酒井郷）及び愛甲郡（愛甲、煤ヶ谷）は天文十二年に、愛甲郡林郷は天文十一年にそれぞれ検地を行っているが[26]、津久井郡の場合は検地を実施していない。これは津久井郡内各村ともに狭小な村であり、その上「田一向無之何も山畠」だけの辺境な地であり、さらに「敵知行」の村でもあったので検地を行いえなかったものと思われる。

以上のことから、「津久井衆」のほとんどは津久井郡内に知行地を集中し、大住（中郡）・愛甲（東郡）の両郡とに

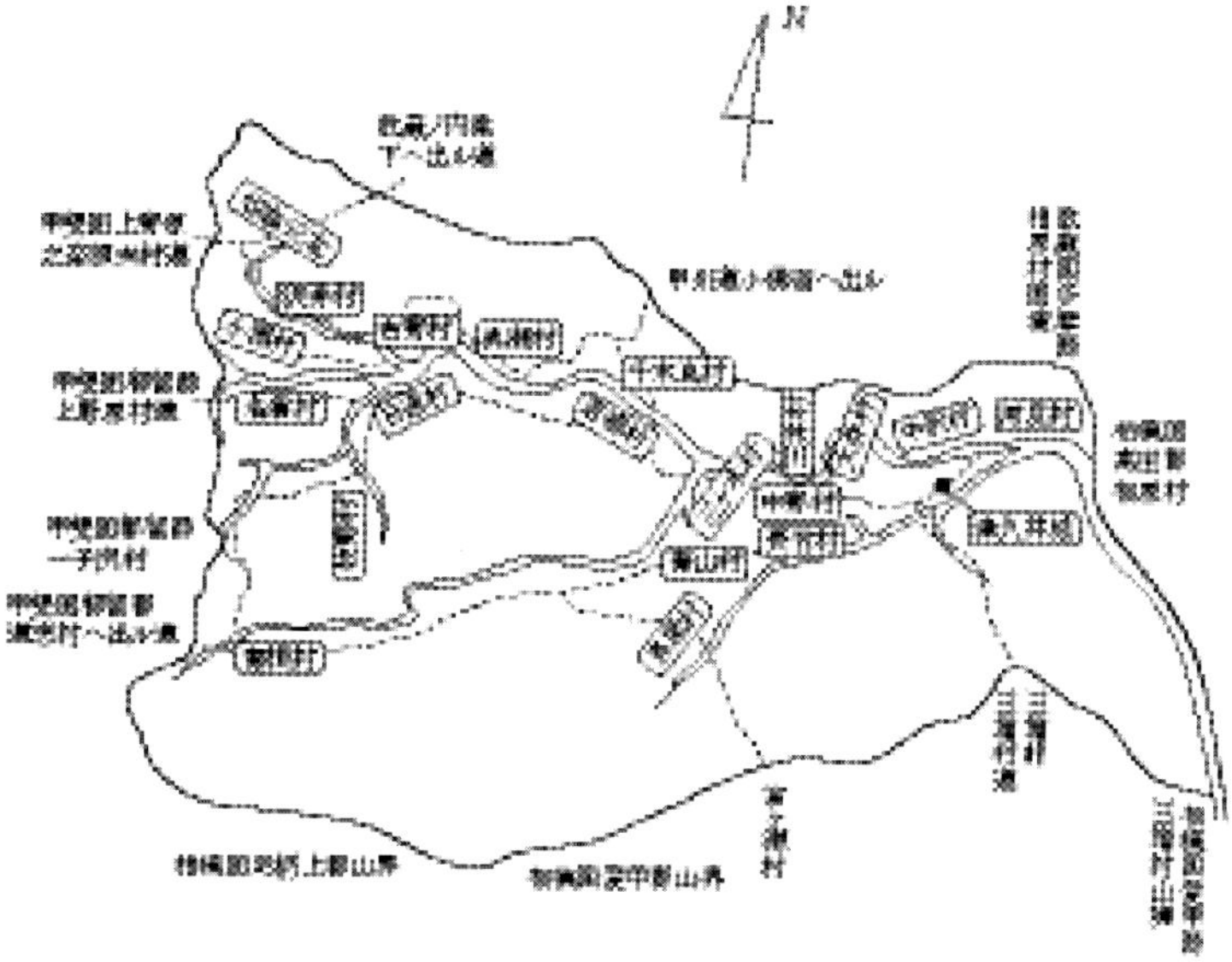

第一図　相模国津久井郡ノ図　『新編相模国風土記稿』より作成

よって囲まれた形の所領分布形態を示している。さらに津久井領が甲斐の国境にあり、その地勢が辺境な地域である点から非常に在地性の強いものであった、と思われる。それゆえ、後北条氏は領国経営及び知行人編成において完全なる把握ができず、このような在地性の強さを巧みに利用し、なおかつ地理的諸条件をも活用して、甲斐の武田氏に対する防備にあたらせたのである。

以上、後北条氏知行人構成において「小田原衆」・「津久井衆」の場合をとりあげ、知行領分布形態及び「衆」の存在について検討を加え、後北条氏家臣団編成の側面をみたのであるが、「役帳」記載中の多くの知行人にみられる「御蔵出」が、後北条氏家臣団編成及び領国経営において如何なる存在を有していたのであろうか。

「役帳」書載の「御蔵出」が如何なる形で、また如何なる方法で創出されたのかつまびらかでない。しかし、この御蔵出の存在については永原慶二氏、鈴木良一氏など諸先学により論究されてはいるが、二氏ともにその見解を異にしておられる(27)。

次の史料は、『役帳』記載「小田原衆」筆頭松田左馬助に書せられた「所領役高」の一部を示したものである。

（前略）
百八拾貫文　笠間郷内
百貫文　筑前
五拾貫文　因幡
三拾貫文ハ彼地水干損地故、年貢無之由尾張守申候、是ハ左馬助致代官、両人ニ御蔵出同前被仰付無役、

左馬助は後北条氏から代官給として相州鎌倉笠間郷のうち一八〇貫文の地を給与されていたが、同族の松田筑前、因幡に分け与えたものである。さらに、文中「両人ニ御蔵出同前被仰付無役」（○点筆者）とあることから、次の関係がなりたつ。御蔵出同前＝無役（年貢免除地）＝給与地との関係が成りたち、故に「御蔵出」は後北条氏が知行人へ分封した地であることはうなずけるであろう。この「御蔵出」に対して正反対なものに「御蔵納」があり、『役帳』にも書せられている。この「御蔵納」の例として、「江戸衆」小野兵庫助の記載によれば、「拾五貫八百文、御蔵納、役致来」とあり、「御蔵納」＝役（年貢納）であることは当然であろう。

このような「御蔵出」をうけている知行人のほとんどが、「御蔵出」の貫高に対応して、何割かを「引銭」という形で後北条氏に収集されている（この例としては、先述の小田原衆板部岡の記載を参照されたい）。

いずれにしても、右述の如き「御蔵出」をうけている知行人は小領主層に多くみられ、後北条氏領国経営における権力強化策―後北条氏の家臣団編成に対する知行人把握策のためのものであろうことは疑いないところである。

結　論

以上、『小田原衆所領役帳』の分析を試み、後北条氏の家臣団＝知行人構成に検討を加えた結果、次の事柄が明白となった。

第一に、知行人＝家臣団の所領規模構成による所領の存在形態は、百貫文未満の知行人が知行人全体の七五パーセントを占め、知行人それぞれの所領分布もほとんど一ヶ所に集中している。さらに、これらの知行人は後北条氏の年貢高が反別五百文（田年貢）である点から二〇町歩以内の田地を支配していたことになる。しかも彼ら後北条氏知行人層は、本領安堵の形だけで家臣化されたものではなかった。そのことは本領地のほかに「御蔵出」という形式で、各々知行人に直轄地を分封し、それに応じて「役」を賦課する形で主従関係を構築していたことによってもわかる。ただ、この「御蔵出」という形がどのように創出されたかは具体的には不明であるが、いずれにしても後北条氏が勢力拡大に対応して反後北条氏勢力の、在地土豪領地を没収し、設定していったものであることは間違いないところで、それは戦国大名後北条氏の領国経営における権力強化、権力の地方浸透を意味するものであった。

第二に、「小田原衆」松田氏、板部岡氏、大草氏などの検討によってもわかったように、「役帳」記載中に「自昔知行役除之」や「早雲寺殿様御代より役御免」などと「附」書されている知行人は、多く在郷の有力領主層であり、後北条氏は、家臣団編成及び在地掌握にあたって、鎌倉以来の在地土豪の所領地をそのまま安堵し、宛行っていたことを示すものである。なおかつ、彼ら在郷有力領主層は後北条氏家臣団内部においては重要ポストを占め、後北条氏の重臣的立場に位置していた。

第三に、「津久井衆」で検討した如く、後北条氏は領国の辺境地域に存在した在地性強固な小土豪を掌握せんと試みたが、完全なる把握ができず、彼らの独自性（存在形態）をそのまま認める形において家臣団にくみこみ、外敵防備にあたらせた。

註

（1）北島正元「戦国大名と「百姓前」—一職支配説の再検討をかねて—」『日本歴史』第一六三号所収、佐脇栄智「後北条氏の税制改革について—反銭・懸銭を中心に—」『日本歴史』第一六三号所収、煎本増夫「戦国期における徳川家臣団の動向」（一九六一年度地方史研究協議会第一二回大会に於ける氏の研究論文発表による）『地方史研究』第一一巻六号所収、中丸和伯「戦国大名論—村落構造を中心として—」『歴史学研究』二四〇号所収。このほか多数の論書があり、例記するにいとまがない。

（2）菊地武雄「戦国大名の権力構造—遠州蒲御厨を中心として—」『歴史学研究』第一六六号所収、萩原竜夫「戦国大名家臣団の構成—とくに寄親寄子制について—」『歴史教育』第七巻第八号所収、石田善人「惣的結合の諸類型」『歴史教育』第八巻第八号所収、柴田一「戦国土豪層と大閤検地」『歴史教育』第八巻第八号所収、松本新八郎『中世社会の研究』二九九頁〜三四〇頁、松岡久人「戦国期における在地領主制に関する二、三の問題」『歴史学研究』二六五号所収、河音能平・大山喬平・中丸和伯「領主制の諸段階」『歴史学研究』二六四号所収、豊田武『増訂中世日本商業史の研究』三〇一頁〜三九八頁、北島正元前掲論文。

（3）東京市史外編（東京市役所版）及び小田原市立図書館所蔵の『小田原衆所領役帳（和本）』二冊（一冊は平良直による筆写—嘉永六年〜七年。他の一冊は年代及び筆者不詳であるが、江戸時代のものと思われる）。

（4）『役帳』記載中に「幻庵御知行、御新造知行分」とあり、幻庵は北条早雲の第二子（氏綱の弟）である。また永正十六年の「早瑞譲状」（『新編相州古文書』所収）により、このことは明白である。

（5）『役帳』書載巻末に、

永禄二年己未二月十二日

奉行

太田豊後守

関兵部丞

松田筑前守

とある。ついでにいえば、太田＝松山衆、関＝御馬廻衆、松田＝小田原衆の三奉行人によって、この『役帳』が作成されたことは、これら奉行人を出した三「衆」が後北条氏家臣団の中で重きをなしていたことを物語るものである。

（6）佐脇栄智前掲論文四五頁～四六頁。

（7）『新編相模国風土記稿』第一・二巻及び『北条五代記』。

（8）前掲註（4）を参照。なお、幻庵知行分総貫高の記載は『役帳』によれば五四四二貫一一〇文であるが、本稿では私の計算結果を示した。

（9）『役帳』記載による「小机衆」の知行人総数四〇名であるが、「役貫高辻」不詳の知行人が一名あるので、本稿では後北条氏知行人総数六二一名とした。

（10）『豆州内浦漁民史料』三頁～四頁、『新編相模国風土記稿』第二巻二五七頁、『横浜市史』第一巻四〇〇頁の後北条氏年貢高表を参照。

（11）永原慶二『日本封建社会論』二四一頁～二四二頁。氏の論によるならば、「（前略）家臣団の所領存在形態をみると、大体百貫文以下の場合は、ほとんど一箇所に集中している。後北条氏の貫高制では、田地一反当りの年貢負担額五百文が標準であるから、田地一町の年貢が五貫文となり、百貫文の給人は二十町歩の所領を支配する勘定となる。したがって後北条氏の給人の過半

第8表　1559年（永禄2）後北条氏家臣団所領規模別構成

規　模	人　数
1000貫以上	11
1000～500貫	17
500～100貫	130
100～ 50貫	93
50～ 10貫	185
10貫以下	50
計	486

（註）永原慶二『日本封建社会論』P241第18表によるものである。

を占める百貫文以下の給人は狭小な村落的規模における領主ないしは地主的存在にすぎず、しかもその所領が一ヶ所にまとまっていることからして、これが新給恩による所領宛行の結果のものでない」と述べている。

(12) 一郷一村一知行の知行形態記載例は次の如くである。

一、百貫文、豆州畠郷、西原善左衛門
　此内五拾貫文知行役可致之
　残而五拾貫文ニ小番仕間御免
　　但、人数着到出銭も如高辻
一、弐拾貫文、東郡寺尾、後藤彦三郎
　大普請之時半役
一、六拾貫文、東郡長沼郷、安田大蔵丞
　大蔵一代諸役御免

また、半郷一知行の例をみると、

一、　　　　松田因幡
百三貫九百七拾壱文、西郡今井郷半分　壬子検地辻
　知行役御免出銭も（者）半役有御印判
一、　　　　松田兵部亟
八拾六貫八百五拾八文、同今井郷半分　大野跡
　自前々五拾貫役致来着出銭む可懸本途

の如くである。

(13) 各衆の「御蔵出」総貫高は、第９表の如くである。「小田原衆」の場合は三一〇貫文であり、「御蔵出」をうけている知行人は岡上主水助、板部岡右衛門、高麗越前守、高田左衛門、大橋の五名にすぎない。

(14)『新編相模国風土記稿』第一・二巻及び『新編相州古文書』などに相州（または相模国）西郡と記され、この西郡は現在の足柄上・下郡及び小田原市地域の総称であった。
(15)『北条五代記』及び『小田原旧記』。
(16) 同右二記によれば、松田、石巻、安藤、梶原、大谷、趣訪、関、中村、酒和、河村、福島、布施、他に三家をあわせた一五家が従った、とある。
(17)『武州文書』第一分冊六六頁（武相史料刊行会編）。
(18) 萩原竜夫「戦国大名家臣団の構成―とくに寄親寄子制について―」『歴史教育』第七巻第八号一二頁～一六頁、菊地武雄「戦国大名の権力構造―遠州浦御厨を中心として―」『歴史学研究』一六六号一一頁～一三頁。
(19)『新編相州古文書』一三八頁。

表９表　衆別御蔵出総貫高及び引銭総高表

衆　　名	御蔵出（貫高）	引　　銭
	貫　　文	貫　　文
小田原	310. 000	45. 000
御馬廻	644. 360	65. 400
玉　縄	142. 500	—
江　戸	—	—
松　山	388. 200	110. 400
他　国	—	—
小　机	307. 000	44. 000
津久井	—	—
諸軽足	99. 000	18. 000
職　人	113. 500	16. 500
本光院殿	14. 000	—
御家中	89. 000	25. 000
半　役	52. 200	9. 900
伊　豆	197. 340	53. 000
無　役	42. 400	6. 000
足　軽	—	—
此　外	—	—
計	2,399. 500	393. 200

(20)『新編相模国風土記稿』第五巻三三〇頁～三七〇頁。
(21)『新編相州古文書』一九頁～二〇頁、『新編相模国風土記稿』第一巻及び西福寺所蔵文書。
(22)『役帳』中「津久井衆」の総貫高は一七五〇貫四四八文と記されているが、これは計算の誤りであろう。本稿では私の計算によった。
(23)『新編相模国風土記稿』第五巻三三〇頁。
(24) 同右第五巻三四九頁～三六九頁。
(25) 同右第五巻三三〇頁～三三一頁。
(26)「役帳」書載に「発卯検地増分」「壬刁検地増分」とある。
(27) 永原慶二『日本封建社会論』二四三頁。氏の論では、「直轄地＝蔵入地としてのち、その年貢を家臣団に分割給与していることである」と述べている。鈴木良一氏の場合は、百姓からの年貢取分の何割かを知行人が後北条氏に納めることである、と説明しておられる（同『神奈川県の歴史（民衆と生活篇）』県史講座要録七一頁）。本文中における私の考えは、多く永原氏の見解によるものである。

【付記】本稿作成にあたり、豊田武先生、荒居英次先生から度々御指導をいただきました。ここに記して、深謝致す次第であります。

Ⅳ 戦国大名後北条氏の「番肴」税制について

實方壽義

はじめに

戦国大名後北条氏の税制に関する研究は、他の戦国大名における研究論文中に断片的にみられるが、具体的なる検討を加え、これを明らかにした研究は少ない(1)。まして、漁税制特に「番肴」税制に対する研究は、皆無といっていい程で、ただ、荒居英次氏の近著『近世日本漁村史の研究』によって、ある程度の検討が加えられているにすぎない(2)。

私がこの後北条氏の漁税制上における「番肴」税制の問題をとりあげ、検討を加えた理由は、次の通りである。

即ち、基本的には、後北条氏が戦国大名として自己の領国を如何なる形で支配し、掌握していったかが問題であり、税制体制の形成や施行過程についての解明などは、領国支配の一政策としても典例である。しかもこの税制問題についてみても、税種や施行地域の差によって、その施行方法、性格、構造などを異にする。

そこで、本稿の場合は、地域的には後北条氏の「御領所」＝直轄領である豆州内浦及び小田原本城東隣の国府津郷に限り、後北条氏がこれらの漁村に賦課した諸税のうち、特に「番肴」税制をとりあげて検討を加えた。

まず本稿で述べる「番肴」税制が、年代的にはいつ頃出現し、徴税体制として確立されたものか。つまり、「番肴」税制の起源成立を明らかにしたい。

次に、「番肴」税制の構造・性格について検討を加え、この「番肴」税施行における徴税体制の推移・漁村支配についてみたい。

註

（1）佐脇栄智氏は「後北条氏の税制改革について」（『日本歴史』第一六三号）なる論文において、特に反銭・懸銭を中心に検討を加えられ、後北条氏の税制改革とこれに基づく領国支配の位置づけをなされた。また、豊田武博士も『増訂中世日本商業史の研究』において、商品流通→商業統制上における税制の存在について詳述されておられる。

（2）和田捷雄氏は『漁村の史的展開』において、戦国期後北条氏時代の豆州内浦について多少とも述べられてはいるが、後北条氏の領国支配との関連が詳述されていない。その他、羽原又吉氏・山口和雄氏等の諸先学によって、ある程度の発表はなされているが、戦国大名の領国経営との関係が具体的に検討されていない。

右述の諸氏の研究に対して、荒居氏は、その著『近世日本漁村史の研究』所収「戦国大名後北条氏領における漁税制の形態と特質」の論文において、豆州内浦の場合を具体的に検討し、「番肴」税制の特質を克明に論ぜられておられる。

一、「番肴」税制の成立

「番肴」自体の名称の初見は、天文十三年（一五四四）二月、豆州内浦長浜の百姓等に宛てた後北条氏虎朱印判状で、次の如く記されている。

火事ニ付而あんと六帖之分番肴自二月四月迄令免許候、如之可仕立者也、仍如件、

甲辰
　二月廿二日
　西浦
　　　長浜　百姓中（1）

右の史料によれば、「火事」のために二月より四月迄の三ヶ月間「番肴」税を赦免したことを述べているが、当地長浜では、既に、天文十三年には網戸が六帖あり、後北条氏からその網戸に対して「番肴」税を賦課せしめられていた。ために、長浜においては、すくなくとも後北条氏の「番肴」税は、天文十三年以前から存在し、賦課せしめられていたことは明らかである。

では、本節での問題点である後北条氏の「番肴」税制の起源・成立について、検討を加えてみよう。

現在のところ、私の知る限りでは、後北条氏の番肴税制成立に関する確たる史料もなく、その成立は明らかでない。しかし、北条早雲の伊豆入国（延徳三年）、相州攻略（明応四年九月・小田原城主大森氏を破る）以後、北条氏は本拠を小田原に構えて豆相経営を行い、権力を拡大しつつあったのであるが、早雲はその実権を長子氏綱に譲り伊豆に隠居した。この後、早雲は氏綱の弟である箱根権現別当幻庵（幼名菊寿丸）に対して、永正十六年（一五一九）に「はこねりやう所々菊寿丸知行分（2）」を譲り渡したのであるが、この前年、つまり永正十五年には後北条氏の漁村関係では最古の文書といわれる虎朱印判状「永正十五戊寅年九月被仰出御法之事」と題する定書を豆州内浦長浜の百姓に宛てている。この文書の第三条に「美物等之事者毎日御菜御年貢外者御印判ニ員数をのせられ以代物可被召（3）」の一文が記されてい

る。右の史料文中「御菜御年貢」が、後の「番肴」税をも含めた海方税にあたるものと思われるので、当然、「御菜御年貢」＝「番肴」＝魚介類上納と考えられる。右述から「番肴」らしき海方税が既に永正年代にみられるのである。

　且つまた、右の永正年代成立に関しては、江戸時代の文化十年（一八一四）の「乍恐口上書以奉申上候」状に、次の如く記されている。

　先達而御呼出有之小海村新規漁場相願ニ付候御糺有之候間、私共村ゟ古漁ニ相障リ申候段申上候処、小海村之者共御添翰相願候ニ付尚又御呼出御尋御座候ニ付浦例奉申上候、六ヶ村立漁之義、往古者村君株ニ御座候処、北条家の始より毎日御菜肴差申候処、永正年中ゟ天文之後迄ハ小田原御城江御菜肴差出候得共風雨之節、迷惑仕候ニ付天正以前ニ京銭七拾弐貫文相納、歳暮ハ品物ニテ差出罷在候処、御入国天正十八寅年十一月廿日伊奈熊蔵様御尋ニ付重寺村ゟ平沢村迄七ヶ村、北条領地之節、御取箇辻之儀、書付申上候者有之、依之私領引附ニ御取箇附申候、
　右二品ハ漁方ゟ上納仕候（後略）[4]

　右の文言から考察すれば、既に、永正年代（一五〇四〜一五二〇）から「毎日御菜肴」として、「番肴」らしき海方税が村君株＝網度持＝津元（網元）等に賦課されていたものと推定される。

　結局、右の考証が正しいとすれば、後北条氏税制上における「番肴」税制の成立は、確たる名称を具えないにしても、既に永正十五年にはみられ、徴税体制上における漁税上の一部として組み込まれ、後北条氏税制の基盤をある程度形成しつつあったものと考えられる。それが、天文年間にして後北条氏の徴税対象としての「番肴」税制が完全な形で確立し、制度化されていった。いいかえれば、後北条氏の漁税「番肴」税制は、初代北条早雲から長子氏綱への代替期に成立し、氏綱以後三代目の氏康の代にかけて整備・確立され、制度化していったことを意味する。

註

（1）『豆州内浦漁民史料』上巻、四頁。
（2）『新編相州古文書』第一輯、『小田原衆所領役帳』（『東京市史』外編、及び小田原市立図書館所蔵和本二冊参照）。
（3）『豆州内浦漁民史料』上巻、一頁。
（4）『同右』中巻之壱、三六八頁～三六九頁。なお、内浦における後北条氏の「番肴」税に関する江戸時代の説明文書は多くある。その例を記せば、次の如くで、江戸時代の浮役にあたる海方税が、後北条氏領にあっては「御菜肴」＝「番肴」と称し御台所＝小田原本城へ上納せしめられていた。寛文十年（一六七〇）の重寺村名主市左衛門、長浜村名主大川四郎左衛門連署訴状文中に「小田原氏直様御知行之時分、御台所へ御肴差上申候」（『豆州内浦漁民史料』上巻、二一四頁）、嘉永七年同浦三津・重寺・長浜の津元三名の連署状「御尋ニ付乍恐書付を以奉申上候」の文中に「私共村〻往古北条家之筋者小田原御城へ直納ニ鮮魚上納致候」（『前掲書』中巻之壱、六五九頁）とある。なお、右の史料は、内浦の津元・名主等の訴状であるので、後北条氏時代の「番肴」税は、彼らの先祖（網元＝在地有力者）に課せられていたことも理解できよう。

二、「番肴」税制の性格・構造

次に、何故に、後北条氏が「番肴」税制を設定したのか。また、それを後北条氏がどのような形でもって、自己の徴税体制に組み込んでいったのか。こうした諸問題、つまり後北条氏徴税体制上における「番肴」税制の性格・構造について、検討を加えたい。

後北条氏が漁村に賦課した諸税の種類を、年代的には多少下るが、天正十八年（一五九〇）の豆州内浦長浜の網元大川兵庫・同隼人両人連署の覚書「前〻西浦七ヶ村より御納所大方覚申候分」[1]によって列挙すれば、別表1・2・3

第1表　豆州内浦諸税高明細

税種名	永高	備考
	貫　文	
地方御年貢	156　882	
大棟別	16〃　775〃	
正木棟別	8〃　343〃	
反銭	8〃　226〃	
番肴銭	72〃　000〃	
塩消銭	5〃　000〃	
船方番銭	51〃　000〃	
懸銭		永高不明。（当史料文中「員数村々年寄可存候」とある。
城米銭		同上。同上。
節季銭		同上。同上。
流鏑馬銭		同上。同上。
目銭		同上。
○反銭		同上。欠字○は「増」か。
田畠後年貢	10〃　000〃	御代官分。
同上小代官分	4〃　000〃	同上。
夫銭	32〃　000〃	同上。
節季銭	3〃　565〃	同上。
道正網度銭	5〃　000〃	同上。
塩釜御年貢	12〃　000〃	同上。
計	384　788	

（註）天正十八年「前々西浦七ヶ村より御納所大方覚申侯分」より作成。（『豆州内浦漁民史料』下巻 p.23～p.24）

第２表　豆州内浦立物年貢高内訳

税　　種	永　　高	備　　考
立　物　船	貫　　文 45　000	15艘，但１艘３貫つもり
同上丸木船	90　000	30艘，但１艘３貫文つもり
沖掛の縄網	30　000	3（100尋宛15帖 但，１状２貫文つつ入用
寄　　網	30　000	細物　但１状２貫文つつ
網	7　500	150ほう，但１状に10ほうつつ
あんは木	4　500	225丁｝１状に15丁つつ
うけ木	2　250	
張　　縄	7　500	75ほう，但１状に５ほうつつ
いかり	1　500	15から，但１状に１すつつ
計	218　250	

第３表　番肴以外の上納現物魚内訳

魚　　種	数　　量
塩　　鯛	111（まい）
塩　　鰤	55
よこわの乾物	30
鮟　　鱇	4
海　　老	200（はい）
塩　烏　賊	200（はい）
た　　こ	10（はい）

（註）第２・３表ともに天正十八年「前々西浦七ヶ村より御納所大方覚申侯分」より作成。（『豆州内浦漁民史料』下巻 p. 23～p. 24）

の如くで、地方御年貢・大棟別・正木棟別・反銭・番肴銭・塩消（ママ）銭・船方番銭・懸銭・城米銭・節季銭・流鏑馬銭・目銭・〇（増カ）反銭・道正網度銭・塩釜御年貢・立物御年貢、その他に夫役・船役、臨時税として塩鯛・塩鰤・烏賊・海老・鮟鱇・鰹などの現物魚など、多岐にわたっての税種があり、賦課されていた。右の諸税のうち、特に漁村という観点から抽出すれば地方御年貢をはじめとする両棟別銭・反銭・城米銭などの各種賦課税は他の一般地方郷村（農・山村）各地域にすべてみられるものであって、「番肴」「塩消」「道正網度」「塩釜御年貢」「船方船役」「立物御年貢」及び臨時賦課税の「現物魚」などが江戸時代の浮役にあたる海方税である。この海方税は、その地の生業＝漁業を利用・活用したところの特産物及び生産機構に対して課税の対象としたものである。

　そこで、私が最も留意した点は、右述の諸税のうちで後北条氏の「台所使用魚」の名目によって賦課された漁業税「番肴」の存在である。前掲の別表第1表に示した諸税高総計額三八四貫七八八文、第2表「立物仕道具百姓したて申候分」である「立物御年貢三分一」税の総額二一八貫二五〇文の賦課税高のうち、七二貫文の多くを課せられた「番肴」税は地方御年貢に次ぐものであり、また、地方御年貢・反銭・両棟別銭総計一九〇貫二二六文に比して約三分の一を占めている。

では、右述の如き高率なる「番肴」税を、後北条氏は如何なる目的で、或いは如何なる形・方法をもって設定・賦課したのであろうか。

前述の天文十三年、内浦長浜の百姓に宛てた後北条氏虎朱印赦免状に「あんと六帖之分番肴（後略）[2]」とあるのは、「あんと」＝網度（場）＝漁場に課せられた税であることを如実に示すもので[3]、「番肴」税は元来が網度場、つまり漁場に賦課した漁業税であり、その上納責任者は網元・網度持等（在地有力名主層）で、彼らが輪番で番代わりとして「肴」を後北条氏に上納した。ために、一旦「番肴」税の収納が不能になると、その責任を浦々の網元等有力者に請負わせて弁済せしめた。たとえば、天正元年（一五七三）内浦重須の網所退転の場合などでは、後北条氏奉行人安藤豊前から長浜の網元大川氏に次の如く命じている。即ち、「重洲網所三帖之分、退転之所、弁済之事、余浦へ申付候、然ニ彼網所退転之由申候て人ハ有之由申候へ共御番肴無調故、網所同網所付之田畠屋敷等相副、御番肴弁済之仁ニ相渡候、此上者三津・長浜・向海・重寺之面ゝ相談、とも〳〵公方役走廻、此内申付候ハ、如前ゝ網所をも可相抱候（後略）[4]」とある。これによれば、「番肴」税が、あくまでも、網度場役と田畠・屋敷とがその附帯条件として扱われていたことを示すものであり、さらに村々の網元等に対して連帯責任制を負わしめたことである[5]。

右に述べたことから、後北条氏の「番肴」税賦課は、漁場（網度）なるものが他の地方郷村（農・山村）における田・畠と同様に扱われたことを意味するものと考えられる。極言すれば、田・畠年貢（反銭）が田・畠所有耕作権に対する賦課といえるのに対比して、「番肴」税は漁場における網所所有経営権及び漁獲物所有権に対する賦課税で、前・後者共に同等に扱われていたものと解することができる。

いずれにしても、後北条氏が漁村に対して「番肴」税を賦課したことは確たる事実であり、前述の退転網所に対する網元等の連帯責任制、或いは網所に対する田畠・屋敷の附帯性などにより明白な如く、後北条氏は網所（漁場）を完全なる形で自己の支配下に組み込み、漁獲物の確保、さらには漁場を中心とする漁村構造の実態把握＝在地掌握などを目的としたものであった。[6]

次に、後北条氏が「番肴」税を徴収するにあたり、如何なる形・方法を用いて「番肴」税を漁村から上納せしめたのであろうか。

（イ）「現物魚」の上納

先記天文十三年の内浦長浜の百姓に宛てた「番肴」赦免状に「番肴自二月四月迄令免許候」と記されており、「番肴」は現物魚の上納であって「番肴銭」＝銭納ではなかった。また、後年の文書、寛文十年（一六七〇）の大川四郎左衛門等二名の連署状に「小田原氏直様御知行之時分、御台所へ御肴差上申候」や、[7]寛政十二年（一八〇〇）の「乍恐書付を以奉申候」状に「北条家領所ニ相成候已後、右漁株所持仕候百姓ゟ毎日御菜御肴鮮魚ニ而小田原江差上申候」[8]享保十七年（一七三二）の「乍恐書付を以申上候御事」状に内浦の三津・小海両村浮役米について「右両村浮役米之訳ヶ御尋ニ御座候、此浮役米之義者古代小田原北条家御領之御時、御番御肴差上候」、[9]嘉永七年（一八五四）三津・重寺・長浜の津元三名の連署状「御尋ニ付而乍恐以書付奉申上候」に「私共村〻往古北条家之節者小田原御城へ直納ニ鮮魚上納致候」[10]など、枚挙するに暇がない程で、戦国期後北条氏時代における「番肴」税＝現物魚貢租納入についての説明が多く記されている。右の例は豆州内浦の場合であるが、内浦と同様に後北条氏直轄領である国府津郷の場合でも「御定之御肴一ヶ月弐百□□□（五十文）つゝ、以御肴厳密ニ金井ニ可渡之」[11]と、現物魚の上納であった。

以上、右に示した通り後北条氏の「番肴」税は銭納ではなく、現物魚の上納であったことが明白であろう。

（ロ）上納魚の「塩づけ」制

右述の「番肴」貢租上納に際して、その現物魚は生魚のままでなく、「上納魚」は総てが「塩づけ」して納入すべく規定した。これは、当時の漁業経営における魚処理法からみても当然のことで、現在でもこの方法がある程度残存していることから理解できよう。何故ならば、春～夏の漁獲期では、漁場→捕獲→陸揚→検査→配分（上納魚＝御台所使用魚、代官・小代官・網元取分）→小田原本城台所上納までの過程における取り扱い、或いは、気候に対する魚保存（高温・多湿による腐敗を防ぐ）のため、などの理由から「塩づけ」にしたのである。また、冬期においては、秋期漁物の長期保存のため、さらには、魚自体の本来の持味を失しないため等の諸理由にもよる。ために、「肴損間致塩上可申」[12]と、その上納において「塩づけ」を厳然と規定したのである。また、「番肴」税と規定されない臨時税徴収の場合においても同様で、「鰹急用ニ付而申遣候、如何様ニも取之、うす塩致、夜通五ツも六ツも進上可申」[13]（傍点筆者）と「塩づけ」にすべく令している。

（ハ）上納魚の価格規定と上納経路

次に、後北条氏が賦課した「番肴」税＝現物魚を具体的にはどのようにして徴収していったのであろうか、この点について検討を加えたい。しかし、これに関しては豆州内浦の場合では具体的なる史料が現存しないので、内浦と同様に、後北条氏の直轄領小田原本城地領東部海辺に位置する国府津郷の場合によってみれば次の通りである。

国府津郷の船主村野宗右衛門は、後北条氏に仕え、後北条氏から魚類調進を命ぜられていた後北条氏御台所用船主であった。弘治三年には、後北条氏から五ヶ条の諸役（船）の免除を受けている。[14] この村野氏に宛てた永禄三年二月の後北条氏虎朱印判状「本城御前様御台所毎月納肴従昔相定帳面改而被仰出事」によれば、魚類の納方及び定価（納魚換算率）について、詳細に記されている。この史料によれば、「御肴渡所、由比千菊・清五郎両人ニ被定候、相渡度（毎脱カ）とニ必請取を取、御礼明之時、為先請取可申披事[15]」と、「番肴」上納における受納奉行人二名を定め、納魚に際してはその都度請取（証書）を提出せしめ、紛れなく上納すべきことを規定している。なおかつ、この状には、地方郷村に賦課した諸税（反銭・棟別銭など）と同様に、永高銭納＝月額二五〇文＝で賦課しているが、事実上は「御定之御肴、一ヶ月弐百□□□（五十文）つゝ、以御肴厳密ニ金井ニ可渡之[16]」と、現物魚の徴収を行っていた。それ故、魚の大・小、魚種によってその価格を規定し、永高二五〇文分の魚を上納せしめている。この例をあげれば、左の如くである。

此外魚之代定

一、六七寸之鯛　壱ツ　代十文

一、一尺之鯛　壱ツ　代十五文

一、一尺五六寸鯛　壱ツ　代卅文

以上鯛ならハ以此積可渡

一、かつほ《なまひ》　壱ツ　代十二文

一、大あち　壱ツ幷わかなこ　代二文

一、あわひ　　　壱はい　代三文
一、いハし　　　弐ツ　代壱文
一、いなた　　　壱ツ　代五文[17]

右記の如く、魚種・大小に応じて代価を規定している。

また、納入期日についても「毎月十日ニ被定置候、十日之内者二度ニも三度ニも弐百五十文積を以上可申、十一日共至令遅〻者、可被懸過役[18]」と、毎月の「番肴」納入日限を十日に定めた。なおかつ、期日以内における上納の場合には分割上納も認められたが、期日以後の上納は認められず、万一、遅納の場合には上納規定額以外に過役をも負担せしめられた。

結局、後北条氏は「番肴」税徴収に際しては、右の如く厳密をきわめたが、さらに、この任に当たった諸役人衆、特に台所奉行人に対しては万端遺漏なく責務を果たすべく厳重に指示した。それ故、後北条氏は台所奉行人等の悪政に対して、「若又台所奉行幷由比・清五郎左衛門、至于非分之儀申懸者、則可捧目安者也[19]」と、国府津の船主村野氏に直訴することを命じるなど、厳然たる態度を示した。

以上、右述の相州国府津郷にみられた「番肴上納」と同様に、豆州内浦の場合においても、後北条氏の「御領所」＝直轄領という関係から、おそらく同様な方法で、上納規定を施行し、「番肴」税を徴収していったものと考えられる。つまり、「番肴」税たる魚類は、代官・小代官等の厳密なる審査を受け、更に後北条氏の台所奉行人を経て本城へ収納された。このため、「諸郡へ添奉行申付候、狩野郡□□方奉行ニ候彼郡へ罷移、昼夜共ニ郷村ニ□(付)置人如日限調、網代へ可出候、為其重而□直札候[20]」と、後北条氏当主氏康の令書をもって、奉行人の派遣を行い、強硬なる徴収政策を実施した。

註

（1）『豆州内浦漁民史料』下巻、一二三頁。
（2）『同右』上巻、四頁。
（3）山口和雄氏は、その著『日本漁業経済史研究』の「豆州内浦の建切網漁業」なる論文において、「網度」自体の意義について、ⓐ大網漁業の漁場それ自体をさす場合、ⓑ大網漁業の一網組をさす場合、ⓒ一網組の半単位をさす場合、ⓓ一網組の半単位の収益権をさす場合、の四通りに区分せられ、一般的には「網度○帖」がⓒ、ⓓの意味に用いられるのが普通である（二八四頁）と述べられているが、本稿の場合は「番肴」税賦課という点から、ⓐを中心としてⓒ、ⓓを含めた漠然たる使用法による。
（4）『豆州内浦漁民史料』上巻、九頁。
（5）漁民に対しても後北条氏は「西浦五ヶ村あんと抱候百姓等子共、幷自前之舟方共、地頭代官ニ為不断、他所之被官ニ成候事、令停止候、若子共を他人之被官ニ出候ニ付而者地頭代官へ申断、徹所を取而可罷越候、致我儘候者共召返、如前ゝ五ヶ村へ可返付」（『豆州内浦漁民史料』上巻、六頁）と、「百姓還住」法を施行して漁業生産にあたらせた。
（6）漁村構造については、荒居英次氏の『近世日本漁村史の研究』の「伊豆内浦浜漁村における封建制の形成」において、詳細に述べられているので、これを参照されたい。ただ、ここで注目すべき点は、長浜において鎌倉時代からの在地土豪で網元でもあった大川氏等有力名主層に対して、後北条氏は「在郷之御被官衆」として後北条氏家臣団構成上の準家臣に編入せしめていったことである（『豆州内浦漁民史料』上巻、六頁、下巻、一四三頁〜一五九頁）。
（7）『豆州内浦漁民史料』上巻、二一四頁。
（8）『同右』中巻之壱、二七〇頁。
（9）『同右』上巻、五一一頁。

(10)『同右』中巻之壱、六五九頁。
(11)(16)『新編相州古文書』第一輯、九七頁。
(12)(14)(15)(17)(18)(19)『同右』第一輯、九八頁。
(13)『豆州内浦漁民史料』下巻、一〇三頁。
(20)『同右』下巻、九一頁。

結びにかえて

後北条氏の漁税「番肴」制について検討を加えたのであるが、これを要約すれば、大略次の通りである。

(イ)「番肴」税制の起源・成立は、既に永正年代に「御菜御年貢」として後北条氏の台所使用魚の名目で上納せしめられ、天文期に「御番肴」として確立し、漁業税の一種として制度化した。

(ロ)「番肴」税は網度場(漁場)に課せられた漁業税で、漁業経営者(網元・網度持等)が常時番代わりで「肴」を後北条氏に上納した。

(ハ)「番肴」税の施行目的は現物魚の確保であったため、その徴収方法も厳密で、殊に漁場(網度場)と田畠・屋敷を附帯条件として漁業経営にあたらせた。また、退転網所の輩出に際しては、各浦の村々に対して網元を中心とする連帯責任を負わせ、退転網所分の「番肴」税を請負わせた。

(ニ)「番肴」税の上納規定は、現物魚の上納であったために総ての魚を「塩づけ」にして納入せしめた。また、上納期日を規定し、これを厳守させ、遅納の場合には過役を申し付けた。

（ホ）「番肴」税の賦課は、永高換算であったが、上納魚の価格を規定し、その価格に応じるだけの魚を上納せしめた。

（ヘ）内浦の場合において、後北条氏が賦課した諸税のうちで、「番肴」税の占める割合は多い。これは、海辺村落という地域差からの徴税であったためで、他の地方郷村に賦課された反銭・棟別銭と同様に重要な基盤を有していた。

以上、後北条氏が現物魚貢租税番肴制を施行したのは、結局領内の商品流通の未発達を示すもので、魚商人を介しただけでは後北条氏台所使用魚を充分確保できなかったためでもあり、反面においては、漁村在地掌握策の一端を示すものである。やや視野を拡大していえば、このような現物魚納入の番肴制はひとり後北条氏にかぎらず戦国大名一般にみられるもので、伊達氏の日肴制などもその好例である。いずれにしても、戦国大名領における商品流通の不十分さに規制されて生まれたものである。

【付記】本稿作成に際して、豊田武・荒居英次両先生の御教示をいただきました。ここに記して、深謝致す次第であります。

V 戦国大名後北条氏民政についての一考察
―相模国西郡における在地百姓掌握の場合―

實方壽義

序論

戦国大名後北条氏民政の研究は、渡辺世祐・牧野純一両氏の論文[1]によって基礎づけられた。特に牧野論文では後北条氏の民政を概観・主義・農業・商業・工業に区分して論究し、後北条氏関東征覇の起因を、①地の利・好人物を得たこと、②一族・上下の融和が計れたこと、③政略結婚が成功したことなどにあると述べ[2]、さらに後北条氏民政の充実は貢租収納体系における年貢率の四公六民制にあったことを第一の理由として詳述している[3]。こうした渡辺・牧野論文を基本として後北条氏民政の研究項目は細分化され、多くの諸先学によってその研究成果が世に問われている[4]。これら個々の研究成果を参考に、後北条氏民政における郷村掌握策を後北条氏の発展段階からみれば、戦国大名としての草創期たる早雲・氏綱時代、最盛期の氏康・氏政（前期）時代、没落期の氏政（後期）・氏直時代、の三期に区分することができる。また、後北条氏の分国内土地領有形態からみれば小田原本城主領及び一族所領（寺社領を含む）からなる直轄領と、家臣団私領（知行人領）とに大別できる。いずれにしても、後北条氏民政の終局目的は郷村に対する直接支配・掌握にあり、それは戦国大名としての支配権力の地方侵透化及び経済的基盤確保を企図したものである。

本稿では右の諸点に留意しながら、後北条氏本城地領下の相州西郡内諸郷村に対する後北条氏の在地百姓掌握策及び郷村支配策に検討を加え、後北条氏民政における動向の一側面を明白にしたい。

註

（1）渡辺世祐「後北条氏の民政」（『戦国時代史論』所収、日本歴史地理学会編）、牧野純一『後北条氏民政史論』（大正五年、目黒書店刊）。

（2）（3）牧野純一前掲書一七〜二二頁及び四一〜六〇頁。

（4）佐脇栄智「北条氏康の民政」（『戦乱と人物』所収）をはじめ、貢租・農政・商業・漁業関係などの各分野に論著数一五〇点余りが発表されている。紙数の関係上ここでは研究者・論著を列挙できないので、近年活発に研究活動を続けている後北条氏研究会編纂の「後北条氏研究の成果と課題―付論文・著書目録―」（『年報後北条氏研究』創刊号所収、昭和四六年、新人物往来社刊）を参照されたい。

一、後北条氏草創期の直轄領設定と郷村支配

後北条氏の領国支配における土地領有形態は、同氏の御領（料）所と呼ばれる直轄領と、家臣団私領（知行人領）との二種類に大別できる。(1) しかしいずれの領域に区分しても、後北条氏の領国統治における終局目的は、戦国大名としての支配権力を領内各地に扶植侵透せしめることにあった。その基本的政策が在地土豪に対する家臣化促進であり、

かつまた郷村内の直接生産者たる在地百姓に対する直接支配であった。このような指向方針の前提となったのが、直轄領の設定とその支配統制であった。この動向は後北条氏草創期の早雲・氏綱時代既にみられるが、明応四年（一四九二）相州小田原城主大森氏攻略を契機として特に活発化した。[2] さらにまた、こうした草創期の直轄領設定を基礎に後北条氏の最盛期と呼ばれる氏康・氏政時代には、戦国大名領主としての支配権力増強と領域拡大化に伴い、相模を中心に伊豆・武蔵・上総などの関東諸国にも直轄領が設定されるに至った。[3]

（一）直轄領の設定と分布形態―北条幻庵所領の場合―

前記の企図による後北条氏の直轄領設定は同氏の一族所領の場合も同様で、例えば後北条氏草創期、特に二代氏綱時代以降の諸策施行において最も重要な役割を果たした北条幻庵の所領設定にも明白に窺うことができる。

北条幻庵所領在所についてのまとまった文書は草創期の永正一六年（一五一九）四月二八日付菊寿丸宛「伊勢早瑞長氏知行注文」[4]と、最盛期の永禄二年（一五五九）作成『小田原衆所領役帳』（以下『役帳』）の「幻庵御知行」[5]の二点にすぎない。幻庵所領初見文書の「伊勢早瑞長氏知行注文」は、北条早雲が長子氏綱に家督を相続せしめた翌年、早雲の第二子菊寿丸（長綱・幻庵）[6]のために所領安堵とその得分権を与えた譲状である。また、『役帳』記載の場合は、後北条氏が家臣団（知行人）に対して役高（軍役）賦課のために所領地と役貫高を記した帳面である。[7] いずれの文書も北条幻庵の所領を明確に記したものであるが、後北条氏草創期以来の幻庵所領を検討すれば次のごとくである。

「知行注文」書載の幻庵所領惣高辻は四五〇五貫六一四文であり、[8] その記載形式は個々の在所郷村名と知行高辻（貫文制）が明記されている。また、記載内容別では㋑箱根領別当堪忍分在所＝伊豆国佐野・同徳倉など五分在所（合

第Ⅰ表　幻庵所領国別分在所数と国別高辻（貫高）表

国　名	分在所数	高辻（貫文）	%
伊豆国	7	576貫400文	12.7%
相模国	24	2636貫714文	58.5%
武蔵国	2	251貫000文	5.5%
上総国	1	1030貫000文	22.8%
不　明	1	11貫500文	0.2%
計	35	4505貫614文	99.7%

第Ⅱ表　幻庵所領相模国内郡別分在所数と郡別高辻（貫高）表

郡　名	分在所数	高辻（貫文）	%
西　郡	13	1612貫714文	61.1%
中　郡	8	574貫000文	21.7%
東　郡	3	450貫000文	17.0%
計	24	2636貫714文	99.8%

計貫高二四八貫四〇〇文）、㋺箱根領所々菊寿丸知行分＝相模国小田原・片浦五ヶ村など一四分在所（合計高辻一二六二貫九〇〇文）[9]及び菊寿丸配下の重臣（代官）分与在所＝相模国金田・井細田など一二分在所（合計高辻二〇五八貫七一四文）[10]、㋩早雲譲りの在所＝相模国高田・鬼柳など五分在所（合計貫高九三五貫六〇〇文）、の三類に区別することができる。これら記載内容から所領在所と貫高を検討し、幻庵所領の国別分在所数・国別合計高辻（貫高）・割合（パーセント）を示したのが第Ⅰ表である。この表によれば、幻庵所領在所惣数の約七割弱二四分在所・惣高辻の約六割弱二六三六貫七一四文が相模国内に設定され、残りの一一分在所（一八六八貫九〇〇文）は伊豆・武蔵・上総の各国内に部分的な設定がなされたにすぎない。即ち、幻庵所領の設定は、相模国に集中されたことを示している。またさらに相模国内の幻庵所領（二四分在所二六三六貫七一四文）の郡別分在所数・高辻（貫高）をみれば、第Ⅱ表のごとくである。[11]つまり、西郡内には約六割強の一六一二貫七一四文（一三分在所）が設定され、同国内の中郡・東郡・伊豆・武蔵・上総の諸国内の幻庵所領をはるかに圧している。また西郡に次ぐ中郡内は八分在所（五七四貫文）で伊豆国内に設定された幻庵所領と同程度の高辻（貫高）・分在所数を占め、東郡内の場合では武蔵国内に設定された幻庵所領高辻より約二〇〇貫文を上廻る四五〇貫文（三分在所）がみられる。

第Ⅰ・第Ⅱ表で示した国別・郡別の北条幻庵所領分在所及び高辻（貫高）集計によ

って明白なごとく、幻庵所領の設定は相模国西郡を中心として、西側には伊豆国、東側には相模国中郡・同国東郡・武蔵国・上総地域にみられ、相州西郡を中核とした同心円状の分布形態だった。なおかつ、幻庵所領在所の設定地域分布上特に注目を要するのは、いずれの在所領も領内各地の重要河川流域に分散設定され、特定地域に一括集中の設定がみられなかったことである。例えば、西郡内幻庵所領分布の場合では第I図に示したごとく、郡内のほぼ中央部を現足柄上郡山北入から小田原市酒匂へ流出する酒匂川を本流域として設定されている。この点について「知行注文」記載の所領在所と高辻を具体的に検討すれば、酒匂川下流域西側の本城地領小田原には四二六貫文、本城地より東側の酒匂川流域下流から上流に沿って井細田（現小田原市内）八〇貫文・鬼柳（現小田原市内）二八〇貫文・松田庶子（現足柄上郡松田町内）六二貫七一四文、酒匂川支流の狩川と山王川とに狭まれた流域には穴部瀬下分（現小田原市内）二〇貫文・久野道場分（現小田原市内）一五貫文、酒匂川本流東辺の森戸川流域には高田（現小田原市内）二七一貫文・下堀（現小田原市内）一三貫四〇〇文、小田原本城地領西域の早川流域には早川（現小田原市早川）二〇〇貫文・早川から福浦までの海辺村落片浦五ヶ村（現小田原市内）一〇〇貫文、などの諸河川流域に幻庵所領の設定分布をみることができる。

（二）直轄領の存在と郷村支配

右述のごとく北条幻庵所領在所は農業生産力の高い河川流域[12]に散在的分布を呈していたが、領内各地に設定された後北条氏当主領及び一族所領・寺社領の場合も同様な分布形態であった。このような直轄領分布形態の中で、特に後北条氏本城地領下の相模国西郡内へ幻庵所領在所が設定された理由は、㋑早雲の幻庵に対する箱根神社別当職就任を期待した[13]結果、早雲遺領の名目で付与したこと、㋺幻庵所領在所周辺諸郷村内居住の在地土豪（第Ⅰ図参照）[14]に対する把握の推進、㋩彼ら在地土豪に隷属していた在地百姓に対する直接支配の促進、などがその骨子であり、後北条氏の地方支配浸透策における領内諸郷村掌握を目的としたものである。

　後北条氏は右の目的である直轄領内諸郷村・その周辺部諸郷村支配を貫徹するために、政治組織上の奉行人・郡代・代官・小代官と呼ばれる諸職役人を任命し、彼らをそれぞれの郷村に配置し統治せしめた。後北条氏草創期の代官補任は、延徳三年（一四九一）伊豆攻略に活躍した早雲配下の直属家臣や、明応四年（一四九五）相州小田原攻略に従った豆・相内有力在地土豪らに多くみられる。こうした後北条氏の在地土豪代官補任を幻庵所領在所でみれば、前掲の「伊勢早瑞長氏知行注文」記載の幻庵配下の重臣、岡田・新田・大草などの諸氏がこれに当たる。彼らは後北条氏家臣団構成上（一般的には旧領安堵方式による被官化、或いは新恩による被官化）の上層家臣であり[15]、後北条氏からの代官補任によって直轄領内在地百姓支

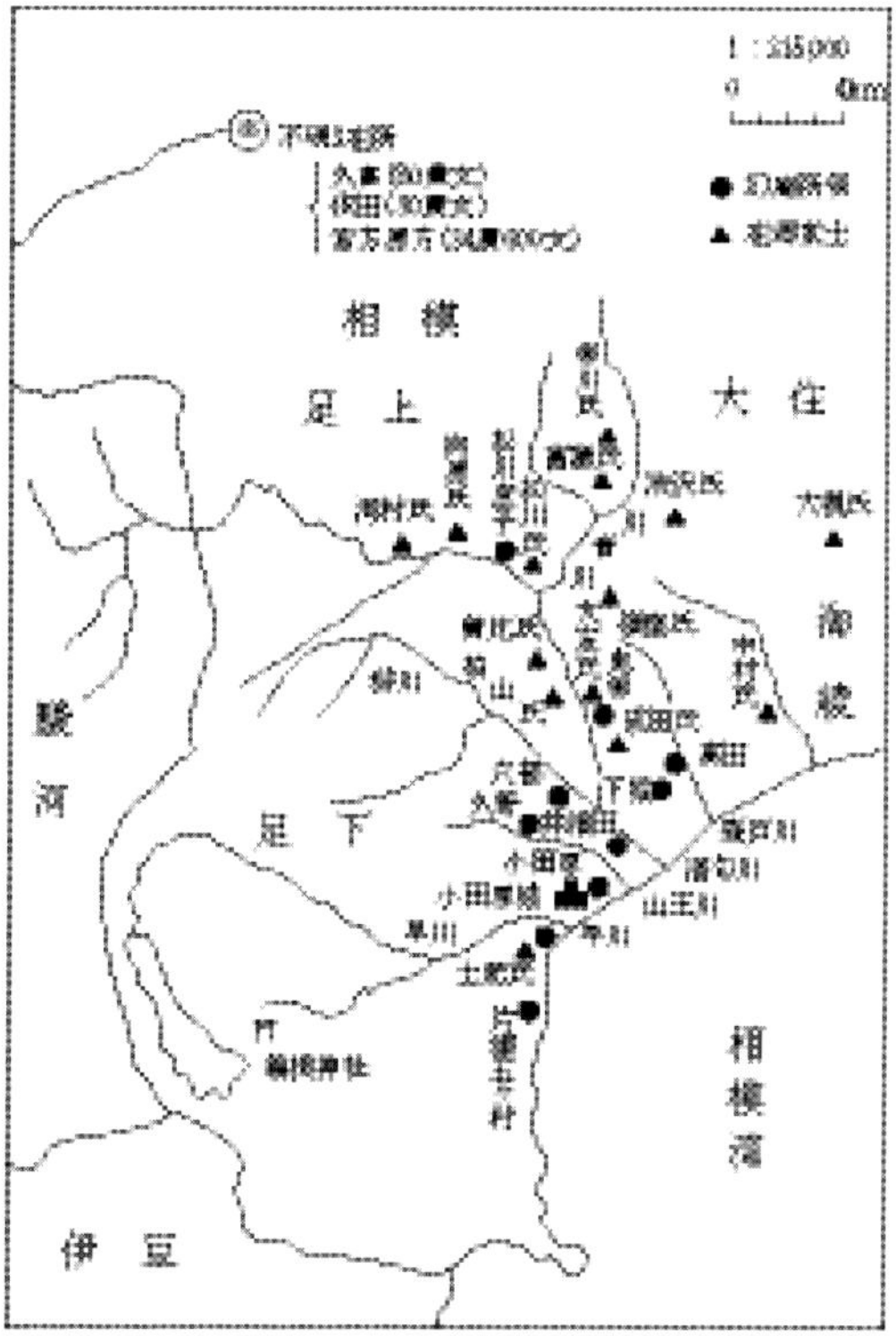

第Ⅰ図　幻庵所領西郡内在所分布図

配や年貢公事などの責務を課せられた。しかし、こうした形態の代官支配では、後北条氏が企図した郷村内の諸百姓に対する直接支配にはほど遠いものであった。それは当時の郷村構成が旧態依然とした中世的村落構造を維持し、特に郷村内支配形態が在地土豪↓有力名主層↓隷属百姓層の系統を頑強に存続していたためであった[16]。そのため後北条氏は郷村支配の基礎となる百姓掌握策を強硬に実施することができず、在地土豪に対する「於柿木之内可致忠節由申、無比類候、急度可調候、くんこう（勲功）においてハ、のぞミ（望）のことくニてあるへく候者也[17]」のごとき旧領安堵方式の被官化を促進することが先決課題となった。次いで後北条氏は彼ら被官を在郷代官に補任し、彼ら在郷代官を駆使して郷村内有力名主層及び隷属百姓層に対する把握をしなければならなかった。即ち、後北条氏の郷村支配や百姓掌握策は、在郷代官の手による間接的支配体制を基本として進められたのである。

　しかし、右のごとき郷村支配形態も後北条氏の権力増強と支配領域拡大に伴って、領内の一部では次第に変化をみるに至った。例えば明応一〇年（一五〇一）三月、早雲は後北条氏直轄領豆州田方郡の伊豆山神社走湯山に対し、「相州上千葉（代）之内走湯山分、為替地、豆州田牛村先寄進申、可有御成敗者也[18]」のごとき所領替寄進状が発布できるようになった。これは後北条氏が自己の権限で直轄領内諸郷村に対する領主所領替の実施を示すものであるが、既にこの段階において郷村掌握が可能となっていたことは明らかであろう。また本城地領下の相州西郡底倉村の場合では、永正八年（一五一一）八月には「当底倉村万雑公事、永〻指置了、地下人可令存知其旨者也[19]」の下知状を令して郷村支配に着手し、二年後の永正一〇年（一五一三）七月には「於当村諸公事以下、末代共令免許候」のごとき「伊勢宗瑞《長氏》判物[20]」を発するまでになった。

　右に述べた在地領主の所領替や諸公事免除を後北条氏が郷村単位で施行しえたのは画期的なことであり、既に永正年代の段階には後北条氏の在地土豪把握・郷村内諸百姓に対する直接支配が侵透しつつあったことを意味するものである。このような後北条氏の郷村支配に対する動向は、前出の豆州田牛・相州上千代・底倉以外の豆・相内各地郷村にもみられた。なおかつ、後北条氏は直轄領支配における在地土豪・諸百姓掌握対策を厳密に進め、永正一五年（一五一八）には後北条氏虎朱印判状「永正十五戊寅九月被仰出御法之事」(21)を発布し、後北条氏虎朱印判の使用規定を明示した。特にこの印判状には「此虎之御印判ニ代官之判形を添、小事をも可被仰出、虎之御印判なくハ郡代同雖有代官之判形不可有之」のごとき在地土豪の在地性に対する否定と権力横使に制限規定を加え、さらに諸百姓には「於此上はらひを申懸者あらハ交名をしるし庭中に可申者也」の保護統制を明確にした。また、大永二年（一五二二）九月の相州西郡大井宮苑「定法度」虎朱印判状第二条には「神領之事、私領外也、地頭以下不可相綺、若私領内与心得、貧神田令押領事有之付而者、以目安可申上之事」(22)とあり、直轄領である神領と家臣団私領（在地領主領）とを明確に区別するとともに、郡代・代官たる地頭領主層の神領侵害を制圧し、神領・領民に対する直接支配とその統制を窺うことができる。

以上述べたごとく、後北条氏草創期には在地土豪に対しては旧領安堵の形式で後北条氏家臣団に編入し、旧来からの在地性を容認しながら支配下に組み込み、郷村支配に着手した。次いで、後北条氏は在地百姓に対する直接支配を達成する目的で、彼ら在地土豪の在地性を排除する方向をとった。しかし、彼ら在地土豪はなお強固に百姓を隷属させ、かつ反面後北条氏の家臣となったために、この段階では後北条氏の企図する百姓直接支配と在地土豪排除策の強行実施は困難であった。

註

（1）（3）（5）　小田原市立図書館収蔵『小田原衆所領役帳』和綴二帳（一帳は平良直筆写—嘉永六〜七年、他の一帳は筆者・年代不詳であり、江戸後期のものと推定）、『東京市史』外編『集註小田原衆所領役帳』、杉山博校訂『小田原衆所領役帳』、及び『静岡県史料』・『豆州内浦漁民史料』・『改訂新編相州古文書』・『鎌倉市史（史料編）』・『武州文書』・『北条氏照文書集』・『北条氏邦文書集』・『新編相模国風土記稿』・『新編武蔵風土記稿』などに記載されている後北条氏関係文書参照。後北条氏の直轄領及び家臣団についての論著は、勝守すみ子「後北条氏御領所（直轄領）の研究」（『史潮』六九号）、同「後北条氏家臣団の構造（一）—小田原衆所領役帳を中心として—」（『群馬大学紀要』人文科学編、七巻七号）、拙稿「戦国大名後北条氏の家臣団構成—『小田原衆所領役帳』の分析を中心に「小田原」「津久井」両衆の場合—」（『石田・和田・龍・山中　四先生頌寿記念史学論文集』）などがある。

（2）　伊豆山走湯山領の場合では、明応十年三月に早雲が神領寄進の形で強引な所領替えを実施している。これは後北条氏が旧来からの権門勢家・荘園領主勢力下につながる寺社領の権利を制限した証左であり、また永正十七年六月には氏綱が相州中郡徳延郷を奉納している。こうした後北条氏の神領寄進は、既にそれらの郷村が後北条氏直轄領であったことを意味するものである。（『静岡県史料』第一輯、四二四〜四八九頁。伊豆山神社文書・三宝院文書・神宮徴古館文書）。

（4）　『改訂新編相州古文書』第一巻、一三二〜一三三頁。『戦国文書聚影　後北条編』（柏書房刊）伊勢早瑞知行注文（箱根神社文書）。

（6）　立木望隆「概説　北条幻庵」『研究ノートNO．1』後北条氏研究会編）。

（7）　勝守すみ子前掲論文、前掲拙稿。

（8）（9）（10）　「知行注文」書載の箱根領所々菊寿丸知行分十四在所高辻小計「千二百五十二貫九百文」十一在所高辻小計「千八十八くわん七百十四文」及び合計高辻「物都合四千四百六十五貫六百十四文」とあるが、これらの記載は誤りであるため本稿では私の計算によった。

（11）　後北条氏時代における相模国郡名呼称は江戸期のそれとは異なり、「当時各郡の唱を廃し、三浦郡の外は、闔称して、東郡、鎌倉・高座二郡西郡、足柄上・下二郡中郡、愛甲・大住・淘綾三郡、と呼び、今の津久井県の地は、元来、愛甲・高座二郡の所属たれども、自然区別をなし、当時分て奥三保と唱へ、或は津久井領と呼べり」（『新編相模国風土記稿』第一巻、九頁）のごとく、国内を東・西・中の三郡に区分

〈幻庵所領相州西郡内在所地名・高辻表〉

在所地名	高辻（貫高）
高田	269貫285文
鬼柳	326貫020文
本寺家	583貫385文
新寺家	251貫416文
井細田	100貫000文
松田庶子分	30貫000文
早川地	16貫300文
与田分	69貫777文
池上分	44貫000文
瀬下分	26貫600文
原方宮方	46貫400文
久野道場分	18貫900文
片浦	20貫200文
酒匂内駒形分	40貫250文
下堀	24貫000文
酒匂内箱祢分	17貫400文
計	1883貫933文

〈幻庵所領相州内郡別分在所数・郡別高辻表〉

郡名	分在所数	高辻（貫高）
西郡	16	1883貫933文
中郡	11	783貫752文
東郡	4	581貫090文
計	31	3248貫775文

していた、また、管見の「後北条氏関係文書」・『小田原衆所領役帳』記載の郡名も同形であるので、本稿の場合もこの東・西・中の郡別呼称に従った。

なお本文「知行注文」の対照として、参考までに永禄二年（一五五九）の『小田原衆所領役帳』書載「幻庵御知行」をみれば、高辻合計は五四二貫二〇〇文と増加し、これまでの小田原・星谷・高萩・久富・上総二宮などが削減され、本寺家・新寺家・山崎・金沢・豊田・酒匂など十五在所が加えられた。また、相州郡別或いは西郡内の在所高辻は、表のごとくである。

(12)　中丸和伯「戦国大名論—相模国西郡の村落立地と村落構造—」（『歴史学研究』第二四〇号、二～四頁）。

(13)　立木望隆前掲書、一四～二三頁。

(14)　『尊卑分脈』・『秀郷流藤原氏系図』・『吾妻鏡』・『読史備要』・『新編相模国風土記稿』第一巻などによって西郡内居住の在地土豪をみれば、酒匂川上流域には河村・向原・松田の諸氏、同中流域には曽比・栢山・曽我・大友・成田の諸氏、川音川流域では柳川・菖蒲・渋沢・篠窪の諸氏、押切川上流域の中村氏、、早川下流域の土肥氏などがみられる。彼らはいずれも藤原秀郷流の系譜をひくもので、鎌倉時代以来の庶子分独による土着武士団である。

(15)　勝守すみ子前掲論文、前掲拙稿。

(16)　荒居英次「伊豆内浦長浜漁村における封建制の形成」（『近世日本漁村史の研究』九九～一一〇頁）。拙稿「中世末期における海辺村落の構造—戦国大名後北条氏領豆州内浦の場合—」（『史叢』一二・一三合併号）。

(17)　『静岡県史料』第一輯、一〇二～一〇三頁。

(18)　『同右』第一輯、四四二頁。

(19)(20)　『改訂新編相州古文書』第一巻、一三八頁。

(21)『豆州内浦漁民史料』上巻、一頁。
(22)『改訂新編相州古文書』第一巻、四三頁。

二、後北条氏の検地の実施と在地百姓の動向

後北条氏の領国統治は、二代当主氏綱以来の支配領域拡大に対応し、政治経済軍事等の諸策実施にも体制的強化と整備がみられた。特に地方支配については、郷村及び百姓掌握確定のための検地・税制の改革整備が断行された(1)。なかでも検地の実施は在地領主層の旧態依然とした支配権力を剥奪し、在地百姓を後北条氏の直接生産者として掌握するとともに、経済的基盤を成す年貢負担者として確保するためのものであった。

後北条氏本城地領内相州西郡及び豆州・駿州における検地の実施年代と実施箇所は、第Ⅲ表に示したごとくで、永正三年（一五〇六）相州西郡宮地での検地から永禄一二年（一五六九）同郡斑目郷の検地まで都合三〇箇所(2)が実施されている。しかし、この第Ⅲ表に掲げた検地地域における郷村構造を知るための田畠名請人や耕地面積などを記した検地帳は、天文一〇年（一五四一）の検地を同一九年（一五五〇）に書写した相州西郡の『辛丑下中村上町分検地帳(3)』の場合と、天文一二年（一五四三）実施の豆州内浦長浜郷の『癸卯九月七日、長はまの野帳(4)』の二冊が存在するにすぎない。他のほとんどは、『小田原衆所領役帳』の記載にみられる「松田因幡、一百三貫九百七拾壱文、西郡今井郷半分、壬子検地辻」のごとき貫高表示の「検地辻」形式や、相州西郡斑目郷に宛てた後北条氏印判状の、

己巳（永禄十二）歳斑目郷風損之佗言、百姓中頻而申ニ付而、検見之上、自今以後之納所引方共ニ定事

第Ⅲ表　相州西郡・豆州・駿州における後北条氏の検地実施年代と実施地名表

年　号	相州西郡	小計	豆　州	小計	駿　州	小計	合計
永正 3 年	宮地	1					1
〃 17 〃	片浦、原方、宮方、酒匂内駒形分、久野道場分、瀬下分、下堀、幸福寺分、与田分	11					11
天文 1 〃	沖之郷	1					1
〃 8 〃	門川、吉浜	2					2
〃 10 〃	下中村上町分	1					1
〃 12 〃			長浜、中条、長溝分（江間）	3 ①			3 ①
〃 21 〃	今井郷半分	1			佐野郷（尾高、多比村）	1 ②	2 ②
弘治 2 〃			月ヶ瀬	1			1
〃 3 〃	吉田島	1					1
永禄 2 年以前	成田	1	加古	1			2
〃 5 〃			江間	1			1
〃 12 〃	斑目郷	1					1
—	—	20	—	6 ①	—	1 ②	27 ③

〔註〕○の中の数字は検地の実施地年号が正確でなく、推定で組み入れた。

一、弐百拾壱貫弐百五拾弐文　検見高辻
　　此分引方
　五拾貫四百九文　　諸公事銭
　（中略）
　以上七拾四貫六百四文　諸引方
　　残而
　百三拾六貫六百四十八文　定納之辻
　　此内出方
　弐百四貫弐拾壱文　石塚法師
　拾三貫百五十七文　瀬戸三郎左衛門
（後略）(5)

に記された検見貫高表示、或いは豆州駿東郡佐野郷に宛てた、

　佐野郷御検地之割付
田上壱丁　此分銭六貫文
中壱丁四段小　同　七貫百六拾六文
下六丁七反　同　廿六貫八百文

田数合九町壱反小

（中略）

田畠分銭合四拾壱貫五百卅五文

此内弐拾九貫五百文　本斗

増半分引銭六貫拾七文

本増合卅五貫五百十七文　定納[6]

の体裁にもとづく「検地書出」（「検地割付」とも呼ぶ）状である。

いずれにしても、これら後北条氏の検地の実施は百姓掌握と年貢収納の確保を目的としたものであり、かつまた地頭領主（在郷代官）に対する直接的支配権力の抑制と領主・百姓間の結合或いは抗争を否定したものである。例えば、天文一〇年（一五四一）に検地を実施して後北条氏の直接支配下に転じた相州西郡中村上町分は、天文一六年（一五四七）九月には後北条氏第三代当主北条氏康名をもって「就当寺建立、相州西郡下中村内上町分、百貫文之地、令寄進者也[7]」と小田原本光寺に寄進し、しかも翌一七年一二月には「中村之内御寺領上町屋《(分)》、致不入進候、并段銭棟別銭之事者、自来年酉歳可進覧候、但陣夫之儀者、可被仰付候[8]」と氏康名をもって不入たるべき旨令した。こうした経過のもとに本光寺領となった上町内で、近接の上町分小竹との入会権抗争が起こったために、後北条氏は天文一九年七月一七日付虎朱印判状「下中村上町分之内、四貫二百七十八文分小竹江就混乱、改而四貫文余之処、寄進申候、然者申酉両年之土貢、自百姓前可被召置者也[9]」を本光寺へ発し、この地を本光寺寄進領として解決した。なおかつ、本光寺へ同日付で、

辛丑下中村上町分検地帳

田　一反大卅歩　三郎左衛門

田　二反百十歩　同人

田　小四十歩　二郎三郎

畠　大六十歩　同人

畠　一反六十歩　同人

畠　二反半　三郎左衛門

畠　小　同人

畠　四反小　清三郎

（中略）

以上　十四町一反三十歩　田分

此分銭

七拾貫五百四拾二文

以上　二十七町五反五十歩　畠

此分銭

四拾五貫四百文

合百拾五貫九百四十二文　此内拾七貫八百八十五文夏成

此外問答之地小竹上町

田四反百歩　舟津

田四反百歩　源太郎

以上　八反半廿歩

此分銭

四貫弐百七十八文

惣都合　百弐拾貫廿文

右小竹上町問答之地八反半廿歩、庚戌之年上町へ被落居候、以此帳公事免其外諸色之引替、分国中如法度引之、百姓中へ可有御渡者也、仍如件

天文十九庚戌七月十七日（虎朱印）

本光寺[10]

のごとく、天文十年の検地帳を書写して問答の地を書き加え、上町に帰属した旨を記して本光寺へ与えた。この検地帳記載形式をみれば、田畠の区別・面積表示・名請人がそれぞれ一筆ごとに記されているが田畠等級は明記されず、また一筆ごとに示された名請人の田畠面積も田五反大・十郎左衛門、畠六反小・五郎右衛門、畠六反・源太郎のごとき記載もある。とにかくこの検地帳による中村上町の田畠合計総面積は四一町六反八十歩で、名請人（保有者）数は七二名・総筆数三五七筆である。このうち田畠合計面積が二町歩以上の上位保有者は五名であり、一反～一町の保有

者が五〇名で全体の約六割を占め、一反以下の零細的保有者は一七名で約二割五分である。こうしてみると当中村上町の農村構造は、旧来の名主百姓が多少は残存しているが、全体的には名主的農業経営が解体しつつ隷属百姓が解放され、次第に小百姓として成長・独立していったと理解できる。このような小百姓独立の傾向は当中村上町に限らず、かなり一般的な動向として各地にみられる。同じ西郡内篠窪郷の場合でも活発化し、天文四年（一五三五）九月には、

篠窪百姓中座敷之事

一番　二郎衛門尉
二番　三郎衛門尉
三番　彦左衛門尉
四番　源六
五番　大(太)郎左衛門尉
六番　孫兵衛
七番　孫五良(郎)
八番　大(太)郎衛門尉
九番　与四郎
拾番　藤内四郎

右、背此旨子細申候者、座敷を可立者也、仍如件、

天文四年丙申九月廿九日　（花押）(11)

のごとき百姓「座次」を決める必要が生じた。ここに記された十人の百姓は在地領主篠窪氏領内の有力名主層で、系譜的には近世の村役人につながるクラスのものであった。[12]いずれにしてもこの段階に彼ら有力名主層が宮座の「座次」を確認することは、彼らの他に新しく抬頭してきた小百姓層が存在していたことを示すものと思われる。つまり、郷村内諸百姓の階層分化に直面した名主百姓が独立小百姓に対抗するため、名主間の団結を強化する意味において「座次」の確認が「篠窪郷百姓中座敷之事」の掟書となって現われたものと推定される。

右に述べたごとく後北条氏は検地の実施による百姓支配を試みたのであるが、天文期以降領内各地では小百姓層の成長と旧来からの有力名主層との抗争が活発化したために「一、湯治之面々薪炭等、其外地下人役申付事、一、材木申付、仗もたひを地下人ニ申付事、已上、右之両条、縦如何様之者有之申懸共、地下人出合間敷候、但虎之御印判、又幻庵印判於有之者、無〻沙汰可勤之者也」[13]のごとき禁制を発布するに至った。また、こうした時期に在地領主・知行人・代官・小代官らの苛政や自然風水害を理由に、領内各地の郷村では在地百姓の退転・欠落が多く輩出した。[14]そこでこうした在地百姓に対する直接支配の懐柔策として、後北条氏は領内諸百姓に対して諸公事を赦免し、これを基盤に保護統制を加えようとした。例えば本城地領下の相州西郡一色郷に宛てた天文一九年（一五五〇）四月一日付後北条氏虎朱印判状「国中諸郡就退転庚戌四月諸郷公事赦免様躰之事」には

相州西郡一色郷
弐拾八貫文
卅弐四百四十文　同所河成之内三ヶ二
此外、拾六貫二百廿文、河成之内三ヶ一除之、
右、為諸点役之替、百貫文之地より六貫文懸ニ可出趣相定、然者、一色之村弐拾八貫文之地、此役銭三ヶ一五百

六十文、此外川成之内より出卅弐貫四百四十文、此役銭三ヶ一六百五十文之分、合壱貫弐百十文、六月半分、十月半分両度ニ御蔵へ可納、此已後ハ昔より定候諸公事一も不残令赦免候、郡代触口不可有綺候、若背此旨申懸者有之者、百姓御庭へ参、可致直奏、但、陣夫并廻陣夫、大普請をハ可致之、廻陣夫をハ年中八貫文積ニて、以米銭可出事、

一、地頭ニ候共、百姓迷惑ニ及候公事以下申懸ニ付而者、御庭へ参可申上之事

一、退転之百姓致還住候者ニハ、借銭借米可被赦免候、但、従今日以前之儀也、自今日以後欠落之者ニハ不可有赦免事

一、無御印判郡夫不可立者也、仍如件、[15]

の記載がみられる。この赦免状で特に留意すべき点は後北条氏が在地百姓の直訴を認めたことで、後北条氏が百姓の立場にたっていかに彼らの性格をつかみながら支配しようとしたかが窺える。この結果、在地百姓は自己に有利となる場合に限って直訴をしたもようで、相州西郡酒匂代官小島左衛門太郎に令した永禄三年（一五六〇）五月一五日付北条氏裁許状（小田原評定衆狩野大膳亮泰光花押）[16]にも「西郡十ヶ村百姓捧目安ニ付而、酒匂之小嶋召出、遂糺明畢、然而酒匂蔵年貢方ニ入置候俵物可取返由非分候、年貢方之徳政不入上者、不可出者也」のごとき記載がみられ、文中の「西郡十ヶ村百姓捧目安ニ付而」はいうまでもなく百姓の直訴を示すものである。このような直訴ができえた百姓は、前述の中村上町郷や篠窪郷でみた有力名主層か階層分化に伴って上昇した独立百姓であろうと思われる。いずれにしても後北条氏の百姓に対する直訴認可は、あくまでも後北条氏知行人・代官・小代官の悪政に限ったものであった。しかし、こうした後北条氏の意図をくみとった有力百姓層は、自己に直接苛政を加える知行人に対しても否定す

る傾向が強かった。例えば河越城主大導寺氏の所領であった相州西郡斑目郷は、永禄一二年（一五六九）に風損害を理由として「検見之上、自今以後之納所引方共ニ定」めたのであるが、その結果、定納高辻を一三六貫六四八文と決定して一八名の百姓が年貢負担者となった。この時に後北条氏は「郷中検見之上、百姓佗言之透指引、残而納リ之分、是又百姓中捧請負之一札間、如此相定畢、於向後無菟角、年貢常速ニ可致進納、畢竟河越ヘ之付はこひ為彼是、一廉指置候、猶百姓等等申合、郷中之儀相稼、公私之御用無ゝ沙汰可走廻者也」(17)の印判状を斑目郷に与えたのであるが、この記載によれば、後北条氏の支城城主である代官大導寺氏の私的郷中支配を否定しうる「百姓中捧請負」が成立していたことが明確に示されている。

右のごとく後北条氏の郷村掌握にみられた直訴の許可は後北条氏の中間的支配者層たる知行人や代官らを否定することになり、また逆に、知行人・代官らは在地百姓に対して苛酷な課税や権力横使などによって圧迫した(18)。こうして双方の抗争が活発化したため、後北条氏の郷村掌握・支配は不安定な状態となった。こうした状況下に、後北条氏は自己の支配権力の強大化を示すために、天文年間以来の未検地郷村に対してあえて検地を実施しようとした。これは後北条氏が郷村を完全に掌握するための手段であったが、実際には「弐貫九□□□文、神山増反銭、但、本反銭三分一懸、従当年可致進納辻、此外三分一ハ、自乙卯歳（弘治二）御蔵納致来、右、先年無検地在所、就御代替雖可被改候、其以来被打置郷村、只今事六ヶ敷間、以段銭増分被仰付候、米穀計難調ニ付而者、員数相当次第、黄金、永楽、綿、漆等有合候物を以、可納之」(19)のごとき、後北条氏と在地百姓との妥協的検地であった。つまり、在地百姓の成長・自立化とによって在地領主である篠窪氏や大導寺氏の支配権力が弱体化したのに対し、彼ら在地百姓は戦国大名領主たる後北条氏に対抗しうるまでに成長したことを意味するものである。

註

（1）佐脇栄智「後北条氏の検地」（『日本歴史』第一七七号）、同「後北条氏の税制改革について」（『日本歴史』第一六二号）、同「小田原北条氏代替考」（『日本歴史』第九三号）。なお、佐脇氏の一連の研究成果によれば後北条氏の検地は領域拡大に対応して実施されたものと断じ、特に実施範囲と年代的考証から後北条氏当主代替わり検地であると規定し、さらには後北条氏の税制改革とその整備とに対処するための前提条件であると結論づけている。

（2）『新編相模国風土記稿』第一・二巻、『改訂新編相州古文書』第一巻、『静岡県史料』第一輯、『豆州内浦漁民史料』上巻、「小田原衆所領役帳」などから後北条氏の検地関係を抽出した。

なお、後北条氏領国全体の検地に対する詳細なる検討は、佐脇氏（前掲論文参照）によって明らかにされつつある。

（3）『新編相模国風土記稿』第二巻、二五八頁の「辛丑下中村上町分検地帳」、及び佐脇氏前掲論文で紹介された「検地帳」を参考とした。中丸和伯氏はこの検地帳を現存せずとして『風土記稿』書載のもので検討（前掲論文）されたが、佐脇氏の研究によって現存していることが明白となった（前掲論文）。

（4）『豆州内浦漁民史料』上巻、一～三頁。なお、この検地帳の分析から村落構造を究明した論文には、荒居英次「伊豆内浦長浜村における封建制の形成」（『近世日本漁村史の研究』所収）、拙稿「中世末期における海辺村落の構造―戦国大名後北条氏領豆州内浦の場合―」（『史叢』第一二・一三合併号所収）などがある。

（5）『改訂新編相州古文書』第一巻、七〇～七一頁。

（6）『静岡県史料』第一輯、六三六～六三七頁。

（7）（8）（9）『新編相模国風土記稿』第二巻、二五七～二五八頁。

（10）『同右』第二巻、二五八～二六〇頁。及び佐脇栄智「後北条氏の検地」（『日本歴史』第一七七号）一九～二〇頁。

（11）『改訂新編相州古文書』第一巻、五六頁。

（12）『新編相模国風土記稿』第一巻、一八五～一八七頁。

（13）『改訂新編相州古文書』第一巻、一三九頁。

(14)『豆州内浦漁民史料』上巻、七頁書載の「西浦重洲闕落書立」によれば八名の欠落百姓名と欠落先の所在が明確に記されているが、彼らの欠落先住所は七名が豆州内の他郷村・一名が相州西郡栢山で、いずれも後北条氏領国内への欠落であった。なお、百姓欠落関係の文書は、『改訂新編相州古文書』・『静岡県史料』・『武州文書』などにも散見する。
(15)『改訂新編相州古文書』第一巻、一五二～一五三頁。
(16)『同右』第一巻、一六三～一六四頁。
(17)『同右』第一巻、七一頁。
(18)『同右』第一巻、一五〇頁。『豆州内浦漁民史料』上巻、一〇頁。
(19)これは在地領主篠窪氏所領相州西郡神山郷に宛てた天正九年（一五八一）の後北条氏虎朱印判状（『改訂新編相州古文書』第一巻、五六頁）であるが、佐脇氏（前掲論文）によれば氏政・氏直の代替わり検地であると規定されている。なお、当西郡内での代替検地（天正九年）文書は斑目郷にもみられる。

結　論

戦国大名後北条氏が自己の本拠地とした相州西郡内諸郷村及び在地百姓に対する掌握・支配を如何なる形で施行していったかについて、〔一〕では北条幻庵所領在所の設定・分布形態と、その支配方法を中心に、また〔二〕では百姓に対する直接支配を目的とした検地の実施状況、及び在地百姓の在地領主・後北条氏に対する動向に検討を加えた。その結果、

〔一〕幻庵所領の在所は相州西郡に最も多く設定され、ここを中心に伊豆・相州中郡・同州東郡へ同心円状の形態で分布していた。しかもこれらの設定地は酒匂川をはじめ生産力の高い河川流域平野部郷村であり、散在的な分布を

示していた。

〔二〕この直轄領を基盤として周辺諸郷村の在地百姓掌握を試みたが、中世的村落構造の郷村であったために在地土豪を被官化することから着手する必要があった。なお、後北条氏の被官化策は旧領安堵方式によったため、後北条氏の百姓に対する直接支配は困難であった。

〔三〕検地帳分析によって明白なごとく、天文期には郷村内での階層分化が活発となって、旧来の名主的農業経営形態は解体し、これまでの隷属百姓は解放されて小百姓として独立し、さらに彼ら小百姓層は漸次成長して在地領主に対抗しうる有力百姓層に上昇した。

〔四〕検地の実施は直接生産者層たる百姓掌握と年貢収納の確保を目的としたものであるが、永禄～天正期には前述の有力百姓層らの請負制が活発となったので、百姓に対する直接支配は停滞するとともに年貢収納関係にも譲歩する結果となった。

〔五〕後北条氏は在地領主層（知行人・代官・小代官）の苛政にあえぐ在地百姓の直訴を認めたが、後北条氏に直訴できえた百姓は郷村内では土豪的有力百姓であった。

〔六〕こうした在地百姓の上昇発展段階にあっても、後北条氏は在地百姓に対する掌握を憮民の形で試みたのだが、彼ら在地百姓は既に在地領主・後北条氏及びその一族に対抗しうるまでに成長していた。そのため後北条氏は郷村及び在地百姓に対する支配権力を強化することができず、逆に後北条氏の支配権力の弱さを露呈する結果となった。

以上の如く、本論での検討結果は六項目が明白となった。

なお、後北条氏民政研究上必要な諸税賦課については、前掲渡辺・牧野・佐脇各氏の論文以外に、守谷樹壱（「後北条氏の農村支配について」『法政史学』一三号）・藤木久志（「大名領国の経済構造」日本経済史大系）・福島正義（「小田原北条氏の民政について」『武蔵野史談』一巻四・五合併号、「後北条氏の農民統制に就て」『日本歴史』五七号）・奥野中彦（「中世末東国農民の生活と動向」『民衆史研究』三号）・安良城盛昭（「太閤検地の歴史的前提（二）」『歴史学研究』一六四号）の諸氏によって解明されているが、本稿で検討しえなかった後北条氏の農村支配における検地の実体――太閤検地・徳川文禄検地などと対比した田畑実測状態や米麦収穫状況など――を究明することが必要であるので、今後の研究課題として検討を加えたい。

第2部

隠居後の領国支配

Ⅰ　戦国大名後北条氏の裁判制度について

古宮雅明

はじめに

本稿は戦国大名権力の特質を解明する一つの手掛かりとして、後北条氏の裁判制度のあり方を明らかにしようとするものである。後北条氏の裁判制度については中丸伯和氏、小和田哲男氏、伊藤一美氏が取り上げている(1)。後北条氏の場合「評定衆」の存在が知られており、裁判に「評定衆」が重要な役割を果たしていたことが推定されるのであるが、中丸氏、小和田氏の研究は評定衆を行政機構の一つとしてとらえての分析に力点が置かれているため、裁判制度そのものの追及は不十分である。また、伊藤一美氏は「庭中」と「目安」を分析して訴訟手続きのあり方を解明されたが裁判制度の全体像は必ずしも解明されていないようである。したがって本稿では、裁判制度の具体像をできるだけ明らかにするとともに、その特質を考察したい。

一、評定衆裁許体制の成立とその実態

虎印判状のうち評定衆の署判があるものを普通、裁許印判状と呼んでいるが、一方評定衆の署判はないが明らかに裁許状と認められるものも存在する。(2) したがってそれとの区別のためにとりあえずこれを評定衆署判裁許状と呼び、その裁許制度を評定衆裁許体制と呼んでおく。中丸氏はこの裁許状の様式について、①元号・干支・月日を一行に書き（干支は割り書き）虎印を押し、②月日の下に「評定衆」、次行に官名、三行目に奉行人の名を書いて花押を据え、③永禄末年にこの様式が定められて以後は変化しない、とまとめられた。中丸氏が収集されたのは三十三例であるが（小和田氏が四十一例を紹介）、現在では五十三点が確認できるので（表1参照）その様式を再度検討してみる。現在のところ評定衆署判裁許状の初見は天文二四年であるから、その成立時期は天文末をそれほどさかのぼることはないと思われる。署判部分をみると、初期の四点は「評定衆　石巻下野守」のようになっており、評定衆の実名が入らない。うち二点には「在判」とあり花押の存在を示しているが、正文のもの二点には花押は書かれていないので花押の有無は確定できない。(3) 日付部分は中丸氏の指摘のように永禄九年頃から干支が書き入れられるようになるが、署判部分は永禄初期から「評定衆・大膳亮泰光・花押」のように評定衆の姓を書かなくなり、代わって実名が記されるようになる。また、花押は数例を除いてほとんどに見られるので花押を据えるのが原則であった。(4) この形態が後北条氏滅亡時まで続くので、干支の書き入れという微調整が途中であるが、基本的様式は永禄初期に定まったとみてよい。このことから、評定衆裁許体制は天文期の終わりころには出来上がり、永禄の始め頃までには整備されて制度的に確立した

表１　評定衆署判裁許朱印状一覧

№	年・月・日	訴　人	論　人	争　点	評 定 衆	出 典
1	天文24・１・21	矢野右馬助	右馬助息與次郎	矢野右馬助一跡の相続	石巻下野守	遺 477
2	24・３・21	（舞々頭）天十郎		卜算・移他家・唱門師の支配権	狩野大膳亮	6983
3	24・３・21	（舞々頭）伊豆大夫		同上	笠原美作守 清水太郎左衛門尉	6984
4	弘治２・１・10	長吏九郎左衛門	長吏太郎左衛門	長吏の活動	石巻下野	遺 500
5	永禄２・７・21	金蔵坊等中武蔵五ヶ寺	玉滝坊	玉滝坊修験役徴収の可否	大膳亮泰光	7123
6	３・４・25	須田蔵助	藤沢客寮	須田の田畠屋敷の徳政適用の可否	大膳亮泰光	7139
7	３・５・15	西郡十ヶ村百姓	代官小島左衛門太郎	年貢の徳政の可否	大膳亮泰光	7144
8	７・12・28	伊豆赤沢百姓	伊豆八幡野百姓	境相論	大膳亮泰光	遺 885
9	９・７・10	（舞々）若大夫	（舞々）天十郎	卜算・移他家の支配権	飛驒守泰光	7499
10	９・８・28	西来寺	光明寺	三浦郡寶立寺寺務職の帰属	修理亮康豊	7510
11	９・10・20	成福寺		成福寺の伊豆追放	飛驒守泰光	7521
12	10・４・20	富岡氏	横瀬新右衛門尉（？）	上野国佐貫郷の帰属	評定衆	7537
13	11・６・28	石切左衛門五郎		石切棟梁安堵	下野守家種	遺 1080
14	11・２・10	小窪六右衛門尉		武蔵西入郡壹方10貫文安堵	飛驒守泰光	7584
15	12・６・10	伊豆愛染院		大光院拘の社領・末寺の支配	勘解由左衛門尉康保	7812
16	元亀１・３・28	相摸西郡鋳物師	相模中郡鋳物師	相摸内の鋳物師商売の権利	勘解由左衛門尉康保	遺 1398
17	３・３・21	大納言尊良	永善代戸川善三郎	雪下我覚院院主職の帰属	四郎左衛門尉	8111
18	３・６・21	尾崎常陸守	宮城四郎兵衛尉	尾崎大膳討死跡の相続	勘解由左衛門尉康保	8129
19	３・10・16	武蔵国三保谷の鈴木	同所代官	代官非法	勘解由左衛門尉康保	8142
20	４・12・10	武蔵国すな原百姓		風間の在所迷惑	勘解由左衛門尉康保	8187
21	天正２・６・21	大宮神社	領主潮田左馬允	宮山の木伐採、御子山の帰属	勘解由左衛門尉康保	8212
22	２・９・10	武蔵国保正寺		寺領安堵	四郎左衛門尉康定	8228
23	２・９・10	内田新二郎	武蔵国閼伽井坊	閼伽井坊寺領の帰属	四郎左衛門尉康定	8227
24	３・２・21	柏原某	大谷郷岡田新五郎等３名	各々拘の給田の帰属	笠原藤左衛門尉	8274
25	３・12・10	柑模国金剛頂寺		真福寺の帰属	下野守康保	8316
26	４・４・28	大井郷番匠勘解由	石巻左馬允同心齋藤某	百姓屋敷への年貢賦課の可否	上野守康定	8327
27	４・４・28	中村八郎左衛門		不詳	上野守康定	8328
28	５・２・21	風間同心渡辺新三	内田孫四郎	内田孫四郎軍役不正の有無	下総守康信	岩 500
29	５・３・10	伊豆泉郷	竹原村	泉川藻刈の事	下総守康信	8365
30	５・３・20	山角同心野崎	苅野庄百姓杉田源左衛門尉	野崎の小者の帰属	下野守康保	遺 1897
31	５・４・10	西浦百姓大川兵庫助（？）	西浦小代官藤守	小代官の不正	下野守康保	8371
32	５・４・10	小幡太郎左衛門尉（？）		用水作事	上野介康定	8372
33	６・12・10	十穀清式	清水上野入道	伊豆大御堂の所務権	下総守康信	8471
34	６・12・20	泉郷百姓窪田十左衛門	弥勒寺中野一右衛門	人返し	下総守康信	8473
35	７・６・10	関根織部百姓中村主計助	岩付衆中村右馬助	中村右馬助召仕陣夫の帰属	上野介康定	8500
36	７・６・20	南條織部同心関主水助	南條右京亮	南條右京よりの手伝い銭未進	下野守康保	8502
37	７・６・20	笠原助八郎？		百姓逃散の処罰	下野守康保	8505
38	９・10・25	柿木郷百姓三郎左衛門	大平百姓宮内隼人	大平山の用役権	伯耆守康忠	8675

39	11・12・20	岩本又太郎被官内田又兵衛	狩野百姓三須孫次郎	年貢未進の有無	上野介康定	8912
40	11・12・20	柳川百姓武井善左衛門	西澤百姓尾崎二郎五郎	二郎五郎弟の武井被官の実否	上野介康定	遺 2604
41	12・2・10	相摸大乗院	富永某	大乗院末寺東光寺々領の帰属	下総守康信	8923
42	12・3・2	前川百姓与五右衛門	同所百姓五郎左衛門	製塩場の支配権	下総守康信	戦国史研究１号
43	12・11・10	伊勢阿闍梨	同郷百姓真壁林	借米金催促	下総守康信	9026
44	14・10・20	伊豆西浦百姓大川兵庫	下田小代官矢部遠江・沢村但馬	兵糧米10俵の貸借の有無	上野介康定	9215
45	14・12・25	鈴木但馬守	小机河輪郷百姓	借米催促	上野介康定	9230
46	15・4・20	安蛇井志摩守	新保郷百姓反町豊前	召仕う女の帰属	下総守康信	9254
47	15・4・20	傳肇寺	朝倉右京進	寺屋敷売買の実否	上野介康定	9256
48	15・5・18	深谷衆山川備中守・上原出羽守	由良信濃守	新関郷の所務権	上野介康定	上杉系図
49	16・7・10	会田代官田嶋豊後	会田後家	会田某死去跡の相続	下総守康信	会田文書
50	16・○・○	判読不能			上野介康定	9425
51	17・2・14	下総法華経寺	高城源次郎	寺内不入の可否	評定衆	9429
52	17・6・28	正覚寺	修禅寺	加子・岩崎の帰属	上野介康定	9455
53	17・6・28	同上	同上	同上	上野介康定	9456

※　（論人）欄空欄は論人が未確定ないし不明のもの、（評定衆）欄は花押を除いて裁許状記載のままを載せた。出典のうち「遺」は「戦国遺文」、「岩」は「岩槻市史」資料編、数字のみは『神奈川県史』資料編３の資料番号を示す。

と考えてよいだろう。

裁判の開催日について裁許状の出された日付を検討した中丸氏は、十五日を境に十日と月末の二十八日に裁許状が多いとし、月二回の「評定会議」を推定され、小和田氏も『北条五代記』や『改正三河後風土記』などの記事も引いて月二回開催を肯定している。ただし、毎月二十八日の開催は一応定まっていたが、恒常化する戦乱の中で定例日開催は困難であったこと、十二月二十八日は年末多忙のため来春にまわされること、そして後北条氏の場合は鎌倉幕府の場合と違って会議開催日に裁許状が出されたのではない徴証があるので、裁許状の日付からは開催日は推定できないことを付け加えられた。しかし、これらの点は再検討が必要である。まず会議開催日であるが、氏が裁許状日付との間に乖離がみられる徴証とされたのは永禄九年八月二十八日付の次の史料である。(5)

三浦郡之内寳立寺寺務職之事、光明寺・西来寺彼両寺被申事候、因茲、去月十日御評定合、以公儀可令落着之旨、雙方申理間、如日限、自西来寺者代僧参苻、自光明寺者不被着越候條、相背御法度候間、属越度候、雖然、至而今日両月雖相待候、無是非候間、任御法度、西来寺ハ《(ママ)》令落着候者也、仍如件（以下略）

氏は傍線部分から七月十日の評定会議の決定が八月二十八日に裁許印判状として出されている、とされた。しかし史料の続きの部分を読むと、決められた日に（両当事者が参府するはずであったのが）西来寺は参府したが光明寺側が来ず、本来ならばその時点で光明寺側の敗訴となるはずであったが、さらに今日（八月二八日）まで二ヵ月待ってみたが結局光明寺は出頭しなかったので西来寺の勝訴とした、という内容である。つまり、七月十日には双方出廷して対決する手筈であったのが一方が欠席したために裁許はなされておらず、したがってその日の決定が八月二十八日になって裁許状として出されたものではない。むしろ「至而今日、両月雖相待候」とあることから、西来寺勝訴という裁許内容の決定は日付どおり八月二十八日になされていたと見るべきである。したがって、裁許状の日付＝会議開催日とする一般的見方にたって判断してよいと考えられ、評定衆署判裁許状の日付から会議開催日を推定することは可能である。そこで、裁許状五十二通の日付をグラフ化してみた（表2）。一見して明らかであるが、裁許状の日付は十日、二十日、二十一日、二十八日に集中している。この傾向は十五日を境に月の前後で分かれると見るよりも、二十・二十一日を一括として、月に三つの山があるとするのが適当であり、裁許が月に三回行われたことを表している。さらにそれが上、中、下旬の各旬末前後になっている点も見逃せない。裁許日が意識的に割り振られ定例化されていることを示すからである。中旬末の裁許日が二日に分かれている理由はよくわからない。月の大小との相関関係もないようである。その他の日は臨時の開催としてよいが、下旬二十五日は二十八日の代替日かもしれない。それはともかくとしても、後北条氏の裁許日はこれまで考えられていた月二回ではなく、月三回、各旬末頃（十日、二十日・二

表２　裁許状の日付一覧

日付	
1	
2	③
3	
4	
5	
6	
7	
8	
9	
10	①②②③⓸⑥⑥⑦⑦⓽⑪⑫⑫⑫
11	
12	
13	
14	②
15	⑤
16	⑩
17	
18	⑤
19	
20	③④⓸⓺⑩⑩⑫◎12
21	①②②③⓷⑥⑥⑦
22	
23	
24	
25	④⑩⑫
26	
27	
28	③⓸⑥⓺⑧⑫
29	
30	

※○がその日付の裁許状があることを表し、◎印は同年月日付のものが２点あることを示す。中の数字は月を示す

十一日、二十八日）に定例化されていたとみて間違いないだろう。次に、十二月二十八日の会議は来春まわしになるとされたのは天正元年十二月二十六日付虎朱印状[6]に「来春評定之刻、以目安可有披露者也」とあることによるが、朱印状は三島神社神事銭等未進の催促を認めたもので、それに対して「違亂之輩」あれば来春の評定の時に披露せよとの意味であり、すでに発生している違乱の提訴を来春にまわすよう指示しているのではない。したがって、十二月二十八日の会議開催を否定するものではなく、実際裁許が行われている例は確認できる。[7]また、会議開催日の定例化は困難であったとする点は、たしかに天正十四年七月十八日付の山角康定書状[8]で「御出馬火急候而万端御取籠候、縦御

出馬前御裁許相延候共」云々とあり、出陣のため延期される事はあったようである。しかし、月三回の定例日になされた裁許は四十四例中三十六例で全体の82％を占めており、むしろ戦乱期にあってよく定例開催が守られていたとすべきだろう。このことは、この評定衆裁許体制がよく整備された裁判制度であったことを示すものである。

評定衆として確認できる人物は十人である。(9) これについて小和田氏は、評定会議を訴訟関係のみではなく立法権・行政権すべてにわたる最高会議とみなし、それにしては評定衆が全期間を通じて延べ十人では少なすぎるので、二十人くらいの奉行人（重臣）のなかから輪番制で評定衆が出て、裁許状に署判を加えたのはそのグループの筆頭か訴訟関係の担当者である、とされた。しかし、氏が氏直時代の評定衆を反映しているとした『北条五代記』等の記事は、前述したように会議を月二回としている点から事実を必ずしも反映しているとはいえず、二名の評定衆による同日付（天正五年四月十日）の裁許状が存在するから(10)輪番制とするのも疑問である。会議参加者＝評定衆と見、司法立法行政の全権にわたる権限をもつ最高会議とするならば、「評定衆」と明示した文書が裁許状以外にもあってよいと思われるが、そのようなものは管見のかぎり見当たらない。また、評定衆が印判状の奉者となった例をみてみると、狩野泰三は四点あるがうち三点は連署であり、(11) 下総守康信は氏不詳で虎朱印状の奏者の中にはそれらしき人物が見いだせない。石巻康保は評定衆を勤めている間に奉者を勤めた様子は見られず、(12) 山角康定は四〜五点みられるが同族の者と比べるとかなり少ない。(13) このことから評定衆は印判状の奉者とはならない原則を予想できる。人数の問題は「評定衆」を最高会議たる重臣会議とみれば、延べ十名というのは確かに少なすぎるが、訴訟関係のみを取り扱いその代表者が署判していると見れば少なすぎる事はないと思われる。以上の事から、「評定衆」というのは後北条氏権力における最高重臣会議とみるのではなく、裁判を担当した専門機関であるとするのが適当と考える。

二、裁判の実態

次に、評定衆裁許体制における裁判のあり方を考察する。一般的な裁許状は「何某目安を捧げるに付き、何某相目安を以て糺明を遂げ畢……」と始まり、次に判決理由と判決が書かれて「依仰状如件」で結ばれる。(14)「遂糺明」や「依仰状如件」という文言から後北条氏当主の指揮下に評定衆が糺明＝審理を行ったことがわかる。書き出しの「目安」の部分は「書付」「訴状」と書かれている例もあり、伊藤氏の言うように一般的には「目安」は大名権力に意志を伝えるための手続き上のものであるとしても、この場合の「目安」は即ち訴状と理解できる。目安の提出＝提訴であった。目安が提出されて訴が受理されると、相手方（論人側）にその旨伝達され、反論書の提出が促された。「鈴木但馬就捧訴状、小机河輪郷百姓相目安之儀被仰付處」(15)とあるのはその様子を示しているが、次の事例からこの間の手続きをより詳しく知ることができる。(16)

對其方、山内之町人・百姓十六人、以書付申候意趣者、其方拘之門屋敷棟別之儀申事ニ候、彼本書付并十六人之衆連判之書立兩通、押裏判指越候、被認相書付、本目安ニ指添、可有持参候、仍如件、

五月十二日□（「義元」印）

柳下右馬助
芹澤讃岐守
奉

小泉藤右衛門尉殿

これは、山内町人・百姓等の訴に対し論人側に相書付（陳状）の持参を指示しているから、鎌倉幕府以来の訴訟制度で言うところの「問状之召文」に相当する文書である。また、原告の提出した本書付（＝訴状）に裏判を押しているいわゆる「訴状を封じ下」している点も鎌倉以来の例にのっとっており、興味深い。この事例は小田原本城で評定衆が管轄した裁判ではなく、鎌倉代官大道寺政繁が鎌倉地域で下位裁判権を行使した時のものと考えられるが、「義元」朱印を使用しているのは天正十四年頃であるから評定衆裁許体制と時期的に重なっている。したがって、大道寺政繁がとった手続きは小田原本城に準じていたと見たほうが自然である[17]。例えば、天正十四年に、当麻宿の支配権を巡る相論で論人側から出された「相目安」の宛て先は「御評定衆」となっており[18]、評定衆が陳状の提出を促している様子が窺える。また、この文書（正文と思われる）が訴人側に伝えられていることは評定衆を通じて訴人側に手渡されたことを示し[19]、訴状が論人側に渡されたことに対応するものである。これらのことは大道寺政繁のとった一連の手続きとほぼ一致している。したがって、この史料から本城における目安提出後の手続きの流れを推定することができよう。

目安・相目安が揃ったところで具体的な審理を行うのであるが、裁許状の文言には、訴状が提出されたことに応じて①論人側の相目安をもって糺明を遂げる、②論人を召し出して糺明を遂げる、③召し出して対決を遂げる、の三パターンがみられる。つまり、①が訴陳状による書類審理、②が当事者を召喚しての直接尋問、③が両当事者の直接対決である。裁許状の文面上にはこれらのいずれか一つしか記されていないが、②の場合でも訴陳状は提出されているはずだから、実際にはケースバイケースでそれぞれの審理が行われたのであろう。相目安・召喚に応じない場合は理非にかかわらず敗訴となっている[20]。また、「證拠由申付而立検使処[21]」とあるように証拠調べや、証人の召喚も行われたらしい[22]。しかし、裁許状に記される判決理由は全般的に簡潔で、いわゆる三問三答という手続きをとっている様子は窺えない。

裁判の対象となっている内容は、所領や寺庵の帰属、相続、代官不正、境相論、徳政適用の可否、人返しや被官の帰属、職人の活動等で、いわゆる所務、雑務関係の全般にわたっている。検断沙汰は見られないが、支城主の裁許状にはその例が見られる。(23) また、訴論人の階層は武士・百姓・寺庵神社・職人等であり、訴論人の関係も同一身分間だけではなく百姓と武士、寺庵と武士等のように異なった身分間での相論も持ち込まれている。ただし百姓といっても、名字をもつ村落領主的存在であり、後北条氏との関係において「百姓」身分としてとらえられていたものたちである。(24) 以上から、後北条氏の裁判はその支配下にある各階層の、ほぼ全般にわたる相論を取り扱ったといえよう。これは、この裁許体制が後北条氏領国の秩序維持を担う「公」の法廷として機能していたことを示すものである。

評定衆署判裁許状の様式的特徴は、評定衆が官名・実名とともに花押を据えている点である。後北条氏が発給した虎印判状は現在千点以上が確認されているが、印判状に家臣が花押を据えるのはこの評定衆署判裁許状だけに見られる。評定衆の花押があることについて中丸氏は内容事項の永久性と重要性の価値をより高からしめる効果があったとされているが、さらに次のような意味があったと思われる。虎印判状は後北条氏の領国統治における公権力行使を象徴する公的文書である。つまり、虎朱印は後北条氏の公的な統治行為として裁判が行われ、それを権力的に保障したことをあらわしている。一方家臣(=評定衆)が花押を据えるのは裁判の担当者としての責任を明確化したものと考えられる。一枚の文書に虎印判と評定衆の花押が存在するのは、後北条氏当主と家臣の共同行為として裁判が行われ裁許状が発給されたことを表しているといえよう。

三、評定衆裁許体制の意義

次に、評定衆裁許体制成立以前の裁判のあり方を探り、両者を比較することでこの体制のもつ意味を考えてみる。天文十一年、当麻宿道者坊の支配を巡り関山藤次郎と対立した関山彌七郎は大名への「披露」を後北条氏の重臣石巻家貞に依頼したが、石巻家貞の彌七郎宛書状[25]には「就当麻道者坊之儀、（中略）雖披露可申候、金谷齋・進藤方意見付而、無別儀道者坊両所中分ニ、只今如相定候」とあり、金谷齋と進藤某が介入して道者坊を両者で折半することで落着し、後北条氏の裁許を得るところまでは至らなかった。しかし、「雖披露可申候」とあるように石巻家貞は金谷齋等の介入が無ければ彌七郎の依頼を「披露」するつもりでいたのであり、そうなれば大名の裁許が行われたはずである。天文二十一年に鎌倉円覚寺塔頭續燈庵と正續院との間で生じた開山無学祖元の座禅岩蔵の帰属をめぐる争いは「披露」から裁許に至った事例である。相論に関して大道寺周勝は正續院宛書状[26]で「御開山座禅院岩蔵之事、續燈庵押領之儀、遂披露候處、押領之意趣を續燈庵へ可相尋之由、被仰出候條、其趣續燈庵へ申届候、正月五ヶ日立、彼様躰尚々自御衆中、拙者所へ可被仰越候、此段御屋形被仰候、猶自宗甫可被申入候」と述べ、正續院側から「續燈庵押領」と訴えがなされたことがわかるが、間宮宗甫はこれに関連して「坐禅岩蔵之儀付而尊札致拝見候、様躰之事大道寺源六《周勝》方談合申、懇披露申候」と書き送り[27]、間宮宗甫と大道寺周勝が両者相談のうえ御屋形（＝氏康）へ「披露」したことがわかる。「披露」をうけた氏康は大道寺周勝に対し續燈庵からの事情聴取を指示したので、周勝は正月五日に関係者に出頭を命じ、その結果をうけて氏康は正續院の座禅院岩蔵支配を認めた印判状を発給している[28]。以上二つの事例は大名の裁許を得ようとする時、当事者は後北条氏の家臣の誰かに「披露」を依頼し、その家臣によって「披露」されてはじめて裁許がなされる事、逆に言えば「披露」されない場合は後北条氏当主は提訴の存在を全く知り得ない事を示しており、披露人が訴人と後北条氏とを媒介する重要な役割を果たすことになる。この披露人はその尽力を期待する相論当事者によって恣意的に選択されたものであることは、山中恭子氏の奉書式印判状に関する論考から明らかである(29)。とすると、座禅岩蔵相論で披露人が相論当事者からの事情聴取を行っている点は注目される。披露人が最もよく事情を把握しうる立場にいることもあろうが、事情聴取に当たらせるべき中立機関が存在していない事を示しているからである。したがってこうした形態で裁許が行われた場合、最終的決定は大名が下すにしても、披露人がそのための判断材料を取り揃えて資料を提供したのである。披露人は相論当事者（の一方）が訴訟を有利に運ぶための恣意的に選択した人物であるわけだから、その提供する資料はおのずから一方に偏ったものになる傾向は免れない。換言すれば有力な重臣との私的つながりの有無で裁判結果が左右されることになり、裁判の公平性、公正性は保証されず裁判に対する信頼性は著しく損なわれる。道者坊相論で金谷齋・進藤某が介入してきたのは、石巻家貞によって「披露」がなされてしまえば不利を免れない藤次郎側がこの二人を頼ったためと思われ、藤次郎側の裁判への不信がなさせた行動とみることができる。

こうした裁判のあり方を評定衆裁許体制と比較してみると以下の点が注目される。まず、裁判の担当者が固定化されたことである。評定衆は披露人のように相論当事者の側からは恣意的に選べなくなり、したがって両者の間に直接的な依頼関係は存在しない。裁判において担当者（＝評定衆）は、当時者の利害に加担する事なく第三者的立場を貫けるようになった。また、特定の者が長期間裁判に関わることで専門化が進むことになる。二つ目に、この制度で裁判が行われる限り家臣はこれまでのように当事者からの依頼をうけて「披露」を行うことはなく、したがって裁許を得るために披露人が尽力することもない。これは、評定衆以外の家臣が裁判に直接的に関与することが否定されたことを意味し、また伊藤氏が明らかにされた「目安」による直訴制度の存在と表裏一体の関係にある。元亀二年四月二十日の虎印判状[30]は、欠落した「泉郷百姓窪田十郎左衛門者」七人の召返しを十郎左衛門の知行主庄新四郎に宛てて認めている。この印判状は江雪が奉じているから、十郎左衛門がまず自分の知行主庄新四郎に訴え、庄新四郎は江雪に依頼して印判状が発給されたのである。つまり、直接当事者である窪田十郎左衛門からみれば自分の訴えが大名の元に届くまでに二段階のステップを踏まねばならなかったのである。しかし、その後同人は伊豆弥勒寺へ欠落した百姓の連れ戻しを認める評定衆署判裁許状を得た[31]。この場合、十郎左衛門は中間介在者なしに直接大名に訴え、裁許を得ているのである。評定衆裁許体制は訴人と大名を媒介項なしに直接結び付けることになり、大名側からみれば紛争処理権を直接掌握することになる。この意味で伊藤氏が「訴人が特定奉行を指定できるようになってくると同時に、評定衆や奉行人が奏者となるように『公事愁訴披露権』の独占化がすすむ」とされたのは事実に反し、「披露」による裁判を否定しようとする指向性を読み取ることができる。三つ目に、これらのことで裁判が中立の立場にある評定衆によって進められ、公正な審理と偏りのない判断に基づいてなされることが制度的に保証されることになる。こうして評定衆裁許体制の成立は、それまでの「披露」による裁判（私的ルートによる裁判）を職権による裁判（公的ルートによる裁判）へと作り替え、裁判の公正性、公平性を獲得したことを意味し、領国の秩序を維持するための公権力としての体裁が整えられたといえよう。

四、裁判権の多元的・重層的存在

評定衆署判裁許状は大名が小田原本城で行った裁判の結果を表しているものだが、数は少ないが武蔵方面の支城主が発給した裁許状があり、[32]支城主も裁判権を行使していたことが確認できる。この両者を区別するためにさしあたり前者を本城裁判（権）、後者を支城主裁判（権）と呼んでおくが、両者は時期的に併存しているのでその関係が問題になる。表3は、評定衆裁許状から相論当事者の居所や係争地が判明するものをまとめたものである。それによって本城裁判権が及んだ地域がわかるが、伊豆・相模と武蔵とはやや異なった傾向を示していることに気付く。即ち、伊豆・相模では評定衆裁許体制の成立期から後北条氏が滅亡するまでの期間を通じてほぼまんべんなく裁許状が存在するが、武蔵では永禄末～天正七年にかけて足立郡近辺に集中している。これは次のような事情を反映したものと思われる。足立郡はだいたい岩付城領域に属すが、後北条氏は永禄十年八月にそれまで岩付城主であった太田氏資の戦死を契機にその支配地域を小田原の直接支配下においた。その後天正八年、太田氏の名跡を継いだ太田源五郎（氏政の三男）が支城主となり、岩付城領域の支配を開始する。[33]つまり、岩付城領域での評定衆裁許状の存在は本城直轄下の期間と一致しており、その後太田源五郎期に垪和伯耆守が奉じた虎朱印状による裁許が見られるが、[34]引き続き氏房（太田源五郎の死去によりその跡を継承）による裁許が行われ始める。氏房発給文書中、相論裁許と見られるものは三点あるが、うち二点は氏房の印判の下部に「紕明之使　垪和伯耆守・江雪」とあり、[35]最終的裁可は氏房が下したとしても裁判の進行は「紕明使」が担当したらしいことを示している。垪和伯耆守（康忠）は本城直轄のころから岩付方

表３

	駿　河	伊　　豆	相　　模	武　　　蔵	その他
天文24		3	2小田原	1久良岐郡	
弘治 2					4上州
3					
永禄 1					
2			5箱根 ＝	中武蔵	
3			6藤沢 7西郡		
4					
5					
6					
7		8賀茂郡			
8					
9		11	9小田原 10三浦郡		
10					12上州佐貫郷
11	13?			14入間郡	
12	15				
元亀 1			16中郡・西郡		
2					
3			17鎌倉	18比企郡 19足立郡	
天正 1				20足立郡	
2				21足立郡 22足立郡 23足立郡	
3			25中郡	24足立郡	
4			26西郡		
5	29駿東郡	31田方郡	30西郡	28岩槻	
6	34駿東郡	33三島			
7				35岩槻 37足立郡	
8					
9	38駿東郡 ＝	田方郡			
10					
11	39狩野牧		40西郡		
12			41中郡 42西郡		
13					
14		43田方郡		45都築郡	
15			47西郡	48深谷?	46上州
16					
17		52・53修禅寺			51下総

※数字は表１の通番号を表す。＝で結ばれているのは関係地域が両方にまたがる事を示す。
数字のみは郡以下の地域が特定できないもの

面に深く関与しているし、[36]江雪（板部岡融成）は氏政の側近で、[37]共に虎印判状の奉者としても多数登場する有力家臣である。この二点は氏房の岩付城主継承間もないときのものだから、「私明使」は経験の浅い氏房に対して本城（あるいは氏政）から派遣された当面の補佐役ではないかと推定する。[38]以上、岩付領が本城の直接支配下にあるときは本城の評定衆が裁判権を管轄したが、支城領の自立に伴って裁判権は支城主に委ねられた。その間に移行期間が入り、太田源五郎に裁判権委譲の様子がみられないのは短期間であったためと考えられ、氏房は自立後しばらく「私明之使」の補佐をうけた。こうした岩付領域における裁判権の変化は、支城主による支城領支配の確立にともなって裁判権が支城主の手に委譲されていく経過を示したものである。また、評定衆裁許状がほとんど見られない武蔵の他の支城領域には支城主による裁許朱印状が存在する。[39]武蔵地域における評定衆裁許状の地域的・時間的集中は、領域が小田原本城の直轄下にある場合は本城裁判権に属し、自立した支城領域では支城主裁判権が原則的には認められていたという関係を表していると理解できる。

一方、伊豆・相模で終始評定衆裁許状が見られることは、この地域が本城裁判権の管轄下にあった事を示している。しかし、裁判を行ったのは評定衆だけではなかった。永禄四年二月二八日付北条家印判状[40]では「就忩劇於寺中横合非分之儀申懸者有之者註交名玉縄善九郎所可被申斷候若至于忽緒之沙汰者、當府へ可承候則可處罪科候」と小田原本城での裁判の前に玉縄城での処理を指示している。また天正十七年、鎌倉報国寺の敷地半分の帰属をめぐる建長寺龍源軒と敷地の寄進を受けた寶泉庵との対立の裁定を行ったのは大道寺政繁であった。政繁は龍源軒を召喚して事情聴取をした結果、「四三年拘来候、廿年過候へハ何事も無御沙汰候之歟、二者之義ニ候之間寶泉庵承義無曲由候」[41]という龍源軒の主張を退け、報国寺・寶泉庵側を是として一札を発給した。[42]この一札は裁許状の形式は取らないが、当事者の事情聴取・証拠書類の審理を行っており、相論に対する裁判を行ったといえる。また年未詳であるが、相模西郡郡代石巻家貞は真鶴の船方と岩の船方との役負担を巡る争いを大名の裁許を経ることなく処理している[43]。伊豆の例では、天正七年十一月十三日に三嶋神社に宛てた北条家印判状に「右前々被定置法度雖一箇条候就妄者可為曲事候若違犯之輩有之者両奉行へ可申断若奉行不取上就打置者小田原へ可注進[44]」とある。両奉行とは伊豆の郡代を勤めた清水氏・笠原氏の事である[45]。ここでは法度違反があった場合はまず現地責任者に訴え、それで不都合であれば小田原本城に訴える、と二段階に設定されている。逆に言えば、両奉行に一定の裁判権が認められていたことを意味する。大道寺政繁は先の相論に関して安藤豊前に「定而龍源軒可被及訴状歟」、つまり裁定に不服な龍源軒は訴状に及ぶ＝提訴に踏み切るだろうと書き送っている[46]。この龍源軒の行動は、大道寺政繁の行使した裁判権の上位に別の裁判権、即ち本城裁判権が存在していることを示している。また、玉縄城と伊豆両奉行の場合もそれぞれに一次処理権を認めながらも小田原本城が上位処理権をもっていることがわかる。天正十四年、鈴木但馬守は借米返済を難渋する武蔵国河輪郷の百姓を訴え評定衆の裁許を得たが[47]、これ以前に小机城主北条氏光から借銭米の催促を認める裁許状を獲得している[48]。河輪郷は小机領に属するので鈴木但馬守はまず支城主の裁許を得て借銭米取り立てにかかったが、なお返済に応じないものがおり、より強力な権力的保証を求めて小田原本城へ提訴したのである。小机領は武蔵国であるが相模国境に接した地域で、ここでも現地責任者に一次裁判権、その上位に小田原の本城裁判権、という関係が確認できる。

以上をまとめると、伊豆・相模両地域では鎌倉代官、郡代、支城主等の下位裁判権が存在するが、その後の小田原への提訴が認められており、基本的には本城裁判権の支配下にあった。ただし、下位裁判権がいかなる場合も優先したという様子は窺われず、このへんの関係については明らかにできなかった。武蔵の場合は本城直轄下に置かれた場合を除いて支城主の裁判権が認められていた。ただ小机領の事例からすると、そこが武相国境に位置し本城裁判権の及ぶ地域に隣接するという地理的特性もあろうが、支城裁判権と本城裁判権が相互に排他的、閉鎖的に存在していたわけではなさそうである。伊豆・相模は小田原本城領域とその周辺を構成する地域であるため、本城の支配が貫徹されていたのであろう。武蔵の場合は本城から距離的に離れる点もあるが、支城主の自立性が比較的強い点や、また後北条氏が外部からの「侵入」勢力であるため、在地の支配が必ずしも安定していない状況の中で裁判権が支城主に帰属していることが在地掌握の上で有効な一手段となりえたという事情がその背景にあったと考えられる。

五、結びにかえて

西山克氏は「大名裁判権は大名権力と紛争当事者を仲介する執次（取次・披露）者を必要としたが、この訴訟執次権はやがて重要な政治的特権として、ある場合その階層的独占を生み出し……後北条氏もその基礎的条件を同じくしていた」とされたが[49]、評定衆裁許体制は「披露」による裁判を職権による裁判に切り替えることにより、評定衆以外の有力家臣の裁判への関与を排除し大名が裁判権を直接掌握するものであり、その意味では訴訟執次権を否定するものであると評価できよう。しかし、現実には「披露」による裁許は存続した。天正十四年七月の当麻宿商人宿を巡る相論で訴人関山隼人は山角上野介と江雪に「可然様ニ有御披露」と依頼し[50]、山角も関山隼人の権利を認めた虎朱印状の副状で「向後落合猶非分申ニ付而者、急度可申来候、可遂披露候」と述べて[51]、相手方が承服しないときの再度の「披露」を保証している。この相論は評定衆に繫属したにもかかわらず、裁許が評定衆署判裁許状ではなく山角が奉った虎朱印状でなされる変則的な形態となったが[52]、それは山角らによる「披露」という行為の結果であり、こうした「披露」が正規の裁判手続きを無視、あるいは超越することがありえたことを示している。後北条氏は、評定衆裁許体制によって領国の秩序を維持する公権力としての役割を果たすべくよく整備された裁判制度を作り上げた。しかし、「披露」権を否定しようとする指向性を持ちながらもそれを貫徹しえず、また裁判権の多元的・重層的存在を一元化できなかったところに後北条氏の裁判体制の特徴があると評価できる。

註

（1）中丸伯和「後北条氏と虎印判状」（『中世の社会と経済』所収）、小和田哲男『小田原評定』（名著出版社）、伊藤一美「戦国大名後北条氏の『庭中』と『目安』」（『戦国史研究』九）。以下、本論での引用は断らない限りこれによる。

（2）数例を挙げれば、天正五年五月二十六日付北条家朱印状（『神奈川県史』資料編三古代中世三下八三八五号。以下「神八三八五」と略記）、同十二年三月十日付北条家朱印状（神八九四九）、同十五年三月二十三日付氏政朱印状（神九二四四）等。最後のものは、隠居した氏政が裁判権を行使している点で注目される。

（3）表１のNo.１とNo.４が写。No.２とNo.３は正文と思われ、この二点には花押はない。また、これらの点については黒田基樹氏もすでに指摘されているが（「北条為昌の支配領域に関する考察」『戦国期東国社会論』所収）、No.２・３に花押がないのは連名という特殊例ではないか、として署判形式を「名字+官途・受領名+花押」とされた。しかしNo.２は単独署名であるし、連名だから花押がないというのは説得力に乏しいのではないか。この段階では、評定衆裁許体制成立まもないため署判形式は未だ確定していなかったと思われる。

（4）表１のNo.５以降で、花押がないのは12、24、27、28、51である。うち12と51は署名が「評定衆」とのみあって人名が記されず、特殊な事情が窺われる。24は「笠原藤左衛門尉　奉之」と奉書式印判状形式をとり、評定衆署判裁許状の形態を外れている。笠原藤左衛門尉は評定衆としてはこれ一点しか表れず、形式を踏み外していることから常任の評定衆ではなかったとも推定できる。

（5）神七五一〇。表1№10に該当。

（6）神八一九一。

（7）表1№8。また№44のように十二月二十五日に開催されている事例もみられる。

（8）山角康定書状（神九一八三）。

（9）石巻家貞（下野守）・石巻康保（はじめ勘解由左衛門尉、のち下野守）・狩野泰光（はじめ大膳亮、のち飛騨守）・山角康定（はじめ四郎左衛門尉、のち一時上野守を経て上野介）・修理亮康豊（氏不詳）・笠原美作守（実名不詳）・笠原康明（藤左衛門尉）・清水康英（太郎左衛門尉）・下総守康信（氏不詳）・垪和康忠（伯耆守）の十名。なお、表1№13の「下野守家種」は石巻家貞の改名（黒田基樹「北条氏　家臣石巻氏系譜考」『戦国遺文1』月報）。

（10）表1の№31と32。

（11）神七〇五六、神七〇五七、神七〇五八の三点が庄式部少輔との連署で、弘治三年十一月二十七日付。単独のものは永禄二年八月七日付（『群馬県史』資料編七）。また、卜算・移他家等の支配を巡る相論（№2・3）に関係して証拠書類提出を命じる虎印判状（神六九八一）は、狩野介以下四名の連署となっているが「奉」の文字はなく、いわゆる「奉者」とはいえない。

（12）石巻氏が奉書式印判状に「石巻」と姓のみ記す場合は、実名がわからないから康保が奉者になっていないとは断言できないが、仮名や官名を記し人物が特定できる場合では康保が勤めている例はない。特に康保の評定衆としての活動が活発になる元亀末以降、石巻氏で奉者となっているのは左馬允（康敬）だけであり、また姓のみ記す事がなくなる。

（13）山角氏が奉者を勤めた印判状は、刑部左衛門尉が十九点（永禄四年から天正三年）、紀伊守が十四点（天正七年から同十八年）、治部大輔が二点（天正十二年から同十八年）、孫十郎が六点（天正十五年から同十七年）である。これに対して上野介は天正六年から同十八にかけて五点が確認されるが、同時代の紀伊守などと比べると少ない。なお、紀伊守定勝ははじめ刑部左衛門尉を称したという説（黒田基樹『真説戦国北条五代』）に従えば、一人で三十三点となり、その差はより大きくなる。

（14）このほかに「仍状如件」・「被仰出者也仍状如件」等と記されている。

(15) 天正十四年十二月二十五日付評定衆署判裁許状（神九二三〇）表1のNo.45が該当。
(16) 鎌倉代官大道寺政繁印判状（神九三八三）。
(17) 浅倉直美「後北条氏の領国支配について」（『戦国期東国社会論』所収）。
(18) 落合三河守陳状（神九一八二）。
(19) 正文と見なす理由は論人落合三河守の花押があること、日付周辺に追而書きがあること等である。また当該文書は『関山文書』中に残されている。
(20) 註（5）史料参照。また註（15）の史料の続きには「令難渋、相目安不指上候、無是非曲事候」とある。
(21) 『戦国遺文』八八五号。表1No.8に該当。
(22) 北条朱印状写（神八五九六）。ただし、これは評定衆による裁許ではない可能性がある。
(23) 天正十二年三月十一日付氏房印判状（『埼玉県史』史料編六の一二四七号。以下「埼一二四七」と略記）。
(24) 小和田哲男「戦国動乱期の階級闘争と村落構造」（『後北条氏研究』所収）など。
(25) 石巻家貞書状（神六七五三）。
(26) 大道寺周勝書状（神六九三〇）。
(27) 間宮宗甫書状（神六九三一）。
(28) 北条家朱印状（神六九三五）。
(29) 山中恭子「文書と真実・その懸隔への挑戦」（『史学雑誌』九〇―一〇。後に『戦国大名論集　後北条氏の研究』に収録）。
(30) 元亀二年四月二十日付北条家朱印状写（神八〇三七）。また小和田哲男註（24）論文。
(31) 天正六年十二月二十日付評定衆署判裁許状（神八四七三）表1のNo.34が該当。
(32) 天正十七年六月十三日付太田氏房印判状（埼一四六七）・永禄八年四月二十日付氏照印判状（埼四三五）・年未詳（戌）十月十八日付氏邦印判状（埼一三四六）など。
(33) 黒田基樹「後北条氏の岩付領支配」（『地方史埼玉』二五）。

(34)　天正八年六月二十八日付北条家印判状（埼一〇三八）。
(35)　天正十二年三月三日付氏房印判状（神八九四〇）。同十二年三月十一日付氏房印判状（埼一二四七）。同十七年六月十三日付氏房印判状（埼一四六七）。なお、前二点に「紀明使」記載がある。
(36)　天正六年ころから岩付城の支配を担当している。
(37)　豊臣秀吉の小田原攻めに至る一連の経過の中で秀吉側と交渉は氏政が指導しており、その意を体して交渉にあたった一人が江雪であることから、江雪は氏政の側近と思われる。
(38)　氏房印判状の初見は天正十一年七月二十八日（埼一二二八、一二二九）。
(39)　註（32）参照。また鉢形領、滝山領には評定衆署判裁許状はほとんど見られない。
(40)　神七一八八。
(41)　大道寺政繁書状（神九四四六）。
(42)　大道寺政繁書出（神九四四七）。
(43)　石巻家貞書状（神八〇四二）。年欠であるが関連文書（神八〇四一）から元亀二年以降と判断される。なお、池上裕子「後北条領の公事について」（『歴史学研究』五二三）。
(44)　北条家朱印状（神八五四二）。
(45)　天文十四年十一月十一日付氏康判物（神六七九八）でほぼ同内容が沙汰されているが、そこでは法度違反者があれば「笠原・清水」に申し出よとなっている。また、伊豆大御堂上葺勧進を指示した同十五年九月十九日付北条家朱印状（六八〇八）では「奉行笠原　清水」とある。笠原氏は伊豆郡代を世襲している（前掲池上論文参照）。
(46)　註（41）参照。
(47)　註（16）参照。
(48)　天正十二年十一月二十三日付北条氏光印判状（神九〇三三・九〇三四）。
(49)　西山克「戦国大名権力の構造に関する一試論」（『日本史研究』二三六）。

(50) 関山通定訴状（神九一七九）。
(51) 山角康定書状写（神九一八五）。
(52) 天正十四年七月十九日付北条家朱印状（神九一八四）。

Ⅱ

後北条氏の徳政について
―武蔵国多摩郡網代村の一事例―

久保田昌希

一

「徳政」とは、言うまでもなく債務の一方的な破棄を意味する語である。永仁五年（一二九七）、鎌倉幕府によって発令された徳政は、その後室町幕府に継承されていく。こうした、いわゆる「天下一統の徳政」に対し、中世末期には各地域における権力、またはそれに代わる組織が、地域的な徳政を発令する場合があった[1]。

戦国大名の徳政はその一例といえるが、幕府徳政の研究に比べると、こうした地域的な徳政の研究は遅れているといってよく、その追求は、今後の一課題とすることができよう。

ここでは、戦国大名後北条氏の徳政について、一例をあげて考える。

かつて、後北条氏の徳政についてふれられたものに、中村吉治氏の研究がある[2]。氏は、後北条氏の徳政について（おそらく後述する「網代文書」を参照されたのであろう[3]）従来の幕府徳政のように先例を追った型どおりのものではなく[4]、「百姓第一の徳政で具体的である。年貢未進を禁じ、農民をしっかりおさえながら、そういうものとして農民は保護するもの[5]」であり、また「金貸しや商人に対しても、やや余裕を残して犠牲を承知させている[6]」と、徳政の性質について言及された。

さらに氏は、後北条氏がこういった法令を領国内に一般法として出されたところに注目され、「こういう法令が出たことは、後北条氏の領国形成ができてきたということを示すし、またこうしていよいよ一円支配は強まるだろう」(7)と指摘し、この時期の他の戦国大名の徳政も同じ意味をもつものと結論された(8)。

この中村氏の参照されたと思われる史料（「網代文書」）をもとに、後北条氏徳政の一事例の検討に入る。

二

ここに掲げる徳政に関する史料は、永禄三年（一五六〇）三月十六日、後北条氏より武蔵国多摩郡網代村(9)（現在は東京都あきる野市網代）(補註1)「百姓中」宛に出されたものである(10)。『新編武州古文書』上巻によれば、武蔵国における後北条氏による「徳政」文言記載の文書は、同文書のみであることがわかる(11)。この文書と類似する文書が、同じく永禄三年二月晦日という日附で、現在の静岡県伊豆市牧之郷(補註2)へ出されている(12)。

長文であるが二つの文書を掲げる。

史料一(13)

御領所方諸百姓御侘言申上ニ付而、御赦免之条々、

一　来秋御年貢半分、米成ニ被定畢、**納法六升目七升目之間**ニ可定之、猶随世見之売買、来秋以御印判可被仰出、

残半分以精銭可納之、如其年定百文之内、廿五銭ハ可為中銭、重而料足之本を可被下事、

一　借銭借米日拾懸下等并質物諸色、本利共ニ被入徳政上、請札致持参、公文相談穏便ニ可取返之、但未歳春夏之間、しち物俵物共ニ、限三嶋西町、流候しち物之儀者、縦其蔵ニ雖有之、不可取返事、

一　□(田)畠年期売之事、

三ヶ年至于約諾ハ、二年百姓ニ返付、一年買手可拘、五年期ハ三ヶ年、百姓方へ可返附、然者申・酉両年百姓ニ附、戌歳以後ハ買手可拘、以此積約諾之年記可定之也、

以上三ヶ条、

此外徳政入間敷条々、

一　御年貢、反銭・棟別銭等、地下中未進ニ付而、或者代官或諸奉行取越納候於彼料足者、速百姓可致皆済事、

一　御一家中蔵銭被除之事、

一　無色銭除之事、

以上三ヶ条、

右条々御赦免之上者、諸納所夫銭以下、毛頭無未進致皆済、向後田畠荒間敷、捧御請状、此始書出可致頂戴然者、出家・奉公人・商人・諸職人以下田畠出作之者ニ、努々徳政被下間敷候、但是等之類も百姓役致之付而者、百姓同前ニ可被入徳政、所詮代官名主等、令分別可申付、猶相紛儀於有之者、可遂披露旨、被仰出状、如件、

（永禄三年）
庚申
三月十六日（祿寿応穏）
網代
百姓中

（史料中ゴチックは筆者）

史料二(14)

諸百姓御侘言申付而御赦免条々、

一　来秋御年貢半分、米成ニ被定早、**納法一斗二升目三升目間ニ可定之**、猶世間之随売買、来秋以御印判可被仰出事、

一　御年貢銭之内、半分可納代物、可為精銭、如去年定**百文之内、廿五銭者可為中銭**、但五月以前代物之本を可被下事、

一　借銭借米懸下日拾徳政被入事并諸蔵質物等本利共ニ被下事、

一　**妻子・下人等、年記売分可取返事**、

一　田畠年記売之事、
三ヶ年至于約諾者二年百姓ニ返附、一年買手可拘、五年記ならは三ヶ年百姓ニ可返附、然者申・酉両年百姓方へ付、戌年以後買手可拘、以此積約諾年記可定之事、

以上五ヶ条、

此外徳政入間敷条々、

一　御年貢銭并段銭・棟別・懸銭等、地下中未進付而、諸代官諸奉行取越納候、於彼代物者、速百姓可沙汰、但
　至于利銭之儀者諸代官諸奉行可指置事、
一　御一家中蔵銭被除之事、
一　無盡銭之事、
一　田畠永代売之事、為法度上、以目安可申上、双方随理非可裁許事、
　以上四ヶ条、
右、条目外、相紛儀有之者、則時以目安可申上、随品々、可有御裁許旨、被仰出状、如件、
（禄寿応穏）
庚申
二月晦日
牧之郷百姓中
（史料中ゴチックは筆者）

以上、それぞれ「網代百姓中」「牧之郷百姓中」へ宛てたものである。史料一によれば「御領所方」とあるように網代は直轄領であることがわかる。

また牧之郷について、『小田原衆所領役帳』（以下『役帳』）によれば、小田原衆蜷川孫三郎の項に、

百貫文　同（豆州＝筆者注）牧　郷

とあり[15]、また、御馬廻衆松田助六郎の項に、

同（買得＝筆者注）百貫文　元蜷川知行　豆州　牧　郷半分

とある[16]。これによって、牧之郷に蜷川孫三郎あるいは松田助六郎の所領＝私領が存在したことがわかる。「網代百姓

中」宛は全六ヶ条、「牧之郷百姓中」宛は全九ヶ条であり、両文面からあくまでも徳政に関する規定である。しかもそれが直轄領、私領という枠をこえて類似した内容を持つところから、これらが後北条氏の徳政に関する基本的な姿勢と考えてまず間違いあるまい。

しかし、これはあくまでも基本的な姿勢であり、両者に相違が見られることにも注意をしておく必要があろう。そこでその差異を明らかにするために表を作成してみた。この相違を一言で在地の状況の差であるとみることは容易であろうが、そういった状況を考慮しながら、農民問題を含めて、次節以下、特に網代村の徳政について若干の考察をこころみることにしよう。

三

まず、網代村の徳政はなぜおこなわれたのであろうか。史料一に「諸百姓御侘言申上ニ付而」とあり、「諸百姓」の侘言＝訴訟によったものであることがわかる。しかも単なる訴訟ではなく「向後田畠荒間敷」とあるところから、耕作放棄を伴なったものであろうことが推察される。

すなわち後北条氏は、永禄三年三月、網代村「諸百姓」の耕作放棄（おそらく逃散であろう）を背景とした訴訟により、徳政「御赦免之条々」を発令したことが明らかになる。

それでは、なぜ「諸百姓」は徳政要求の訴訟をしなければならなかったのであろうか。原因をいくつか史料一より考えてみると、「諸百姓」が、

○借銭、借米や、質物諸色の負債を負っていること。
○田畠を売却（年期売）していること。
○年貢、反銭、棟別銭等を未進していること。
○それを代官、奉行が立て替えていること。

大体、以上の点をあげることができる。よって、訴訟原因の本質は、彼ら「諸百姓」がなぜ負債を負わねばならなかったか、というところにもとめることができる。

ともかく、網代村「諸百姓」は、きわめて不利な状況におかれていたといえよう。こうした状況の中で、前述したように彼らは耕作放棄→佗言に及んだのである。

それでは、こうした村落内の諸矛盾を、後北条氏はどのように解決しようとしたのか。それが徳政の発令であることは言うまでもないが、あらためて、史料一を、史料二の牧之郷徳政と比較しながら検討する。

この史料のうち、後半三ヶ条は「徳政入間敷条々」であるから、前半三ヶ条はすべて「徳政」に関するものであることは当然である。問題点を明確にするため読み返してみよう。

第一条は本秋の年貢に関する規定である。すなわち、秋年貢半分を米で納め百文を六升―七升（牧之郷の場合は百文で一斗二升―三升）にするという換算規定であり、さらに「猶随世見之売買」というものである。残る半分は「精銭」で納める。百文につき二十五銭は中銭＝「地悪銭」を使用してもよいという貨幣の混合率を定めてある。(17)

第二条は「諸百姓」の借銭・借米ならびに質物諸色を本銭、利銭共に徳政とすることである。これによって質入れを行った百姓は請札（質札か）を持参すれば「公文」立ち合いのうえで質物を取り返せることになる（牧之郷の場合は

綱代、牧之郷対比表（数字は各条番号）

綱　代	牧之郷
①◦秋年貢半分米納 100文→6升～7升換算 （世間の売買による） ◦半分　精銭納 100文のうち25銭は中銭	①秋年貢半分米納 100文→1斗2升～3升換算 （世間の売買による） ②年貢半分精銭納 100文のうち25銭は中銭
②◦借銭・借米・懸下・質物諸色本利共徳政入 ◦請札を持参し公文と相談のうえ隠便に質物等を取り返す ◦ただし、未年春夏の間の質俵物に限り三嶋西町への質流れについては取り返すことはできない。	③借銭・借米・懸下・諸蔵・質物等本利共徳政入 ④妻子・下人等の年期売についでは取り返すこと
③田畠年期売の場合 ３年期→２年を返付される ５年期→３年を返付される	⑤田畠年期売の場合 ３年期→２年を返付される ５年期→３年を返付される
以下徳政の対象とならないもの	
④年貢・反銭・棟別銭等地下中未進について代官・奉行の立て替分は速やかに返済すること	⑥年貢銭・段銭・棟別銭・懸銭等の地下中未進について代官・奉行の立て替分は速やかに返済すること ただし利子について代官・奉行は取ることを禁止
⑤北条一家の蔵銭は除外	⑦北条一家の蔵銭は除外
⑥無尽銭についても除外	⑧無尽銭についても除外
	⑨田畠永代売については禁止されているので対象外であるが、行われている場合には理非により裁許
その他　条文あり	その他　なし

第四条が示すように、百姓が妻子・下人を年期売にした場合でも、取り返せることが記されている）。ただし、未年（一年前）の春から夏にかけての質物・俵物は、三嶋西町に流れた物（質流れ）に限り取り返すことができないとあるところから、この場合、三嶋西町に徳政は適用されなかったのであろう[18]。

第三条は、田畠の年期売（土地の期限付放出）についての規定であり、三年、五年の場合の裁決を記している。

前述したように、以下第四条より第六条については、徳政の適用されない項目である。

第四条には、年貢、反銭、棟別銭を、地下中の未進によって、代官・奉行が立て替えている場合、その分を皆済すべく要請している。

第五条は、後北条一家中の蔵銭については[19]、徳政の対象とならず、第六条の無尽銭についても徳政除外と規定している。

さて、ここで問題点をあげるとすれば、「諸百姓」＝「地下中」による年貢等の未進に対して、代官、奉行がそれらを立て替えているということであり、ここにひとつの貸借関係が生じる。

こうした貸借関係が存在するとすれば、また、後北条氏が代官、奉行の立て替えを徳政除外の項目に入れているところから考えても、「諸百姓」層と代官、奉行との間に、貸借にもとづく対抗関係があったと考えてよい。網代村に関する「諸百姓」と、代官、奉行との関係はこれ以外明らかにならないが、こうした問題を考えるための視点として、年代のやや下った天正十二年から天正十六年にかけての小机領における百姓の動きについて付言しておきたい[20]。

天正十一年十二月、奉行板部岡江雪の名で鈴木又右衛門なる者[21]へ朱印状が出された[22]。

借置米銭之事、号不入之地令難渋由、非分候、為先借状致催促可請取候、若道理歴然之処、不承引郷村有之者、可致披露旨、被仰出者也、（以下略）

さらに翌天正十二年二月にも鈴木に対して、興津右近の名で同じような内容の命令が下った[23]。これらは鈴木に対して、借置米銭を借状にもとづいて請け取り、それに応じない郷村があれば、連絡することを要請したものである。同文書及び関連文書に「不承引郷村有之者」（『新武』上、都筑郡五[24]、以下文書番号のみ記す）「苑角郷村有之者」（六・一〇[25]）「早々郷中へ令催促」（一一[26]）とあるのは、これら借米・借銭が、村ぐるみで行われていたことを示す。この場合、彼らの借米・借銭とは、かつて指摘されたように、小田原への反銭等の未進分であったと考えることもできるが[27]、なかには、「鈴木又右衛門借米」（七・八[28]）「借銭歴然者」（七[29]）とあるように、鈴木又右衛門からの借米・借銭も含まれていたことを考えねばならない[30]。

このことは、小机城主（北条氏堯）が、同年十一月「榎下之郷百姓遠藤」（七[31]）「小机川向之百姓源左衛門・七郎左衛門・池上」（八[32]）の四名を召出し糺明したところ、鈴木に対する借米・借銭は、明鏡、歴然であるとして、「任彼借状文言、可取之者也」（七・八[33]）という処置を命じたことによっても明らかである。

この鈴木又右衛門（但馬守）を代官と理解し[34]、「然ニ面々借米者、公方銭之由借状ニ明鏡候間」（一三[35]）をあわせ考えるならば、鈴木又右衛門の百姓に対する「借置米銭」は、鈴木に対する年貢未納として考えるだけでなく[36]、小田原への鈴木による立て替え分としても考えられないであろうか[37]。

こうして、借米銭に関する状況は小机領において（以下省略するが）種々の問題を含みつつ、すくなくとも天正十六年まで継続するのである。前述のような状況が、そのまま、網代村にあったと断定することは困難であるとしても、似たような状況下におかれていたことは、推測するに難くない。

とはいえ、網代村の貸借関係をこれだけに限定するつもりはない。第二条の、（勿論三嶋酉町だけに限らないと思うが）「流候しち物」や「蔵」の語などから質屋を、また第三条の「田畠年期売之事」から売主（土地放出者）に対する買主（土地集積者）を、言葉は種々あろうが、つまるところ高利貸や、いわゆる「銭主」の存在を考える必要があろう。

はじめにもどれば、このような村落における問題の表面化（たとえば「諸百姓」の年貢未進、耕作放棄に伴なう訴訟等）に対して、後北条氏は徳政を発令したのである。

四

それでは、徳政を発令した後北条氏の意図は何であったのかを若干ふれてむすびとしたい。前述したように、史料の全六条中、第一、第二、第三条については徳政を適用させた訳であり、ここからは百姓の保護政策としての徳政令であることが一応理解される。しかし、第四条をみれば、後北条氏は、権力機構の末端に位置する代官・奉行の借米銭を徳政から除外することによってこれを擁護することを忘れてはいないのである。この点に注目する必要がある。すなわち後北条氏は百姓の代弁者ではない。とすれば、徳政による百姓の保護は事実としてもそれとは別の意味があるはずである。その意味で同史料の最後の文に注目したい。

たとえば、「右条々御赦免之上者」「向後田畠荒間敷」とは百姓の還住を意図したものであり、「諸百姓」または「地下中」「百姓中」で表現される村ぐるみの闘争を懐柔あるいは凍結させようとし、さらに複雑な村落内における諸身分（出家、奉公人、商人、諸職人）について、「百姓役致之」場合には「百姓同前ニ可被入徳政」というように、徳政適用の有無をもって「百姓役致之」者と、そうでない者とを明確にし、これをもとにして複雑な諸身分の中から、「百姓役致之」者をより多く創出、確定していこうとする意図が読みとれる。

これは、領国中で広汎な展開をみせていた欠落等の農民闘争に直面した、後北条氏の体制的危機への対応にほかならず、その目的も年貢等の確保にあることはいうまでもない。

後北条氏によって行われた永禄三年の網代村徳政は「諸百姓」の耕作放棄に伴なう訴訟によって発令され、その法令によって、後北条氏は「百姓役致之」者を創出していくという意図をもつものだった。換言すれば、徳政を利用して権力基盤の確立を目指したということであろう。ここに網代村徳政の性格を見ることができる。

以上、後北条氏の徳政について、とくに網代村の場合について検討しようとしたが、史料の不充分な解釈に終始してしまった。これをもって、同徳政のすべてを語れたとは勿論思わない。

しかしながら最後に、後北条氏の徳政について、中村氏の指摘された論点を、あらためて確認したいと思う。

註

(1)　最近の研究としては、瀬田勝哉「中世末期の在地徳政」(『史学雑誌』七七―九、一九六八年)、秋元信英「守護大名と徳政」(『歴史公論』二―三、一九七六年)がある。
(2)　中村吉治『徳政と土一揆』一七二―一七四頁。
(3)　中村前掲書の徳政と土一揆年表二三五頁、永禄三年の項に「北条氏、武蔵に徳政」とある。
(4)　中村前掲書、一七三頁。
(5)　中村前掲書、一七三頁。
(6)　中村前掲書、一七三頁。
(7)　中村前掲書、一七三頁―一七四頁。
(8)　中村前掲書、一七四頁。
(9)　網代村については「江戸を隔ること十二里、東は秋川の対岸引田村に境ひ、南は山を隔て川口村に隣り、西は高尾村に接し、北も秋川の対岸山田村なり、村内小名なし、東西十八町余、南北十六町許、水田多く陸田少し、民戸二十四軒東北の方は秋川流る。西南の方はさせる高山には非れども、小山多く連れり、この村所領の姓氏も古へのことは伝へず」とある(『新編武蔵国風土記稿』第六巻、一二頁、多磨郡之二十)。

(10) 網代甫友氏現蔵である。『新編武蔵国風土記稿』第六巻、一二頁には、「旧家百姓五兵衛　小田原、北条家当所を領せし頃より、村の里正たるよし、今もしかなり、北条家より賜はりし文書を蔵せり」とある。

(11) しかしながら、「退転之百姓還住候者ニハ借銭・借米可令赦免候」(天文十九年四月朔日宛所欠「旧佐兵衛所蔵文書」『新編武州古文書』上、三二三―三二四頁、都筑郡三)という人返し令を伴った事実上の徳政施行を意味する文書は散見する。天文十九年四月朔日「北品川百姓中」宛(『同書』二四一頁、荏原郡五九)。同年同月日付「南品川百姓中」宛(『同書』二四二頁、荏原郡六〇)等、この限りではない。

また、後北条氏以外の「徳政」文書記載の文書は太田氏房の印判状が一通ある。

今度籠城付而、私領之内永代売、或借銭徳政之事申上候、御本意之上尤取返、猶徳政之事、無旲儀被仰出者也、仍如件、

天正十八庚寅 (心簡要) 六月十六日

天野主殿助殿

「天野」『同書』四三四頁、足立郡一九。

(12) 同文書は小和田哲男氏が『年報後北条氏研究』創刊号(一九七一年)絵写真に前述の「網代文書」とともに紹介されている。また『戦国文書聚影　後北条氏編』一四号文書にも紹介されている。

(13) 「網代文書」『新編武州古文書』上、三七七―三七八頁、多摩郡一〇六。

(14) 「三須文書」註12参照。

(15) 『役帳』刊本、杉山博氏校訂、一七頁。

(16) 『同右』一三頁。

(17) こうした貨幣混合率等の問題については、藤木久志『戦国社会史論』Ⅱ・第三章、Ⅲ・第一章において指摘されている。

(18) 現在のところ三嶋酉町の位置確認はできず、不明である。同町の後北条氏による保護的性格、また金融経済の問題等で興味深いが、今後の課題としたい。
(19) （天正十四年ヵ）十二月十八日付「品川百姓中」宛北条氏照印判状に、「一　御蔵銭借米之事、如御国法算用次第弁才可致事」（『新編武州古文書』上、二四三頁、荏原郡六三）という条目があり、蔵銭が百姓へ国法にもとづいて貸与されていたということがわかる。
(20) 『横浜市史』第一巻、四三四―四三六頁にも、この経過についてふれている。
(21) はっきりしないが、小机領下の榎下・川向・川和等の諸郷を知行地としてもっていたらしく、榎下は北条景虎、川和は北条綱成の知行地である。鈴木又右衛門は、たぶんもとからの在地土豪で、景虎や綱成の代官であり、次の小机城主北条氏堯のころ知行人にひきあげられたものか、なお、『役帳』に彼、および縁故者と思われる氏名も登場しないという（以上、この項目『横浜市史』第一巻、四三四頁参照）。
(22) 「鈴木文書」『新編武州古文書』（以下文中『新武』とする）上、三二五頁、都筑郡五。
(23) 「同右」『新武』上、三二五頁、都筑郡六。
(24) 「同右」『同書』三二五頁。
(25) 「同右」『同書』三二五―三二六頁。
(26) 「同右」『同書』三二六頁。
(27) 『横浜市史』第一巻、四三四頁。
(28) 「鈴木文書」『新武』上、三二五―三二六頁。
(29) 「同右」『同書』三二五頁。
(30) その意味で筆者は、高利貸機能をもった鈴木というものを想定したい。
(31) 「鈴木文書」『新武』上、三二五頁。
(32) 「同右」『同書』三二五―三二六頁。

(33)　「同右」『同書』三二五—三二六頁。
(34)　註21参照。
(35)　「鈴木文書」『新武』上、三二七頁。
(36)　『横浜市史』第一巻、四三四頁。
(37)　このことから、「代官や奉行などが、大名の収取体系に関与しながら、年貢以下の代納を通じて、農民らに高利の収奪を行なったであろう」（『戦国文書聚影　後北条氏編』解説、二四頁）とする指摘に注目したい。
（補註1）　本論文発表時の地名（自治体名）は、「東京都西多摩郡五日市町」と表記。

（補註2）　本論文発表時の地名（自治体名）は、「静岡県田方郡修善寺町」と表記。

Ⅲ

永禄三年徳政の背景
―〈歴史のなかの危機〉にどう迫るか―

藤木久志

関心

先に私は〈歴史のなかの危機〉によせて、こう述べたことがあった（小著『戦国史をみる目』一三六頁以下参照）。①越後上杉氏の徳政には、代替り徳政のほかに、戦禍・凶作・災害の徳政があった。②この事実は、「たとえ乱等・飢渇・水損行き候とも」という、中世後期の売券の担保（徳政排除）文言ともよく照応している。③ふつう代替り徳政として知られる永禄三年（一五六〇）の相模北条氏の徳政の裏にも、越後と同じ大凶作があったのではないか、と。もし③の推測が当っているとすれば、北条氏の代替り、つまり氏康の退位（永禄二年十二月～同三年二月頃）そのものが、じつは凶作・飢饉を契機としていたことになりはしないか（佐脇栄智『神奈川県史』通史編1、第四章、一〇二一～一〇二四頁）。

いま私には一つの連想がある。後に「寛喜三年（一二三一）餓死の比」（鎌倉追加法一一二）といわれたこの年、公家は新制四二か条を出し、改元（貞永）を行い、武家は式目五一か条をもってこれに対抗した。飢餓が権力の存在を揺がし、懸命な対応を求めた。改元には、恩赦・減税・救恤・債務破棄など、徳政を伴うのが当然とされたという（磯貝富士男「寛喜の飢饉と貞永式目の成立」『歴史と地理』二七六）。では戦国の「世の中」はあいつぐ天災飢饉のさなか、権力に何を求めたか。小稿の関心はこのことである。氏康がなぜ退位したかにはまだ明証がないという（黒田基樹氏のご教示による）。

永禄三年の「世の中」

永禄三年五月、上杉氏は「当府（府内）町人前」の困窮に、諸役等の五か年免除の措置をとった。令書は困窮の理由を明記せず、戦争による疲弊対策とみるのが通説だが、『上杉年譜』六は「去ル元年旱魃、去秋霖雨……両年荒亡」のため、町人には諸役すべてを、百姓にも年貢三分の一ないし全額を免除した、という。この伝えは果たして正しいか。この頃の関東近辺の作柄（「世中《よのなか》」勝山記）の現実はどうであったか。試みに手作りの中世凶作情報《データベース》を検索してみよう（小著『雑兵たちの戦場』九九・二八三頁〔新版一〇一・二七八頁〕参照）。

まず「元年旱魃」は、前年（弘治三年）から二年続きであったらしい。大旱魃・飢渇の情報は、広く近畿（京都・大和・紀伊）から東海（駿河・甲斐）・東北（陸奥）にわたり、問題の関東でも、上野では「夏大日照」（赤城山年代記）、常陸も前年は「天下旱」、元年は「餓死」（和光院和漢合運）となった。

次の「去秋霖雨……両年荒亡」の永禄二年は、一転して東の霖雨、西の旱魃という対照的な気象となったらしい。東は長雨続きで、甲斐でも陸奥でも「三年病」（勝山記・正法寺年譜）が広がる一方、西国は旱魃で不作となった（八代日記・厳助記）。

さらに翌永禄三年は、東西とも、春以来の旱魃が、初秋には長雨に変って疫病が流行し、翌年にわたった。そのさなか上杉軍が侵攻した関東では「陣に厄病流行り敵味方共多死」とか「相州悉く亡国」（赤城山年代記）という惨状が伝えられ、常陸でも「天下大疫、不及数死人」（和光院和漢合運）といわれた。越後はこの年も大きな「水損」で、翌年にも二年続きの徳政が行われていた。陸奥の会津芦名領でも「同年《（永禄三）》中にとくせひ《（徳政）》入候」とあり、翌年にも再令され、共に凶作の徳政とみられる、という（塔寺長帳『会津若松史』八、小林清治氏のご教示による）。

私の中世凶作情報《データベース》の多くは、まだ史料性も定かでない年代記の類だから、断定するのは無理である。だが、北条氏康の退位する前後、関東を含む東国一帯が、深刻な災害・凶作・飢饉・疫病のさなかにあったことは、否定できないように思われる。

天道論の裏に

永禄三年の北条氏徳政令を追究した則竹雄一氏は「諸百姓御侘言について御赦免」という冒頭の事書に注目して、背後に代替りを機とした分国百姓たちの徳政一揆を想定し、背景には精銭納の強制による百姓層の窮乏があった、と指摘した（「後北条領国下の徳政問題」『社会経済史学』五四―六）。百姓の徳政要求を体制の矛盾と代替りに求めるのに異存はない。だが一歩踏み込んで、氏康はなぜ退位したかを考えようとするとき、退位後その徳政に触れて「万民哀憐、百姓に礼を尽」し、そのために目安箱を設けたといい、これを「天道明白歟」と述懐していた事実に心引かれる。氏康はなぜ天道の思想（天と人の感応）を持ち出したのか、以下憶測してみよう（小笠原長和「北条氏康と相州箱根権現別当融山僧正」『古文書研究』五）。

磯貝氏の魅力ある先の指摘をもとに、手作りの中世凶作情報《データベース》に、改元理由の情報と公家新制の発令情報を打ちこんでみる。

一一～一六世紀の改元回数は一五二、うちA＝凶事（天変地異兵革）九六（63％）・B＝即位（代始）四〇（26％）・C＝二革（甲子・辛酉）一六（11％）とAが半ば以上を占める。中世改元の過半はAの危機の修復を目的としていた。Cも同じ発想に基づく。

内訳を仮に世紀別にみると、・一一世紀＝二四（A一三・B七・C四）、一二世紀＝三六（A二四・B一〇・C二）、一三世紀＝三三（A二〇・B九・C四）、一四世紀＝三四（A二三・B八・C三）、一五世紀＝一四（A九・B三・C二）、一六世紀＝一一（A七・B三・C一）となる。

一一～一四世紀は平均ほぼ三年に一回の割で改元されていたことになる。またこの間に出された公家新制約五〇令のうち、改元との連動が推測されるものが半数を占める。公家政治がなお現実の危機との間に緊張を維持しえていた徴証であろうか。

しかし一五・一六世紀の改元は平均八年に一回に減少し、あたかもその欠を埋めるかのように、東国には私年号が出現する。用例の多い延徳・福徳・徳応・弥勒・永喜・命禄などは、すべてこの間に集中し、戦乱・飢饉を前にした人々の強い世直願望をうかがわせる、という（千々和到「私年号」『国史大辞典』七）。

天道の思想も世直への期待も、ただの幻想ではなく、天皇から幕府へさらに戦国の世の国主へと分散下降し、戦国の厳しい「世の中」は、あえて私年号による改元を繰り返すとともに、大名たちに向かって、実効ある危機管理つまり代替りや徳政の実現を厳しく問い、求め続けたのではあるまいか。

Ⅳ　常陸に残る後北条氏関係文書について
―年未詳（永禄四年カ）僧都聴仙書状写―

薗部寿樹

茨城県筑波郡大穂町町史編纂委員会は、同町がつくば市に合併された後の一九八八年度末に『大穂町史』を刊行した。筆者は同書の中世編の編纂に携わったが、とうとう『町史』に利用できずに終わった文書が一通残った。『町史』の編纂が完了し、つくば市がいまだ文化財保存に関して十分な対応をとれずにいる現在、この文書が再び研究者等の目に触れることは困難といえよう。それどころか文書散逸の危機に立たされているといっても過言ではない。この点、市当局の姿勢はともかくも、多少とも編纂に関わったものとしては忸怩たる思いは深い。筑波で日本史を学び、研究する（した）我々の責任もなしとはいえまい。そこで少々場違いな感もないわけではないが、委員会のご好意にあまえ会員諸氏のご理解を願い、この一通の文書をここに紹介させていただくことにしたい。

まずはこの文書の文面そのものをとりあえず示しておこう。

年未詳五月五日付　僧都聴仙書状写（茨城県つくば市　大久保三郎家所蔵文書。前欠。全四紙。」は原文書中の改行を示す。①…などの記号は筆者によるもの。なお原文書中の振り仮名・返り点は省略した）

①　家乱處萬民不安□於越国□□《（路次カ）》役御身命□」惣而立我身子孫繁栄与祈事者諸人之習候、」専可被仰天命候」

②一禁裡《（裏）》御修理之事、豆州仁科郷者、先年観修寺殿」為勅使下着之時、氏綱卅年被進納之、其以来中絶《（カ）》」候、任由

緒仁科郷御奉納可然候、普天王地ニ候間、萬民（カ）」崇敬、諸神も被請印勅候、奉始天照皇神三十」番神御　守護于今眼前候、殊北条之御家者、前代副」将軍被備候、其上八咫鏡ニ北条之家無善根者、其家」危与被書置候分見分候間、不残申入候」

③一御分国之中、大社明仏及大破侯、御修理専一ニ候、式目ニ神者」依人之敬増威、人者依神之徳添運徭云々」

④一御家風中大小不肖之者共、被加御恩賞而可被請」忠勤候」

⑤一万民可被成御哀憐候事、百姓者如枝葉也、人民」逃散之後者、自身可被勤諸役候歟」

⑥一於其御洞中被撰銭事、非法之至、言語道断也、」夫銭者圓相方穴、蒙天地四字、一穴表五形故」（以上第一紙）萬物圓備一切自然也、能弁日用以各料脚、世」界之重宝無過之、然今用永楽嫌万銭候間、」日々欠所用、人々懈能化、吾臣謀叛従之始、内」外之不足起従之、就中御奉行衆等求是非礼銭、」不憚隣国之嘲、求取捨年貢、不顧百姓之歎、群」類不断之難儀、子孫滅亡之根元也、急度被改御札不」嫌鳥目之善悪、可被通人事之用足事、尤以肝心也」

⑦一諸山家衆不嫌進退之不足、国家無為之御祈念各□」可被仰達候」

⑧一毎事大般若并大勝金剛法并供養法不可有退轉候」

⑨一観音経三百卅三巻以上従御動之初日御開陣迄」可被読誦候」

⑩一鶴岡御立願候間、無別条候、情愚考存之分者、」八州悉以属味方候間事者、既早雲庵主箱根三崎御建立、次松青院八幡宮造畢、」（第二紙）其御信力之報答徭慥存候、去者当初豆州ヽ（守カ）」駿河守殿、八幡宮之東之回（廻）廊四間両界之旦（壇）所」御建立并紺帋金泥之一切経被納候、去年十一月」十三日社務圓融之御房之御子三条院為導師」御供

養、義兼様御参詣之時十三年之春経蔵」御建立、依此功勲子孫必可被成将軍云々、其後」御子孫高氏朝臣都鄙
棟梁之由伝承候、諸事無御油断、善悪因果之御分別尤候、然御善根之」事、未承及候、口惜次第ニ候、自何関
宥（宿カ）様御」堅固之由御肝要候、乍恐御輿無恙御供奉衆」無参着郷城江御入之祈念精誠不可存等閑候、」　恐々
謹言、

五月五日　　僧都聴仙」（第三紙）

小田原

御近習中」（第四紙）

この文書は旧筑波郡若森村（現つくば市若森）の大久保三郎氏の家に伝来したものである。筆跡は近世（戦国期末期に遡りうる）のものと思われ、前欠部分も含めて十箇条に及ぶ長文（全四紙）の書状写である。大久保三郎家には近世近代の文書が七八二通残されている（大穂町史編纂委員会編『大穂の古文書　大穂町史編纂委員会収集史料目録』一九八八年）。大久保三郎家文書には、この文書と直接関連する他の史料は残されていない（伝来の問題については後述）。内容的にも常陸筑波地方とは少なくとも直接的な関連をもたず、「氏綱」・「小田原御近習中」とある点など一読して後北条氏関連のものとわかる。この文書に関連する史料はないかと調べてみると、意外にも千葉県にこれと密接な関係を持つ文書が残されていた。それは千葉県安房郡鋸南町の妙本寺文書で、『千葉県史料　中世編』に諸家文書一二二～一三〇号として翻刻されているものである。さらにこれらの文書に関して、小笠原長和氏が詳細な分析を施されている（「安房妙本寺日侃と相房の関係―北条氏康と相州箱根権現別当融山僧正―」『古文書学研究』五号、一九七一年。同著『中世房総の政治と文化』吉川弘文館、一九八五年に再録）。これからこの小笠原氏の分析によりつつ、文書紹介の責

を果たしたい。

まず小笠原氏の紹介された妙本寺文書三点について触れておこう。これらは戦国期の同寺住僧日侃の書写したものである。それは、

A．年未詳（永禄四年）五月二五日付、「小田原人々御中」宛の僧正融山の書状写（前欠）

B．Aの返事と思われる五月二五日付、「金剛王院御同宿中」宛の北条氏康書状写

C．Bの再度の返事と思われる年月日未詳、「小田原人々御中」宛の僧正融山書状写

の三点である。ここにみえる僧正融山は箱根権現別当金剛王院第四一世別当である（この文書の妙本寺への伝来については後述）。いずれも年未詳であるが、小笠原氏の考証によると永禄四年（一五六一）のものということである。

この三点のうち聴仙書状写と特に密接な関連をもつのはA文書である。このA文書の一部の写真を小笠原氏が掲出しておられるが、一見したところ筆跡は酷似している。またA文書も前欠ではじめの部分をふくめ一四箇条の一書き（目安書）の体裁をとっているが、ただ一書きの項目ごとの改行はおこなわれていない。それでは次に聴仙書状写の各項目ごとに、A文書の内容との類似点・相違点を検討してみよう。

まず①の前欠の部分だが、A文書の①（前欠の頭書の部分、以下A文書の内容も一書項目ごとに②…と仮番号を賦して指示する）の一部分に「仮令従顕定以来不敬王法、依不崇仏神国家乱、万民不安為躰ニ候、惣而我身子孫繁栄之立願候事、諸人之習ニ候歟」とある点が注目される。文章は若干相違するが、「萬民不安」・「諸人之習」という文言が共通している。またA文書①にはこれに続く部分に（後）北条家の来歴（「北条御家、前代日本之備副将軍給候」）に触れたくだりがあるが、これと同様の記述が聴仙書状写では②の後半部分にみられる。

②もやはりA文書の②に同様の記載がみられるが、A文書の記載の方が簡略である。なお勅使の観修寺殿とは勧修寺尹豊で、豆州仁科郷は同国賀茂郡の地である。関連する記事が『御湯殿上日記』天文二年六月五日、同年一〇月二九日、天文三年四月二八日条にみえる（小笠原氏）。またB・C文書にもこの禁裏修理の件は言及されている。この一連の史料によると、「氏綱卅年被進納之」という聴仙書状写の記載は「三ヶ年」の誤記と思われる。なお②の後半部分については前述の通りである。

③は、A文書の③に大略同様の記載がある。貞永式目の著名なくだりがみえ興味深いが、この部分をA文書では「大永之式目」と誤記している点が注意される。

④は、A文書では⑤に相当する。「御家風大小人中ニ茂不肖之者」（A文書）に対して、聴仙書状では恩賞を与えて忠勤させる意となっている一方、A文書では「御心操」を加えるという記述になっている。

⑤の「万民御哀憐」の記事ほ、A文書の④に相当する。聴仙書状では「人民逃散之後」は自身すなわち領主みずからが諸役を勤むべしという注目すべき内容になっているが、A文書では百姓に「礼」をおこなえば（百姓ニ有礼者）、「国家自治」（おのずから治まる）という表現になっている。前者にみえる諸役（年貢等）勤仕と百姓逃散との関連は貞永式目四二条の解釈をめぐって議論のあるところだが、後者の「礼」という秩序も中世の社会を考えるうえで重要な概念である（石母田正「解説」『日本思想大系　中世政治社会思想上』岩波書店、一九七二年所収）。B文書ではA文書をうけて、百姓に「礼」を尽くして「諸一撰相之徳政」や「目安箱」設置などを北条氏康が行ったといっている。このような礼秩序の具体相や「礼」秩序と百姓逃散のありかたとの関連などをこれらの文書は示しており、非常に興味深い。

⑥は、後北条氏の「御洞中」みずからが撰銭をすることにたいし批判している記事である。全体に宗教行政に関す

る注文が目立つなかで、この撰銭の項目は唐突でかつ異質に感じられ、またこのくだりが後北条氏の内政を最も厳しい口調で批判しているのも異様といえば異様である。ところが不思議なことにA文書にはこの撰銭批判の記事は一切でてこないのである。この点が両文書の関係を考えるうえでの一つのポイントではないかと思われる。

⑦は、表現は若干異なるが、ほぼ同様の内容がA文書の⑥に記されている。

⑧・⑨は、A文書の⑦（大般若経并供養法）・⑨（大勝金剛法）・⑩（観音経）に相当する。⑨の後半部分はA文書の⑩にあたるが、そこには「何時も御動（てだて）之時分者、御帰陣迄被遊事」とある。どちらも後北条氏の軍事行動中はずっと観音経を読誦勤仕することを示したものである。

最後に⑩であるが、これはA文書の⑪・⑭に相当する。当初の北条早雲の事績は共通するが、それ以降の記載が大いに異なる。いま両者の記載を列挙してみると、まず聴仙書状写のほうは、

（イ）「豆州〻（守カ）・駿河守殿」が鶴岡八幡宮の東之廻廊四間両界之壇所の建立や紺帋金泥之一切経を奉納した。
（ロ）「去年十一月十三日」に「社務圓融之御房之御子三条院」が供養の「導師」を勤めた。
（ハ）足利義兼の「御参詣之時十三年之春」に経蔵を建立した。その冥加で子孫の足利尊氏が将軍になった。

となる。一方、A文書の方は、

（い）春松院（北条氏綱）が鶴岡八幡宮の造営をした。

（ろ）（以下、後北条氏が鶴岡八幡宮を信仰する理由として）「建久五年」足利義兼が鶴岡八幡宮の東之廻廊四間両界之壇所の建立や紺帋金泥之一切経を奉納した。

（は）「同年（建久五年）十一月十三日」に「社務圓暁之御房三条院」が（この壇所などの）供養の「導師」を勤め

た。そのために足利義兼が参詣したが、その折に「十三歳青侍」が虚空に浮かんで「この度の功徳で義兼の子孫が将軍になるであろう」という八幡の託宣を述べた。そしてその託宣通り尊氏が将軍になった。

まず（イ）と（い）が対応するが、（イ）の「豆州《（守カ）》、・駿河守殿」は誰であるかいまのところ不明である。一方（い）の氏綱の官途は左京大夫だが、彼が天文二年（一五三三）に鶴岡造営のための勧進を興行していることが確認できる（北条氏綱書状『神奈川県史　資料編３　古代中世（３下）』六六四六・六六四七号、大庭文書。『快元僧都記』『神道大系　神社編二十　鶴岡』所収）。

（ロ）・（ハ）は（ろ）・（は）と対応するが、事実はともかく後者（A文書）の方が論理的に筋が通っていることは明らかである。もちろん聴仙書状写の記載もたとえば圓融と圓暁とが親子であればA文書と齟齬しないが、前者の「去年」という記載は文脈上不明瞭である。「十一月十三日」という日付や「十三歳（年）」という記事など断片的に共通しているが、聴仙書状写ではその意味が通らない。

以上の比較から、この部分については聴仙書状写の記載が混乱しているとしかいえない。

また⑩の最後に「関宥様」とあるが、これはA・B文書にみえる関宿様の誤記で、小笠原氏の考証によれば古河公方足利義氏であろうという。末尾の「郷城」もA文書には「江城」とあり、江戸城のことと推定されている。

以上、聴仙書状写の内容をA文書との比較から簡単にみてきた。なおA文書には他に⑧・⑫・⑬の三箇条があるが、いずれも不動護摩供などの宗教行事に関する簡略な記載に過ぎない。

さて次に作成・書写・伝来の問題だが、まずA文書など妙本寺文書のそれについての小笠原氏の説を紹介しておく。妙本寺は日蓮宗の寺院で、真言宗の箱根権現とは直接関係しない。文書の内容上も同様である。そこで小笠原氏は、房総里見氏と妙本寺との関係を想定され、陣僧として間諜（スパイ）的な行動がとれる妙本寺僧が里見氏のために敵方の文書を収集したものとみておられる。この想定の当否は筆者には判断できないが、日侃は他にも上杉輝虎・武田信玄の書状をも筆写しているので、妙本寺のなんらかの主体的な活動に基づく収集であったことは確実だろう。ただ単に間諜的な行動といっても、小笠原氏も文書入手ルートそのものは解明されていないわけであり、依然謎の部分が多い。

妙本寺文書の伝来でさえかくのごとき状況ゆえ、大久保三郎家の聴仙書状写のそれなどはより深い謎に包まれている。筑波郡若森村は佐竹氏転封後は幕領、ついで堀利重領であったが、『寛政重修諸家譜』には、近世初期のごく一時期この地方を後北条氏の末裔が治めたという伝承が記されている。この真偽はともかく、また真実であるとしてもその領地に若森村が含まれていたかも不明であり、また含まれていたとしても何故領主伝来の文書が流れたのかなど疑問の点が多い。このルートの伝来は想定しがたいであろう。

また若森村には大曽根村千光寺末の常光寺や神宮寺があり、その関係文書が大久保三郎家にも入っている。この寺院関係からの伝来ルートも想定し得るが、両寺とも千光寺末の天台宗である。このところで、真言宗の箱根権現とも日蓮宗の妙本寺とも糸がきれてしまう。このルートもいまのところ積極的には想定しづらい。

ただ前述した通り、聴仙書状写と融山書状写とは（書写者の）筆跡が酷似している点はもう少し精査してみる価値はありそうである。聴仙書状写にみられる誤写や返点、ルビ（訓）などが書写者の教養の低さを示すものでないとすれば、少なくとも日侃の収集・書写文書と一連のものが常陸に流出した可能性は考慮しておいてよいだろう。あるいは流出文書の再転写が現在の聴仙書状写だと考えることもできよう。伝来については、いまのところここまでしかいえない。

最後に聴仙書状の位置づけであるが、ここで議論になるのは日付の問題である。（永禄四年）五月二五日付僧正融山書状写にたいし、聴仙書状写は五月五日付である。融山と氏康の応答をみると、その後に類似の内容の聴仙の書状がだされたとは考えにくい。やはり同年（永禄四年）に融山書状に先だって書かれたものなのではなかろうか。しかし、それでも両文書の多くの類似点の存在をどう説明するのかなどの疑問点は残る。ただ撰銭批判の項目が融山書状にみられない点や、聴仙が僧都で融山が上位の僧正である点など、まだ考察の余地は残されている。

ほとんど調査が行き届かず、文書を文字どおりただ紹介したにすぎない点に深く恥入るものである。読者諸賢のご教示を願い、今後の研究の進展を期してこの稿を閉じることとしたい。

【付記１】文書解読には田沼睦先生のご教示を得た。また後北条氏関係の研究については山田邦明・則竹雄一両氏のご教示を得た。記して感謝したい。

【付記２】本稿は、二十八年ほど前、まだ筆者が研究者見習いの時期に、自治体史の編纂で当該文書を目にして、同人研究雑誌に埋め草として執筆したものである。史料の真偽判断や価値について充分に検討したものではなく、本稿を利用される場合、ご留意いただければ幸いである。

V

伝馬御印と常御印判
―発給手続に関する小考―

伊藤一美

ここに年欠五月十九日北条氏政書状を掲げよう（『神奈川県史資料編古代・中世3下』八一二四号所収〈神―八一二四号と略す〉）。

先日酒井入道ニ薩埵陣之刻、伝馬之御判ニも為無之、恒之御印判に而被下候、一廻物書誤か思、是非不申候、然ニ今度板倉ニ被下御印判も、伝馬を常之御印判ニ而被下候、御印判之事候間、無紛上、無相違候得共、兼日之御定令相違候間、一往其方迄申遣候、不及披露儀候哉、先日酒井ニ被下も、又此度も、其方奉ニ候間、申遣候、始末此御印判ニても、伝馬被仰付候者、其御定を此方へ被仰出模様、御落着可然候歟、伝馬之者も可相紛候哉、用捨候て可披露候、謹言、

（永禄十二年ヵ）五月十九日　氏政（花押）

遠山新四郎殿

本史料から、以下のことが確認できる。

（1）酒井入道に伝馬と申し伝える際に「伝馬之御印」ではなく、「恒之御印判」を下したこと、

（2）板倉に下したものも伝馬であるのに「常之御印判」であったこと、

（３）ともに「御印判」にはまちがいないが、「兼日之御定」とは違っていること、
（４）酒井入道、板倉あての文書もともに遠山新四郎が「奉者」となっていること、
（５）通常「此御印判」で伝馬を仰せつける場合、その「御定」を氏政まで仰出すようになっていること、
（６）総じて印判発給については氏政に「披露」すべきものであること、

以上、六つに分けてみたが、伝馬発給手続を分掌していた遠山氏についてすこし触れておこう。遠山新四郎は遠山左衛門尉康光の子康英である。永禄十二年二月、甲斐武田勢の駿河薩埵山での対陣があり、その時、由良成繁らの連絡役として北条氏康父子の誓紙を届けようとしたが（神―七六八〇号）、結局、新四郎は「若輩者」ゆえ父康光が行くことになった（神―七六九一号）。この遠山新四郎が奉者となって出した文書は、鳥海文書の（元亀三年）申五月二九日印判状がある（神―八一一五号）。これは富士参詣にゆく正木兵部大輔代官中居大炊助上下五人の関所通過を保証するものであり、伝馬とは若干異なるが、奉行人としての遠山氏の姿を知ることができる。この他に遠山氏が奉じた虎印判状として古く大永三年三月十二日の道者人馬通過を認めるもの（長慶寺文書）、永禄四年四月三日の印判状写（神―七二三二号）がある（この遠山新四郎は康英ではなく康光と思われる）。

さて、伝馬に関して印判としては何が基本的要件であったのだろう。既に相田二郎氏、下山治久氏も述べているように、大永四年には虎印判が伝馬の基本印判とされている（『戦国大名論集８』所収論文「北条氏の印判に関する研究」「後北条氏の伝馬制度」）。永禄五年六月には武蔵平井郷に虎印判で伝馬掟が出されているが、この年のみに使用されたものらしい（前掲書）。

では「虎印判」と「常調」印の関係はどうなのか。伝馬手形としての「常調」印使用は現存では永禄六年のもので

あり、恐らくはその頃から、伝馬専用としての「常調」印使用の規約が設定されたのではないだろうか。特に天文から永禄初年にかけては、後北条氏の分国支配が一段と拡大してゆく時期にあり、文書様式をも統一する必要であったと思われる。

ここで最初に掲出した史料にもどってみよう。当主北条氏政は、板倉氏（『小田原衆所領役帳』松山衆板倉修理亮一族か）に宛てて発給する予定の伝馬手形を見たのである。それには「常之御印判」が捺されていた。先日の酒井入道（『小田原衆所領役帳』他国衆酒井中務丞一族か）宛ての伝馬も「伝馬之御印」ではなく「恒之御印判」で下されていた。これは物書（右筆か）の誤りではないかと氏政は思ったのである。これらの手続上からいえば、奉者が右筆に文案を示し、清書させ、当主に示して印判の決済をもらうのである。酒井、板倉の例をみると、当主氏政は印判を奉者に捺させていたのであるらしい。一種の事後決済を行っていたのである。

氏政は伝馬に関してはかねて「伝馬之御印」を使用することを決めていた。これが文書中にみえる「兼日之御定」であり、これと異なった文書がきたので、文書扱者主任たる奉者遠山新四郎に確認のために出したのが本書状なのである。

では、「伝馬之御印」とは何であろうか。これこそ「常調」の印ではなかったか。永禄元年に「常調」印の伝馬手形が初めてみられたというのも頷けよう。領国拡大と整備の一環としての文書通達機構の改革をめざしたのではなかったか。

しかし、現実にはこれまで述べてきたように「常之御印判」＝虎印判で事が処理されることがあった。と同時に奉行人層の、文書発給手続に関する機構の、専門官僚化を生み出していることはいなめない事実である。当主氏政自身、伝馬手続の最終書類＝伝馬手形を完成した段階でみているのだから。

氏政はこのようなシステムを認めながらも機構の一人歩きを押さえ、個々の段階で自分に「披露」＝相談することを奉者遠山新四郎康英に伝えたのである。いわば「中央之儀」の、後北条氏版を一歩手前でおさえたともいえよう（笠松宏至『法と言葉の中世史』）。

Ⅵ　戦国大名印判状の性格について

黒田基樹

現在の戦国大名研究において、印判状の有無が、大名権力の権力的進展度を評価する指標の一つとされている。印判状の文書様式については、古文書学的に必ずしも確定されているとは言い難いが、書下系文書に印判を押捺したものを対象とし、大名当主の直状（判物）に花押代用の印判が押捺されたものや、書状に押捺されたものについては除外するのが妥当と考える。この印判状は、多くの史料集等において、大名家や当主名が発給者名として冠されて、大名当主の発給文書として扱われている。印判状が「御判」に対応して「御朱印」・「御印判」と称されていることから、発給者が大名家・当主であることは、その限りでは正しいといえるが、当主の判物と全く同列に扱うことには問題が残るといえ、印判状の文書様式的性格については、さらに追究していく必要があろう。ここでは、印判状という文書様式を最も発達させていたととらえられる北条氏を素材として、右の問題について検討を加えることとしたい。

北条氏の印判状について、発給手続きに関して端的にうかがいうる史料として、（永禄十二年）五月十九日付遠山新四郎（康英）宛北条氏政書状（「荻野惣次郎氏所蔵文書」『戦国遺文』一二二三号。以下、戦〜と略す）があげられ、本文は以下のようである。「①先日酒井入道ニ薩埵陣之刻、伝馬之御印判ニも為無之、恒之御印判に而被下候、一廻物書誤か思、是非不申候、②然ニ今度板倉ニ被下御印判も伝馬を常之御印判ニ而被下候、③御印判之事候間、無紛上、無相違候得共、兼日之御定令相違候間、一往其方迄申遣候、不及披露儀候哉、④先日酒井ニ被下も、又此度も其方奉ニ候間、申遣候、⑤始末此御印判ニても伝馬被仰付候者、其御定を此方へ被仰出、模様御落着可然候歟、伝馬之者も可相紛候哉、用捨候て可披露候」。なお、この史料については、既に伊藤一美氏が注目しているが（「伝馬御印と常御印判―発給手続に関する小考―」『戦国史研究』一〇号）、ここでは改めて私なりに検討することとしたい。

内容については、①「先日」酒井入道に発給した伝馬手形も、②「今度」板倉に発給した伝馬手形も、伝馬朱印（「伝馬之御印判」）ではなく虎朱印（「常之御印判」）が押捺されており、④いずれも遠山康英が奉者となっていた。③両文書は「御印判」には間違いないが、かねての取り決め（「兼日之御定」）に相違しているため、氏政は遠山に確認をしている。⑤しかし、「兼日之御定」とは異なり、虎朱印でも伝馬手形に押捺するのであれば、その「御定」を氏政に伝達することを要求し、現在の状況では伝馬役勤仕者（「伝馬之者」）も混乱するので、これらのことを「披露」するよう命じている、と整理できよう。解釈上で問題となるのは「披露」の意味であるが、遠山は隠居氏康の側近であり、文脈から考えても、これは氏康への伝達を意味しているととらえられよう。すなわち、氏政は遠山に、実際にはこれらのことを父氏康に伝達するよう要求しているといえ、これは、氏康に対する実質的な抗議ととらえられよう。

ここで注目したいことの一つは、印判状の発給が奉者によって成されており、当主氏政は発給後にその内容・書式を確認している、ということである。押捺朱印の相違について問題とされているように、発給にあたっては内容・書式についての控えが作成・蓄積されていたことがうかがわれるが、留意すべきは氏政によるそれらの確認が発給後であるということである。これは、奉書式印判状が、まさに当該奉者の奉書に異ならないことを示すものである。もちろん、内容については当主への披露があり、その「御裁許」を得た上でのものであることはいうまでもない（戦二九七三〜四・三二一二〜三他）。しかも、このことは奉書式印判状だけではなく、特定の奏者が存在しないで発給された直状式印判状についても同様にとらえることができる。すなわち、直状式においても、戦二四〇を初見として「被仰出候、仍如件」という奉書文言を有するものが数多く存在しており、とりわけ戦六二三〜四・八二二〜四・二二六一〜七など、同日付・同内容の大量発給のものにみられていることは注目される。こうした直状式においても明確な奉書文言が多く所見されていることは、奉書式だけではなく、直状式を含めた印判状そのものが、まさに奉行人奉書と同質であったことを示している。北条氏などの東国大名に印判状が多い一方で、奉行人奉書はほとんどみられないのは、こうした理由によろう。ちなみに西国大名では印判状がみられない一方で、奉行人奉書が発達しているのであり、極言すれば、東国大名は印判状で、西国大名は奉行人奉書で多くの権力意志を表明したのである。

注目すべき二点目は、印判状の発給が当主だけではなく、隠居によっても成されていることである。氏政が、氏康側近の遠山を奏者として発給された印判状における問題について、氏康への伝達を要求していることは、それらの印判状が氏康の意志によって発給されたものであることを想定させる。しかも氏政は、押捺朱印の種類を問題にしているにすぎず、氏康の印判状発給そのものについては何ら問題としていない。このことから、隠居であっても虎朱印状を発給しえたととらえられ、虎朱印状を全く当主の発給文書としてのみ扱うことは正確ではない。隠居（氏康・氏政）が、虎朱印が当主の出陣により陣中にある場合に、自身の個人印をもって、虎朱印状に代わって文書発給を行っているが（戦九四九・一八四七他）、これも隠居が虎朱印状を発給していたことの延長に置くことにより、素直に理解しえよう。隠居と当主は「御両殿」（戦二六八三）・「二御屋形」（戦三五三五）と称され、支配権が明確に分掌されていない同等の存在である。これはまさに「両殿」制（二頭政治）であり、北条氏も、西国大名と同じく「両殿」制であったのである。

発給文書による大名権力の質的評価は、当主・隠居・奉行人発給の総体から考察すべきであり、そのためには個々の文書様式的性格の追究と、その発給体系の明確化が必要なのである。

第3部

氏康の外交

I　戦国武将の官途・受領名
―古河公方足利氏と後北条氏を事例にして―

長塚　孝

はじめに

戦国大名権力と官途・受領名の問題については、研究が乏しい[1]。それは、守護職のように領国支配の中で効力を発するものではないために、実体的な権力機構との密接なつながりを持っていないことと、事例の地域的な較差から一貫性を求めにくいからなのであろう。しかし、官途・受領名になんらかの意味があってつけられる以上、直接的に基礎構造や権力論に結び付かなくとも――花押や印章を素材とした研究[2]に見られるように――政治史・政治思想などの問題に対して有効な手段とならないだろうか。そのために本稿は、古河公方足利氏と後北条氏を通して戦国武将の官途・受領名の意義とその思想傾向について検討することを目的としている。

そこでまず官途・受領名について述べる前に、後北条氏の改姓と叙任についてふれておきたい。小田原城主伊勢氏綱は、江戸城奪取前後にあたる大永三年（一五二三）六月から翌四年十一月までの間に姓を北条にかえている。これは既存の上杉氏体制に対抗するための、執権＝関東管領職＝副将軍を前提とするイデオロギー的行為[3]、あるいは鎌倉北条氏＝相模守・武蔵守であることから、相武支配の正当性を主張するための行為であると考えられている[4]。どちらにせよ、北条改姓は守護職の授受とは違い、一国支配の安定を目的とするものではないのである。

　さらに氏綱は天文二年（一五三三）三月以前には従五位下・左京大夫に叙任される。左京大夫は室町幕府下では有力守護によく与えられる官途だが、問題なのは四位に相当するその高さよりも、なぜ左京大夫が選ばれたかということである。これを改姓と同じように鎌倉北条氏にあてはめてみると、鎌倉期では嘉禎二年（一二三六）十二月に北条泰時が左京権大夫に任ぜられてから、いくつかの例がある。とすれば、これは単なる官途の相対的高位性だけでなく、氏綱は「北条左京大夫」になることに意味があると考えたものと思われる。氏綱の子氏康が、のちに相模守となるのと同様、北条改姓をさらに補強していく思想的行為なのだと考えたい。このような行為は単発的に行われるのではなく、何度かにわたり継続して行われていることに注目しなければならないのである。

　これらを前提として以下では、後北条氏が足利義氏を公方として擁立する時期から天正期を中心に、公方義氏と北条氏政、さらに氏政の弟である氏照（武蔵滝山城主）と氏邦（同鉢形城主）らの官途・受領名を事例として、扱うこととする。

一、足利義氏の官途とその契機

　古河公方足利義氏は、天文二十一年（一五五二）に家督をつぎ、同二十四年十一月に元服した。「喜連川判鑑」によると、このとき従五位下・左馬頭に任ぜられ、弘治三（四の書き誤り）年（一五五七）二月には従四位下・右兵衛佐になったことが記されている(5)。まず、これらを確認してみたい。

天文二十四年の従五位下・左馬頭については、「喜連川判鑑」以外の史料からは義氏が叙任されていることをあきらかにはできない。というのは、この年の十二月十六日に発給された公帖[6]には、義氏は「源（花押）」と署判を加えているのである。本来ならば、公帖には官途・受領名のいずれかを記すはずなのであるから、左馬頭に任じられているならば、「左馬頭（花押）」か、あるいは「従五位下（花押）」とするのが当然であろう。しかし実際にはそうしてはいないのである。また、左馬頭は足利氏の伝統的な官途であり、そのあとに付けるならばよほどの「昇進」を感じさせるものでなければならないはずであるが、右兵衛佐は左馬頭と位階が同一（従五位上）であり、特別重要視されるような昇進にはならない。こうしてみると天文二十四年段階に従五位下・左馬頭に任じられたという「喜連川判鑑」の記事は事実ではないであろう。

つぎに、弘治四年（永禄元）の従四位下・右兵衛佐についてみてみたい。これについては、最近発見された「生田氏所蔵文書」に、正五位下の義氏を従四位上に叙する弘治四年二月二日付けの口宣案が残っている[7]。「喜連川判鑑」の方には従四位下に叙せられたというように載っており、多少の誤差はあるものの位階については大体実情を把握しているといえるであろう。だが、問題は右兵衛佐についてである。義氏の発給文書には弘治〜永禄初期にはこれを名乗っているものはない。義氏が右兵衛佐であることが確認される最初の史料は、六年後の永禄七年（一五六四）八月一日付の鶴岡八幡宮宛の願文[8]であり、この時期にならなければ彼の官途は出てこないのである。これは、義氏が弘治四年当時から右兵衛佐であったことを証明してはいない[9]。

義氏を擁立した後北条氏は、永禄三年（一五六〇）ごろから越後上杉氏と武力衝突をおこすが、これによって同元年から義氏の居城であった関宿城は上杉方諸勢力の圧迫によって放棄せざるをえなくなる。そして彼は江戸・小金・

小田原など各地を転々としていた[10]。その間に後北条氏は、同五・六年の松山合戦、翌七年の第二次国府台合戦による里見氏撃退、同年七月ごろの太田資正の岩付追放などによって戦線を北へおしあげていった。この年、義氏はようやく鎌倉に座所をおちつけて諸将から「鎌倉様」と呼ばれている。そのような時期に初めて官途がみえているのである。これは偶然ではなく、実際このときから右兵衛佐を名乗りはじめたからと考えるべきではなかろうか。つまり、永禄七年に右兵衛佐になったのではないかということである。

では、なぜ義氏は右兵衛佐となったのであろうか。代々の公方家ではこの官途を付けられた人物はおらず[11]、ほとんどが左馬頭か左衛門督なのである。しかも前述のように、右兵衛佐は従五位上相当であり、他の東国大名に比較して決して高い地位にある官途ではない。それでもなお、右兵衛佐であるのにはなにがしかの政治的理由があるからであろう。

右兵衛佐の初見である義氏文書は、よく知られているように、花押が今までの関東公方の形式から当代の室町将軍足利義輝の形式に変えられている[12]。関東の将軍である自己主張の方法に一大変化をもたらしているわけであるが、花押に限らず官途の上からも、あらたな政治思想を想定しているのがこの文書といえるのではないだろうか。そこで過去の例にあたってみると、東国でこの官途を名乗って公方クラスの人物はただ一人、源頼朝であることに気がつくのである。

義氏を擁立する関東管領は、前述のように北条左京大夫であった。源右兵衛佐（頼朝）と北条左京大夫（泰時以来）、つまりこれは東国支配の正当性を主張するものとして、前代の主権者たちにみずからを想定しているのである。おそらくこの企ての中心は後北条氏であろう。後北条氏は、北条改姓・左京大夫任官につづいて、公方とみずからの官途等に一貫性があるように設定し、越後上杉氏をはじめとする反後北条方諸将らに対して、あるいは在地の諸階層に対して、その支配権の正当性を主張したとみるべきであろう。とするならば、永禄七年に鎌倉へ移った際の義氏の呼称「鎌倉様」にも、それ相応の意味がこめられていたのであろう。すなわち源頼朝＝鎌倉様＝関東の将軍ということ、後北条氏はこれを補強・強調したかったのではないだろうか[13]。

そして、義氏にもこれに積極的に応ずる理由があった。それは反後北条方に異母兄藤氏を公方とし、上杉輝虎を関東管領とする論理が存在したからである。管領どころか公方までもが両立し、双方に決定的な正当性がない以上、これらの官途の持つ意味も決して小さくはなかったはずである。戦略的に優位に立った時点において名乗った右兵衛佐は、関東の将軍足利義氏の宿敵に対する思想上の決定打であった。

二、北条氏照の受領名

つぎに、このの ち官途・受領名がどのように使われていくのかについて、北条氏照の事例、受領名陸奥守を通して考えてみたい。

氏照はいつから陸奥守を名乗るのか。これについては佐藤博信氏によれば、天正三年（一五七五）八月から翌四年の九月までの間であるとされている[14]。まず、この点について検討しておこう。佐藤氏が、北条氏照が陸奥守となる以前の、仮名源三を名乗る最後の史料と考えられているのは、八月十二日付芦名殿宛氏照書状[15]である。この書状は、氏照が会津の芦名盛氏へ上野方面への軍事行動などについて知らせているもので、書状の年代推定は、文中の「盛興御遠行、於拙者落力、御心中察存候」という部分によるものと考えられる。これは氏照が、盛氏の子息である盛興が死去したことを悼んでいる記事である。ところが、書状を紹介した三鬼清一郎氏は、この部分から天正二年であるとされている。[16]まず、この点についてどちらが正しいのかを確かめておきたい。

会津地方の政治・社会状況をよく伝えている「塔寺八幡宮帳」天正三年の裏書には、「六月五日、御きたさま御せんけなされ候」とある。[17]この記事をそのまま表書と同一時期のものであるとすれば、盛興の死去は三年のこととなる。これに対して「伊達輝宗日記」によると、天正二年六月七日に輝宗は、最上領国との境に近い出羽中山（山形県上山市）において、芦名盛興が五日に急死したと聞かされている。[18]また、「大蟲岑和尚語集」にも「奥北津陽之太守芦名盛興公、不意甲戌林鐘初、俄然而逝去」[19]とあり、二年の六月はじめに急死したことが記されている。たしかに、「長帳」の記載は会津地方の状勢には詳しいが、必ずしも正確であるとはいいがたく、表書と裏書の年代が一致しているとは限らない。その点で本人の日記であるため、伊達輝宗の日記等の方が信頼するに足りると言える。したがって、盛興の死が天正二年である以上、氏照の書状も同年の八月に出されたことはあきらかである。

となれば、氏照が源三と名乗るのは、天正二年十二月十二日付の北条家印判状[20]に奉行人として見えるのが、今のところ最後といえよう。そして陸奥守を名乗る初見史料は天正四年九月二十六日であること[21]から、氏照は天正二年の末から同四年九月下旬までの間に陸奥守を名乗ったことになろう。

この北条氏照が陸奥守を名乗るということには、どのような意味がこめられているのであろうか。天正二年から四年のころというのは、後北条氏が関宿城の簗田氏を降伏させて古河公方領への権力浸透をはかり、さらには下野小山氏をその居城から駆逐した時期であり、旧利根川以北へ対して直接的軍事行動が本格化されたころにあたる。氏照はその中で、古河公方家を監督し、小山領の支配に手をつけはじめている。佐藤博信氏によれば、氏照が陸奥守を名乗るのは、外交権をふくめて後北条領国の東北方面のおさえにあたるためというのと同時に、小田原の北条当主に最も近い政治的有力者であることを自認しての行為であるとされている。[22]鎌倉期において、陸奥守は北条一族の有力者につけられ、室町期でも一般の守護には与えられない、いわば特殊な受領名といえるものであった。

それならば、氏照の陸奥守受領の契機とは何だろうか。時期的な問題から考えられることは、後北条氏の古河公方御料所の把握と関連するのではないかということである。後北条氏は、天正二年から御料所への直接介入を推進しようとしているが、[23]後北条氏一門の最有力者として、さらに公方家の監督・補佐をしようとするならば、鎌倉北条一門と同様の受領名は格好の思想的素材になったに違いない。陸奥守というのは、古河公方足利氏と後北条氏との関係の中でみずからの政治的位置を公言するものにほかならないと考えられる。かつて後北条氏が、関東地域における社会秩序に対応するために、北条改姓や左京大夫叙任を望んだのに比較してみると、陸奥守は左京大夫という北条当主の官途から出発しながらも、旧来の東国の思想的な枠ではなく後北条氏内部で生成された思想表現であるといえる。またそのために、陸奥守の論理は左京大夫北条家（小田原の北条家）が消滅しない限り、無限定な思想的効力を持つということができるだろう。[24]

三、北条氏邦の受領名

ついで、北条氏邦の受領名安房守について考えてみたい。まず、いつごろから安房守になるかということだが、氏邦の仮名新太郎のみえる最後の史料は元亀三年（一五七二）正月十五日の北条氏政条目[25]であり、安房守の初見史料は天正五年（一五七七）閏七月八日の氏政書状[26]である。したがって、元亀三年初頭より天正五年閏七月はじめごろまでの五年半の間に、氏邦は安房守を受領したことになる。五年半というとかなりの時間的な開きになるが、時期的な問題からみてみると、氏邦が新太郎と名乗っていた段階ですでに越相同盟が破綻しているので、越後上杉氏に譲歩をするような思想的影響は受けていないだろうと考えられる。

さて、この安房守はどのような契機によって氏邦に名乗られるようになったかということだが、これについても唯一佐藤博信氏の見解[27]があるだけである。佐藤氏は、氏邦が後北条氏の上野方面進出の責任者であったことから、受領名は当時沼田城（群馬県沼田市）を確保していた真田安房守昌幸を意識して受領したものだと推定されている。二人の武将がお互いに安房守を名乗り合うというのは、それほど受領名に政治的効果があるということを匂わせていよう。ただし、真田昌幸が安房守を名乗る初見史料は天正八年三月九日付けの書状[28]であり、氏邦の初見よりも三年あとなのである。とすれば、安房守受領は真田昌幸が北条氏邦の模倣をしたものと考えた方がよいのではないだろうか。

そこで、安房守使用の前例を考えてみると、山内上杉氏の当主で使用されている例があるのに気がつかされる[29]。かつて山内上杉氏は、上野を本拠としており守護にも任じられていた。氏邦はこれを前例としているのではないだろうか[30]。当面の課題として上野一国支配を目的とする後北条氏は、山内上杉氏の使用した受領名を氏邦に襲用させることにより、上野進出を正統的に実施することを内外にあきらかにしたといえるであろう[31]。ただ、山内上杉氏の受領名は利用していても、上野守護職補任ではないところに注目すべきである。

ところで、安房守の思想的表現が、北条氏照の名乗る陸奥守の場合とはまったく逆であることは興味深い。上野一ヵ国という枠組みの中に展開させているこの表現方法は、氏邦にとっては外的状況への対応という形式を踏んでいるものといえるからである。これは、陸奥守と違って地域的には限定的な効力しか発しないものだが、東国の伝統的枠組みの中にはめこまれた思想形式としては、かつての北条改姓や左京大夫叙任という後北条氏当初の政治思想的行為の系譜を引く行動ととらえることができるであろう。

なお、同じ後北条氏一門には扇谷上杉氏の官途を使用した例もあった。天正前期に江戸に在城した北条氏秀である。氏秀の場合は、治部少輔という扇谷上杉氏が名乗った官途を襲用している(32)。氏秀の場合は江戸城と治部少輔が一体的なものとして意味を持たされているのであろう(33)。

むすびにかえて

以上簡単ではあるが、後北条氏の改姓と官途の叙任を前提として、足利義氏・北条氏照・北条氏邦らの官途・受領名の使用時期とその契機について述べてみた。ここでは右の事例をふまえつつ戦国武将の官途・受領名の特徴について考えておきたい。

まず第一点として、受領名の一般性という問題からいえることだが、受領名と守護職の獲得とが決定的に相違するのは、守護職は一国内を制圧あるいはある程度把握した段階でつけられる実質的なものであるということ。これに反して受領名は、実際には支配していないか、あるいは国内の多くがいまだ制圧できていない場合に名乗られるものであるということである。すなわち受領名は、今後の支配への方向性をあらわす思想的表現といえるであろう。

第二点としては、事例に即していえば、官途・受領名が思想的表現である以上、永続性を持ちにくい性格を有しているのではないかと考えられることである。したがってこれらは順次補強されていかなければならず、右兵衛佐・左京大夫だけでは東国支配への貫徹された表現とはならなかったのであろうということである。(34)

第三点として、守護職と異なりあくまでも観念的なものであるため、後北条氏は東国支配に考えられる有効な官途・受領名はどのような形態であっても採用してその独占をはかっているのではないかということである。これは各地域の在地の状況への個別対応を重要視し、現地即応の政治思想を指向しているためである。そして、それらの官途・受領名を付けた武将の上に小田原本城主が存在しているわけであるから、前代のいかなる権力をも後北条氏は超越する権力機構であることを誇示していることになる。しかしながら、そこに使用される官途・受領名には本来的な思想表現としては一貫性がなく、ただ有効性の感じられるものを物理的に集積しているのみともいえる。その意味からいえば、すでに政治思想上の化学変化を経験した豊臣権力とは異質な思想構造を保持している権力体であった、ということができるであろう。

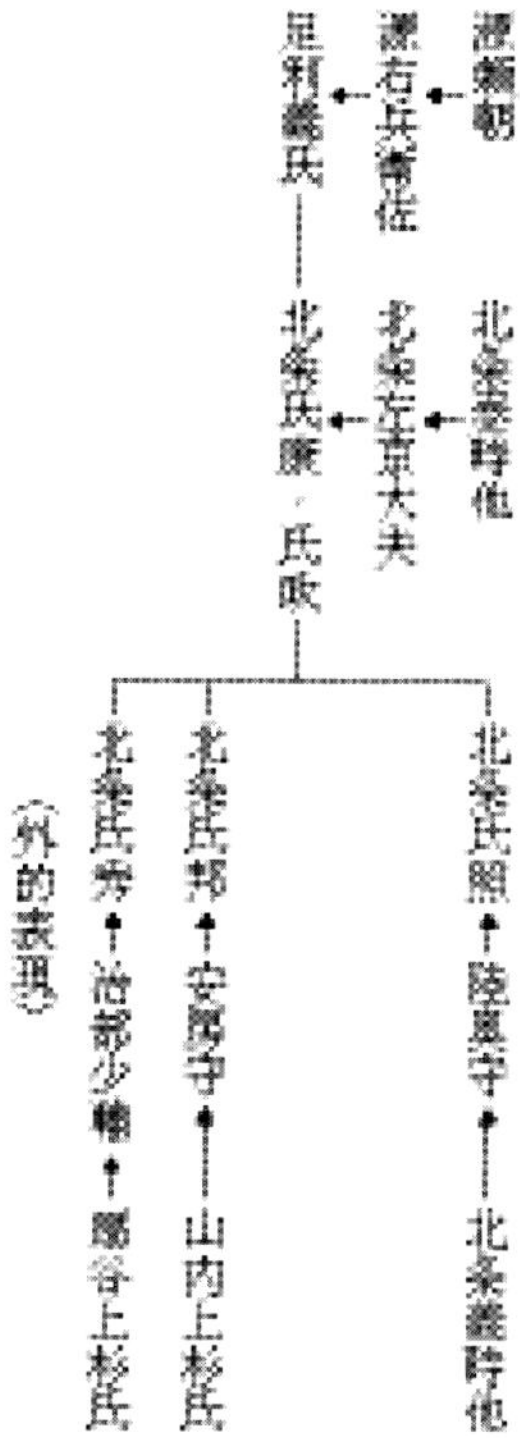

官途・受領名関係図

註

（1）最近公表された官途・受領名に関する成果として佐脇栄智「戦国武将の官途受領名と実名」（『戦国史研究』九号）があげられるくらいである。
（2）佐藤進一「日本花押史の一節―十六世紀の武家の花押―」（『名古屋大学日本史論集』下）・佐藤博信「戦国武将と印判―足利義氏の場合を中心に―」（『荘園制と中世社会』）などに代表される。
（3）佐藤博信「北条氏と後北条氏」（『鎌倉遺文』月報一六）。
（4）佐脇栄智「北条氏政権」（『神奈川県史』通史編一）。
（5）『古河市史』資料中世編（以下『古河』と略す）一五四一号。
（6）「長楽寺文書」（『古河』九三〇号）。
（7）鈴木宏美「生田氏蔵古河公方関係文書四点」（『埼玉県史研究』一六号）。なお、この口宣案に関して若干述べておきたい。口宣案には足利義輝の袖判があることに対して、鈴木氏は「安保文書」を論拠に、このような事例がままあったと指摘されているが、位階に関する口宣案に室町将軍の袖判が加えられている例は、東国では皆無に近いという（渡政和氏の御教示）。将軍の袖判のある天皇文書であるなしにかかわらず、官途・受領名が主従関係の中で頻発されるのに対して、身分上の絶対基準である位階はあくまでも朝廷の権限であったとするならば、この口宣案は非常に珍しい事例といえる。以上のことを勘案するならば、袖に判を加えた口宣案こそ、義氏に対する義輝の強烈な意志の表現形態ではなかろうか。なお、義輝と義氏については、花押形の変化から両者の関係をとらえた佐藤進一註（2）論文の指摘がある。
（8）「鶴岡八幡宮文書」（『古河』一〇五三号）。
（9）この点について鈴木註（7）論文では、義氏が右兵衛佐を名乗った文書はないとされているが、なにかの間違いであろう。
（10）佐藤博信「足利義氏とその文書」（『日本歴史』二九七号）。
（11）「喜連川判鑑」には小弓御所足利義明が右兵衛佐であったとするが、他史料からは確認できない。
（12）佐藤註（10）論文。

(13) むろん、この思想を受容するのは在地の諸階層であるが、その前提として、在地における史書・歴史文学の普及がなければ、前代の官途・受領名もそれほど役に立たないのではないだろうか。
(14) 佐藤博信「北条氏照に関する考察―古河公方研究の視点を中心に―」(『続荘園制と武家社会』)。
(15) 「名古屋大学文学部所蔵文書」(『福生市史資料編』中世一九三号、以下『福生』〇〇号と略す)。ただし筆者は閲覧の時間的余裕がなかったため、三鬼氏の指摘される(次註)東京大学史料編纂所架蔵レクチグラフ「佐竹文書」によって確認した。
(16) 三鬼清一郎「北条氏照の一史料」(『年報中世史研究』三号)。
(17) 「会津四家合考」・「新編会津風土記」などがこの説をとる。
(18) 『米沢市史』資料編一―五〇〇頁。
(19) 『会津若松史』八―二一三頁。
(20) 「鷲宮神社文書」(『福生』一九八号)・「西田文書」(『福生』一九九号)。
(21) 「武州文書」一六(『福生』二〇五号)。
(22) 佐藤註(14)論文。
(23) 拙稿「足利義氏政権に関する一考察」(『史学論集』一五号)。
(24) なお、氏照の家臣近藤綱秀は、天正九年より出羽守を名乗り独自に判物を発給しているが(「新編武蔵国風土記稿」一〇三、『福生』二五〇号など)、これは陸奥守に対応して付けられたものであろう。
(25) 「由良文書」(『新編埼玉県史』資料編六―七一九号、以下『埼玉』〇〇号と略す)。
(26) 「富岡家文書」(『埼玉』九二一号)。
(27) 佐藤博信「戦国期における東国国家論の一視点―古河公方足利氏と後北条氏を中心として―」(『歴史学研究一九七九年度大会別冊』)。
(28) 「蓮華定院文書」(『群馬県史』資料編七―二九九一号)。
(29) たとえば上杉憲実などは、その典型的な例であろう。

(30) 浅倉直美氏によれば、安房守受領は支城主の本城奉行人化・大途被官の大量動員という後北条氏の一連の政策であり、氏照と同時期に安房守を名乗ったのではないかという（「後北条氏の権力構造―鉢形領を中心として―」、『中世東国史の研究』）。

(31) 北条氏邦の家臣で箕輪・沼田城を守る猪俣邦憲は、受領能登守を名乗りやはり自ら判物を発給した（浅倉直美「後北条氏の上野進出と猪俣能登守邦憲について」、『史学論集』一四号）。邦憲がなぜ能登守となったか判然としないが、上野では沼田城将の藤田信吉が能登守であった例などがあり、なんらかの意味があったものと思われる。

(32) 江戸城を本拠とした上杉朝良が治部少輔であった。

(33) 北条氏秀については別の機会にのべたいが、とりあえずは拙稿「北条氏秀と上杉景虎」（『戦国史研究』一二号）を参照いただきたい。

(34) 当初、公帖に「右兵衛佐（花押）」と署判した義氏も、永禄十年には「従四位（花押）」と、官途よりも高い位階の方を記すようになっている（「長楽寺文書」、『古河』一〇九六号）。これも、ことさら右兵衛佐を強調する必要がなくなりつつあることを示しているのではないだろうか。

Ⅱ

関東公方領のアジール性

藤木久志

はじめに

標題に掲げた「アジール」というのは、ここでは「避難所」のことである。

関東公方については、佐藤博信（『古河公方足利氏の研究』〈校倉書房、一九八九年〉ほか多数）・阿部能久（『戦国期関東公方の研究』思文閣出版、二〇〇六年）両氏をはじめ、とても研究史を一括しきれないほど、膨大な蓄積がある。自作には、あるいは鎌倉公方持氏・成氏期への回想かとみられる「鎌倉公方年中行事」の紹介（『戦国の村を行く』〈一九九七年〉・『戦う村の民俗を行く』〈二〇〇八年〉、ともに朝日選書所収）が、わずか二編あるに過ぎない。だから私は、関東公方については、ほとんど門外漢なのである。

関東公方の性格についても、すでに、たとえば「最後の古河公方」とも評される足利義氏領については、何やら特異性があり、不思議な性格が纏わりついていることは、近年だけに限っても、阿部能久・市村高男・黒田基樹・佐藤博信・山口博（五十音順）各氏など、多くの研究者によって、さまざまに指摘されてきた、という（公方研究史については同学の黒田基樹氏のご教示による）。

その「特異性」ないし「不思議な性格」とは、いったい何であったのか。そのナゾ解きが、小論の楽しみの焦点である。先学の豊かな足跡を辿って、この関東公方領を、近世まで少し下って、訪ねてみよう。

一、公方領への走入り

〔公方領での横合・狼藉〕　ときは弘治三年（一五五七）八月六日のことである。

小田原北条氏（当主氏康）は、足利公方家（足利義氏）を監視する役目を負っていた、豊前左京亮（氏景）に充てて、興味深い三ヵ条の「禁制」を発令していた（神奈川県立文化資料館所蔵「豊前文書」〈『戦国遺文』後北条氏編五五三号〉、なお公方に関する事案の処理に当たっていた豊前氏については、萩原龍夫「豊前氏と後北条氏」〈『中世東国武士団と宗教文化』岩田書院、二〇〇七年、初出一九七一年〉に先駆的な追究がある）。

問題の三ヵ条を読みながら検討を加えてみよう。

第一条は、関東公方領である下野都賀郡の梓《あずさ》村・中方《なかがた》村（栃木県栃木市梓町・中方町、栃木県立博物館江田郁夫氏のご教示による）で起きた「横合・狼藉」を禁止していた。公方義氏側からの要請を受けた、公方領民への制裁措置であったに違いない。

横合・狼藉の実情は、この条文だけではわからない。だが、次の箇条以下に、豊かな傍証が認められる。なお、「横合」の語義には、「命令に服しないで、とやかくいうこと」という意味があり、「狼藉」には、「乱暴を働くこと・無法な態度や行為をすること」などの意味があるという（『日本国語大辞典』第二版、十三巻、小学館）。

右の両村は、現在の栃木市北西部に位置する。近世には、梓村は村高二五六石余（慶安郷帳）で、明治六年（一八七三）には、戸数二八・人口一五〇であり、中方村は村高二五二石（同右）、戸数二〇・人口一〇二人という、隣り合う小さな村であった。

地形は、南に流れる永野川の東岸に位置し、もとは丘陵が迫る山村であり、境界領域でもあったという（江田郁夫氏のご教示による）。この頃の近辺の領主は皆川氏であったらしく、後段にみる第三条にその名がみえている。

その「境界領域」とみられる両村域で、「横合・狼藉」が横行して、大名禁制による制裁命令が出されるほどの、大きな問題になっていた。いったい何事が起きていたのか。

なお、武蔵長津田・子安・平塚・品川など（「小田原衆所領役帳」）、片々たる公方領の点在という事態は、じつは紛争地域＝境界領域が、長い紛争に決着がつかないまま、いわば「痛み分け」の形で大名に接収されて、公方領に編入された結果であった、という可能性が大きいのではないか、と推測してみたい（市村高男「古河公方御料所についての一考察」〈『古河市史研究』七、一九八二年〉を参照）。

そのあげく公方領は、一般の領主の所領とは異なる、アジール性ともいうべき、特異な性格を帯びることになったのではないか。まことに興味深い公方領論の視点というべきであろう。あるいは、結論が先走りし過ぎたかも知れない。もう少し丹念に先学の軌跡を辿って行くことにしよう。

〔公方領の土貢不納所百姓〕　第二条は、両村に「土貢不納所百姓」がいるが、もし何度催促しても、なお「難渋」を続けるようであれば、逮捕（「搦捕」）して、遠山（綱景）の所へ、その旨を報告せよと命じていた。

古河公方は、後北条氏麾下の江戸城将遠山氏を奏者（公方の世話係）とし、かつ、その軍事的な庇護をうけつつ、小田原北条氏と結び付いていた（佐藤博信「古河公方足利義氏論ノート」〈『日本歴史』六四六、二〇〇二年、のち『中世東国政治史論』塙書房、二〇〇六年に収録〉。この点は佐藤氏のご教示を得た）。

この箇条の主題は、「土貢不納所百姓」の輩出への懸命な対応にあった。省みてこれまで学界では「土貢不納所」で「難渋」を招く「百姓」の動向といえば、ストレートに農民闘争とみるのが通例であった。

念のために、事態の背景を、自作のデータベース（『日本中世気象災害史年表稿』高志書院、二〇〇七年）で探ると、同年八月には肥後（九州）から会津（東北）にかけて、あたかも列島を縦断するかのように、台風情報が連続している。大規模な地震の情報もみられる。同九月半ばにも、相模西郡の下中村（小田原市）では、「風損」による年貢減免が行われていた（『戦国遺文』後北条氏編五二六、下中村の地名の現地比定については、盛本昌広氏のご教示を得た）。

こうした事態からみると、年貢滞納の背後に、台風や大地震などの災害が潜んでいる可能性を否定できないのではないか（なお、この年の災害状況については、小考「弘治年間の村の災害」〈『戦国史研究』五九、羅針盤、二〇一〇年〉を参照）。だが、「土貢不納所」の背景は、それだけでもなかったらしい形跡である。

〔悪党・咎人が公方領に走り入る・敵方も徘徊する〕　小考の主な関心の焦点は、第三条にある。原文を読み下してみよう。

> 一、彼の両村へ、悪党或いは咎人、走り入り候とも、許容あるべからず。ならびに、皆川へ敵対方の者、徘徊停止せらるべき事、

この箇条は、二つの領域に対する規定から成っている。これを領域A・Bと仮称しよう。

領域A「彼の両村」というのは、先の第一条にみえた、梓・中方という、境界領域に隣り合った「両村」のことに

違いなく、その村へ「悪党」「咎人」が「走入」るのを「許容」してはならぬ、と厳命が下されている。

この禁制は倫理規範でなく、現状の「走入」への対応が主目的である以上、現実にこれら悪党・咎人らの両村への走り入り（駆け込み）が頻発していた、と想定するのが、穏当な見方であろう。

ついで領域Ｂ「皆川」というのは、後段に述べる禁制末尾の指示にみえる「皆弾」、つまり皆川弾正の領分に相違なく、「皆川に敵対する者」についても「徘徊（両村にたむろすることか）を停止（制裁）せよ」というのであった。この公方領の一円で、皆川氏に対する公然たる避難・敵対の行動が、顕著に露れていたことは、明白であろう。いったい、境界領域に隣接する、梓・中方の二つの村とその周辺で、何が起きていたのか。

〔葛西様の影〕　梓・中方という二つの村は、中世では木村保の内で、下野佐野氏（栃木県佐野市）との縁があった（島津家文書、江田郁夫氏による）。だが、戦国期には、皆川氏領（現在の栃木市皆川―栃木市西部を本貫とする）に境を接し、「葛西様領」（足利義氏領。豊前氏知行か）となっていたらしい。北部の梓・中方両村が「皆川へ敵対の者の徘徊」という、不穏な状況を呈していたのは、このような隣接関係に由来していた。

古河公方論の大きな達成で知られる佐藤博信氏の推定によれば、「葛西様」の葛西とは下総葛西城（東京都葛飾区葛西）のことであり、江戸城将であった遠山氏の傘下ともいうべき、葛西の地に足利義氏が在城したことに由来するという（同氏前掲論文参照）。右の第二条に「遠山（綱景）の所へこの趣承り、尤もに候事」とある所以である。

もう一度、禁制の焦点にあった事態を振り返ってみよう。下野のうち梓・中方の二つの村々では、（第一条）「横合・狼藉」が起きていたし、さらに（第二条）両村の百姓たちまでが、年貢の納入を頑固に渋るという、「土貢不納所百姓」の「難渋」が、二つ目の大きな問題になり、その上、（第三条）Ａ「悪党」や「咎人」の走り入りと、Ｂ皆川氏に敵対する者の「徘徊停止」が、大きな問題になっていた。つまり、葛西様（足利義氏）領は、百姓の年貢不納、悪党・咎人の走り入り、領主敵対勢力の徘徊という、あたかも解放空間（アジール）の観を呈していた様子である。

それをどう処置するかという課題が、豊前氏・遠山氏を経由して、北条氏康の朱印禁制を呼び込む、という事態を招いていた。北条氏に密着して行動するテクノクラートの豊前左京亮も、さらに近隣の在地領主（皆川城主）であった皆川氏（この時期の当主弾正は俊宗、『栃木県史』中世四〈栃木県、一九七九年〉三八六頁、江田郁夫氏のご教示）でさえも、これらの処置に手を焼くほど、複雑で困難な事態が、広義の「公方領」の村々で起きていたのであった。北条家禁制三ヵ条は、公方領側の現地から求められた、これら三つの異変への、緊急な対応策であった。

翌永禄元年（一五五八）六月二十三日には、江戸城将の遠山隼人佐（綱景）が、昨年の大名北条氏康の上意（「此方異見」）を奉ずる形で、公方領の処置について、虎印判状をもって、こう語っていた（北条家朱印状写、「古文書」八上〈『戦国遺文』後北条氏編五八六号〉）。

あつさ《（梓）》・中方の儀、去年《（弘治三）》、此方異見について、皆川弾正（俊宗）納得せしめ、「重ねて違乱、曲なき次第に候、然る間、この度、村山に堅く申し断り候、向後の儀、聊かも相違あるまじく候」証文を出し候。則ちこれを進す。もしこの上、首尾相違の儀これあるにおいては、この印判を先として、堅くその断りに及ばるべく候。なお（違犯脱ヵ）の族これあらば、此方へ承るべく候、件の如し。

宛所は、北条方で公方担当のテクノクラートであった、豊前左京亮である。ここに「あつさ・中方の儀」というのが、先にみた下野（栃木市）の「両村」を意味していることは、明白である。明らかに、北条—遠山—豊前—村山（小代官）というラインが作動していた。にもかかわらず、年が明けて半年余りたってもなお、重大な問題は「曲なき次第」であり、いまだ解決にいたっていない形跡である（「豊前氏古文書抄」三号参照、江田氏のご教示による）。ただ、皆川俊宗が何をどう「納得」したのかは、まだ、よくわからない。じかに指示を受けている「村山」というのは、現地の小代官であろうという（黒田基樹氏の示唆による）。

事態の性急な評価は後にしよう。なぜ、片々たる公方領の現地で、このような厄介な事態（違乱）が、あいついで集中的に起きていたのか。それを探るには、もう少し視野を広げる必要がありそうだからである。なお、すでに山口博氏「戦国大名北条氏と古河公方」（浅野晴樹・齋藤慎一編『中世東国の世界3戦国大名北条氏』高志書院、二〇〇八年）にすぐれた分析があり、大切な導きの糸となる。

不慣れな関東公方論・豊前氏論に深入りすることは、ここでは遠慮しておきたい。

二、結城領への欠落人

〔公方領欠落人の人返し令〕　さて、右の事件の前年のことであった。「結城氏新法度」（弘治二年〈一五五六〉十一月二十五日、『中世政治社会思想』上〈岩波書店、一九九四年〉）の追加に、次のような箇条があることは、よく知られている。同書の原文のままをあげよう。

一、公方領のもの、代貸しにも、殊に失せて来るもの、又たとへ彼方に売りて候共、買候て、召仕ふべからず。女・男・童、同前。自然、公方領の者と知らで買候共、聞糺し候て、人売の方へ返し、代を可取、少々、公方領の者になく候とも、召仕ふべからず。

右の要旨はこうである。

古河公方家の所領の者については、貸し金のカタに人質を取っても、ことに逃亡して来た者、また、仮に公方領から売りに来た者であっても、買い取って召し使うことを禁止する。女性でも、男性でも、児童でも、同じ事である。万一、公方領の者と知らずに買っても、よく聞き糺して、人売りの方へ返して、代金をとりかえすように。もし公方領の者でなくても、召し使うことを禁止する、というのである。

ここには「公方領」との関わりで、「代貸《しろか》し」・「失せて来たる者」・「公方領へ売られた男・女・童」・「人売り」などが姿をみせている。ここでも、公方領空間の猥雑さは、先の下野両村をはるかに超える規模で、深刻な問題となっていた。

その処置を、小田原北条氏とは無関係なはずの、下総結城氏の法が定めていた。公方の関東公方たる所以であり、北条氏だけに一元的に拘束されていたわけではなかった。その史実については、市村論文（前掲）に詳しい。

この法度本文の成立は、先に見た下野への北条家禁制とあい前後して近接していることによく留意して、検討してみよう。

三、足利義氏徳政と公方領―永禄三年徳政法度令にみる公方領の人返特約―

以上の二つの例から、二～三年後のことである。

永禄三年（一五六〇）三月二十六日付、足利義氏朱印徳政法度（『神奈川県史』資料編中世３〈神奈川県、一九七五年〉、

黒田基樹氏のご教示による）に、武蔵国橘樹《たちばな》郡子安郷（神奈川県横浜市）百姓らならびに代官宛てに、次のように明記されている。

今度之徳政法度、子安より他所へ買い候下人等の事は、則ち取り返すべし。他所より子安へ買い取り候下人の事は、返すべからざるものなり。よって件のごとし。

この度、北条氏康によって「徳政法度」が発令された。飢饉さなかのことであった（前掲『日本中世気象災害史年表稿』参照）。それに連動して広域の徳政が行われるが、公方（足利義氏）領である子安郷については、

①この公方領から「他所」（領外）へ売った「下人等」は、徳政の趣旨に添って、直ちに取り返せ。

②「他所」から子安へ買い取った下人は、返す必要がない。

というのであった。黒田基樹氏はこれを徳政令違反とみている（『中世東国の社会構造』岩田書院、二〇〇七年所収論文）。

足利義氏自身の印文「大和」の朱印状による、公方自身の直接の指令であった。

つまり、北条氏徳政令を公方領子安郷に発動して、

①この公方領の村が他所へ売った下人らを取り返すのは、当然の権利である。

②だが、公方領側が他所から買い取った下人については、徳政令の適用は除外される、という宣言であった。

やはり「公方領におけるアジール宣言」といわざるをえない。

四、最後の足利公方義氏の葬儀の難題

「最後の古河公方」といわれた足利義氏は、天正十年（一五八二）閏十二月二十日に没した。法名を香雲院殿長山周善といい、墓所は古河公方の別館のあった鴻巣御所の地（茨城県古河市鴻巣）であった（池永二郎「あしかがよしうじ」〈『国史大辞典』一、吉川弘文館、一九七九年〉）。

だが、それはあくまでも結果であり、義氏の葬儀場をどこにするかをめぐっては、「意外」ともいうべき、深刻なトラブル（駆け引き）が起きていたのであった（翌年正月八日付、北条氏照書状、喜連川文書、『戦国遺文』後北条氏編二四八一、黒田基樹氏のご教示による）。

その微妙な雰囲気を、北条方の北関東支配を委ねられていた北条氏照（武蔵滝山・八王子城主）の、古河公方宿老衆六名宛書状が明かす（芳春院＝松嶺昌寿・一色氏久・町野某・小笠原氏長・簗田助實・徳蔭軒＝三伯昌伊宛て）。原文の一部を、読み下しで抄録してみよう。以下の①〜③がそれである。

①古河の儀は、境目のこと、外聞・実儀、然るべからず候。御先代御菩提所、天下その隠れなき地に候の条、御先例のごとく、久喜において御執行、然るべきの由、仰せ届けらるるのところ、おのおの一同に、その地に定めらるるの由、仰せを蒙るのあいだ、もっとも御存分に任せられ候。

②申す迄もこれなく候といへども、かようの時は、方々より徒者、馳せ集まる儀に候条、その御覚悟、肝要に候。ひっきょう、他より来る者を、一途に停めらるべき事、然るべく存じ候。ただし、各の御分別に過ぐべからず候。

（後略）

③御葬礼の刻、如何様にも祗候せしめ、万端、走り廻りたく存じ候といへども、虎口手前の義に候の条よんどころなく、御中陰の内、参上せしめ、御焼香申し上げたき念願までに候。

大意はこうである。

①古河の地は敵方との境界領域で、とても危険だから、葬儀の場所としては相応しくない。先代の公方様（足利晴氏、永仙院系山道統）御菩提所はよくない。関宿町宗英寺（池永二郎、前掲項目）という先例もあるのだから、久喜（埼玉県久喜市、第二代公方足利政氏の墓所、黒田基樹氏による）の地において葬儀を執行すべきである。その旨、北条家の意向を伝えたところ、久喜の地で葬儀を行うことに決した由、北条家でも承知された。葬儀の執行のことは各位にお任せしよう。

②ただ、いうまでもないことだが、このような非日常の事態の折には、方々から「徒者《いたずらもの》」が押し掛けるだろう。その覚悟（対策）が必要だ。他所から来る者は、一切禁止するようにせよ。ただし、細かいことは各位の判断に委ねよう。

③ご葬儀には、自分も祗候し、準備の手伝いもしたいところだが、戦争を目前にしていて、動けない。だが、四十九日（御中陰）までには参上して、ご焼香をしたい、と思っている。

どうやら北条氏照は、戦場を口実にして、厄介な公方の葬儀への参列を、体よく回避したらしい。

さて問題の焦点は、②である。念のため、その個所の原文をあげてみよう。

加様之時者、従方々、徒者馳集儀候条、其御覚悟肝要候、というのであった。

公方の葬儀の場に「方々から徒者《いたずらもの》が馳せ集まる」というのは、いったい何を意味しているのであろうか。この「徒者」の史実に特化した、先行研究はないらしい（阿部能久・黒田基樹・佐藤博信各氏のご示唆による）。そうであれば、私のような門外漢が、だれでも考えつくような、ごく常識のレベルで、①～③のような憶測を巡らす他はない。

①葬儀によせられた多数・多量・珍奇な供物・布施の、配分・掠奪を目当てに、人々（ことに貧しい人々）が蝟集する。

②公方の遺徳を慕う人々が蝟集し、葬儀を支えようとする。

③各地に散在する小さな公方領群を拠点・避難所とする、悪党・咎人、横合狼藉の輩、年貢不納の百姓たちなど、物騒な公方領の連中が押し掛ける。

これら①～③をみると、どれもが妥当しそうである。だが、語感に少しこだわって、私の本文を読み直すと、①や②は、厳しく警戒すべき「徒者」という語感とは、ややズレがあるようにも思われる。

仮にここでは少し①や②を留保して、③をみると、これまで本文の公方領のシーンでみてきた、公方領で「横合・狼藉」をこととする者たち、「走入候者共」・「咎人」、「敵対方……徘徊」する者たち、などの像との間に、かなり緊密な親近性があるように思われる。

だから、ここでは、常識の範囲に収まる①・②も排除せずに、葬礼の民俗への課題として留意し、③を優先順位の先頭に位置づける、という苦肉の案を提示して、この節を閉じることにしたい。

ここから、アジールの光景が鮮やかにみえてくる。

五、近世末期、喜連川領への駆入り

さいごに、公方家の末裔といわれる、喜連川家の縁切り性に鋭く着目した、阿部能久「喜連川家と縁切寺東慶寺」を紹介し、私のこのエッセイに連なりそうな、遥かなる後世の興味深い傍証として、位置づけてみたい（『栃木県立文書館研究紀要』一二、二〇〇八年）。

近世の喜連川家というのは、下野国塩谷郡喜連川（栃木県さくら市）を領した、中世後期の関東公方家の末裔（小弓公方足利義明の孫国朝が、秀吉により再興され、徳川幕府にも安堵された家、後掲斎藤論文による）であり、阿部氏によれば、「極めて特異な立場の家」であった、という。すなわち、禄高は五〇〇〇石ほどで、参勤交代も諸役もみな免れて、田舎住まいをゆるされた、いわば唯一無二の存在であったという。

そのアジール性の一断面にふれてみよう。それは江戸時代も終わり近い、天保十二年（一八四一）の晩春、下野国都賀郡川中子村（栃木県下野市川中子）での出来事であったという。

若い女性の失踪事件が同国壬生藩の代官所に提訴された。その願書は、同村の百姓吉五郎夫婦の離縁騒動が主題である。妊娠中の若妻がとつぜん失踪し、近くの村にある親戚の百姓の家に身を寄せていた。夫側からの重ねての復縁交渉もまとまらず、年を越した。

やがて若妻は、強い離縁の意思を貫くために、「喜連川様御家中、浅沼友右衛門様方え欠入」という行動に出た。喜連川側の浅沼氏からはくり返し、他領の夫側に離縁の承認を迫る交渉を行い、夫が離縁状を書くよう強く求めた。

吉五郎側としては、喜連川家の「御威光」を笠に着た「筋違いの御掛け合い」だと、壬生藩を通して抗議し、復縁を迫った。喜連川方は、壬生藩とはまったく無縁の存在であった。「欠入り」は「駆け入り」のことである。

この史実に注目した阿部能久氏は、この喜連川家の「余りにも奇異」な史実から、鎌倉山之内の東慶寺のような、「縁切り寺」の性格を見いだし、同寺に伝わる戦国期の東慶寺文書の丁寧な分析を試みたのであった。だが、そのことは、もはや、室町・戦国期の「関東公方領」のアジール性論という、私の関心の外であるから、ここで「東慶寺―縁切り寺」論については、省略に従うことにしよう。ご海容をいただきたい。

ここまで書き進めてきた所へ、同学の齋藤悦正氏から「駆込み慣行の構造と地域社会」（『共立女子大学文芸学部紀要』五五、二〇〇九年）という力作が届いた。右の喜連川家のアジール論にじかにかかわる内容であった。喜連川家への駆け込みといっても、男女・火元・酒狂口論など、駆け込みの原因はじつに多彩であり、しかも、寺入り（入寺慣行）だけでなく、武家地への駆け込みなど、実態はもっと多様であった、というのである。喜連川家の性格を、より広く捉えてみようとする、小考への大きな応援である。

なお、この齋藤論文に少し間をおいて、泉正人「領主的『権威』と地域―近世喜連川家を素材に―」（『国士館大学教養論集』六五、二〇〇九年）が恵与された。ここでも喜連川家の地域的な権威の核心は、縁切り・駆け込みにおかれている。だが、むしろ鎌倉東慶寺との関係が断絶しても、駆け込み機能は持続されることに注目している点が重要である。先の阿部説は、齋藤・泉説とは対立していることになる。喜連川家と東慶寺との由緒の濃密さは際だっている（泉論文表1）。しかしそれだけで、以上でみたような、喜連川家の特異な性格をすべて説明するのには、無理があるのではないか。議論の深化を期待しよう。

なお、駆け込みの習俗については、振り返れば、近年だけでも、阿部善雄『駈入り農民史』（至文堂日本歴史新書、一九六五年）いらい、佐藤孝之『駆込寺と村社会』（吉川弘文館、二〇〇六年）を経て、前掲の阿部・齋藤両氏に至る、多くの蓄積があり、鎌倉東慶寺と関係があるわけではない。紙幅の制約から、それらの研究史は小考の外におくことを、お許しいただきたい。

おわりに

公方領のアジール性といえば、心に残る指摘が想い出される（清水克行氏のご教示による）。『大山村史』史料編五六〇号から導き出された、笠松宏至氏の次のような文章がそれである（同氏著『中世人との対話』東京大学出版会、一九九七年）。

喜阿弥が左近太郎のかくし場所として、「西御所御料所」を選んだことは、ただ遠隔の所縁地という理由だけであろうか。**御料所に一種のアジール的要素を考える**必要はないだろうか。論証の可能性きわめて希薄と言ってしまえばそれまでだが……。

なお、笠松氏によれば、「喜阿弥」は室町将軍家の同朋衆の一人らしく、「西御所」は将軍足利義満の側室（愛妾）の頂点にいた高橋殿であろう、という（太字は私案）。

この珠玉の一文を、断章的に私の「関東公方のアジール性」論の結びとするのは、不遜な逸脱であろうか。つまり私の結論は、右の笠松説の後追いに過ぎないことになる。識者のご叱正とご助言が楽しみである。

Ⅲ　戦国大名と領内国衆大名との関係
―とくに後北条氏と武州吉良氏の場合について―

實方壽義

はしがき

戦国大名が自己の支配権力および領域を伸張拡大し、その領国経営においては、政治的経済的軍事的諸政策を施行しつつ、支配権力を領内諸郷村に扶植浸透せしめて統制支配していった事実は、すでに多くの諸論により明確にされている(1)。いずれにしても、戦国大名領国経営の解明においては、とくに、戦国大名の支配権力の構築過程を根底として考察しなければならない。この支配権力構築過程における方法・形態は、個々の戦国大名によって区々であるが、総体的には戦国大名領国支配体制確立への指向を示すものである。その指向は、第一に、戦国大名が諸郷村に残存せる旧態依然としたる中世的な在地領主層の把握を積極的に着手したことである。それは、概括的にいえば、在地性の強い彼ら中・小領主層の旧領を安堵し、そのまま戦国大名の家臣（知行人）として編成するかたちをとったのである。第二は、彼ら領主層に従属した有力名主の把握ばかりでなく、直接生産者としての中・小農民の掌握まで試み、郷村支配を確立せんとする方向をとったことである。この点は、検地の施行・百姓還住法の実施などの政策強行となって現われている(2)。

本稿は、右の観点に留意しながら、関東一円を領有した戦国大名後北条氏の領国経営をとりあげ、とくに領国下において、国中国として存在した武蔵国管苅庄世田ヶ谷領について検討を加え、後北条氏権力の構築過程を明らかにせんとするものである。(3)

一、吉良氏と世田ヶ谷領

後北条氏の領国支配は、すでに周知のごとく、初代北条早雲の伊豆入国（延徳三年）以来、第五代北条当主氏直治世までの間に、伊豆、相模、武蔵などの諸国を中心にして関東一円を領有した。ことに、後北条氏の領国支配権力の伸張および大名領拡大の契機は、（イ）明応四年の相州小田原城主大森氏攻略以後、後北条氏は小田原城を本城（本拠地）として固定し、同州西・中郡の支配を確定することにはじまり、（ロ）第二代北条当主氏綱の扇谷上杉朝興居城（江戸城）・太田資頼の拠城（岩付城）攻略——大永四年一月・同五年二月——を基としたものである。つまり、後北条氏の武州進出を確実にしてから以後において、後北条氏権力構成の基盤をみることができる。

第三代氏康時代の「小田原衆所領役帳」の作成により明白なごとく、(4)後北条氏は戦国大名支配権力強化策として、太田豊後守・関兵部丞・松田筑前の三奉行人に命じ、知行人に対する「役」の設定を確立するとともに、家臣団編成上においては、在地有力者層（在地土豪領主）を旧領安堵の形で知行人として把握した。しかも、その所領規模・知行領地域、さらには政治的経済的軍事的役割に応じて、後北条氏は「小田原衆」以下十五衆の家臣団を組織編成し、後北条氏支配権力の地方浸透強化策を画したのであった。(5)

右のごとくして、後北条氏は伊豆・相模への領国拡大に対応して在地領主を自己の支配権力の下に編成していったが、国衆大名が多く存在した武州支配において、菅苅庄世田ヶ谷領の領主吉良氏およびその家臣をいかなる方法・形をもって自己の権力下に組み入れ、支配統制していったのであろうか。

武州世田ヶ谷領は「領中総て高き地にて山林原野多し、田畝も水田は少くして陸田は多し」とあるように、生産性の低い土地柄であったが、荏原郡内三十村・多摩郡内二十九村の広大な領域からなっていた。[6] この世田ヶ谷領は、すでに鎌倉公方持氏の頃より吉良治部大輔治家の所領で、永和二年一月二十九日付の「吉良治家寄進状」に、

奉二寄附一

鶴岡八幡宮社

武藏國世田谷郷内上絃（弦）巻半分事

右志者、為二天下安全、以殊家門繁昌一也　仍寄附如レ件

永和弐年正月廿九日　散位治家（花押）[7]

とある。これは、吉良治家が吉良氏一門の繁栄を祈願するために、自領上弦巻半分を鶴岡八幡宮に寄進したことを示すものである。なおかつ、吉良氏は右に記した「寄進状」と同様趣旨の文書を同年月日付で、同右八幡宮神主大伴時国の代官・中条新兵衛入道宛に発している。[8] これらの文書によって、上弦巻が吉良氏領であったことは明白である。

吉良治家の先祖は、源氏の系譜をひく足利氏一族の名門の出自であって、治家自身は世田ヶ谷吉良氏の開祖となった。[9] ことに、治家の父・貞家は、鎌倉における足利氏の地位確立のために設置された「関東廂番」の第三番に列せられるとともに、奥州探題（貞和二〜文和二年）にも補任されていた。[10] 彼によって吉良氏は由緒ある名家としての地位

を確立し、足利政権体制における重要な部署を占めることになった。吉良氏は、治家以降の頼治・頼氏・頼高の三代を経て、四代政忠の時代にいたると、世田ヶ谷領および久良岐郡蒔田領も支配し、久良岐蒔田吉良氏の基をひらいた[11]。その子成高は、父政忠の意志を継いで、両領を統治した。成高治世の文明年間には、江戸城主太田道灌から援軍出兵の依頼があり、成高は自己の家臣とともに出陣した。彼は太田氏ともども江戸城に篭城し、武威を揚げた。その模様は、文明十二年十一月二十八日付の「太田道灌書状」で、上杉顕定の家人高瀬少輔に宛てた書状の文言に「當方同心候御奉公衆幷両國一揆、其外當方家風中忠節事、一々委申すに及ばず候、吉良殿様御事、最初より江戸城に御籠候、彼下知を以って城中の者ども働、數度合戦せしめ、勝利を得候[12]」とあるように、その戦功は抜群であった。右の文中「吉良殿様」とあるのは、明らかに公方一族の吉良三郎成高を指すものであり、「世田ヶ谷殿」・「蒔田殿」と呼称された。彼は、武州世田ヶ谷・久良岐郡蒔田の両所に居城を構えて、在地支配と領主権力の伸張をはかった。

武州における吉良氏の支配権力基盤の確立とその維持は、成高の死後（大永六年）、その嗣子頼康によって継承された。頼康は、世田ヶ谷領の統治を再確認するための諸政策を施行し、これを中核に、領内の支配統制および吉良氏支配権力の確立に尽力した。

頼康時代における吉良氏の家臣団構成は、その一門である江戸刑部少輔頼忠・江戸近江守頼年・江戸摂津守朝忠・江戸周防（朝忠の弟）などの江戸氏一族と、北見の関加賀守・大場越後守を含む一族衆を頂点として、さらに、太平清九郎・中治（地）山城守・周防上野介・松原常陸守・松原佐渡守・円城寺頼長・石井兼実・高橋、などの旧来からの吉良氏家臣や在地有力者である大土豪武士を重臣・奉行人に任じて吉良氏上級家臣団を構成した。なお、彼ら上級家臣団の麾下には、在地の中・小土豪が吉良氏家臣として帰属せしめられていた[13]。かつまた、彼ら有力上級家臣は、吉良氏家臣団構成上の重臣であると同時に、軍事体制組織上における寄親・寄子制の寄親であって、多くの寄子を支配統制していた。すでに、頼康時代の天文末期には寄親・寄子制の組織を体系的に完成させており、寄子の指揮統率者は吉良家「一族衆」の江戸周防父子であった。しかも、その統師者の任免は、領主吉良頼康の権限として一手に掌握されていた。これらの事実は、次の「頼康判物」の文言により明白で、頼康の命令によって有力家臣麾下の寄子の組み替え、あるいは統率者の交替、などの強制執行の権限が確立されていた。

江戸周坊(防)父子之寄子指南幷奏者、何も依二参河守言上一而、其方へ任渡間、他人綺一向不レ可レ有レ之、此状お為レ先、何へも各々中へ可二申触一者也、仍證状如レ件

天文二十五年丙辰　正月廿七日　　前左兵衛佐頼康（花押）

太平清九郎殿[15]

右の史料は、天文二十五年（弘治二）領主頼康から重臣太平氏に宛てたもので、頼康の近習田中参河守の進言によって、吉良家の「一族衆」江戸摂津守朝忠の弟である江戸周防父子の寄子を組み替え、吉良家の重臣太平清九郎に附属せしめるとともに、その統師権をも委任して「他人綺一向不レ可レ有レ之、此状お為レ先、何へも各々中へ可二申触一」と、命じたものである。以上、みてきたように、吉良氏家臣団構成およびその軍事組織は、頼康時代の天文～弘治期に、急速に整備されたのである。なお、吉良氏が、群雄割拠動乱のこの時期に、「一族衆」の上級家臣を軍事統轄部門から解任して太平氏のごとき在地性強固なる有力武士を重臣に任用し、軍事面における統師者としたことは、吉良氏が動乱期に対応する戦国大名としての権力構築政策の具現化とその進展の一端を示すものである。

次に、吉良氏麾下における太平氏の存在であるが、吉良氏家臣団の軍事統帥権の委任を受けたばかりでなく、同氏の領内経営に関わる諸政策執行においても、顕著な役割を果たしていたとみられる。

吉良氏は、領内各地域の荒地・新地の開発に重点を置き、[15]その開発実施に当たっては、とくに太平氏を命じた。吉良頼康は、天文二十年十二月、太平氏に対して次のような書状を与えている。

世田谷郷之内とゝろき（等々力）村、同小山之郷、共ニ為二給分一下置者也、開役以下於二何事一、他人之綺不レ可レ有レ之、山野等幷相任、仍為二後日一證状如レ件

天文二十年辛亥

十二月七日　左兵衛佐頼康（花押）

太平清九郎殿[16]

右の「吉良頼康判物」によれば、頼康が太平氏に対して世田ヶ谷領内の等々力村・小山郷を給分として与えたのであるが、この両地の新開地に対する諸役・その他については「他人之綺不レ可レ有レ之、山野等幷相任」と命じたものである。なおかつ、同年月日付太平氏宛の他の「頼康判物」によれば、

小山・とゝろ木ニ、近年圓城寺めしつかいのもの、何も下置者也、具松原常陸介・同佐渡守口上ニ可レ有レ之、仍爲二後日一證状旨趣如レ件

天文二十年辛亥十二月七日　（花押）

太平清九郎殿[17]

とあり、太平領等々力・小山両所の開発に際しては、吉良氏家臣円城寺の抱百姓を太平氏に附与し、一切の権限を委

任している。ここに、吉良氏が太平氏に対して前文書では土地を下給し、本文書では人手を附与し、土地の開発を命じたことは、吉良氏の土地開発事業における太平氏の存在が、いかに重要な位置を占めていたかを知ることができよう。さらに、天文二十一年には吉良氏は太平氏に対して「小山・とゝろ木(き)山野地さかい、餘郷之入ましる處、此度たんたいさせ、人お越置可レ為二開発一者也」[18]と、太平領小山・等々力周辺山野の検分や百姓の入植・開発をすすめ、翌天文二十二年には、

旋澤之内船橋谷・板橋分・つるさし在家・かち山・谷山・ちう次郎右衛門分・八幡免、此等之山野下置候間、諸公事諸役、他人綺一向不レ可レ有レ之、仍爲二後日一證狀如レ件

天文廿二年癸丑五月大吉日　（花押）

太平清九郎殿[19]

と、船橋以北・烏山以南の開発を行わしめ、その上に、吉良氏領の大蔵村・石井戸郷新開地・芝村・高田分・坂戸村河原分・熊沢分などの年貢収納方をも任じている。[20]

太平氏は、このような吉良氏に対する任務遂行の実績結果によって、領主吉良頼康から弘治三年には、

大藏村爲二給分一下置者也、仍□(為)二後日一證狀如レ件、

弘治三年丁巳二月七日　頼康（花押）

太平勢(清)九郎殿[21]

と、吉良氏直轄領のうちの大蔵村を給されたのであった。しかも、頼康は太平氏の精勤に対して、所領の給付だけにおわらず、「日夜不退、懇ニ奉公甚妙大慶満足ニ候、仍可レ參二似合之刀一、雖二可レ遣レ之候一未レ有レ之、相尋者遅延ニ

候間、雖レ無二装束一候、刀助宗作下置之條、重而一段相調刀候者、可レ遣レ之候、其時分彼助宗作可二返上一者也」[22]の褒賞を授与している。このように、太平氏の存在は吉良氏の政策遂行上、重要な位置と役割を占めていた。

以上述べたように、武州における吉良氏の大名領国の形成や権力の伸張は、世田ヶ谷領を中心にその一族一門および在地性の強い太平氏のごとき有力家臣団によってになわれていたのである。

二、後北条氏の武蔵吉良氏領進出

前章において詳述したごとく、吉良氏の大名としての支配権力構築過程は、天文～弘治年間にみることができた。また、吉良氏の所領範囲についてみれば、地域的には、自己の本領である武州世田ヶ谷領を中心に、同州久良岐郡蒔田領をも支配下に組み入れるとともに、政治的経済的基礎の確立を指向したのであるが、とくに、吉良氏権力構造の基盤は家臣団の組織編成にあった。いずれにしても吉良氏の家臣団構成は、同氏の一族・一門の武士団をその中核とし、さらに、在地性強固なる武士を重臣的位置に任用して、家臣団構造の確立を画策した。

しかし、こうした吉良氏の支配権力確立期においては、すでに、戦国大名後北条氏が小田原城を基点として領国の拡大を策し、支城を各要地に設定して支城領の支配統制をはかり、自己権力の地方浸透化を促進していた[23]。

即ち、後北条氏は、第二代当主氏綱の大永年間以来の武州攻略を契機に、関東一円の支配体制の確立を推進しながら天文期には吉良氏領への進出を企図していった。この後北条氏の吉良氏領への進出策の基本となったものは、当時の戦国大名各氏によってしばしば施行された政略結婚、つまり、姻戚関係における同盟であった。後北条・吉良両氏の婚姻関係の具体例としては、（イ）後北条氏第二代当主氏綱の娘を、武州世田ヶ谷領主吉良頼康の室としたこと―婚儀の成立年代は不明であるが、おそらく大永～天文初期であろうと推定される[24]―。（ロ）永禄五年、前記北条氏綱の息子、氏康は娘崎女を吉良頼康の養子・氏朝に嫁がしめている[25]。右の二例によって明白なごとく、両氏はともに、父子二代にわたっての姻戚関係を結んだのであった。

　後北条氏は、右の吉良氏との婚姻関係を基盤として、同氏およびその家臣をも含む吉良氏領の支配統制をはかり、後北条氏支配権力の浸透化を次第に進めていった。後北条氏の吉良氏に対する支配権力の伸張は、すでに、天文初期にみられた。それは、後北条氏の関東平定が一段落した天文初期以降のことで、北条氏綱が着手した鎌倉鶴岡八幡宮再興造営に対する勧進方法の施策によって、うかがうことができる。すなわち、天文二年三月以後、北条氏綱は形式的には勧進の形で、鶴岡八幡宮の小別当大庭良能を領内各地に遣わし、造営料の勧化を行わせたのであった[26]。この鶴岡八幡宮の造営は、九ヵ年の長年月にわたる大工事であったため、その造営費用や人夫役は莫大であった。そこで、北条氏綱は実質的には後北条氏の支配権力ならびに強制力によって、領国内各地域の諸侍に設定した各種の名目による造営料・人夫役を賦課したのであった。この分国内諸侍のなかに、世田ヶ谷領主吉良頼康も含まれていた。氏綱は、吉良氏に対して後北条氏の家臣としての処遇を示し、造営料・人夫役を課したのであった。後北条氏が吉良氏に賦課した造営料負担の詳細については、吉良氏と深い関係のあった鶴岡八幡宮寺僧快元の『天文記』に記されている。これによれば、天文二年五月十二日の条に「自㆓吉良殿様㆒、來十九日番匠相下、材木可㆑被㆓相計㆒之旨使有㆑之、即以㆓小別當後藤㆒（方）江遣[27]」と記している。これは、前記天文二年三月の勧進に対して、吉良氏が鶴岡八幡宮造営における宮大工の派遣を示したものである。さらに、同「日記」の同年十月二十八日の条には、「自㆓蒔田(吉良殿)㆒可㆑被㆑進木、杉田蒲江雖レ被レ着、未二召上一間、以二五万人一、早々可レ被二召寄一由、御使有レ之、檜長一丈六尺、木口一尺二寸、ウラ木一丈、杉長一丈六尺二寸木口一尺二寸　此ウラ木一丈六尺、樅木長一丈四尺、木口一尺一寸、」(28)とあり、八幡宮造営に必要な材木の木口・長さの規定、およびその運搬に必要な人夫数などを詳しく記している。この快元の「天文記」の記載によって明白なごとく、北条氏綱が、鶴岡八幡宮造営における造営料など、吉良氏に対していかに強制していたかをうかがい知ることができよう。したがって、氏綱時代は姻戚関係を基礎とし、鶴岡八幡宮の勧進などを活用することによって、吉良氏に対する支配権力の浸透化を促進していったのである。しかしながら、氏綱は吉良氏に対して戦国大名としての領国経営に確たる支配もできえず、一応は国中国の扱いをせざるをえなかった。

いずれにしても、こうした段階を経た後北条氏の吉良氏および吉良氏領に対する支配統制の具体的政策は、越後の長尾・甲斐の武田両氏の南下に対応して、永禄以後天正年間の氏康・氏政時代に活発となった。

即ち、戦国大名として関東領国形成を企図した氏康・氏政時代において、吉良氏に対する後北条氏の支配統制政策は、前述の姻戚関係による提携を基本としながらも、吉良氏の家臣に対する掌握策の施行となって現出した。

後北条氏第三代当主氏康は、吉良氏の有力家臣を後北条氏家臣団に編入し、これによって、後北条氏権力構成の強化をはかった。さらに、吉良氏領およびその周辺には後北条氏の家臣団を配置し、吉良氏領への後北条氏支配権力の浸透化を促進していったのである。

後北条氏の吉良氏有力家臣掌握策の具体例は、次に示す吉良頼康宛の「北条氏康書状」によって、明確にあらわれている。

　貴札令二拝見一候、仍太平清九郎方諸篇可レ被二仰付一之由、令レ得二其意一候、委細山角可二申入一候、可レ得二御意一候、

恐惶謹言、

正月十五日　　氏康（花押）

謹上　蒔田[29]

右の文書により明らかなごとく、後北条氏は吉良氏の有力家臣を把握する場合に、当主氏康が自らの書状をもって、鄭重に吉良頼康の了解を得ることにより自己の家臣団に編入することを試みたのである。右の史料に記されている「大平清九郎」は、前章で述べたごとく吉良氏家臣団構成上における有力上級家臣であるとともに、武州世田ヶ谷領内の小山・等々力、大蔵などの領地を支配していた在地性強固なる吉良氏の重臣であった。それ故に、北条氏康としては吉良頼康の承認を得ねばならなかったのである。ここに、後北条氏と小戦国大名たる吉良氏との力関係があらわれているのであって、いかに支配の浸透が複雑巧妙であったかがわかる。いずれにしても、太平氏が吉良氏家臣団構成上において、重要な存在であったことを示すものである。

　このような経緯のもとに、北条氏康は太平氏の服属が確定するや否や、永禄四年には同氏に対して、

於二足立郡一望地一所可二進置一候、今度於二玉縄一、尽二粉骨一可レ抽二忠信一事肝要候、仍状如レ件、

辛酉（永禄四年）

三月三日　　氏康（花押）

太平清九郎殿[30]

の「北条氏康判物」を発給し、後北条氏の新規家臣たる証左を新領安堵の形で約すと同時に、武蔵国足立郡の一部を望み次第宛行うことにした。しかも領国支配の確立上、重要地域である支城の玉縄城への忠勤を義務づけたのである。

後北条氏による吉良氏家臣の掌握策についての一例を示したのであるが、この太平氏にかぎらず、吉良氏家臣諸氏に対しても同様な形態・方法をふまえながら、戦国大名後北条氏家臣団への編入を施行していった。

　また、右の点について、他に例をもとめれば、後北条氏は同じく吉良氏の家臣であった石井兼実に対し、「小机之地、北向大道寺之跡廿貫八十文余事、横山爲二藏所一、可レ有二所務一之状、仍如レ件[31]」と命じている。さらにまた、後北条氏の重臣で江戸城代の遠山丹波守綱方が、喜多見江戸氏の家臣・森康秀に宛てた永禄二年の書状に次のようにある。

　武藏國局澤江戸明神司職之事承候、具令二披露一、任二先例一屋形御判形申二調進一之候、神貢田畑江戸小三郎従差配たるへく、仍如レ件、

　永禄二年己未
　　正月廿六日（虎朱印）　　　　丹波守
　　　　　　　　　　　　　　　　　綱　方（花押）

　　森彦七郎殿[32]

　これは後北条氏虎朱印判状で、遠山綱方が後北条氏の許可を得たうえで吉良氏の重臣江戸頼忠に対して、江戸氏相伝の地局沢にある江戸明神の杜司職を承認するとともに、神供田畑の支配を命じたものである。また、同年二月の後北条氏虎朱印判状によれば、江戸城代遠山綱方をして江戸頼忠に「局澤六貫七百文、やはた在家屋敷際に四間、寺家之間、棟役永代さしおく者也[33]」と証している。しかも、後北条氏は重臣間宮若狭守信茂をして、同年六月には「其寺家四間之棟別銭都合三百九文可令免許、相當之奉公可致之者也[34]」との棟別銭賦課を免除し、その代わりに応分の責務

を負わしめたのである。

後北条氏は右のごとくして、吉良氏の家臣を把握していったのであるが、これだけでは吉良氏および吉良氏領への支配権力の浸透化は不充分であった。それ故、後北条氏は自己の有力家臣を吉良氏領およびその周辺に配置することによって、その支配権力の確立を企図したのである。このことは、永禄二年に作成された『小田原衆所領役帳』(35)に明白に示されている。この『所領役帳』の書載によって、後北条氏家臣の吉良氏領への配置を列挙すれば、太田大膳亮―武州多摩郡宇奈根・同所中島屋敷（十一貫五百文）、太田新六郎―多摩川北駒井本郷・同所登戸・駒井宿河原（三十六貫七百文）、桑原右京進―世田ヶ谷弦巻郷（八貫六百五十文）、川村―江戸和泉村（七貫文）、恒岡弾正忠―江戸北見之内養安寺分（一貫文）、の諸氏であった。彼らの吉良氏領における知行所領の規模は、全般的に狭少であった。また、彼らは後北条氏家臣団構成上では「江戸衆」に属し、後北条氏支城領主＝江戸城代＝遠山丹波守の統轄下に編成されていた。くわえて、吉良氏領周辺における後北条氏家臣団の配置は、「江戸衆」の遠山藤六―江戸鷺沼・幡ヶ谷、中条出羽守―武州多摩郡布田郷、千葉殿―武州小机上丸子、島津孫四郎―武州千駄ヶ谷・多摩郡永福・同沼袋・同成宗、太田新次郎―江戸原宿、太田大膳亮―江戸芝崎丸子・多摩郡深大寺屋敷分・同染谷恒久・江戸橘樹郡（稲毛）矢向・同平間、太田新六郎―多摩郡阿佐ヶ谷・同石神井・同高田・同田無南沢・稲毛木月・同小田中・同子母口、太田源七郎―江戸目黒本村、埣和又太郎―武州多摩郡小沢郷、「御馬廻衆」の海保新左衛門―稲毛溝之口、狩野大膳亮―江戸阿佐布、関兵部丞―小机一宮（南多摩）、「小田原衆」の松田左馬助―武州関戸、布施善三―同関戸内由木・同小机下丸子、大橋―同多摩郡牟礼・同高井戸、などの諸氏であり、そのほとんどが「江戸衆」であった。彼ら「江戸衆」の知行所領の分布形態は、第１図に示したごとく、江戸城を中核として武州一帯に同心円状の分布形態をなして

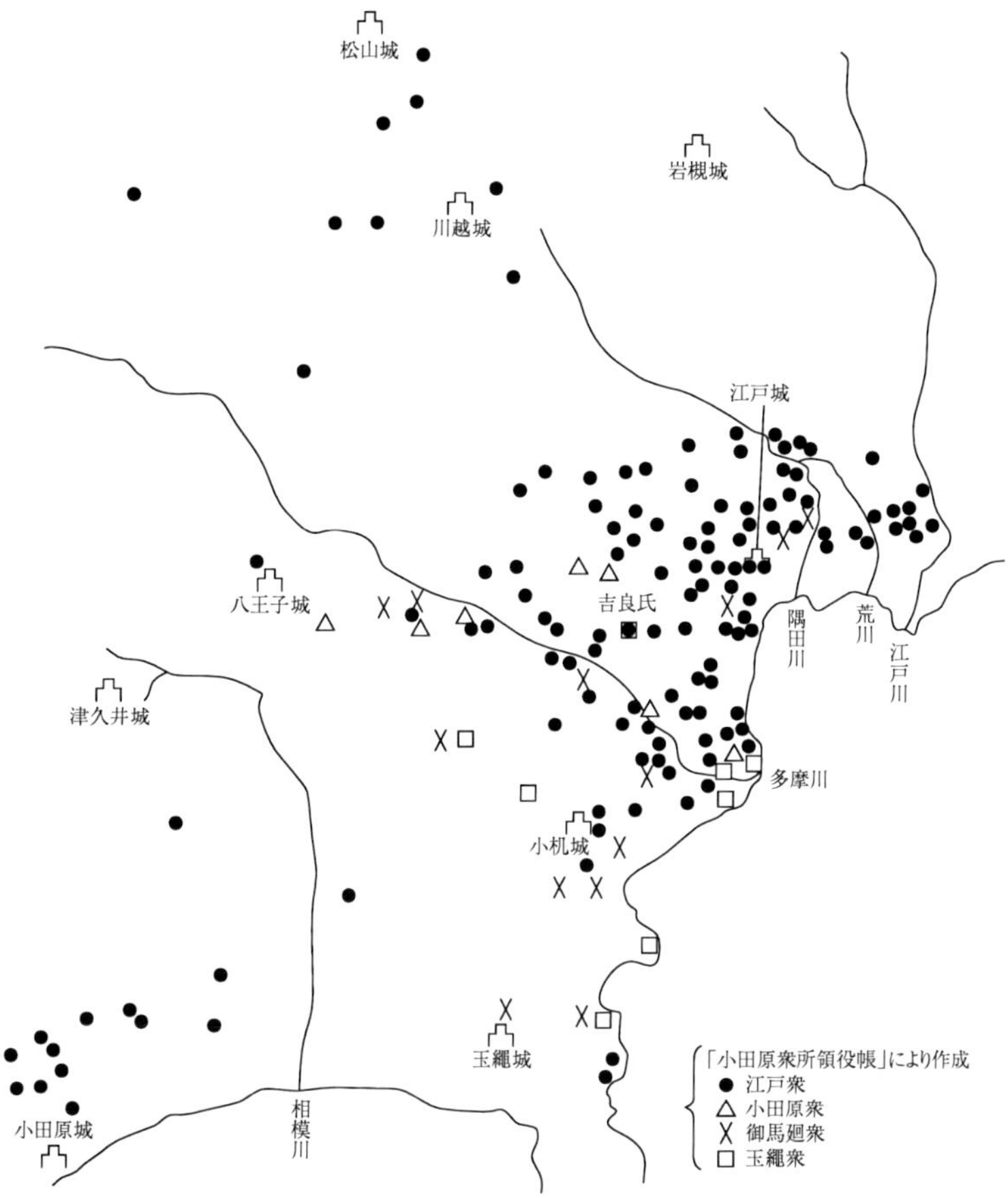

第１図　武州世田谷を中心としたる後北条氏家臣団分布図

いる。この所領分布形態によって明らかなごとく、氏康時代には、吉良氏の世田ヶ谷領が後北条氏の支城である江戸城の支配領への編入を強化されていったことを意味するものである。また、後北条氏は、吉良氏領である久良岐郡蒔田領に対しても、

　　関兵部丞
八拾七貫文岡郷買得蒔田
領ニ付而着到以下迄無役、
　太田新六郎知行
壹貫貳百文、稲毛、小田
中分、同人分(36)

と、後北条氏奉行人で「御馬廻衆」に属する関兵部丞を岡

郷に、「江戸衆」の太田新六郎を小田中郷に、それぞれ目付役として配置した。とくに、蒔田領内稲毛小田中郷は吉良氏の重要地域にあたり、天文十八年には吉良頼康が「寳林山泉澤寺者、當家先祖右京大夫頼高御菩提所也、爾ニ今度再興得レ時歟、品河大吉寺長老在誉上人幷江戸周防守有レ志興隆思立、上小田中寳地へ可ニ移立一」[37]と、頼高の菩提所泉沢寺を上小田中郷内に再建したのであった。翌天文十九年頼康は泉沢寺再興の落慶にさいして、世田ヶ谷領内大蔵村吉沢の地を寄進し[38]、さらに「上小田中市場より泉澤寺堀まて、爲ニ寺門前一、此内住居輩、於ニ何事一諸役・公事・勧進以下、一向不レ可レ有之間、有レ望輩越居、市場可レ令ニ繁昌一者也、爲ニ後日一證狀如レ件」[39]の書状を提示するほどの保護をくわえていた。それ故、後北条氏はこのような状況下の小田中郷に対して、「江戸衆」の太田新六郎を目付役として配置し、次第に後北条氏支配領への編入を試み、永禄七年には後北条氏虎朱印判をもって、次のごとき禁制を発布するにいたった。

制札

右蒔田領之内、入籠ニ竹木自ニ江城一諸軍伐取事堅令ニ停止一畢、若於違犯輩者、急度可レ處ニ罪科一、江城御用之時者、以ニ御印判一可レ被ニ仰付一者也、仍如レ件、

甲子（永禄七年）（虎朱印）
二月十九日　岩本太郎左衛門尉奉レ之
上小田中郷[40]

右の制札により明白なごとく、吉良氏領であった蒔田領内上小田中郷は、後北条氏によって保護・統制が加えられ、他の後北条氏支配領に対するのと同様に「江城御用之時者以御印判可被仰付」[41]と、後北条氏支配領に編入されていっ

た。

　右のように、後北条氏は吉良氏の本領である世田ヶ谷領の周辺を着実に自領に編入し、次第に世田ヶ谷領支配へと転進していった。後北条氏の吉良氏本領（世田ヶ谷領）支配は、天正六年九月、北条氏政から世田ヶ谷新宿に宛てた後北条氏虎朱印判の「楽市掟書」[42]の発布によって明確となった。ここに、吉良氏の政治的経済的軍事的本拠地であった世田ヶ谷が[43]、後北条氏支配下に編成されたことは、後北条氏の武州支配における商業市場や交通運輸支配体制の確立にかぎらず、後北条氏の支配権力構造上における分国統轄の重要なポイントを確立したことであった。このようにして、吉良氏領に対する後北条氏の支配権力は、次第に、伸張・拡大していった。

　天正七年には、吉良氏領である入間郡大井郷の名主職補任問題に対して、後北条氏は北条幻庵の印判状をもって「大井郷名主職、従㆓世田ヶ谷㆒四人衆仁被㆓仰付㆒書出披見候、尤任㆓此筋目㆒走廻、荒地令㆓開発㆒、可㆑致㆓奉公之忠勤㆒」[44]と、領主吉良氏朝が当郷の名主職を塩野庄左衛門尉・新井帯刀・小林源左衛門尉・新井九郎左衛門尉の四氏に任じた[45]のであるが、これを北条幻庵が再確認し、あらためて彼ら四氏にこの印判状を附与して、奉公を命じたものである。これは、大井郷支配の実権が吉良氏にはなく、後北条氏にあったことを示すものであり、このような傾向は吉良氏領各地にみられた[46]。

　後北条氏は、こうした諸職移行に係わる吉良氏支配領の諸郷村に対し、支配権力の扶植浸透化を確定していったのである。

むすび

戦国大名後北条氏の領国経営における支配権力構築過程の側面を、国衆大名とも呼ばれる武州世田ヶ谷吉良氏領の場合について検討を加えたのであるが、吉良氏は足利氏一族の名門の出身であった関係上、足利政権下にあっては奥州探題・関東廂番などに補任され、治家以来世田ヶ谷・久良岐蒔田の両領を支配していた。武州における吉良氏支配権力の形成は成高・頼康時代に確立された。また、同氏の家臣団構成は関・大場・江戸氏らの一族一門を中心に、松原・円城寺・石井・大平氏などの在地有力武士を重臣に任じ、さらには寄親寄子制に基づく軍事体制をも編成していた。吉良氏の支配権力構成において、とくに注目すべき点は、吉良氏が太平氏のごとき在地性強固なる武士を重臣に加え、軍事統轄権や吉良氏領内の政治的経済的支配権を委任したことにあった。

右のごとき国衆大名的構造を有した吉良氏に対して、後北条氏は、吉良氏の国中国支配領有を容認をしながらも、関東領国支配確立のために次のような形・方法をもって支配していったのであった。

第一に、後北条氏は、氏綱・氏康父子二代にわたって吉良氏と姻戚関係を結び、これによってその根底を確定づけた。第二に、鎌倉鶴岡八幡宮再興造営の勧進元となり、吉良氏支配への移行を示した。第三に、吉良氏の重臣的位置にあった在地性の強い太平氏に対して吉良頼康の了解を求めながらも後北条氏の家臣に編入していき、他の吉良氏家臣をも次第に後北条氏家臣団に編成していった。第四に、吉良氏領への後北条氏支配権力浸透化を促進させるために、吉良氏領およびその周辺に後北条氏家臣団を配置した。この家臣団の配置は、江戸城代遠山丹波守の支配する「江戸衆」を主とし、さらに後北条氏の重臣もしくは奉行人である「小田原衆」や「御馬廻衆」を配した。とくに、吉良氏の重要地域に対して、後北条氏は「小田原」・「御馬廻」の両衆を配置して統轄させた。第五に、吉良氏の重要地域（吉良氏本領世田ヶ谷新宿・久良岐蒔田領上小田中など）に対しては、後北条氏の虎朱印判状を発布するとともに、保護・統制を加えながら後北条氏領として支配していった。第六に、天正六年、後北条氏が吉良氏の本領世田ヶ谷新宿に対する市場統制を施行したことによって、吉良氏領は後北条氏の江戸支城領としての存在を示すだけではなく、後北条氏の分国支配統制における政治的経済的軍事的支配権力確立の重要地域となった。

後北条氏は、以上のように、吉良氏および吉良氏領である世田ヶ谷・久良岐蒔田の両領、さらには吉良氏の家臣団、などに対する支配統制策を施行し、支配権力の扶植浸透化をはかったのである。

註

（1）これらの諸問題についての研究論文は多数あるが、そのうち主なるものを記すると、以下のとおりである。
北島正元「戦国大名と『百姓前』――職支配説の再検討をかねて――」（『日本歴史』一六二号所収）、佐脇栄智「後北条氏の税制改革について――反銭・懸銭を中心に――」（『日本歴史』一六三号所収）、菊地武雄「戦国大名の権力構造――遠州蒲御厨を中心として――」（『歴史学研究』一六六号所収）、中丸和伯「戦国大名論――村落構造を中心として――」（『歴史学研究』二四〇号所収）、松岡久人「戦国期に於ける在地領主制に関する二・三の問題」（『歴史学研究』二六五号所収）、河音能平・大山喬平・中丸和伯「領主制の諸段階」（『歴史学研究』二六四号所収）、萩原竜夫「戦国大名家臣団の構成――とくに寄親・寄子制について――」（『歴史教育』一九五九、七巻八号所収）、柴田一「戦国土豪と太閤検地」（『歴史教育』一九六〇、八巻八号所収）藤木久志「貫高制と戦国的権力編成――村田・宮川・佐々木（潤）三氏の所論に学ぶ――」（『日本史研究』九三号所収）、奥野高広「戦国大名」（塙選書九）。

その他に、佐々木（潤）―一連の軍役論―・煎本―徳川初期の家臣団構造―などの諸研究がある。
(2) この点については、とくに後北条氏関係の場合では註（1）の中丸・佐脇両氏の他に、永原慶二・勝守すみ子―家臣団の構成・構造論、豊田武―経済商業史上における究明、荒居英次―漁村構造上からの論文などの諸氏諸先学により明らかにされている。なお、私の考え（「戦国大名後北条氏の家臣団構成」『石田・和田・龍・山中　四先生頌寿記念史学論文集』所収・「戦国大名後北条氏の番肴制について」日本大学史学会研究彙報第八輯所収）も右の諸先学の研究によるところが多大である。
(3) この吉良氏と後北条氏との関係については、すでに萩野三七彦「武蔵の吉良氏についての研究―後北条氏の興亡に関連して―」（『軍事史学』一の一・二・三・四）によって明らかにされている。
(4)・(35) 小田原市立図書館所蔵の和本二冊、および東京市史外編（東京市役所）所収を参照。
(5) 荒居英次『近世日本漁村史の研究』九九～一一〇頁。永原慶二『日本封建社会論』二三五～二四六頁。拙稿「戦国大名後北条氏の家臣団構成」（『石田・和田・龍・山中　四先生頌寿記念史学論文集』所収）八三～一一二頁。
(6)『新編武蔵風土記稿』第二・第三巻の「世田ヶ谷領」を参照。
(7)『鎌倉市史』史料編第一、二四頁。
(8)『同　右』史料編第一、二〇四頁。
(9)『世田谷区史料』第二集、一〇六・三二四～三四一頁の系図、および同『史料』第二集書載（二八二～二八五頁）の「殿中以下年中行事」を参照。
(10)『新修世田谷区史』上巻、二一九～二二四頁。『世田谷区史料』第二集、二四～八〇頁。
(11)『新編武蔵風土記稿』第四巻、久良岐郡蒔田村勝国寺の条に「除地、三段、巽の方にあり、禅宗曽洞派、多摩郡下恩方村心源院末、龍祥山と號す、文明十一年吉良左京大夫政忠が開基なり」と、記されている。
(12)『新修世田谷区史』上巻、二五一頁。
(13) 吉良氏関係の各文書の中からなるべく吉良氏の家臣を抽出したのであるが、吉良氏家臣団の具体的なる構成は『新修世田谷区史』上巻、四一五頁を参照されたい。

(14)『世田谷区史料』第二集、九六頁。
(15)久良岐郡蒔田領上小田中郷にある泉沢寺の寺領施沢村の百姓欠落に対する還住法の発布や目黒の東光寺に命じた寺領内荒地開発令の発布、などによって明白である（『世田谷区史料』第二集）。
(16)『世田谷区史料』第二集、九二頁。
(17)『同右』第二集、九三頁。
(18)『同右』第二集、九四頁。
(19)『同右』第二集、九五頁。
(20)『同右』第二集、九七頁。
(21)『同右』第二集、九八頁。
(22)『同右』第二集、九九頁。
(23)豊田武『増訂中世日本商業史の研究』三〇一～三五九頁。中丸和伯「後北条氏と虎印判状」（『中世の社会と経済』所収）五五五～五六〇頁。
(24)天文十一年、蒔田宝生寺に宛てた江戸浄仙、同呂顕連署奉書に「寳生寺門前之者共、塩場公事之儀、其外諸公事等高源院殿依御申、御赦免（後略）」と記され、文中の「高源院殿」は明らかに吉良頼康夫人を示すものであり、北条氏綱の娘であった（『世田谷区史料』第二集、八一頁）。
(25)『世田谷区史料』第二集、一三六～一四四頁。
(26)『鎌倉市史』史料編第一、二二七～二二八頁。
(27)・(28)『世田谷区史料』第二集、二八九～二九〇頁。
(29)『同右』第二集、一〇〇頁。
(30)『同右』第二集、一〇一頁。
(31)『同右』第二集、一六一頁。なお、「小田原衆所領役帳」に「江戸衆、五貫三百文、江戸横山、石井」とあり、石井は石井兼実を示すものである。また、横山は現在の八王子辺であろう。

(32)『世田谷区史料』第二集、一六四頁。

(33)『同右』第二集、一六五頁。

(34)『同右』第二集、一六六頁。

(36)前掲『小田原衆所領役帳』

(37)『武州文書』第一分冊、七一頁。

(38)『同右』第一分冊、七二頁。

(39)『同右』第一分冊、七二頁。

(40)『同右』第一分冊、七五頁。

(41)中丸和伯前掲論文、五五五〜六二三頁。荻野三七彦「印章」三九〇〜四二二頁。なお、虎朱印判状の使用方法規定については「永正戊寅十五年九月被仰出御法之事」（『豆州内浦漁民史料』上巻、一頁）に記されている。

(42)『世田谷区史料』第二集、一八〇頁。

(43)荻野三七彦「武蔵の吉良氏についての研究」六〇頁。註3参照（『軍事史学』一の一・二・三・四）。

(44)『世田谷区史料』第二集、一八五頁。

(45)『同右』第二集、一八三〜一八四頁。

(46)蒔田領芝村に宛てた船役賦課の後北条氏虎朱印判状や世田谷領沼部郷と上丸子との田畑境界訴訟に対する後北条氏の裁許など、吉良氏領内への後北条氏支配権力の扶植化が各地にみられた（『武州文書』第一〜第六分冊、『世田谷区史料』）。

【付記】本稿作成にさいし、豊田武・荒居英次両先生から度々の御指導を賜わりました。ここに記して、深謝致す次第であります。

Ⅳ　戦国期における相駿関係の推移と西側国境問題
―相甲同盟成立まで―

池上裕子

はじめに

駿河では今川氏から武田氏、徳川氏へと支配者が移り変わった。北条氏は、早雲（伊勢宗瑞、以下通称に従い早雲と記す）以来今川との関係がことに密接であったが、そればかりでなく、三国同盟、相甲同盟、相遠同盟を結んで、駿河との利害の調停に努め、国境問題を平和的に処理した。しかし、これらの同盟はいずれも戦争を経て実現されたものであり、相駿関係は大きな変動の歴史をたどったのであった。

天文六年（一五三七）二月、同十四年八月、永禄十一年（一五六八）十二月、天正十年（一五八二）三月と、北条は「河東」を中心に駿河に出兵した。いずれも周知のことであり、これまでにそれぞれ論じられたり、言及されている(1)。しかし、これらの戦争と和平の過程について、単純な事実関係さえ明確になっていないという状況がある。我々は、北条領国の百年の歴史の中で駿河との境界がどのように変化したのかについて明解な答えをもっていない。近年、静岡県駿東郡小山町の町史編纂にたずさわって、このことを痛感させられたのであった。そこでの資料編編集の経験をもとに、確実な史料に基づいて相駿の軍事史・政治史を年表風にまとめてみようというのが、本稿のねらいである。

ただし以下では、紙数の都合で天正期については別の機会に譲ることとし、右にあげた四つの戦争のうち前の三つを中心に検討する。そこで、その前後の時期を加えて、四つに時期を区分し、事実関係を追跡し、あわせて不明な点を今後の検討課題として示すこととする。なお、それに先だち、次においてまず、相駿関係の推移と西側国境問題をとりあげる意味を、小田原城の役割・位置づけと関わらせて述べておきたい。

一、小田原城と西方の脅威

北条は二代氏綱の時より滅亡まで、一貫して小田原を本拠地とした。北条が、伊豆および関東八ヵ国の掌握を目標としていたことは疑いなく、関八州を視野に入れれば、小田原はあまりに西に偏りすぎているといえるであろう。かつて韮山から小田原へと本拠を移した前例があるにもかかわらず、領国が下野・常陸の南部にまで及んだ段階でも、小田原から動こうとはしなかったのはなぜであろうか。

小田原城はたしかに守るに堅固な城であり、永禄四年（一五六一）の長尾景虎（後の上杉謙信、便宜上これ以後は上杉謙信の称を用いる）、同十二年の武田信玄の侵攻に対しても、小田原籠城によってこれを退けた。そして天正十八年（一五九〇）も豊臣秀吉の大軍を迎えて三ヵ月余の籠城が可能であった。北条の認識としては、小田原城さえ固めれば、どんな大軍をひきうけても、その撤退までもちこたえることができるという、いわば命運をかけうる城であった。謙信、信玄の侵攻にたえられた経験からは、本拠を移す必要を感じることはなかったのである。しかも、本拠を移すには莫大な費用と労力がかかり、かえって領国支配を不安定にするというマイナス面が強い。

常陸・下野を平定し、支配するのに、本城が西に偏りすぎるという欠点は、支城制によって克服もできる。しかも、もっとも信頼できる氏照を武蔵・下総国境の栗橋に、氏邦を鉢形に配置することによって、情報蒐集、兵員の動員、軍事行動が特別の支障もなく行えたといってもよいであろう。

このようにみれば、北条の本城・支城体制は広域の領国を支配するのにきわめて有効であったことを再認識する必要があろう。だが、以上に指摘した小田原城の特質は、この城がまさに守りの城であったということを意味するのである。

北条が小田原城普請に力を注ぐ緊急事態は、信玄の駿河侵攻、勝頼の豆駿国境出兵と、天正十五年以降の対秀吉戦に関わるものである。これを通じて小田原城は城下町をも包摂する惣構の構築という、完璧な防備体勢へと強化・拡大されていった。それは、北条の権力の強大化によって可能となったものであるが、そこに向かって北条をつき動かした力は、駿河を掌握し、西側から迫る、西方の脅威であったのだ。小田原普請の驚異的な拡大の過程は、西方の脅威の、その大きさとまさしく対応していたといわなければならない。そして先にあげた四度の駿河出兵のうち、後二者はまさにこれと関わるのである。駿河の政治的変動と西方勢力の動向が、北条領国の西側国境問題と不可分に、北条の存亡を左右する、きわめて大きな軍事的緊張をもたらしたのであった。さらにひるがえって考えてみれば、天文の二度の戦争もまた同じように、北条の存亡に関わる重大事となっていったのだ。

こうして、あらためて小田原という地のもつ意味を考えてみると、関東の平野部の最西端に位置して、関東の出入口を扼する重要な町場と要害が室町期からすでにあったという点に気づかされる。北条以前にこの地にいた大森氏は、駿河国駿東郡大森（裾野市）を本貫の地とした国人であるが、関東公方足利持氏に結びつき、忠節を尽くしたため、

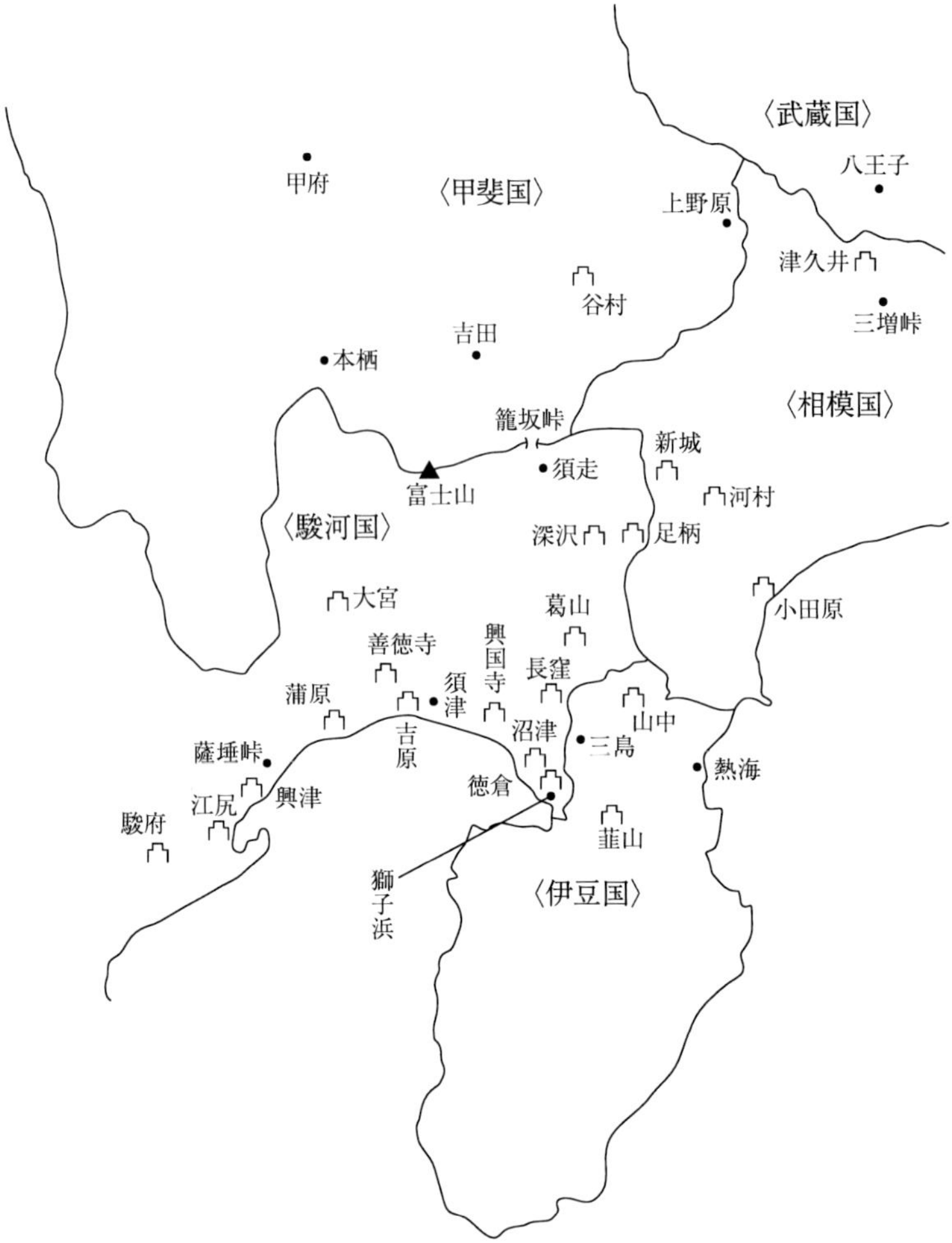

主な城郭分布図

上杉禅秀の乱後の恩賞で小田原を領することになった。大森の一族には箱根別当がおり、また大森は駿東郡北部をも支配下に入れていたから、小田原、箱根、足柄、駿東郡という、関東の西の境を固める目的で、持氏がこれを小田原に入れたことは疑いない(2)。この大森のもとで小田原城と城下町が形成されていくのであるが、このように小田原という地はすでに十五世紀の初期から、関東の西の押さえとして、関東防衛の要としての性格を付与されていたのであった。

かつて、鎌倉幕府では、承久の乱への対応として「足柄・筥根両方道路」を固関して、京都の敵軍を迎え討つという案が検討された（『吾妻鏡』承久三年五月十九日条）。これは結局、北条政子によって退けられたが、鎌倉・関東の防衛線は足柄・箱根であるという認識のあったことを示す一例である。この他にも保元の乱に関する記録などの中に、源為義あるいは為朝が同様の構想を述べたとみえるなど、古来、足柄・箱根は天下を二分する二つの政治勢力が浮沈をかけた攻防を構想する難所、要害の地であった。そして南北朝内乱初期の建武二年（一三三五）、足利尊氏方と新田義貞方の軍勢が箱根・竹之下で戦った合戦は、まさにその実践版であったということができる[3]。

足柄・箱根のこのような役割・位置づけは戦国期に至るも、近世においても変わることがなかった。江戸幕府が小田原に大久保氏や稲葉氏を入れ、箱根関所の設置とともに関東の西の境を押さえたことはこれに関わるのである。北条もまた、天正十八年の秀吉との戦争に際し、伊豆からの進路を韮山城で、箱根道を山中城で、足柄道を足柄城で押さえる作戦をとった（神九六二七）[4]。この三つの道が、関東と東海・近畿を結ぶ動脈であり、三つの城を結ぶ線が関東の防衛線であった。小田原城はこの三筋の動脈と三つの防衛拠点を掌握し指揮できる位置にあったのである。すなわち、小田原城はまさに西側防衛線の中核に位置したのであった。そして、たとえどこかの拠点が破られても、難攻不落（と思われた）の小田原城によって、関東の入口で敵の侵攻をくいとめることができるはずであった。

もちろん小田原城は、上杉謙信の北からの脅威、佐竹・宇都宮・太田らの東からの脅威に対しても、防衛態勢に入って籠城策をとれば、西に偏りすぎるという特徴から、彼らの遠征・兵站距離を増大させて長期滞陣を困難にすることになり、十分対応できたのである。しかしこの二つの勢力は、北条にとって、永禄四年を除いては脅威とはなりえず、もっぱら攻略・平定の対象であった。北条にとっての真の脅威は西方から、駿河の領有と関わってやってきたのであり、北条はこれに対処するため小田原から離れることができなかったのである。

二、甲駿同盟成立まで

早雲が今川の家督争いに介入して小鹿範満を討ち、龍王丸（氏親）を政権の座にすえたのは長享元年（一四八七）である。その功により早雲は富士郡下方十二郷（あるいは下方荘）を宛行われ、高国寺城に入ったというが（『今川記』）、それに関わる文書は全くない。明応二年（一四九三）には伊豆に攻め入り、これを平定した。『妙法寺記』がこれを、「駿河国ヨリ伊豆へ打入也」と記したように、これが駿河の軍事行動と考えられたのは当然であった。だが、今川はこの早雲の軍事行動と自己とをどのように関係づけていたのであろうか。伊豆打入の軍勢について、『北条記』など近世に書かれた諸書は、早雲の駿河来住以前からの家臣を中心に、今川に加勢を頼んで構成したと記している。早雲はこのわずか二年後の明応四年にはさらに、小田原城を奪うが、その軍事力はどのようにして調達され編成されたものであろうか。この間、三年には遠江を、四年には甲斐を攻めており、その後は、文亀元年（一五〇一）三河を攻めたのをはじめ、永正五年（一五〇八）まで度々遠江から三河に攻めこんでいる。これらのうちの遠江・三河出兵が早雲独自の軍事行動でないことは明らかであり、甲斐出兵もそうであろう。

早雲は、永正五年と推定される書状で、伊達忠宗が三河での合戦に合力してくれたことについて、「御粉骨無比類之段、屋形様江申入候、猶自朝比奈弥三郎方可有伝聞候」と述べている（神六四七一）。この時点でも、氏親は早雲の

「屋形様」であったことを示す。しかし、永正三年と推定される、早雲の使者大井宗菊の書状に「駿州・頭《(豆)》州申合、田原弾正《(宗光)》為合力被罷立候」とあるごとく（神六四六七）、この時点ではすでに、少なくとも早雲の側に立つ人々にとっては、豆州＝早雲は駿州＝氏親と「申合」す、すなわち、実質的に対等の関係にあるものと認識されていた。そして、こうした関係は、『実隆公記』永正五年十一月七日条に「参川国、去月駿河・伊豆衆敗軍事」とあることによって、第三者からも認められていたことがわかる。それは、早雲が伊豆一国を領有したことによるものである。

伊豆に対し、今川が文書を発給するなど、早雲より上位の権限を掌握していたとすべき徴証はない。明応四年の伊東伊賀入道への伊東本郷村の宛行い（神六四〇三）、同五年の高橋氏に対する知行宛行い約束（神六四〇八）においても、早雲の上位に今川氏の何らかの権限の存在を前提としているとすべき文書上の表現はみられない。早雲は伊豆国については、排他的で独自の一国領有権を掌握したのである。それは、以上に述べた経緯からみて、伊豆打入りの当初から前提とされていたと考えるべきであろう。すなわち、伊豆打入りが今川の軍事行動の一環として行われたとするならば、伊豆平定に伴い、今川の支配権が最上位に設定されるはずであり、知行の安堵・宛行に今川が全く関与した徴証がないということはありえないからである。ある時点から早雲が今川の権限を排除したという可能性も、以上にみた状況からはありえない。とするならば、たとえ相手方の手薄な時をねらったとしても、打入までのきわめて短期間に独自の軍事行動がとれるほどに早雲は家臣団編成を進めていたとみなければならない。

では、富士下方十二郷といわれる、今川から宛行われた駿河の所領はどうなったのであろうか。これについては全く史料がないが、早雲の駿河との関わりを示すものに次の文書がある（神六五一七）。

（花押）

一諸公事
一陣僧事
一飛脚事
　右、堅令停止了、若中族有之者、則可被註進者也、仍執達如件、
　　永正十二乙亥五月八日
　　　沼律《津》妙海寺

袖判は早雲のもので、一見、早雲が妙海寺に三つの役を免除したようにみえるが、最後に「仍執達如件」とあることにより、免除権者が他にいることを示す。妙海寺は狩野川右岸の、河口にほど近い沼津市下河原にある寺である。同寺にはこの文書と関連する永正十六年八月八日付の今川氏親朱印状がある。そこでは、新たに棟別免除が加わって、四つの役について、「右、韮山殿如御判、北川殿御末代被免除畢、若中族在之者、可被注進者也、仍執達如件」となっている（神六五四一）。これにより、寺に役を免除する権限をもっていたのは、早雲の妹で、氏親母の北川殿であったことがわかる。

同人は文亀元年（一五〇一）九月、沼津道場に一町八反の土地を寄進しているので（静一—七三一頁）、これ以前から沼津（郷）に所領を有していたことになる。この地は駿豆国境に近いが、駿河国に属すことは明らかで、しかも北川殿が領主権を有するにもかかわらず、なぜ早雲が文書を発給したのであろうか。氏親の朱印状発給日は早雲の死の七日前にあたり、早雲発給文書の効力が失われる事態の中で、寺がさらに新しい保障力を求めたことを示す。すなわち、早雲の保障力は氏親に実質上比肩しうるものであったということになろう。とすれば、早雲は今川領国の中で、

永正十二年時点でなお、駿東郡南部に何らかの広域的な権限を有していたと考えなければならない。それはもちろん、氏親の一国の領有権の下に属し、氏親から付与されたものであろう。氏親が領国内に発した朱印状にわざわざ「韮山殿如御判」と記すからには、早雲の保障が単に北川殿の兄であるという私的な関係においてなされたとは考えられないからである。

早雲の権限として考えられるのは、たとえば興国寺城のような、城を中核として設定された領域を城主・城将として支配する権限、あるいは駿東郡一郡またはそれと富士郡とを合わせた二郡（富士川以東＝河東）郡代のような権限である。もし早雲がこのような権限をもっていたとしたら、その掌握の時期は永正十二年よりかなり前にさかのぼるであろう。これらに関する史料はないが、一つだけ手がかりとなるのは、早雲が小田原城を攻略したことにより、大森支配下にあったとみられる北駿御厨地方をも掌握したと考えられることで、それにより二郡での広域的権限を掌握したかもしれない。今後の検討課題である。

早雲が右にみたような何らかの権限を有していたとすれば、今川から宛行われた所領もなお保持していたにちがいない。こうしたことが、早雲をして氏親を「屋形様」といわしめ、遠・三出兵に氏親の一部将としての一面をなおもって参陣せしめることになっているのである。そして他面では今川から独立した伊豆・相模の国持大名としての性格をも備えるという、二面性こそが早雲の実像であった。この二面性は、北川殿・氏親と早雲個人との固有の関係によって生じたものであり、早雲一身に帰属して、その子氏綱には継承されるべきものではなかったであろう。おそらく早雲の死後、今川領国にあった早雲の所領と権限とは、氏綱に安堵されることはなかったであろう。北条が今川との間の、主従関係から発した人格的な結びつきを完全に断ち切るのは、氏綱においてである(6)。

早雲は明応四年と文亀元年に甲斐に出兵しているが、これはともに今川の軍事行動の一環とみられる。早雲死後の永正十七年、今川は大軍を甲斐に送ったが、氏綱の出兵はなかったようで、氏綱は軍事行動においても今川からの独立を強めていったとみられる。その結果、『妙法寺記』大永五年条の次のような状況が生じる。

当国《（甲斐国）》・新九郎御和睦シテ、銭千貫文、当国府中へ進上被申、駿河ト甲州ハ未和睦無シ、売買ヨケレトモ銭ニツマル事無限、此年武田殿ト新九郎殿ト合戦ヒマナシ、府中猿楽下ル、日々能アリ、未津久井ノ城不落、

同じ年に和睦と合戦ひまなしという矛盾した記述がみられるが、やはり、先に和睦が成立したのであろう。それは早雲が今川の部将あるいは加勢として出兵したことによる武田との戦争状態を、氏綱が自らの判断で終結させたということである。駿河との間に和睦が成立しないことをわざわざこの後に記したのは、そのためである。それは今川から独立した氏綱の立場をはっきりと示している。しかし、その後に新たに相模北端津久井地方をめぐって、相甲の戦争が始まり、津久井城の攻防が展開されたのである。同地方は相模国に属すが、永禄二年（一五五九）の『所領役帳』段階でも「敵知行　半所務」と記され、甲斐の勢力が浸透していた地域である。ここに北条は、武田との間に独自の領土紛争をかかえることになった。

こうして結局、北条も今川も武田との間に敵対関係を持続させていくのであるが、大永六年に今川勢を中心に北条の加勢も加わって、籠坂峠の南麓須走で合戦があったのを最後に、今川と武田の戦争は収束の方向に向っていったもようである。これに対し北条は享禄三年（一五三〇）、天文四年（一五三五）と出兵し、とくに後者では二万四千の軍勢を出して都留郡に大きな被害を与えたという（『妙法寺記』）。他方、武田も、関東で北条と敵対する川越の扇谷上杉朝興の娘を晴信（信玄）の妻に迎えて、北条に対した。こうして北条と武田の敵対関係はますます強まっていくので

ある。

ここに天文五年、今川氏では氏輝没後の家督争いに義元が勝利すると、代替りを機に、武田との間に和議がはかられる。翌六年二月、武田信虎の娘が義元に嫁ぎ、同盟が成立した。これにより、今川・武田対北条という敵対関係に変化するのである。

三、氏綱の河東出兵

天文六年二月二十六日、氏綱は駿河に出陣した（『快元僧都記』）。信虎の娘が義元に嫁いだ直後であり、今川はこれを「河東一乱」とよんだ。『妙法寺記』はこれについて次のように記す。

此年二月十日、当国屋形御息女様、駿河屋形ノ御上ニナホリ被食候、去程ニ相摸ノ氏綱色々サマタケ被食候へ共成リ不申候而、終ニハ弓矢ニ成候而、駿河国ヲ興津迄焼被食候、去程ニ武田殿モ須走口へ御馬出シ被食候、（中略）駿河屋形ト氏縄（綱）ノ取合未止、

武田・上杉に加えて今川・武田の同盟成立は、武蔵に侵出した北条に対する包囲網の完成を意味するものであった。信虎の外交戦の勝利というべきであるが、これに危機感をいだいた氏綱は、家督相続争いが終ったばかりで、領内が不安定な時期をねらって駿河に侵攻したのである。

『快元僧都記』に記された戦争の経過は次のようである。

三月四日　駿州吉原飛脚相立、進巻数畢、富士河東郡悉本意之由返礼有之、殊武州・甲州之敵軍引返、分国静謐、

四月廿日　富士下方者共催謀叛之衆、吉原之与合戦、欲逆者共廿四人一所討死、是即神之加護也、
四月廿六日　大道寺小田原帰宅、屋形玉縄着城、各重而御祈祷申之由、以一札可申旨意見間、認之進大道寺侍中
詞云、
五月一日　一切経結願了、然而駿州江大道寺被越畢、自吉原働之旨也、
五月四日　被越之処、風波荒之間、兵船不能進退云々、
六月十三日　向駿州進発、翌日十四日於座不冷千遍陀羅尼有始行人数六人、
同日於駿州一戦、氏綱被得勝利畢、敵数百人討取云々、

この他、天文六年と推定される三月七日付氏綱書状に「当口河東之悉《ママ》以本意候」とある（神六七二六）。『妙法寺記』のいうように、北条軍は富士川を越えて興津まで進み放火したかもしれない。しかし、右の三月四日条にもあるように、富士川以東＝河東の富士郡・駿東郡を掌握することに実のねらいがあったとすべきであろう。そのための拠点が湊で渡し場でもある吉原（富士市）であった。しかし、三月八日付今川義元感状に、浅間神社大宮司家の富士宮若が小泉上坊に楯籠って敵を逐い払ったとみえること（静二―五七五頁）、四月二十日条の記事などからみて、富士氏や富士上方の井出氏、下方の者による抵抗があったことがわかる。この地域での戦闘はその後も続き、そのために五月には大道寺が、六月には氏綱自身が再び出馬することになったのであろう。しかし、富士郡でも名職をもつクラスの者たちの中から北条方につく者が出たし、天文七年八月六日に氏綱が富士上方の北山本門寺に対し、寺中安堵と狼藉を禁止する判物を出していることから、北条に結びつく勢力がいたことがわかる（静二―二〇六・四四七頁、神六七一一）。

今川の支配が十分浸透せず、在地に領主権や名職をめぐる対立・矛盾がある状況の中で、北条の侵攻は在地に大きな変動をよびおこし、今川の一国支配権に深刻な危機をもたらした。今川はこれを機に必死に在地掌握につとめ、ことに富士郡の帰趨を握る富士氏に意を用いた。これにより今川の支配がかなり浸透していったと思われるが、これに対して北条が天文十四年までの間に富士郡で在地支配に関して発給した文書はほとんどない。しかし、天文十四年正月、宗牧が駿府から熱海に向うに当たり、「吉原城主狩野の介・松田弥次郎方へ」飛脚を出していること、蒲原から吉原に向う舟の上から「吉原の城もま近く見え」ていたことなど（『東国紀行』）から、北条方は吉原城に拠って河東を軍事的に支配していたと考えられる。吉原城は、北条の「駿州半国」支配の最前線に位置したのである。

駿東郡では富士郡よりも一層、北条の勢力が浸透したことが推察される。天文十四年に攻防の舞台となる長窪城の掌握、天文七年五月二十九日に妙覚寺（沼津市）に竹木・諸役を免除し、同九年三月二十九日に桃源院（沼津市）に「山林・田畠之堺、可為如前々事」など六ヵ条の禁制を発していること、天文十三年十二月一日、妙海寺（沼津市）に氏康が諸公事等を免除していることなどがあげられる（神六七〇九・六七二九・六七九〇）。これに対しこの間に今川が発給した文書は、十二年四月十四日に日吉神社（沼津市）に義元が「任臨済寺殿（氏輝）判形之旨」て神領を安堵した一点のみで（静一―七一〇頁）、富士郡とは逆に、今川の支配がほとんど及ばなかったことを示している。北条は長窪城（長泉町）を拠点として駿東南部に一定の在地支配を行っていたと考えられる。

では、その支配はどのようなものであったか。

龍光院之時合力被申分、於上石田五貫文、長久保之内寺家地子銭之外千疋進之内、於小田原家中積之時、有半済五貫文ニ定之、然而於一所有御所務度之由承条、於長久保千疋進置之畢、毎年自百姓前直ニ可有御請取、地子を

加給弐貫文也、(後略)

天文十一年七月十日、駿東郡葛山（裾野市）に本領を有する国人領主葛山氏元が岡宮の光長寺（沼津市）に出した判物である（小山六五九）。これによれば、葛山は氏元の父氏広（龍光院）の時に、上石田（沼津市）と長窪（長泉町）を所領としており、そのうちから上石田で五貫文、長窪で地子銭とそのほかに一〇貫文を寄進した。天文六年にこの地域が北条の支配下に入ると、半済が実施されたのである。ただしこの半済は、長窪では行われたが、上石田では行われなかったもようで、一円的なものではなく、城領の確保というような限定された目的のための部分的なものであったであろう。半済は天文十一年現在も継続されていることがわかる。

半済は、先の文書にも明らかなように、葛山や寺など旧来の領主層の所領を没収するのではなく、その領主権を基本的に安堵するものであり、また百姓の年貢・諸公事等の負担も旧来の水準に保つことを原則としている。おそらく北条は、旧来の領主・農民関係など在地の秩序を改変することなく、穏便に速やかに領有権を打ち立てることを基本方針としたのである。だが、他方では、今川のもっていた権限と所領とを否定・吸収する必要があった。沼津など今川の所領は北条直轄領となった可能性が強い。沼津の妙海寺が一時小田原に移るのもそれと関係があろう（神六九〇七）。この他、今川がもっていた棟別役など諸公事の賦課権を掌握したと考えられる。先記の妙覚寺等に対する諸役・諸公事の免除はそれを証す。

天文六年六月をもって河東出兵は終了したとみられる。氏綱は、四月下旬に扇谷上杉朝興が死に幼少の朝定がついだ時から早期の武蔵出兵をねらっていたと考えられるが、駿河の戦局が安定せず延期していたものであろう。帰陣後まもない七月十一日には武蔵に出陣して、同月中に扇谷上杉の川越城と松山城を一気に攻め落とす。河東出兵の際、扇谷上杉は信虎とともに今川の後詰として出兵し、北条包囲網はその初期において十分に効力を発揮しそうにみえたが、三月初めには両軍とも撤退してしまい、今川は東駿半国を失い、上杉は本拠地を失うというありさまで、氏綱の機敏な軍事行動の前に、この同盟は何らの成果ももたらさなかった。北条は翌年十月には国府台合戦にも勝利して、「氏綱者駿州半国・伊・相・武・両総州支配」というようになり（『快元僧都記』）、新興勢力一人、武田・今川を含めて室町期からの旧族を完全に圧迫する勢いであった。

先に掲げた『妙法寺記』・『快元僧都記』の記事からみて、氏綱の河東出陣ではほぼ東海道沿いに西進したと考えられ、北駿御厨地方での出兵はなかったと思われる。武田勢の須走口からの撤退が早かったのもそれを裏づけよう。それにもかかわらず、天文十一年段階で北条が御厨を支配していたことを示す史料がある。同年九月二十六日付で氏康が垪和又太郎宛に出した判物で、相模国渋谷荘内の所領とともに、「一御厨之内古沢・北久原・小林・田中三ヶ郷枝村共ニ」について、反銭・棟別その他国役を免除しているのである（神六七六三）。この年は、氏綱が死んで氏康に代替りした翌年にあたり、この御殿場市から小山町にかけての地が垪和又太郎に宛行われたのは氏綱の代にさかのぼることはまちがいない。

さらに『妙法寺記』天文七年条に「此年十月十二日夜、須走殿・八刀殿談合候而、上吉田へ夜懸ヲ被成候、（中略）其後武田殿・氏縄（綱）和談候而、吉田へ御帰」とある記事が注目される。この「八刀殿」は、異本にカタカナで「ハカ殿」とあること、吉田衆が武田と北条の和談によって吉田に還住したことから、北条家臣の垪和氏であると考えられる。須走殿も北条の支配下に属していることは明らかである。

北条が北駿御厨地方を支配下にいれていたことを示す確定的な史料としてはこれ以前にさかのぼるものがない。しかし、天文六年に北条のこの地域への出兵がないとすれば、北条の支配がそれ以前にさかのぼると考えることは可能である。その始期は、早雲が、この地域を勢力下におさめていた大森を、明応四年に小田原城に攻めて逐った時にさかのぼると推定しておきたい。早雲・氏綱の甲斐出兵がほとんど須走から籠坂峠を通るルートを使っていることも、それと無縁ではないであろう。

早雲の死により、同人が駿河国内にもっていた権限や所領等は氏綱に継承されなかったであろうと、先に推測した。しかしそれは、公式的な面においての問題である。もともと北駿地域は扇谷上杉に結びついて今川から独立した大森の支配下にあった。早雲が自らの戦功として大森を討ち、その旧領を掌握して支配下に入れたと考えるなら、そこに扶植された北条の影響力を今川が容易に否定・除去することはできなかったはずである。過去に今川が実質的な支配を及ぼすことができなかった地域とすれば、今川の所領があった駿東郡南部とは区別して考えるべきであろう。なお今後の検討を要するが、ここでは一応、北駿御厨地方は早雲の代から天文十四年までは北条の支配下にあったと推定しておく。

戦国期、河東に大きな勢力を有した国人は葛山である。文明十一年（一四七九）頃に名前の初見がある氏広と同じく天文四年を初見とする氏元の発給文書による限り、葛山の支配が北駿に入ってくるのは天文十九年頃であり、それ以前には駿東郡では城館のある葛山周辺から南部に限られている。後の発給文書によって、葛山の北駿支配を無限定にさかのぼらせることはできないのであり、北条以外にこの地の空白をうめるものは、現在のところ考えられない。(7)

四、吉原城・長窪城攻防

今川の本国である駿河の東半分を失った義元にとって、その奪回が最優先の課題となった。そしてついに天文十四年、義元は上野平井城の山内上杉憲政や扇谷上杉・武田と結んで、北条の拠点、吉原・長窪城を攻め、駿河から北条勢力を一掃することに成功する。先の北条包囲網の再興ばかりでなく、北条の圧迫に苦しむ山内上杉をこの一翼に取りこんだことが成功の決定的な要因であった。憲政は、態度を決しかねていた古河公方足利晴氏をも自己の陣営にひっぱりこむことに成功した。ここに公方・両上杉を頂点として、岩付太田資正ら関東の反北条勢力を総結集した数万の軍勢が川越城を取り囲み、反撃に出るのである。憲政出兵の時期は確定できないが、五～六月頃には出兵に向けての動きがみられ、十月下旬の晴氏出馬に先行したと考えられる(8)。氏康は西と東の両方から敵の攻撃をうけ、最大の窮地に陥る。

以下、駿河における経過をたどってみよう。実は河東攻防はおそくも天文十三年十二月には始まっていた。『東国紀行』同年十二月十四日条に、引間の飯尾豊前守が「駿豆再乱によりて、蒲原城当番なり」とあり、義元自身は出馬していなかったが、富士川のすぐ西の前線に今川が軍勢を入れていることが知られる。後の経緯からみて、この再乱は今川の反撃に始まるものであろう。先にも記したが、同書によれば、明くる天文十四年正月下旬の様子は次のようである。北条の西の前線吉原城(9)には狩野介・松田弥次郎らがいた。富士川を境とする両軍の接点では通行を規制し、厳重な警戒が行われていた。吉原に前もって連絡をして許可をとりつけた宗牧一行は、兵具と軍勢を多数載せた警固船にのって蒲原を出た。吉原の城がま近く見える辺で、「此の舟を見つけて、足軽うち出で、事あやまちもしつべき気色なれば、十四五町此方の磯に押しよせ、荷物おろさせ、」松田の陣所へ人を遣している。その陣所は「かりそめの陣所ながら、心ある様なるしつらひなり」と記されている。

十四年三月には聖護院門跡道増が、相駿の和睦をはかるため駿府にやってきた。そして相模に赴き「和与之御扱」をしたが、結局不調に終り、七月初旬には駿府にもどり、同十八日上洛の途についた（『為和集』）。北条の拒否により和睦に至らなかったとみられるから、おそらく今川方から京都へ調停依頼がなされたのをうけて、派遣されたものであろう。

義元は調停失敗をうけてただちに出陣に踏みきる。七月「廿三日、義元臨済寺へ門出、同廿四日人数立、義元は廿四日之暁月出て出陣、すくに富士之ふもと善徳寺へ着陣」した（『為和集』）。

信玄は今川救援のため九月九日に甲府を出発するが、それに先だつ八月、信玄の臣駒井高白斎は今川の陣所に派遣された（『高白斎記』）。

　十日庚子富士ノ於善徳寺御一書並御口上之旨、雪斎・高井・一之宮方へ申渡ス、細雨、十一日辛丑巳刻義元ニ被成御対面、未刻御身血ナサレ御振舞飯麵子御盃一度、御刀被下、十三日帰府、

信玄は出馬にあたり、使者を今川に派遣して盟約を調えさせ、義元の血判を求めたのである。八月十一日現在、義元は善徳寺（富士市）に在陣している。これは、この間吉原の攻防が続いていたからである。『妙法寺記』によれば、「此年ノ八月ヨリ駿河ノ義元、吉原へ取懸被食候、去程ニ相模屋形、吉原ニ守リ被食候」とあり、八月十六日には今井狐橋の合戦（富士市）もあって（静四―八三四～六頁）、北条方が「吉原自落」する九月十六日まで（『高白斎記』）、

一ヵ月半余りに及ぶ攻防が吉原で続いたことがわかる。

信玄は九月九日に甲府を出立。本栖を経て十五日に大石寺へと進んだが、その前日十四日には氏康から書状が届いている。この信玄の進軍をうけて、北条勢は十六日吉原から長窪城へと撤退した。同日信玄は義元と対面、二十日岡宮の近所の原に陣取り、義元は長窪へと進んだ（『高白斎記』）。氏康は三嶋に陣をしいた（『妙法寺記』）。十九日には葛山氏元らの軍勢が長窪城を攻め、氏元は二十三日付で富士郡山本を本拠とする家臣の吉野郷三郎に対し感状を発している（小山六六三）。

北条は川越城救援のため、和平の早期実現を望んでいた。先の氏康書状もそのためとみられ、信玄が調停にのり出すのである。本格的な交渉は、『高白斎記』によれば、十月十五日に板垣・向山・高白斎の三人が「氏康陣所桑原方へ越」したときに始まるようである。二十日には高白斎が長窪城の見分に赴き、二十二日に矢留（停戦）が成立した。この間に高白斎は義元の軍師雪斎のもとに三度も足を運んだといい、積極的な調停作業が進められた。二十四日には「管領・義元・氏康三方輪ノ誓句参候」と、管領＝上杉憲政の起請文までとりつけて、最終段階にまでこぎつけた。さらに二十九日には今川の臣朝比奈氏の陣所で談合があり、武田・今川の間で盟約が結ばれた。その内容は次のように記されている。

　境目城ヲ捕立、非分ニ氏康被懸取候ナリ、既ニ義元落着ノ義ヒルカエラレ候者、晴信則可入馬之事、此間ノ落着ヲヒルカエシ、難タヒ(題)承ナリ、氏康ヲ捨義元へ同意可申事、右此三ヶ条合点申候由、朝佐・雪斎判形ヲスエ、板垣・高白へ給リ候間、罷帰、

意味の取りにくい文章であるが、三ヵ条のうちの第一条は、北条の駿河への侵攻と城の取り立てを非分と認定する

ものである。このことは、その非分を排除し、もとの状態にもどす措置がとられることを意味する。第二は武田方の調停が進んで双方がほぼ同意に達するかにみえた段階で、義元が異論を唱え、難題をいって和議をひるがえそうとしたことを示すものであろう。このため信玄は撤退するといって、調停案うけいれを義元に迫ったのである。第三は北条を排し、今川と同盟するとの意である。今川方はこの三ヵ条をうけいれて、朝比奈・雪斎が署判し、板垣・高白斎に提出した。こうして十一月六日、北条方は城を開け渡した。同八日、義元と信玄は、大事については自筆で申し合わせることに合意し、翌九日、互いに自筆を交換した（『高白斎記』）。

義元が土壇場でどのような難題をもち出したかは不明であるが、今川は「駿河分国ヲハ取返シ被食候」（『妙法寺記』）て、北条は駿河国内から完全に撤退を余儀なくされたと考えられる。天文十一年に埓和又太郎が領していた北駿の所領は、永禄二年の『所領役帳』にはみえない。また、天文二十一年の今川による泉郷検地や同年の泉郷秋山三郎左衛門、翌二十二年の泉郷杉山善二郎、八幡郷の八幡神主に宛てた義元発給文書もそれを証す。北条領国の境は完全に旧来の相模・伊豆国境に設定されたであろう。

北駿には葛山が進出してくる。ここでの葛山氏元初見文書は、天文十九年五月二十日付で神山（御殿場市）の武藤新左衛門に、「神山政所給之事、如前々弐貫文充行」ったものである（小山四六八）。その文言から、氏元にとって神山政所武藤との接触がこの時にはじまると考えてよいであろう。そこには、他の地域にみられるような龍光院殿（氏広）云々という文言もないことから、「如前々」は武藤の旧来の権限の安堵を示すのみで、葛山との前々からの関わりを意味するものではない。これは翌年発給の文書（小山四六九）でも確認される。氏元発給文書からは、北駿の葛山所領としては神山・茱萸沢・東田中・古沢（以上御殿場市）、大胡田（小山町）が知られ、他に須走関所（小山町）

などの管理権を有していた。

この天文十四年の和議成立は、二つの重要な意味をもっている。一つは、北条が駿河を放棄しても武蔵を取るという選択をしたこと、すなわち東進、関東制覇の基本方針を再確認したことである。二つは、基本的にこの時点でのちの相・駿・甲三国同盟に至る基礎的条件が調ったということである。

こうして、北条は東進、今川は西進、武田は北進を課題として、天文二十一年駿甲の同盟が、天文二十三年に相駿、相甲の同盟がそれぞれの娘の入輿を媒介として成立した（『妙法寺記』）。このうちの相甲同盟についてみると、すでに天文二十二年の正月に北条の使者が甲府に赴いて、氏康の誓詞を提出し、二月二十一日には信玄の誓詞が出されて翌年娘を小田原へ輿入れさせることが決まっている（『高白斎記』）。信玄娘の輿入は天文二十三年十二月であるから、それより五ヵ月も早い氏康娘の今川への入輿も、おそくとも天文二十二年には決定されていたであろう。有名な善得（徳）寺の会盟はなかったのではなかろうか。

北条は天文十五年四月、川越攻囲軍を打ち破り、上杉・足利は再起の力を完全に失った。北条は、川越・松山領検地などを経て永禄二年の『所領役帳』の作成へと一連の内政に専念し、武蔵平定を進めた。西側国境には問題はおきなかった。

義元は天文十五年以後三河平定に専念し、同十八年にほぼ一国を支配下に納めた。だが、さらに西進をめざした永禄三年、桶狭間に敗死した。これを機に今川の力は急速に傾き、三河を失い、遠江でも一門の堀越氏、引間の大河内氏などが離叛の動きを顕してくる。これを背後であやつったのが徳川と武田であった[10]。そして信玄は、永禄八年鏑子義信を幽閉し、同十年これを自刃させ、その妻を駿河にもどすという挙に出て、駿甲同盟を破棄する。

西方でのこのような危険な動きに対し、北条のとった対応としては、永禄十一年四月十五日付の三浦氏満・朝比奈泰朝連署書状（神七五九三）に「甲州新蔵（造）帰国之儀、氏康父子被申扱候処、氏真誓詞無之候者、不及覚悟之由、信玄被申放候」とあることから、武田・今川間の調停に動いたことが知られる。しかしそれは何の役にもたたなかった。にもかかわらず、北条はそれ以外に何らの手も打たなかったようである。

五、駿州錯乱

（一）

信玄と家康は永禄十一年のはじめに盟約を結び、大井川を境に今川領国の駿河を信玄が、遠江を家康が割き取ることとし、出兵を約した。そして同年十二月六日、信玄は甲府を出発し、富士川沿いに南下して十二日に由比に至り、薩埵峠で今川勢を破り、翌十三日駿府を攻略した。氏真とその妻（氏康娘）とは遠江懸川城へ逃走した。

北条氏政の小田原出立は十二日であったが、三島で越年し、幻庵の子新三郎氏信が北条軍の最前線にあって、富士川を越えて蒲原城に進んだ。葛山・興国寺・長窪・吉原の各城も北条方が押さえた。北条氏邦も二十三日に駿河へ向かった（神七六五二・七六六五）。また北条は懸川救援のため、船で清水新七郎・板部岡康雄・石巻伊賀守・大藤式部丞ら三百余の軍勢を送った（神七六五九・七六四一・七六四二・七七六八）。

北条は十二月二十四日付で吉原の矢部・渡辺・鈴木に命じて、大竹・尺木・大和竹・つなぎ柱・縄・敷板・わら莚などを大量に調達させた（神七六四七）。これらは富士川渡河のための船橋用とみられ、氏政の富士川以西出陣の準備と考えられる。この調達の北条方責任者として、馬廻衆の石巻・山角の代官が任命されている。以上が十一年末までの経過である。

翌永禄十二年正月二十六日、氏政は三島を発して西進し、これを迎え撃たんとした薩埵山の武田勢を逐い、かわってその峰に陣を張って、「甲相一里之間ニ対陣」となった（神七六七九）。信玄は二月十一日、「当城之普請悉成就、今明之間、従甲州移俵子」と記しており、三月三日の氏康書状には「薩埵陣様子、隔小河及対陣候」とある（神七六八四・七七〇五）。これらから、信玄は薩埵山からほぼ四キロメートル離れた興津城（清水市）にいたことはまちがいない。小河とは興津川をさし、この川が両軍の境であった。

二月二十六日、氏邦家臣五、六十騎が興津河原まで出て、敵の小荷駄隊を襲い、五十余人を討ちとったという（神七七〇二。七七〇四では二十余人）。先の信玄書状にある兵粮搬入をねらったものであろう。薩埵陣には氏邦・鉢形衆の他、間宮康信らの玉縄衆、大道寺、太田氏房らが加わっていた（神七六九六・七七二一・七七七八）。相当の大軍が富士川を越えたことが推測される。そして二月初めには吉原の船が総動員され、大量の兵粮が運ばれた（神七六七二）。

正月晦日、武田は千ばかりの兵を興津から北に向けて進発させているが、三月二日に富士上方の井出正次が「於上野筋、敵二人討捕候」たのは、この軍勢との戦いであろうか（神七七一五）。氏政はこの井出正次宛の感状で、「氏真御本意之上申立、可加忠賞者也」と記して、同人をなお氏真家臣として遇した。この姿勢は、永禄十一年十二月十八日付の須津の八幡別当多門坊宛北条氏規制札（静二―一〇頁）が、自らの軍勢を「加勢衆」と位置づけ、今川重臣岡部和泉守を奉者として発給されたのと共通するものであり、北条は今川の加勢であるという立場をここでも守っているのである。

この井出氏の他、大宮司富士氏など富士郡の給人層が大宮城に楯籠って武田に抵抗した。富士信忠は抵抗を続けるにあたり、籠城衆の不安を取除くために、彼らの旧来の領地の安堵と恩賞宛行とを保障するよう氏政に求め、氏政は永禄十一年十二月十九日付でそれを約束した（神七六三八～九）。これは一見、北条が彼らに知行の安堵・宛行を行ったようにみえるが、そうではなく、氏真不在の状況に対応した措置で、氏真本意の上、戦功を申立るという立場が基本となっている。この立場は、四月二十七日に泉之郷の杉本・秋山両人に発した虎印判状（神七七五一）に、わざわざ「駿河領泉之郷」と記したところまで一貫しており、駿河領とは今川の領国を意味した。北条の出兵が、今川家臣、今川旧領を自己のもとに編成する意図によるものではないことを表明しつづけたのであった。

三ヵ月に及んだ信玄との対陣は、四月二十四日に信玄が撤退したことでいったん結着した。北条はこれを「信玄敗北」と記した（神七七六五）。二十五日に吉原の船をことごとく富士川の出瀬に集めるよう命じたのは、薩埵陣からの撤退のためであろう（神七七五〇）。しかし、同陣にはなお「諸軍残置」く状況で、北条家臣大藤、今川家臣岡部和泉守らの駿河衆がいた（神七七七七・七七九三・七七九四）。富士川の船橋も危急に備えて破失せざるよう命じられた。

氏康は四月二十七日の書状で、「遠州之儀、兵粮然と断絶候、来上旬踏越間敷之由、使者共見届候」と述べている（神七七五三）。氏真が懸川城に入ってすでに四ヵ月余。遠江はここを残して徳川の支配下に入り、補給路はなく孤立していたが、北条には徳川と戦う意志はなく、この時すでに開城に向けて動き出していたと思われ、五月十一日以前には和議が調った（神七七六一）。氏真と籠城兵はすべて退城した。これについては信玄は、「既氏真・氏康父子へ不可有和睦之旨、家康誓詞明鏡」として、家康の盟約違反を責めた。そして、以後は家康が彼らに「敵対之色」を露すよう、信長から意見してほしいと申し入れた（神七七七五）。

氏真夫妻は五月十五日に懸川を出て十七日に蒲原に移り、閏五月三日には沼津にいた（神七七六三・七七七七・七七八三）。駿遠回復の望みを断たれ北条の保護下に入った氏真は、五月二十三日「国王殿養子申候事、次闕所知行方之事、如被顕堅《（賢カ）》札、氏政可申談候」との書状を認めた（神七七七四）。「堅札」とは北条の圧力を意味するであろう。北条はこれまで、氏真の加勢として駿河での軍事行動を行うという立場をとってきたが、これを機に駿河を北条の領国にくみこんでいく方向へと転換する。そのために、氏政の子国王（氏直）を養子として、氏真の名跡を継がせることと、氏真の闕所処分権・知行宛行権を制限し、氏政の下に従属させることの二つの手段をとったのである。この二つは次のような連関をもって、ただちに実行に移された。

氏政は閏五月三日に太田氏房に対し、「駿国之儀、氏真以縁者之筋目、名跡国王ニ被相渡候、此度甲州へ一味之駿州衆以闕如《（所）》貳百貫文之地遣之候」といい、同じく垪和氏続にも三百貫を宛行った（神七七七八・七七七九）。翌日には三島神社に「駿河国、当家江被相渡」たとして、駿河土狩郷（長泉町）内の旧領を寄進した（神七七八五）。氏直養子イコール国譲渡イコール処分権・宛行権行使という論法である。ただし、注意を要するのは、右の対象者がいずれも北条家中に属するという点である。

北条が駿河国に対し右のような権限を掌握した以上、それは今川家臣に対しても適用されるべきものであった。今川と主従関係にある駿河衆に対しても、氏直の名跡継承は宣言された。しかし、氏政は先に、富士上方の井出に対し、その戦功を氏真に「申立」て、氏真から忠賞を加えるという立場をとった。井出は氏真と主従関係にあるからである。北条はこの点を克服していかなければならなかった。

大宮城に拠って武田に抵抗する富士信忠に対し、氏政は「当口之儀、氏政ニ悉皆被任由候条、貴所自最前別而馳走之筋目候間、涯分引立可申候」と報じた（神七七七六）。すなわち氏政はここに、大宮口における軍事指揮権を掌握し、氏政自らが富士の戦功を評価し、進退を引立つ者として立ちあらわれるのである。さらに、富士上方・下方の一騎合侍に対しても、「前々之寄親遂糺明可申付」き権限を掌握し、糺明がすむまでは大宮城において富士の指南に属させることを告げた（神七七八〇）。名跡と宛行権・指揮権等の委譲を根拠に、今川家臣を自己のもとに編成していこうとしているのである。

だが、北条の以上のような立場は、氏真の旧来の権限の継続性を前提として、氏真を養父として位置づけ、実権を奪っていこうというものであったから、氏真が主従関係や領域支配に関わる権限を行使することを否定しきることはできなかった。氏真は沼津から徳倉に移り、そこに一年余り在城した後、小田原に入り、元亀二年末に相甲同盟が成立した後、家康を頼ったといわれる。懸川出城後、小田原退去までの間に氏真が発給した文書は約四十点にものぼる[11]。それを内容別にすると、①寺社や駿府没落後忠節を尽くした家臣に旧領を安堵したもの、②同じく彼らに新恩を宛行ったり、宛行を約束したもの、③村落間紛争を裁許したもの、④感状、⑤禁制、⑥家臣に暇を出したもの、⑦書状に分けられる。このうちの①、②には北条・今川の実質的支配の及ばない駿河の興津川以西、遠江国に関わるものもあるが、多くは駿河東半に関わるもので、③も泉之郷（清水町）のものである。しかも、その中の①関係のほとんどは駿州錯乱などによって、かつて今川が保障した権利が侵害されたために、再保障を求めたのをうけて発給されたものである。

たとえば、永禄十二年十二月十六日の多門坊宛印判状には、義元から寄進された段米が永禄七年以来押領されてきたことについて、「只今致言上之条、任先判形之旨領掌訖、」とある（静二―九頁）。少なくとも多門坊には、義元の寄進状がいまだ有効性をもちえており、そしてその効力を再保障し、押領を退ける力が氏真にあるという認識があったことを示す。そうでなければ言上が行われるはずがない。氏真に直接臣従している者ではない、在地の側にこのような認識が存在したことが重要であろう。永禄十三年泉之郷が河藻の採取について自郷の権利の保障を氏真に申請したのも同様である（静一―六一六頁）。

富士・井出その他の今川家臣が自力をもって大宮城等を守ったのと合わせみれば、給人層や在地の側に、氏真を駿河の大名・領有権者として存続せしめんとする力がかなりの程度あったといわなければならないであろう。これまでは、この時期の氏真の発給文書を実効性の薄いもの、空手形とみたり、あるいは北条が幼少の氏直にかわって、氏真に支配を代行・補佐させたというように、北条が駿河の支配権を一元的に掌握したとの認識に立って、氏真の立場を従属的に位置づける傾向が強かったように思われる(12)。しかし、右のようにみれば、氏真の発給文書は東半国の在地である程度の効力はもちえたと考えなければならないし、それ以外にも、錯乱以前の今川発給文書に基づく所領支配や権限は、北条・今川に属している者については基本的に保障され、在地においても基本的に受容されたと思われる。逆に北条の方こそ権限の行使を限定し、原則としては甲州一味の者の所領の闕所処分を行ったにすぎないのである。

もちろん北条は、駿河を一元的に支配しようとのねらいをもっていた。しかしそれはそうたやすくは実現できなかった。その理由としては、戦略上の消極性などいくつもの要素が考えられるが、根本的には関東制覇を最優先の軍事目標にかかげていたことに起因している。北は東上野の過半を押さえ、東に向かって反北条の一大拠点簗田を攻めていた北条は、太田・佐竹ら東関東勢の侵攻を抑えて、関東の前線を後退させることなく、駿河に兵力を投入しなければならなかった。そのため、駿河の軍事行動では富士をはじめとする駿河衆の力にかなりの部分頼らざるをえなかったのである。だから彼らの自力の戦いに加勢するという立場をとり、彼らの存立基盤、彼らの拠って立つ在地秩序を改変したり、侵害することはできなかったのである。

　この点は、後にみるごとく、この時期の駿河支配に関わる北条の発給文書が数も少なく、地域もきわめて限定されていることからも確認される。北条は武田という巨大な敵を前にして、目前の軍事的対応に追われ続けた。だから氏真は、北条が駿河半国の領有権・支配権を確立しえない段階で、給人層や在地の中に独自の存立基盤を有して存在したというべきであり、その意味において北条の支配を補完するものとして、北条によっても存立せしめられたのである。それ故、北条が独自に領域編成を進めようとすれば、氏真や駿河衆との摩擦はさけられない。永禄十二年十一月二十八日の岡宮神主・百姓中宛虎印判状に、「岡宮浅間領并朝比奈左馬允（泰忠）拘分、駿甲弓矢之間者、興国寺城領ニ相定畢、駿州衆催促候共、一切不可致許要（容）、急度興国寺へ可相納候」とあるのは、その一例であろう（神七八九六）。

（二）

　信玄の撤退により三島に退いた氏政は、やがて北駿の御厨に移り、武田軍に備えて深沢城（御殿場市）の普請を進めた。閏五月十三日には「向甲州築新地、漸出来候間、五日之内可令帰陣候」と述べている（神七七九二）。そしてこのとき、葛山旧領の仕置に関する文書が続けて発給される。すなわち、轆轤師に対し棟別三間の免除、神山武藤氏に対し棟別・点役の免除と政所給安堵、獅子浜植松氏に対し五〇貫文の宛行いである。これらはいずれも葛山発給文書に基づいて安堵したものである。葛山氏元は駿州錯乱でいちはやく信玄に寝返った。北条はそれを知るとただちに葛山城を押さえ、植松や水窪（裾野市）の渡辺氏、その寄親となった所肥後など、かなりの数の葛山旧臣を自己の下に編成していったと思われる（神七七九五～七・七六五二・七九四五）。

御厨への出陣も、新しい砦の構築のためばかりでなく、葛山旧領の掌握という重要な目的があった。葛山領はこの御厨のように北条の旧領を含んでいたし、相豆国境沿いに北端の御厨から葛山、佐野、長窪、上石田、岡宮、口野五ヵ村と、ほとんどベルト状に南端まで連なっていた(13)。北条はこれを闕所処分として、ねらいうちに掌握しようとしたとみられる。北条が永禄十一年末以降駿河東半国の支配に関わって出した知行安堵・宛行、諸役等免除、村落支配、禁制等の文書の発給年月を郷村別にまとめると次の一覧表のようになる(14)。葛山旧領と・八幡郷・泉之郷など、伊豆国境に近接した地に集中していることがわかる。しかも、このうちの口野五ヵ村から土狩までは、元亀二年末の相甲同盟以後も北条に属した地域に入り、いわば伊豆国内と同一視されうる地である。北条はこの時もまた駿東郡、ことには国境隣接地の在地掌握にかなり力を注いでいるといえよう。

籠坂越えは信玄の駿河侵攻の進路にはならなかったが、北条はこの挙に対応してただちに相駿国境の足柄峠を押さえたと思われる。初見の永禄十二年二月六日の朱印状で、氏康は十人の石切衆に「明日七日足柄峠へ罷上、肥田・二宮幡广〔播磨〕相談、小屋を懸、御番可勤申者也」と命じている（神七六七五）。主戦力を薩埵陣に投入しているため、職人までも当番に編成しなければならなかったのである。三国同盟のもとでは、国境にまたがるこの地に大規模な城郭を構えることはできなかったであろうから、当時は文字通り「足柄峠」とよばれるだけの簡略な構えしかなかったのであろう。現在残る大規模な遺構のほとんどは、この駿州錯乱を契機として築かれたものであろう(15)。この時点での防衛上における足柄城の位置は構え・人員の両方からみてもかなり低い。

二月当時、信玄は薩埵山の北条と対陣中であったが、氏政の背後をつくために、先記のごとく富士大宮方面に兵を

北条氏による文書発給年月一覧（永禄 11.12〜天正 9.12）

郷村名	発　給　年　月
口野五カ村	永禄 11.12　元亀 2.4　元亀 3.7 元亀 3.12　天正 1.2　天正 1.7 天正 2.7　天正 3.3　天正 4.7 天正 4.11　天正 5.8　天正 7.12 天正 8.2　天正 9.9
田比	永禄 11.12　天正 9.5
獅子浜	元亀 1.8　元亀 3.12　天正 3.3 天正 4.4　天正 9.6
大平	元亀 1.6　天正 3.11　天正 7.10 天正 9.12　年不詳.10
八幡郷	永禄 11.12　天正 1.3　天正 9.3
泉之郷	永禄 11.12　永禄 12.4　天正 1.4 天正 5.3
伏見	元亀 3.6
竹原	元亀 3.6　天正 5.3
土狩	元亀 1.4　元亀 3.6　天正 1.7
水窪	元亀 1.4
神山	永禄 12.⑤　天正 1.7
茱萸沢郷	永禄 11.12
竹之下村	元亀 1.3
菅沼村	元亀 1.3
岡宮	永禄 12.11
日吉村	永禄 11.12
須津	永禄 11.12　永禄 12.1　永禄 12.7
今泉	永禄 12.11
吉原	永禄 11.12　永禄 12.1　永禄 12.2 永禄 12.4　永禄 12.5　永禄 12.⑤
村山	永禄 11.12
大宮	永禄 11.12　永禄 12.2　永禄 12.5 永禄 12.⑤
上野	永禄 12.3
岩淵	永禄 12.7

動かすとともに、足柄へも一部の軍勢をさし向けたようである。二月十三日の足利義氏書状には、「自甲州足柄筋へ相揺候」とあり、これに対処するため、古河公方配下の者を含め、下総衆を動員することとした（神七六八六）。

当時北条は、氏照配下の滝山衆を主力として簗田の拠る関宿を攻めていたが、これらはそのままにして、足柄方面に新たに兵力を投入するという苦しいやりくりを強いられたのである。さらに信玄は四月下旬に甲州に引き上げたあと、五月初めには八王子や津久井筋へ兵を出して、北条領侵攻の気配を示す。氏康はあわてて大須賀信濃守を岩付に移し、岩付にいた富永孫四郎を八王子に、北条綱成を津久井口に配置する（神七七五九〜六二）。甲州国境沿いすべてにわたって防備態勢を拡大強化しなければならず、信玄のたくみなゆさぶり戦術にふりまわされ、危機感をつのらせていた。

だから北条は、信玄撤退、氏真家臣岡部次郎左衛門の駿府奪回という駿河での「勝利」にもかかわらず、上杉謙信の強引な要求をほぼ全面的にうけいれる形で、ともかくも相越同盟の締結に向かわなければならなかった。懸川開城を急いだのも、兵力を駿河東部から相模へ配置する必要に迫られたからに他ならない。だが、相越同盟は外交下手な北条にとって、数少ない戦略上のヒット策の一つであった。上野国と武蔵北部の上杉帰属や関東管領職など、謙信に譲るところが大きかったが、北条は結局この点でも実質的に失うところがなく、逆に、当面の最大の問題であった佐竹・太田ら東関東勢の軍事行動を押さえることができて、対武田戦に戦力を集中できるようになったのである。閏五月のことである。

氏政は深沢城に北条綱成と松田憲秀を入れた。信玄は六月に御厨に出て、同十六日深沢城に攻め寄せたが、さらに南下して伊豆に向かい、三島から韮山方面に進んだ。これに対し氏規・氏忠兄弟が北条の辺りに出てこれを迎え撃った。信玄書状によれば、武田方が勝利し、北条方五百余人を討ちとったという。この時信玄は小田原を攻めようとしたが、「足柄・箱根両坂切所」のため、これを越えられず、富士郡へ進んで大宮城を攻めた。「六月廿三日、信玄以大軍彼城江取懸、昼夜廿日余責、雖及種々行候」、富士氏は堅固にこれを守った。しかし籠城が長引いたため、氏政は富士氏に開城するよう促すとともに、武田方と交渉して和議を結び、籠城兵を出城させた。七月中旬のことであろう

（小山七二三・七四九〜七五六）。氏政は十二月二十七日になって、富士信忠に対し、居住の地として豆州河津のうち符河名（河津町）を与え、大宮城奪回のさいには大宮近辺など十四カ所の所領を宛行うと約した（神七九〇七〜八）。主従関係の下に編成しているのである。

これより先、七月四日には、印文「福寿」の朱印状が多門坊・実相坊・大鏡坊・須津小屋中宛に出され、「小麦石之小屋可被相拘」きことを申し入れている（神七八三二）。この印判使用者は蒲原城に拠った北条氏信と推定されているが、妥当であろう。信玄は大宮城を落とした後帰国したとみられ、この時には興国寺城や蒲原城は攻撃目標とならなかったもようである。しかし大宮城を失ったからには、次の攻撃対象となることは必至であり、七月十九日には布施康則に新たに寄子二十騎を預けて蒲原在城を申しつけるなど、最前線の拠点強化につとめる（神七八四一）。八月に入ると富士上方給人衆五十余騎の再編成を進め、同月二十六日には垪和氏続を興国寺城主に定める（神七八四四・七八五四）。駿東郡と富士郡南部および蒲原城・薩埵山が北条の支配下にあった。

西からの小田原攻めを断念した信玄は、九月上旬碓氷峠を越えて上野から武蔵に入り、御嶽、鉢形、滝山などの城を攻めて小田原に進み、これをとり囲んだ。しかし、北条が籠城策をとったため、民家に放火した上、十月四日には津久井口に向けて撤退をはじめた。六日、氏照・氏邦らがこれを追って三増峠（愛川町・津久井町）で戦ったが、敗北した。信玄は十一月にも再び小田原攻めに出馬すると諸方に申し送ったが、この後の出陣はない（神七八六九・七八七六・七八七九）。

信玄に領国をやすやすと縦断され、本城まで攻められた北条は、十一月末、豆相武三カ国に、寺領・社領も含めてことごとく人足を賦課し、小田原ばかりでなく瀧山・津久井など国境の城に至るまで普請を行った（神七八八九〜九一)。通常は免除される寺社領までも賦課されたところに、北条の危機意識の強さがうかがえる。

同盟後も、北条の再三の要請を無視して動かなかった謙信が、ようやく越山し、十一月二十日に倉内(沼田市)に着城した。北条は謙信に信州出馬を求めていたので、上野から信濃に進むものとみられた。信玄も当然この情報を得ていたから、信濃に向って進めば、これとの対戦にかなりの兵力を投入する必要が出てくる。ところが信玄は、足利義昭と信長が両者に和睦を働きかけている最中であるから、謙信が信玄分国に出馬することはないと踏んで、十一月二十八日ころ駿河に向って出馬し、十二月六日、蒲原城を攻めて、これを落とした。城主氏信をはじめ、狩野介・清水ら重臣が討死した。これにより、薩埵山に在陣した北条方の軍勢も退却した。信玄はさらに駿府に進んで岡部次郎左衛門を降して、ここを掌握し、大原肥前守が拠っていた花沢城も押さえた(神七八九五・七九〇六・八〇一五)。結局、謙信は動かなかった。

ここに北条・今川は富士川以西の拠点をすべて失い、おそらく、興国寺城と深沢城を最前線として駿東郡のみを押さえるところまで、いっきょに後退したと思われる。これが永禄十二年末の駿河における軍事状況である。

「今度蒲原之仕合、不及是非候、余令恐怖」(神七九〇八)と追いつめられた氏政は、十二月二十七日に各郷村に対し人改めを命じ、一人も隠さず帳面に登録するよう指示した。来年には信玄が相豆武の間に出陣してくることを想定し、これとの一戦には給人をことごとく動員する覚悟であった。そうすると城の留守番が不足となるから、そこに百姓を強制的に動員するための人改めである。信玄との決戦に向けて総力戦の構えである。これは後の秀吉との決戦準備に匹敵するかそれ以上で、上杉謙信との戦争にはみられなかったものである。いかに信玄の脅威が大きかったかが知られる。明くる元亀元年二月にも、分国中境目の防備を固めるため、相豆武三カ国の人足を徴発している。

北条が信玄との全面戦争の態勢へと追いこまれていくなかで、逆に信玄は西進・上洛への戦略を考えていたのではなかろうか。北条との決戦に時間と戦力を費やす考えも余裕もなかったはずである。信玄の武相侵攻は、この方面への防備に北条の軍勢をふり分けさせて、駿東から相豆国境、小田原防備のための兵力を削減させることに主要なねらいがあった。この西側に配備した兵力の大きさは、信玄が永禄十二年の九月から十月に小田原を攻めた時の進路・退路によって推し量ることができよう。駿東・相豆国境の突破はできなかったのである。

この方面の兵力を削減させておいて駿東を奪い、駿河から完全に北条を逐った上で西に進むというのが信玄の作戦であった。興国寺に北条の前線基地がある限り、富士郡、蒲原、薩埵山、さらには江尻、清水港までもが容易に北条の侵攻をうける危険があり、深沢からはじきに甲斐に攻めこむことができる。西には進めないのである。

一方、北条も興国寺の確保のために、城主垪和氏続の下に交替の在番衆を大量に投入した。たとえば、元亀元年五月下旬には、太田氏房、笠原助三郎、吉良領の江戸刑部少輔・同近江守・大平右衛門尉らが当番として入っている（神七九六六～七）。

信玄は八月に出陣し、黄瀬川に陣取って、韮山を集中的に責めた。北条は上杉の出陣を促す一方、自ら軍勢を集めたが、八月十二日現在「人数無調ニ候間、一両日相延、来十八九之間、必乗向可被致一戦候」という状況であった。武田勢は山懸昌景・小山田信茂・武田勝頼ら八千ばかりといい、北条も七～八千の救援軍を差し向ける意向であった。韮山城には北条氏規・同氏忠・清水・大藤・山中・蔵地・大屋・遠山らが楯籠っていた（神七九八六～九〇）。信玄はのちに「深沢城矢文」でこの時のことを「去年五月沼津在陳《陣》之砌、氏政至于山中出張、所願之幸被存、向幕前再三雖被乗詰、高塁深溝、相枉干戈、閉戸之間、不及是非豆州之郷韮山近辺無残所令放火候」と記している（小山七六九）。

氏政は山中城に陣取っていたのである。この戦いで韮山近辺は放火や刈田など大きな被害をうけたが、韮山城は守り通した。

撤退した信玄は休む間もなく信州に進み、岩村田（佐久市）に着陣した。信玄を迎えるため、九月六日には上野箕輪の内藤昌豊が出陣している（神七九九九）。「深沢城矢文」によれば、信玄はこの時川中島まで進んで謙信の出陣を待ったが、その気配がなかったので、関東に向い、沼田・厩橋・深谷・藤田領の民家を残らず焼払い、引上げたという。そして同年十二月には深沢城攻めに出陣し、翌元亀二年正月三日付で深沢城主の北条綱成宛に矢文を発したのである。

氏政は正月早々に軍勢を集め、深沢後詰の出兵を準備した。正月六日・七日には吉良氏配下の江戸頼忠や今川旧臣の小倉内蔵助らにも軍勢催促を行っている（神八〇一六・八〇一八〜九）。氏政は十日に小田原を発ち、十一日には三島に入って戦勝を祈願した（神八〇二一）。

この頃、興国寺へ敵が忍入り、数百人が本城へ取入るという緊急事態が起きたが、城主垪和氏続らが五十余人を討取り、堅固に守ったとして、十二日付で氏政が感状を出している（神八〇二二）。

後詰の軍は御厨に入り、「敵陣五里之内寄詰」たというが、すでに深沢では、信玄が金掘りを使って、最後に残った本城の外張まで掘崩すという事態に立ち至っていた。追いつめられた城主綱成は、自ら降伏を申し出て、三〇日余に及ぶ籠城の末、正月十六日に出城した。後詰の軍は全く役に立たず、深沢の普請に精を出す武田勢と小ぜりあいをした以外には何の戦果もないまま、信玄の撤退に合わせて、二月二十三日に帰陣した（小山七七五〜七八二）。御厨地方は武田の手に落ちたのである。

信玄はただちに遠江に出陣、大井川下流の小山城（吉田町）を攻めて落とした。ここは永禄十一年春に家康と今川領分割の盟約を結んだ際に、家康に帰属させるとした領域に属すが、同年冬の駿河侵攻時に盟約に反して兵を出し、一時掌握した地であった。しかし、まもなく家康に奪われたため、この時に取り返したのである。駿東郡北半を押さえたところで、軍事目標を西に向けたのである。

だが、興国寺城はなお北条の手にあった。元亀二年七月一日、氏政は城主垪和氏続の在城の労に報いるため、知行役銭を免除している（神八〇五〇）。

深沢城を失ったことにより、西・北方からの侵攻に備えて足柄城と河村城（山北町）を固める必要が増した。三月には両城の普請がはじまった。かなり大規模なものであったとみられ、相模磯辺（相模原市）からも人足を雇いとして足柄城に徴発している（神八〇二九）。同文書に「去年者十日倩候」とあるので、元亀元年にも大規模な普請があったことがわかる。九月二十六日には河村城の普請が未熟であるとして、田名（相模原市）からやはり雇いの人足を徴発しているので、あるいは足柄城でもその頃まで普請が続いた可能性がある。

足柄城も在城衆を補うために在番制を行った。北条氏光、深沢城主だった北条綱成、大藤らが交替で守備にあたった（神八〇五三）。深沢と直接対峙し、甲州に近接する足柄城では、在番衆がかなりの緊張状態にあり、城域が広くて守備兵が不足する状態だった。これについて氏政は、「我々も心底ニハ深其分ニ候へ共、為如何も人衆之引張無之間、不及了簡無衆之積、第ニニハ小田原程近候間、小幡先を見候ても、片時之内ニ自小田原ハ可懸着候、覚悟是故、無衆之積ニ候」と述べている（小山七八五）。氏政自身も番衆の不足を認めながら、増員が不可能だというのである。

武田の侵攻に対して、足柄城で相駿国境を守るという、完全な守勢に入っており、深沢奪回の動きはない。また、深沢落城の経緯から推し量れば、足柄城さえも、ここで完全に武田勢を撃退するという位置づけをされているとはいえない。大規模な城郭を守りきるだけの人員配置ができないから、ここで敵の進軍を遅らせ、またある程度の損害を与えた上で、結局は小田原籠城で敵の撤退を待つという守勢の戦術であったと考えざるを得ない。興国寺城も、蒲原奪回、西進の拠点としての位置づけはなく、駿河撤退はもはや時間の問題となっていたのではなかろうか。北条・武田対決は、元亀二年正月十六日の深沢落城の時点で、完全な武田勝利のうちに収束の方向に傾いていた。

元亀二年十月三日に死去する氏康が、死にあたり、上杉と手を切り、武田と結ぶよう遺言したといわれるが、氏政の同年四月十一日、氏康の四月十五日付書状を最後として、北条本宗から上杉への出兵要請はない（神八〇三四〜五）。他方、武田も九月なかば頃、鉢形領の武蔵榛沢方面へ小規模な出兵をした以外には、北条領侵攻はない。北条の度重なる出陣要請を無視して、信甲へ出兵することがなかったにもかかわらず、謙信は十一月十日付書状で、「氏政侫者ニ一途可被申越由存処、左様ニ者無之」と、北条側の変化にいらだちと不安とを示している（神八〇七二）。このような中で、この冬謙信は家康に好を通じ、使僧の往来がみられるようになる（『浜松御在城記』）。

相甲同盟交渉は氏康死後まもなくの十一月に始まったであろう。『甲陽軍鑑』は「霜月初より小宰相殿につき種々頼ミ、信玄公へ御佗言ましく〳〵て、無事にとある儀也」と、十一月初めに氏政の方から和議を申入れたとする。他方『関八州古戦録』は「信玄、奥方ノ局小宰相ト云ル老女に内意ヲ含テ、十一月下旬、小田原へ遣シ、交和ノ義ヲ嘱ハセラル」と、前書よりやや遅れて、信玄から申入れたとする。信玄も、元亀三年二月八日の書状で「甲相和与之旨、氏政承候間、為可亡越敵、抛宿意同心、無是非次第候」と述べている（神八一〇六）。それぞれに相手方からの申入れとする点で共通し、先記のごとく、どちらから申入れてもおかしくない状況であったから、断定はできない。ただ、小宰相という女性が和議の仲介に動いたとする点は注目される。

交渉は順調に進み、十二月に入って合意に達した。その内容について記したものは少ないが、翌元亀三年正月十五日付で上野の由良成繁父子に宛てた北条氏政条書（神八〇八二）がもっとも早く、くわしい。それによれば、氏政は十二月二十七日にはじめて和平の成立を家中に公表したという。国分けに関する合意内容は、「関八州ニ自甲綺無之候、但自前々被相拘候西上州之事者、自元此方之綺有間敷候事」といい、西上野を除いて、関東八カ国を北条が支配するについて武田が妨げをなさないというものであった。北条は東へ、武田は西へ進むことで利害を調停し、領土紛争を停止したのである。

この他にも和議では多様な内容が合意されたはずであるが、その一つに安房里見と北条の和平を武田が仲介するというものがあった（神八一〇六～七）。関八州掌握に向けてまず里見を片づけようという北条の意図がうかがえる。

では駿東郡南部はどのように処理されたであろうか。元亀三年以後天正十年までの間の発給文書によって、北条の支配下にあったとみなしてよいところは、八幡郷・泉之郷・伏見・竹原・土狩・口野五ヵ村・黄瀬川東摂衆小路である。この他、天正九年十月末あるいは十一月初めに笠原新六郎が武田方に寝返るまでは、徳倉城が北条の属城であった。この落城について、勝頼書状は「豆州戸倉地」と記している（新六五二）ので、勝頼にとって、この地は駿河ではなく伊豆に属しているとの認識があったとみられる。これに対し北条方は「駿州徳倉」と認識している（神八六七九）。このようなちがいは、徳倉城が相甲同盟によって北条方にわけられたことから生じたものであろう。

他方、信玄は元亀三年三月十三日に沼津妙海寺・妙覚寺に、同四月十九日には西光寺に寺領を安堵したり、諸役を免除しているので、狩野川河口部の北岸は武田の支配下に入ったことがわかる（静一―七二二・七三一・七四〇頁）。

また興国寺は、天正二年十一月晦日以前には武田の属城となっていることがわかる（静二―四五六頁）。

以上から、駿東郡南部における国分けは、黄瀬川の東を北条に、同川と狩野川との合流点から西では、狩野川の南を北条に属させることで線引きがなされたと考えられる。ただし、黄瀬川東側の北条領の北限は確定しがたい。天正元年七月九日、北条は獅子浜の植松右京亮の、土狩三十七貫文、神山三貫五百十文の知行に対する着到を定めている（神八一六九）。もし、この神山（御殿場市）がこの時点で北条の現実的支配下にあったといえるとすれば、北条は黄瀬川の東を御厨南部まで支配下に入れていたということができるが、今は断定できない。ただ、武田の発給文書には神山以南の東部地域に出したものはない。

相甲同盟の成立とともに謙信は上野に出陣し、上杉憲盛ら武蔵北端の反北条勢に援軍を送り、閏一月三日には西上野の石倉を攻略し、六日に厩橋に入った（神八〇九五・八一〇六、新二五五五・三七六八）。元亀三年初めから、北条・武田対上杉・関東反北条勢力という対抗関係が復活し、西上野確保のためにも、信玄はしばらくの間、関東にしばられることになった。

おわりに

この後、相豆駿国境では天正七～九年に勝頼との間で戦争があり、翌十年には徳川との間で争奪戦がある。そして天正十五年からは秀吉の来攻に備えたきびしい臨戦態勢へとつき進んでいく。この間の領国境の大きな変動は、先記天正九年の徳倉落城を除けば、天正十年の織田信長の武田領平定とそれに続く本能寺の変に伴う一連の動きの中で起こる。これについては後の機会に述べたい。

註

（１）福田以久生『駿河相模の武家社会』（一九七六年）、大久保俊昭「『河東一乱』をめぐって」（『戦国史研究』二号、一九八一年）、小和田哲男『後北条氏研究』（一九八三年）、長倉智恵雄「今川氏真の懸川籠城と小田原衆」（『駿河の今川氏』九集、一九八六年）・「懸川没落後の今川氏真文書の再検討」（『駿河の今川氏』十集、一九八七年）、久保田昌希「懸川開城後の今川氏真と後北条氏」（『駒沢史学』三九・四〇号、一九八八年）。なおこの他に葛山氏関係論文がこの問題に関わるが、今回は葛山についてほとんどふれられなかったので、掲出を省かせていただく。

（２）『小山町史』第一巻原始古代中世資料編の第二章５大森・葛山・御宿の項参照。

（３）同右書第二章３足柄、４御厨。

（４）『神奈川県史』資料編３古代・中世（３下）をこのように略記し、下に文書番号を記す。以下「静」は『静岡縣史料』を表し、輯数と頁数を、「小山」は『小山町史』第一巻、「新」は『新潟県史』資料編中世を表し、それぞれ文書番号を下に記す。

（５）興国寺城（沼津市）をさすとみられるが、同城は天文十八年に今川義元によって築城されたことを示す史料があるので（静一―五一〇頁）、早雲の拠った城をどこに比定するかが問題となっている。一般には早雲のいた城を義元が拡大したと考えられているが、小和田哲男「二つあった興国寺城」（『戦国史研究』三号、一九八二年）は、同城の遺構の西隣にある方形館の可能性を指摘している。ただ、興国寺城は下方十二郷からかなり離れており、善徳《得》寺城の誤りではないかとする説（貝崎関雄「善得寺城について」『駿河の今川氏』十集）も魅力的である。

（６）このことは、北条が領国をもち大名として自立していることとは別の次元の問題である。小和田哲男氏は前掲書第一章で、「早雲が今川氏の『軍師』的性格から脱却し、名実ともに戦国大名として自立してくるのはいつから」かと問い、永正三年と結論を出している。その理由として、同年に今川が遠江を完全に征圧し、領国を駿河・遠江二国に確定したことと、早雲が十七カ条の分国法を制定したと考えられることの二つをあげ、付随的に検地が行われたことも指摘している。しかし、分国法がこの年制定されたとは確定できず、その他の理由も「自立」の論拠とはいえないのではなかろうか。

(7)『小山町史』第一巻の第二章4・5参照。なお、これまで葛山氏とされている「氏尭」と称する人物の性格が問題となるが、それについても同書四四八〜四五〇頁参照。

(8)『古河市史』資料中世編七五七〜八・七六〇〜一号、七一三頁。

(9)吉原城・善徳寺城については註(5)貝崎論文がある。

(10)小和田哲男「今川家臣団崩壊過程の一齣――『遠州忩劇』をめぐって――」(『静岡大学教育学部研究報告(人文・社会科学篇)』三九号、一九八八年)。

(11)長倉「懸川没落後の今川氏真文書の再検討」(前掲)。

(12)長倉前注論文、久保田前掲論文。

(13)『小山町史』第一巻第二章4・5。

(14)永禄十二年七月九日に氏政が大藤式部丞に宛行った千五百貫文の所領は、一覧表に入れた岩淵の他、広野郷・手越・瀬名川・古庄・長沼・栗原・曲金(以上静岡市)、山西(藤枝市・焼津市など旧志太郡内)、河東小山郷・鎌崎(以上比定地不詳)、から成っている(神七八三五)。懸川籠城を賞し、氏真の同意をとりつけて駿府近辺を中心に宛行ったものであろう。また七月十一日には岡本秀長に梅津之村(比定地不詳)を宛行っている(神七八三六)。なお、単なる宛行約束・音信などは表から省いてある。

(15)小田原城郭研究会編の調査報告書『足柄城』(小山町教育委員会発行、一九八九年)、『小山町史』第一巻第二章6・第五章参照。

V 足利義晴による河東一乱停戦令

大石泰史

従来看過されてきた史料に、（年欠）四月二十四日付飯尾乗連書状写（『戦国遺文』今川氏編七七四号文書）がある。本文書は「古簡雑纂」第六冊（巻一一）に収録されているが、なぜか『静岡県史』資料編7中世三（以下、県史―文書番号と記載）等でも紹介されなかった。書出には、「天文十四　五六」との着到書きがある。したがって本文書は、天文十四年（一五四五）四月二十四日、今川氏家臣の引間城主（現浜松市中区）飯尾乗連が、「上意御使」として東国に下向していた進士修理亮の近日中の上洛を、大館晴光に告げたものであることがわかる。

発給者の飯尾乗連は引間城主であったが、天文十三年十二月中旬には蒲原城（静岡市清水区）に在番していた（「東国紀行」県史―一七一六）。この在番は、天文六年～同八年頃の第一次河東一乱で、富士川の東側＝河東地域へ北条氏が攻め込んだための、その後の「防御」のためであった。乗連が文書発給時点の四月、どこに所在していたのかは明確でない。しかし、「東国紀行」の記主宗牧が、駿河・相模間の緊張状態を綴っていることからすると、蒲原城の「守備」は並大抵ではなく、天文十三年末からすぐに乗連が引間へ帰ったと考えるよりも、むしろそのまま在番していたと考えた方が妥当と思われる。

宛名の大館晴光は、足利義晴の内談衆であった（西島太郎「足利義晴期の政治構造」同著『戦国期室町幕府と在地領主』等)。天文十四年段階、内談衆の機能は衰退し始め、翌年の義藤(のち義輝、以下「義輝」で統一)の将軍宣下を契機に解消されたという。晴光は天文十五年の義輝元服の際には剣役として義輝に供奉し(「光源院殿御元服記」『群書類従』二二輯)、その後も義輝に近侍して、彼の大名間和平工作においても取次の役目を果たしている(『戦国遺文後北条氏編』四四三二)。

また、文中に見える進士修理亮は実名を晴舎といい、晴光と同様、義輝に供奉し、彼の元服時には義輝の走衆としてその名が見える(「光源院殿御元服記」)。天文二十年二月には、上野国の横瀬成繁に対し、同十八年以来の京都の情勢について書状を認めている(「集古文書六十八」)。

ここで注意したいのは、晴光・晴舎は義輝政権下での対外活動が注目されることから、両者が義輝のみに近侍したと認識されることである。二人が義輝の元服にあたって剣役や走衆となったのは、義晴の命によると考えられる。さらに諱に「晴」字を用いており、義晴からの偏諱であると把握できる。この二点を勘案しても、両者は義晴の政権を支える人物であったことは明白である。本文書が義輝元服以前であることからも、本文書の「上意」とは義晴であることが明確となる。

では、進士が命ぜられた上意とは何だったのか。注目させられるのは、本文書の発給日である。というのは、本文書発給以前の三月二十六日、聖護院門跡である道増が駿河から相模へと出向いている(「為和集」県史─一七三〇)。その後、道増は七月七日以前にも北条氏の許へ出向いており、その際の理由が「東と和与御扱」のためであったという(「為和集」県史─一七四〇)。これらの資料から朝比奈新氏は、道増が将軍義晴の上意を受けて和平交渉を行っていたと結論づけた(「冷泉為和の駿河在国─今川・北条間交流を通して─」『立教日本史論集』九号)。これは、聖護院道増をはじめとした将軍の外戚である近衛家が、義輝による紛争調停に奔走していた（高梨真行「将軍足利義輝の側近衆―外戚近衛一族と門跡の活動―」『立正史学』八四号、黒嶋敏「山伏と将軍と戦国大名―末期室町幕府政治史の素描―」『年報中世史研究』二九号）との指摘を受けてのものであった。高梨氏や黒嶋氏は、道増の活動を義輝段階としている。その根拠は、義晴が天文五年の義輝の誕生時において隠居を宣言（『厳助往年記』九月二日条）したためと判断されるが、先述の如く義晴による調停行為であることは明白で、朝比奈氏の指摘通りである。西島氏はすでに内談衆の設置を通じ、前稿において、義晴による義晴の「隠居」宣言が彼の政治的な隠退を意味しないことを示している。義晴の調停行為はこの点を補強するものであり、「隠居」は以後における北条氏政の「隠居」や、徳川家康の「大御所」との関係なども視野に入れて検討されるべきと考える。

すると、（年欠）六月七日付北条氏康宛近衛稙家書状（七七五号文書）も重視されることになる。この稙家書状を最初に注目したのは筆者であり（戦国史研究会第三一九回月例会報告レジュメ）、正確な年代比定を行ったのは、黒田基樹氏であった（「小田原北条氏文書補遺」『小田原市郷土文化館研究報告』四二号）。年代比定はおそらく、氏康が新九郎を称していた時期と、文書中の「駿州御和談」から天文十四年の可能性を示唆したと思われる。今回、乗連の書状が提示されたことで、将軍義晴に近侍していた進士修理亮が駿河を訪れ、上意による和平を今川氏に伝え、さらに、将軍の外戚である近衛家当主稙家の書状を携えた聖護院道増が駿河・相模に赴き、北条氏へも和与を呼びかけたという構図が確認されよう。

それではなぜ、将軍義晴が今川・北条の和平を結ぶことが可能と判断したのであろうか。この点については義晴と義元・北条氏の個々の関係について考える必要がある。義晴は、外戚・近衛家を通じて北条氏と「親密」化を図っていた（朝比奈前稿）。一方、義元は家督継承にあたって義晴から「御名字・御家督」の承認をしてもらっている（五四二号文書）。周知のように義元は、義晴の家督承認によって花蔵の乱を勝利に導くことができた。つまり、義元は義晴に恩義があったのである。その礼として太刀や馬が献上され、また禁裏修理料として「鳥目五万疋」等が調進される（五四三・五四四・七一七・七一八号文書）など、義晴と義元は「親密」な関係にあった。このような義晴を中心とした人的関係が背景にあったと捉えられる。

最後になぜ、この時期に交渉が行われたのか。その点は不明だが、一つの可能性として、義晴近辺の情勢が考えられよう。義晴は将軍在任期間中、時に近江へ落ち延びるなど、じっくり政務を執ることが困難な情勢下にあった。そのため、この時期にようやく落ち着き、義晴にとって「親密」な関係であった今川・北条両氏に対し、近侍していた進士修理亮と、外戚・近衛家の一員で聖護院門跡であった道増を使者として前面に押し立て、さらに道増には兄・稙家の書状を持参させ、和平交渉を開始したのである。義晴は、自身の政策をアピールするため、河東一乱の停戦令を発したと想定される。

しかし、その停戦令の効果もなく、七月以降、両大名間での戦闘が再び始まることとなる。結局「親密」な今川氏・北条氏であっても、義晴の声は届かなかったのである。

Ⅵ　北条氏康の外交

奥野高広

（一）

後北条氏第三代目の氏康が家督を嗣いだのは、天文十年（一五四一）二月以後のようである。（佐脇武氏「小田原北条氏代替考」『日本歴史』第九三号所収）そして同年七月、父氏綱が死亡すると、二十七歳の長子氏康は正式に家をついだ。

氏綱は相模・武蔵を中心にして、弱小化した両上杉氏をおさえ、関東に君臨できる地位を占めるように努力した。氏康はこれをうけて相模国の治政をととのえ、上杉氏を上野国に追放して、ほぼ武蔵国を領有し、関東地方での支配体制を整備した。室町幕府の職員録ともいうべき『永禄六年諸役人附』には「外様衆　大名在国中」五十三人のうちに「氏康・氏政・氏直」の三人をあげたほどで、北条氏は氏康の時代からのち有数の戦国大名になった。

しかし後北条氏にとって、国内では土着の武士や土豪の支配をはねのけて、台頭してくる新しい農民をどう把握し、政権に協力させるかという問題、外では上杉（謙信）・武田・今川氏らといかに対決するかという新しい課題がおこってきた。このような内憂外患に対し、氏康を頂点とする後北条氏政権がどのように対処して成果を収めたかについては『府中市史』上巻に述べられてあるので、そこに論及されていない氏康の外交問題の一部を研究しよう。

後北条氏の始祖伊勢新九郎長氏（宗瑞）は、その姉が駿河守護今川義忠の側室であるために、義忠の食客になっていた。長氏は義忠の死後の今川氏の内紛時代に、嫡子の竜王丸（のちの氏親）を当主にもりたてた。そして長氏は駿河興国寺（静岡県駿東郡原町）城を与えられるが、この内乱を鎮定するために来援した扇谷上杉氏の老臣太田道灌から関東の国人たちの動向も聞いたであろう。このような関係で後北条氏は、今川氏と友好関係にあった。

駿河守護今川氏は、氏親の永正五年（一五〇八）七月から遠江守護を兼ねる。正式に室町将軍から任命されている（『浜松市史』一参照）。いうまでもなく今川氏の勢力の充実、その勢力の西進を意味する。東方の伊豆国は、後北条氏の勢力圏と認めてのことであろうか。

永正元年（一五〇四）九月、氏親は駿河衆だけでなく、遠州勢も従えて、武蔵国に出陣し、伊勢宗瑞（伊勢長氏が入道した年代等は『府中市史』上巻参照）を援け、扇谷上杉の朝良のため、山内上杉の顕定を撃破している。そして氏親は翌永正二年遠江の隣国三河の侵略に乗り出した。さらに三年十一月、氏親は三河今橋（豊橋市）に出陣している。三河国守護吉良氏の勢力はすでになく、松平・牧野・戸田など小土豪が群立している。

永正五年七月、氏親は前述のように遠江守護になるが、その八月伊勢宗瑞とともに三河の松平長親を攻撃した。しかし今橋城の牧野古白が敵対したため、これを攻略し、なお西三河に示威運動をしている。

大永六年（一五二六）六月氏親は死亡し、子氏輝がつぐ。天文五年（一五三六）三月二十四歳で死亡すると、弟の善徳寺承芳は庶兄良真を殺し、家をついだ。これが義元である。この相続問題をめぐって今川氏の統制力は弛緩したと見たのか、東西から侵略が開始された。まず天文八年七月北条氏綱は駿河に侵入し、義元軍と戦っている。翌九年六月織田信秀は三河に侵入して、安祥（安城市）城を奪取して、拠点とする。しかし義元も天文十年十月十日、三河大樹寺に寺領を安堵させている（『大樹寺文書』）。信秀に対する巻き返しの一端でもあろうか。
そして織田信秀と今川義元との最初の激突は、天文十一年八月十日に三河小豆坂で行われた。結果は信秀の勝利である。

織田信秀は尾張守護代同国清須城の織田連勝の三老臣の一人である。天文十年九月には、伊勢の豊受大神宮の仮殿造替の費用を寄進したので、宮廷では信秀を三河守にした。また信秀は天文十二年正月関白近衛稙家に皇居修理の費用を献上したいと願い出た。やがて献金するが、信秀のすぐれた政治力を見るべきであろう。

その信秀は三河と美濃の東西両隣接国に両面作戦をしている。天文十三年九月斎藤利政を美濃稲葉山井口城に攻めたが、利政は越前朝倉教景の援助をうけて撃破している。しかしこの同じ月に、三河刈屋城の水野信元は、今川義元に反逆して信秀に味方した。そのため岡崎城の松平広忠（長親の曽孫）は信元と絶縁し、夫人の水野氏を離別した。

天文十四年九月松平広忠は信秀の属城安祥城を攻撃した。信秀が駆け付けて、広忠を破る。

天文十六年十月信秀は、広忠の一族松平忠倫にめいじ岡崎城を攻撃させようとしたため、広忠は忠倫を殺し、のち広忠は今川義元の全面的な保護をうけ、信秀に対抗する決意をし、子竹千代（のちの家康）を質として今川氏に送る。しかし、外祖父の戸田康光は、金銭に迷い、竹千代を奪い、信秀に送った。

天文十七年正月、義元は野々山政兼にめいじ信秀の属城尾張大高を攻撃させた。政兼は敗死したが、義元が「上洛作戦」の妨害になるであろう、「敵国」の拠点に突撃を敢行したことで注目される。

その年の三月義元は、黒衣の軍師駿河臨済寺（静岡市）の太原崇孚にめいじて、三河国内の信秀の属城を攻略させる。信秀はこれを防ぎ、三月十九日三河小豆坂で衝突し、第二回の戦いをしたが、信秀の敗北に終った。ここに北条

氏康と織田信秀の外交を見る史料が二点ある。（『古証文』六）

貴札拝見、本望之至候、近年者遠路故不申入候、背本意存候、抑駿刕此方之義、預御尋候、先年雖遂一和候、自彼国疑心無止候、委細者御使可申入候条、令省略候、可得御意候、恐々謹言、

天文十七

三月十一日　　　　氏康（北条）在判

織田弾正忠（信秀）殿

如来札、近年者遠路故不中通候、懇切ニ示給候、祝着候、仍三州之儀、駿刕へ無相談、去年向彼国之起軍、安城（マヽ）者要害則時ニ被破之由候、毎度御戦功竒〔奇〕特候、殊岡崎之儀、自其国就相押候、駿刕ニも今橋被致本意候、其以後万々其国相違之刷候哉、因玆彼国被相詰之由承候、無余儀題目候、就中駿刕此方間之儀預御尋候、近年雖遂一和候、自彼国疑心無止候間、迷惑候、抑自清須御使并預貴札候、何様御礼自是可申入候、委細老使者可有演説候、恐々謹言、

十七年

三月十一日　　　　氏康在判

織田弾正忠殿御返報

以上二通の北条氏康書状（写）は、尾張守護代織田連勝とともに同国清須に住んでいる老臣織田弾正忠信秀の通信に対する返書である。天文十七年と年号を追記してあるが、内容から考えて誤りはないと思う。同日付の返信二通が起草され、その両者とも発送されたか、どちらか一通が清須からの使者に托されたのか判然しない。しかしこの問題

は暫く措き、後者の方が豊富な内容を持っているので、これを検討しよう。

氏康は「尾張清須と相模小田原との距離が遠いので、近年は通信していないが（以前には文通したことがある）いま懇切に書状をもらい祝着だ」と書き出した。そして天文九年（一五四〇）六月、信秀が駿府（駿河府中の今川義元）と相談せず（去年とあるのは「さる年」で天文九年をさす）三州に軍を進めて安祥（安城市）の要害を即時に攻略してしまったという。

毎度の戦功、非常に立派なこと。ことに岡崎（三河岡崎城主松平広忠）を貴国（尾張、信秀をさす）が押えているに就いて（信秀の勢力圏にしようとしているに就いての意味であろう）、今川義元側も三河今橋（豊橋市）を手に入れた。そのうち三河国は信秀を離れていったのであろうか。このため彼の国を追いつめるとのこと承った。しかたのない条件である。（信秀が松平広忠を追いつめる作戦を諒承した）それについて今川と当方との関係について質問を受けた。近年講和をしたが、駿州（義元）の方で疑心を晴していないのは迷惑である。清須からの御使と書状をいただき忝けない。いかにもお礼は当方から申し上げる。委細は使者が述べる。

信秀の書状に対するこの氏康の返状は、まことに興味が深い。信秀が背反した松平広忠を追いつめ、今川義元と結んだ広忠に対し、子竹千代を（人質として義元に送る）途中から奪取した行動を氏康は諒承している。

こうして氏康は信秀の作戦を認めるとともに、駿州、義元との和が成っても先方がまず疑心をもっているのは迷惑だと告げている。氏康の返信の核心は、ここにあった。氏康は天文十四年八月駿河に出兵している。甲斐の武田晴信（永禄二年から信玄）は義元を援け、狐橋で戦った。この講和が成立しても、氏康は義元が疑心をもっているというが、北条氏側にも侵略の意思があった。京都に進むために、まず、三河を侵略したい義元の東進政策を予防しようとする信秀と、駿州を侵略したい氏康との連絡である。

しかしこの天文十七年三月十九日に信秀は三河小豆戦で敗戦する。しかも翌十八年三月松平広忠が国人に殺されたため、岡崎城は今川氏の管理下に入り、十一月今川軍に三河安祥城を攻撃されて、織田信広は生捕になり、松平竹千代と交換する破目に追込まれた。

なお氏康は信秀に通信した直後、駿河に侵入したかどうか判然しない。天文二十年三月信秀が死亡すると、義元は尾張に兵を進める。この隙に乗じ、天文二十三年三月氏康は駿河を侵略する。武田晴信は天文二十一年十一月嫡子義信に今川義元の女を娶り、重縁を結んでいるので義元を赴援した。しかし臨済寺の太原崇孚の斡旋で、二十三年四月晴信の女を氏康の子氏政に、氏康の女を義元の子氏真に嫁入らす和約が成立した。いわゆる甲相駿の三国同盟である。

（二）

後北条氏の始祖伊勢新九郎入道早雲庵宗瑞は、室町幕府の政所執事伊勢氏の一族らしいとの説や、その有力な傍証については『府中市史』上巻に述べられてある。

大永三年（一五二三）九月、前関白近衛尚通は、北条新九郎平氏綱の依頼に対し、酒天童子絵詞を写して与えている。（『後法成寺尚通公記』）この絵巻物は現存していないようである。この時点で近衛家の経済はそれほど苦しくない。（このころの収支簿が現存している）そこで氏綱は、京都の知人を頼って前関白に執筆してもらったにちがいなかろう。

次に吉田兼右に宛てた氏康の書状を見よう（『堀江滝三郎氏所蔵文書』）。

去春預一翰候、其以来依不得的便、不能面報、意外候、抑武運長久、国家安全之御祓頂戴、令満足候、就中南蛮

水滴到来、秘蔵候、次太刀一腰進之候、委細牧庵へ申候、恐々謹言、

八月十五日　　　　氏康《（北条）》（花押）

吉田右兵衛督殿《（兼右）》

御返報

吉田兼右は、京都市左京区吉田神楽町（洛北吉田山の丘陵）に鎮座する吉田神社（本殿の上手に斎場がある。）の神主である。兼右は兼倶以来の唯一宗源（吉田）神道を発展させ、神道界の第一人者として活躍している。北条氏康は、この兼右から武運長久、国家安全の御祓と、南蛮製の水滴（水指のことであろう）を贈られたに対し、太刀一腰を返進した。

この事実は氏康が何かに備えての外交布石と解釈できないこともない。

（二）

ほとんどすべての戦国大名に共通する性格の一つに、室町将軍を利用しようとする外交を展開したことである。後北条氏もその例に洩れない。次に将軍義輝の御内書を見よう。（『尊経閣文庫文書』纂雑四百四十九）

至勝軍山居陣候、然処長慶《（三好）》懇望旨、晴元《（細川）》・義賢《（六角）》申越在之間、談合半候、於様躰者、申含孝阿候、此節馳走肝要候、

猶晴光可申候也、

九月廿日　　　　（花押《（義輝）》）

北条左京大夫《（氏康）》とのへ

将軍義晴の子義藤は、天文十五年十二月元服して征夷大将軍に補せられる。このころ管領細川晴元の老臣三好範長（のちの長慶）の勢力が漸増してきた。しかも晴元は義晴・義藤（天文二十三年二月十二日義輝と改名）父子と不和で、将軍は京都に安住できない。天文十九年五月四日、義晴は近江穴太（大津市坂本穴太町）で薨去するが、義藤は十一日穴太から宝泉寺に移る始末である。

永禄元年（一五五八）五月、義輝と細川晴元は、近江守護の六角義賢の援助をえて、近江龍華から坂本本誓寺に移り、六月七日勝軍山（京都の東山のうち）城に進んだ。そして三好長慶・同長逸・松永久秀らと対戦する。

しかし義輝の御内書にあるように九月二十日には、長慶方から講和を申込まれ、その条件等を談合中である。義輝は同朋衆の孝阿を派遣し、氏康に対し奔走するよう依頼した。別に幕府内談衆大館晴光の副状が出たはずである。北条氏とくに氏康になってから京都方面と接触を保っていたことが、いま零落したとはいえ将軍から依頼を受ける立場になったといえよう。

次に大館晴光の書状を見よう（『保阪潤治氏所蔵文書』筆陣一）。

今度従関東進上御馬御預り之儀、一段被喜思食候趣、得其意可申之由、被仰出候、猶孝阿可申候、恐々謹言、

七月廿五日　　　　左衛門佐晴光（大館）（花押）

謹上　北条新九郎殿

前掲の義輝御内書と同じころと考えても矛盾しないであろう。この新九郎は氏康と推定される。将軍義輝に馬を進呈したのに対して、大館晴光の奉書である。

（四）

後北条氏第三代目の氏康は、英主であったように思われる。その伝記については『大日本史料』第十編之七に詳細であるが、領内の政治に励精したことは、武蔵野を巡遊したという『むさし野の紀行』が伝わっていることでも推察される。そしてその外交路線は、室町将軍を頂点とし、京都の貴族たちだけでなく、早くも織田信秀と連絡をとったなど極めて多彩であったといえよう。

Ⅶ

北条氏康の痛恨

奥野高広

永禄十年（一五六七）八月、武田信玄は、南進政策に反対する嫡子義信を殺し、その夫人今川氏を離別したため、武田・今川・北条の三国同盟は消滅した。翌十一年十二月、信玄が南下作戦をとり、駿河に出陣すると、北条氏は今川氏に援兵を送る。そして北条氏は、上杉輝虎（謙信）と和議の交渉をはじめた。同十二年六月九日に北条氏康・氏政父子は、氏政の弟国増丸を輝虎の養子とすることを約した誓書を送った。（その実行は遅延）

その反応は忽ちはね返ってくる。十六日に信玄は北条領の駿河に侵入し、七月武蔵秩父に作戦する。しかも信玄は、十月に長駆し小田原城下に侵入し、放火した。後北条軍は、武田軍の徹退を武蔵三増《みませ》峠に追撃する。氏康は「当方の旗本一日の遅々の故に取遁し候、誠に無然の至りに候。しかしながら無二に仰せ合わせられ、御加勢一途《いっと》にこれなき故に此の如きの儀、是非《ぜひ》なく候」と輝虎に訴えた。

このの ち後北条氏は、謙信（元亀元年十二月以降）に出兵とか、救援を要求するが、信玄は信濃に兵を出したり、越中の一向宗に指令して謙信を釘付けにした。終に北条氏は、武田と講和の噂があるとの心理作戦をはじめる。

元亀二年（一五七二）正月から信玄の駿河国での攻撃が激化する。北条氏の申入れにたいし、謙信は誓詞を届けてきた。これを受けて四月十五日に氏康は「当家の大小の者は、輝虎の御威光で頓速《とんそく》に本意を達することができると

（貴国と）一和以来存じてきたのに、毎日の軍事行動が思うに任せないため、ますます氏政の手腕を見限り、何とも国中の仕置《しおき》ができかねる。必ず必ず、この秋の七月上旬に出馬して当家を引立てていただきたい」と述べ、さらに「（他力本願でなく）諸人に力をつけよとのこと尤に存ずる。とにもかくにも貴国を頼むよりほか大小の手だてはないから、氏政を御覧続《おみつ》いでやろうというなら来る七月以外にない。この時点を見除《みのが》せば、当方の旗下の侍たちが氏政を見捨ててしまうことは、歴然だ」と謙信に「哀願」している。

この氏康の書状（『上杉家文書』）のなかで、外交辞令だとしても聞き流せない文言《もんごん》がある。それは第一条のなかで「日を追って、弓箭《ゆみや》に努力してもその甲斐がないようになってきたため、いよいよ氏政の手腕を見限り、何とも国中の仕置をいたし余っている」というのが第一点。次は「今回お願いした時点での援軍を派遣してもらえないと、北条方の侍（旗本）たちは、主君氏政を見捨てるべき事は、はっきりしている」との点である。

後北条氏の直属家臣団の旗下（旗本）は、当主の氏政に心服していないと実父氏康が謙信に告白している。関八州に君臨しているはずの北条氏の当主氏政は、父の眼から見ると旗本の心服をえていないという。武田氏の分国法『甲州法度之次第』の三条には、武田の家臣が自由に他国と通信するのを禁止している。情報の漏洩を予防する処置だが、いま後北条氏がその最大弱点を人もあろうに援助を求める相手方の謙信に通報したのは何故だろう。氏康が氏政の食事にあたり、「一飯に汁を二度かけて食するのは不器用だ、北条の家も自分一代だ。」と慨歎した話が『武者物語』に見え、氏康の代の制札の文面は五ヶ条、氏政の代に三十ヶ条にも及んでいるのは、北条氏滅亡の兆候だという僧の話が『諺芥集』にある。いずれも氏康の発言を裏書きする。

そもそも氏康がそれほどまでにして援軍を求めた敵の信玄は、七月の時点でどんな行動をしたろうか。九月に武蔵榛沢に甲相両軍が衝突し、真田昌幸が上野国に侵入したにすぎない。元亀二年四月に信玄・勝頼父子は、三河野田城を攻撃し、吉田城（豊橋市内）に肉薄した第一回の上洛作戦を展開している。その陣中で信玄は発病し、撤兵のやむなきに至った。のち翌三年十月、再度の大作戦まで信玄父子は病を秘し、治療と戦備に努めた。（拙稿「武田信玄二度の西上作戦」（『日本歴史』二六八号）後北条氏の情報網に信玄の秘密はさておき、軍事行動から異様さをキャッチできなかったのだろうか。

氏康が援助を要請したあとの十一月十日に謙信は、北条《きたじょう》高広にあてて、「昨日までは北条《ほうじょう》氏邦が恐らく来談するか、又は氏政が委細を申し越すだろうと期待していたのに、そんなこともない。どれも馬鹿ものだ」といい、「この上は越後の上杉と相模の北条との運比《うんくら》べだ。このような馬鹿者と兼ねて知っていたなら、佐竹らと断交するのでなかった」と後悔している。ところがその高広は、武田氏と密通している確証があるのだから、事態は複雑である。すべては死の床にあった武田信玄の謀略作戦の成功だと結論されよう。

それにしても北条氏康が当主氏政の統率力の弱体ぶりを公言してしまったことは、大きな傷跡を残した。元亀二年十月氏康は、恐らく中風で傷心のうちに死亡する。その遺言により越相同盟は、越甲同盟に変る。信玄の思うつぼである。氏政は天正八年（一五八〇）八月隠居し、子氏直が当主になる。しかし父に「不器量」といわれた氏政は、後北条氏の最後まで後見役を勤める。なお氏康の痛恨は、その個性にだけ帰するのは酷で、後北条氏の軍隊と百戦錬磨の武田軍とは質がちがう。

（このテーマは早くから私説を出しているが、後北条氏の研究者には知られていない）

【初出一覧】

総　論

黒田基樹「北条氏康の研究」（新稿）

第1部　氏康の領国支配

Ⅰ　佐脇栄智「北条氏の領国経営（氏康・氏政の時代）」（『神奈川県史通史編1』第三編第四章第二節、神奈川県、一九八一年）

Ⅱ　勝守すみ「後北条氏家臣団の構造（一）―小田原衆所領役帳を中心として―」（『群馬大学紀要』人文・自然科学編七・八巻、一九五九年）

Ⅲ　實方壽義「戦国大名後北条氏の家臣団構成―「小田原衆所領役帳」の分析を中心に　「小田原」「津久井」両衆の場合―」（『石田・和田・龍・山中　四先生頌寿記念史学論文集』日本大学史学会、一九六二年）

Ⅳ　實方壽義「戦国大名後北条氏の「番肴」税制について」（『研究彙報』八輯、一九六四年）

Ⅴ　實方壽義「戦国大名後北条氏民政についての一考察―相模国西郡における在地百姓掌握の場合―」（『研究年報』二二輯、一九七四年）

第2部　隠居後の領国支配

Ⅰ　古宮雅明「戦国大名後北条氏の裁判制度について」（『史朋』二七号、一九九二年）

Ⅱ　久保田昌希「後北条氏の徳政について―武蔵国多摩郡網代村の一事例―」（『史誌』五号、一九七六年）

Ⅲ　藤木久志「永禄三年徳政の背景―〈歴史のなかの危機〉にどう迫るか―」（『戦国史研究』三一号、一九九六年）

Ⅳ　薗部寿樹「常陸に残る後北条氏関係文書について―年未詳（永禄四年ヵ）僧都聴仙書状写―」（『日本史学集録』八号、

一九八九年）
Ⅴ　伊藤一美「伝馬御印と常御印判—発給手続に関する小考—」（『戦国史研究』一〇号、一九八五年）
Ⅵ　黒田基樹「戦国大名印判状の性格について」（『戦国史研究』三四号、一九九七年）

第3部　氏康の外交

Ⅰ　長塚　孝「戦国武将の官途・受領名—古河公方足利氏と後北条氏を事例にして—」（『駒沢史学』三九・四〇号、一九八八年）
Ⅱ　藤木久志「関東公方領のアジール性」（『日本歴史』七四三号、二〇一〇年）
Ⅲ　實方壽義「戦国大名と領内国衆大名との関係—とくに後北条氏と武州吉良氏の場合について—」（鎌田先生還暦記念会編『鎌田先生還暦記念歴史学論集』同会刊、一九六九年）
Ⅳ　池上裕子「戦国期における相駿関係の推移と西側国境問題—相甲同盟成立まで—」（『小田原市郷土文化館研究報告』二七号、一九九一年）
Ⅴ　大石泰史「足利義晴による河東一乱停戦令」（『戦国遺文今川氏編月報』一、東京堂出版、二〇一〇年）
Ⅵ　奥野高広「北条氏康の外交」（『東京史談　菊池山哉先生追悼号』一九七〇年）
Ⅶ　奥野高広「北条氏康の痛恨」（『國學院雑誌』八三巻一号、一九八二年）

【執筆者一覧】

総　論

黒田基樹　別掲

第1部

佐脇栄智　一九三〇年生。故人。

勝守すみ　一九一六年生。故人。元群馬大学教育学部教授。

實方壽義　一九三七年生。元日本大学経済学部教授。

第2部

古宮雅明　一九五四年生。現在、神奈川県立歴史博物館勤務。

久保田昌希　一九四九年生。現在、駒澤大学文学部教授。

藤木久志　一九三三年生。立教大学名誉教授。

薗部寿樹　一九五八年生。現在、山形県立米沢女子短期大学教授。

伊藤一美　一九四八年生。現在、ＮＰＯ法人 鎌倉考古学研究所理事。

第3部

長塚　孝　一九五九年生。現在、馬の博物館学芸部長。

池上裕子　一九四七年生。成蹊大学名誉教授。

大石泰史　一九六五年生。現在、大石プランニング主宰。
奥野高広　一九〇四年生。故人。

【編著者紹介】

黒田基樹（くろだ・もとき）

1965年生まれ。早稲田大学教育学部卒。
駒沢大学大学院博士後期課程満期退学。
博士（日本史学、駒沢大学）。
現在、駿河台大学教授。
著書に、『戦国大名北条氏の領国支配』（岩田書院）
『中近世移行期の大名権力と村落』（校倉書房）
『戦国北条氏五代』（戎光祥出版）
『小田原合戦と北条氏』（吉川弘文館）
『長尾景仲』（戎光祥出版）
『増補改訂　戦国大名と外様国衆』（戎光祥出版）
『長尾景春』（編著、戎光祥出版）
『扇谷上杉氏』（編著、戎光祥出版）
『伊勢宗瑞』（編著、戎光祥出版）
『関東管領上杉氏』（編著、戎光祥出版）
『山内上杉氏』（編著、戎光祥出版）
『北条氏綱』（編著、戎光祥出版）
『関東上杉氏一族』（編著、戎光祥出版）
ほか、多数。

シリーズ装丁：辻　聡

シリーズ・中世関東武士の研究　第二三巻

北条氏康《ほうじょううじやす》

二〇一八年四月一〇日　初版初刷発行

編著者　黒田基樹

発行者　伊藤光祥

発行所　戎光祥出版株式会社
東京都千代田区麹町一―七
相互半蔵門ビル八階
電　話　〇三―五二七五―三三六一(代)
FAX　〇三―五二七五―三三六五

編集協力　株式会社イズシエ・コーポレーション

印刷・製本　モリモト印刷株式会社

ISBN978-4-86403-285-8